UTB 1799

W0362828

Eine Arbeitsgemeinschaft der Verlage

Beltz Verlag Weinheim · Basel
Böhlau Verlag Köln · Weimar · Wien
Verlag Barbara Budrich Opladen · Farmington Hills
facultas.wuv Wien
Wilhelm Fink München
A. Francke Verlag Tübingen und Basel
Haupt Verlag Bern · Stuttgart · Wien
Julius Klinkhardt Verlagsbuchhandlung Bad Heilbrunn
Lucius & Lucius Verlagsgesellschaft Stuttgart
Mohr Siebeck Tübingen
C. F. Müller Verlag Heidelberg
Orell Füssli Verlag Zürich
Verlag Recht und Wirtschaft Frankfurt am Main
Ernst Reinhardt Verlag München · Basel
Ferdinand Schöningh Paderborn · München · Wien · Zürich
Eugen Ulmer Verlag Stuttgart
UVK Verlagsgesellschaft Konstanz
Vandenhoeck & Ruprecht Göttingen
vdf Hochschulverlag AG an der ETH Zürich

Heinz Vater

Einführung in die Sprachwissenschaft

4. Auflage

Wilhelm Fink Verlag · München

Bibliografische Informationen der Deutschen Nationalbibliothek

Die Deutsche Nationalbibliothek verzeichnet diese Publikation in der Deutschen Nationalbibliografie; detaillierte bibliografische Daten sind im Internet über http://dnb.d-nb.de abrufbar.

4. vollständig, überarbeitete und erweiterte Auflage 2002

Jühenplatz 1-3, 33098 Paderborn
ISBN 978-3-7705-2948-3

Printed in Germany.
Einbandgestaltung: Atelier Reichert, Stuttgart
Herstellung: Ferdinand Schöningh GmbH, Paderborn

UTB-Bestellnummer: ISBN 978-3-8252-1799-0

Vorwort

Dies Buch ist aus Vorlesungen zur Einführung in die Sprachwissenschaft entstanden, die ich an der Universität zu Köln hielt, wobei ich versucht habe, den neuesten Stand zu berücksichtigen. Für die Druckfassung wurde das Manuskript inhaltlich gründlich überarbeitet und ergänzt; Zitate, Erläuterungen und Argumente sowie Aufgaben am Schluss der Hauptkapitel wurden hinzugefügt.

Das Buch ist so aufgebaut, dass einer allgemeinen Einführung, in der die Zielsetzung der Linguistik erläutert wird (1.), fünf Hauptkapitel folgen, in denen die sprachwissenschaftlichen Kernbereiche – die Bereiche, mit denen sich ausschließlich die Linguistik befasst – beschrieben werden (2. – 6.). Daran schließt sich die Schilderung dreier interdisziplinärer Bereiche, nämlich Psycholinguistik, Soziolinguistik und Textlinguistik, an (7. – 9.). Das Buch setzt außer der Kenntnis gängiger schulgrammatischer Termini wie "Substantiv", "Adjektiv" und "Verb", "Subjekt", "Prädikat" und "Objekt" keine linguistischen Kenntnisse voraus. Bei der Lektüre sollten die Kernbereiche in der angegebenen Reihenfolge durchgearbeitet werden, da z.B. das Studium der Morphologie einige phonologische Kenntnisse und das Studium der Syntax morphologische Einheiten wie Morphem und Wort voraussetzt. Bei den interdisziplinären Bereichen sind Rückgriffe auf Kernbereiche notwendig.

Eine "globale" Einführung in die Linguistik muss bei der Darstellung der einzelnen Bereiche (besonders wohl bei der Syntax) in der Beschreibung der theoretischen Grundlagen, der Argumentation und der Demonstration konkreter Analysen vieles schuldig bleiben. Hier kann ich auf spezielle Einführungen hinweisen, die die Lektüre der Hauptkapitel dieser Einführung vertiefen können: RAMERS / VATER (1995^4) (Phonologie), SPENCER (1991) (Morphologie), FANSELOW / FELIX (1993^3), VON STECHOW / STERNEFELD (1988) und HAEGEMAN (1991) (Syntax, speziell GB-Theorie), SCHWARZ / CHUR (1993) (Semantik) und LEVINSON (1983) (Pragmatik). Auch sei auf Standardwerke in einzelnen Bereichen des Deutschen wie OLSEN (1986) (Wortbildung) und GREWENDORF (1988) (Syntax) verwiesen.

Ich danke Christa Dürscheid, Veronika Ehrich und Martin Neef für sehr hilfreiche kritische Hinweise, letzterem auch für intensive Hilfe bei der endgültigen Formatierung, Kathrin Heinrichs für die gewissenhafte Arbeit an der Bibliographie, Borjana Dimova für das Einsetzen vieler Diagramme und Oliver Voß für das sehr gründliche Korrekturlesen.

Köln, April 1994 Heinz Vater

Vorwort zur zweiten Auflage

Für die Zweitauflage wurde der gesamte Text im Hinblick auf eine leserfreundlichere Gestaltung umformatiert, Fehler wurden korrigiert, Diagramme neu gestaltet, Literaturangaben hinzugefügt. Ich danke herzlich Waldfried Premper, Hans-Georg Müller und Józef Wiktorowicz für viele Hinweise auf Fehler und Unebenheiten, Oliver Voß und Michael Fruh für ihre äußerst umsichtigen und gewissenhaften Korrekturen, Anja Werner für ihre engagierte, einfallsreiche und sehr arbeitsintensive Umformatierung und Neugestaltung des Gesamttextes und der Diagramme.

Köln, März 1996 Heinz Vater

Vorwort zur vierten Auflage

In der Viertauflage wurde der gesamte Text dem neueren Forschungsstand angepasst, einige Kapitel (insbesondere zu interdisziplinären Gebieten) wurden hinzugefügt, viele Diagramme wurden neu gestaltet, das Literaturverzeichnis wurde erweitert. Ich danke Martin Neef und Karsten Rinas herzlich für viele kritische, hilfreiche Kommentare und Anna Socka für die sehr gründlichen Korrekturen.

Köln, Juli 2002 Heinz Vater

Inhaltsverzeichnis

1. Gegenstand und Zielsetzung der Sprachwissenschaft

1.1 Gegenstand der Sprachwissenschaft

1.1.0 Vorbemerkungen

Die erste Frage, die sich uns beim Einstieg in die Sprachwissenschaft notwendig stellt, ist die nach ihrem Gegenstand. Die Antwort heißt in erster Annäherung: "Sprachwissenschaft ist die Wissenschaft von der Sprache" (so bei ROBINS 1964:1).[1] Das zieht zwei weitere Fragen nach sich: Was ist Wissenschaft? Was ist Sprache?

Auf die erste, für alle Wissenschaftszweige geltende Frage kann hier nur eine knappe Antwort gegeben werden. Brauchbar (und nicht-zirkulär) erscheint mir die Definition von POPPER (1971^4:3):[2]

> "Die Tätigkeit des wissenschaftlichen Forschers besteht darin, Sätze oder Systeme von Sätzen aufzustellen und systematisch zu überprüfen; in den empirischen Wissenschaften sind es insbesondere Hypothesen, Theoriensysteme, die aufgestellt und an der Erfahrung durch Beobachtung und Experiment überprüft werden."

Poppers Beschreibung der Tätigkeit des Wissenschaftlers lässt sich folgendermaßen resümieren:

- Der Wissenschaftler macht Beobachtungen in einem Bereich. Beobachtung führt noch nicht zu wissenschaftlichen Theorien: Aus der wiederholten Beobachtung weißer Schwäne ergibt sich noch keine Theorie. Erst durch Generalisierung von Beobachtungen ergibt sich eine wissenschaftliche Hypothese.

---

1 "General linguistics may be defined as the science of language."

2 Nach STRÖKER (1973:4) ist Wissenschaft ein "System von Aussagen, die in ... wissenschaftlich begründbaren Zusammenhängen stehen".

- Der Wissenschaftler macht Aussagen über beobachtete Zusammenhänge. So kann er aufgrund der wiederholten Beobachtung weißer Schwäne die Allaussage "Alle Schwäne sind weiß" formulieren. Das ist eine wissenschaftliche Hypothese, die sich als falsch herausstellen kann (wie es auch in diesem Beispiel der Fall ist). Die Falsifizierbarkeit macht die Wissenschaftlichkeit einer Hypothese aus. Daher muss der Wissenschaftler seine Hypothesen laufend an neuen Beobachtungen überprüfen.

- Der Wissenschaftler braucht eine Ausgangshypothese, die er an Daten überprüft und die bestimmt, welche Daten für eine Untersuchung relevant sind. Durch die Ausgangshypothese "Alle Schwäne sind weiß" wird der Untersuchungsbereich eingeschränkt: Andere Tiere wie Kaninchen oder Adler sind ausgeschlossen; außerdem interessiert für die Fragestellung nur die Farbe der Schwäne, nicht ihr Gewicht oder Geschlecht. Ohne Ausgangshypothese gleicht der Wissenschaftler einem Huhn, das wahllos Körner pickt.

Die Frage "Was ist Sprache?" muss ein Linguist[3] ausführlicher beantworten. Man kann einen Gegenstand nach seiner Beschaffenheit oder nach seiner Funktion bestimmen. Sprache ließe sich nach ihrer Beschaffenheit bzw. Struktur als Sequenz von sinusförmigen Schwingungen auffassen, die von menschlichen Sprechorganen (Stimmbändern, Lippen, Zunge usw.) erzeugt werden. Danach wäre Sprache ein rein naturwissenschaftlicher Gegenstand. Man kann aber auch Sprache von ihrer Funktion als Kommunikationsmittel her als soziales Phänomen und damit als Gegenstand der Geisteswissenschaften definieren. Beide Sehweisen sind einseitig: Sprache ist sowohl Erzeugung von Schallwellen als auch Kommunikation in sozialen Gruppen.

Die Linguistik umfasst natur- und geisteswissenschaftliche Aspekte; sie überlappt mit Physik und Biologie wie mit Psychologie und Soziologie (vgl. VATER 1994).

Bei Sprache als Gegenstand wissenschaftlicher Forschung kommen noch zwei weitere Schwierigkeiten hinzu:

---

3 Ich betrachte die Termini "Linguist(ik)" und "Sprachwissenschaft(ler)" als synonym.

(a) Zur Beschreibung von Sprache (d.h. "Objektsprache") wird Sprache (als Metasprache)[4] benutzt.

(b) Der Terminus *Sprache* ist mehrdeutig.[5]

1.1.1 Mehrdeutigkeit von "Sprache"

Die Mehrdeutigkeit bereits des vorwissenschaftlichen Wortes Sprache lässt sich an folgenden Beispielen verdeutlichen:

(1-01) Durch Sprache unterscheidet sich der Mensch vom Tier.
(1-02) Deutsch ist eine schwierige Sprache.
(1-03) Hans hat durch einen Schlaganfall die Sprache verloren.
(1-04) In so einer Sprache redet man nicht mit seinen Eltern!
(1-05) Unser Rechenzentrum benutzt jetzt eine andere Sprache.
(1-06) "Die einzige Sprache, die der Bure versteht, ist die Sprache der Gewehre", sagte Mugabe. (*KStA*,16.8.86:5)
(1-07) Diese Zahlen sprechen eine deutliche Sprache.

Die verschiedenen Bedeutungen lassen sich folgendermaßen umschreiben:

Spr_1: (allgemeine) menschliche Kommunikationsfähigkeit (frz. *langage*);
Spr_2: spezielles menschliches Kommunikationssystem einer Sprachgemeinschaft (*langue*);
Spr_3: Gesamtheit der Ausdrucksmittel einer Sprache (Spr_2);
Spr_4: Gebrauch, den man von Spr_2 macht (*parole*);[6]
Spr_5: Künstliche Sprache (hier: Computersprache);
Spr_6: Nicht-sprachliches Kommunikations- bzw. Handlungssystem;
Spr_7: Kommunikationseffekte, die von einem (nicht-belebten) Gegenstand ausgehen.

$Spr_{5\text{-}7}$ kommen nicht als Gegenstand der Linguistik in Frage. Hier handelt es sich um Sprache im "metaphorischen" Sinne. Von

---

4 "Metasprache" ist "Sprache zweiter Stufe (auch: Beschreibungssprache), mittels der die natürliche Sprache (auch: Objektsprache) beschrieben wird" (BUSSMANN 1990^2:486).

5 Ein Terminus ist ein (in seinem Gebrauch festgelegtes) Fachwort.

6 Hier auch: Art und Weise, in der von Spr_2 Gebrauch gemacht wird (gewöhnlich auf den Wortschatz bezogen: *null Bock* usw.).

Metaphorik spricht man, wenn ein sprachlicher Ausdruck nicht im "wörtlichen" Sinne verwendet wird, so dass nur einige Merkmale des Ausdrucks[7] erhalten bleiben. Nennt man einen Menschen einen Schrank, dann belässt man dem Wort Merkmale wie "groß" und "viereckig" und setzt andere wie "unbelebt" außer Kraft.

Im Mittelpunkt sprachwissenschaftlicher Forschung stehen Spr_2 (das System einer Einzelsprache), Spr_4 (der Sprachgebrauch) und Spr_1 (das allen Einzelsprachen Gemeinsame) sowie Spr_3 (in Phonetik und Aphasiologie).

Aber selbst innerhalb einer "Spr_n" sind die Grenzen keineswegs leicht zu bestimmen. Das gilt auch für das Deutsche (als Spr_2), wie folgende Beispiele zeigen:

(1-08) Mit Erlaß IIc 3.40-21/05 Nr.696 vom 9.April 1984 ... hat der Kultusminister des Landes Nordrhein-Westfalen die Änderungen des Entwurfs der Änderungsverordnung zur Ordnung der ersten Staatsprüfungen für Lehrämter an Schulen im Wortlaut vorgelegt.
(Brief des Dekanats der Phil.Fak., Univ.Köln, Juli 1985)

(1-09) Das Überfallauto kam antelefoniert. (W. BIERMANN, Buckower Ballade, in: CONRADY 1977: 1048)

(1-10) Berge Sträucher blättern raschlig.
(A. STRAMM, *Patrouille*, in: CONRADY 1977:715)

(1-11) Herforder Pils – ein stolzer Genuß! (Werbeanzeige)

(1-12) Protokoll nix gut. (Expreß 29./ 30.6.74:6)

(1-13) Kroklokwafzi? Semememi! Seiokrontro – prafriplo: ...
(C. MORGENSTERN, Das große Lalula)

Vermutlich werden die meisten Sprecher des Deutschen alle diese Äußerungen als deutsch (i.S.v. Spr_4) erkennen, sie jedoch nicht der gleichen Sprachschicht zuordnen. Es lassen sich Amtsdeutsch, poetischer Sprachgebrauch, "Pidgindeutsch" (ein Jargon, den manche

---

7 "Ausdruck" bezeichnet eine sprachliche Sequenz, die mindestens ein Wort umfasst.

Deutsche gegenüber Ausländern benutzen) u.a. unterscheiden. Sicher werden einige normbewusste Deutsche Einspruch gegen Ausdrücke wie *Änderungsverordnung*, *antelefoniert kommen* etc. erheben, unter anderem mit dem Hinweis, dass keins dieser Wörter im Wörterbuch vorkommt. Aber auch bereits oft gebrauchte neue Wörter wie *Beziehungskiste*, *verklappen* und *umweltbewusst* kommen kaum schon in einem neueren Wörterbuch des Deutschen vor. Kein Lexikograph kann schnell genug alle neu gebildeten Wörter aufnehmen. Und das ist auch nicht nötig: Von den zigtausenden Wörtern, die täglich, ja stündlich neu gebildet werden, geht nur ein Bruchteil in den Wortschatz des Deutschen ein und diesen Wortschatz findet man nicht vollständig in den gängigen Wörterbüchern.

Die meisten neugebildeten Wörter sind Eintagsfliegen: *Parteipatriarch*, *Präsidin* und *Willy-Erbe* haben sicher geringe Chancen, in den Wortschatz des Deutschen überzugehen, *Medien-Hit*, *Alibi-Frau* und *Kanzlerin* (alle aus dem *Spiegel* Nr. 19, 1993:24-27) wohl schon eher. Unwahrscheinlich ist es, dass *kroklokwafzi* fester Bestandteil des deutschen Wortschatzes wird, obwohl alle Silben eine dem Deutschen entsprechende Lautstruktur haben. Aber weder das ganze Wort noch seine Bestandteile sind mit irgendeiner Bedeutung verbindbar. Normalerweise ist im Wort einer Lautfolge eine Bedeutung zugeordnet. Eine andere Neuschöpfung von Morgenstern, das *Nasobem*, steht heute sowohl in Meyers Konversationslexikon als auch in Brehms *Tierleben* und im Brockhaus, obwohl MORGENSTERN noch dichtete:

> "Es steht noch nicht im Brehm.
> Es steht noch nicht im Meyer
> Und auch im Brockhaus nicht."

Nach SAUSSURE (1916) ist Sprache i.S.v. Spr_2 ein Zeichensystem, die Sprachwissenschaft deshalb eine Unterdisziplin der Semiotik (der allgemeinen Zeichenlehre). Jedes Zeichen hat nach SAUSSURE zwei Seiten, die untrennbar miteinander verbunden sind: eine Ausdrucksseite oder "signifiant" (Bezeichnendes) und eine Inhaltsseite oder "signifié" (Bezeichnetes).

Das gilt auch fürs sprachliche Zeichen: Ein Lautbild ("image acoustique") ist willkürlich, aber unlösbar mit einem Begriff ("concept") verbunden. Willkürlich, weil in einer Lautfolge wie

[baUm] nichts ist, was etwas mit der Bedeutung von *Baum* zu tun hat (vgl. frz. *arbre*, engl. *tree*, poln. *drzewo* etc.). Unlösbar, weil ein Sprecher des Dt. *Baum* nicht durch *Maub* oder *Schaum* ersetzen kann. Sagt er *Schaum* statt *Baum*, wird er missverstanden, wie der alte Mann in Peter BICHSELs Erzählung "Ein Tisch ist ein Tisch"; sagt er *Maub*, wird ihn niemand verstehen.

Man kann Zeichen nicht isoliert erlernen oder in ihrer Bedeutung bestimmen. Nach SAUSSURE (1916) ist Spr_2 ein System, in dem jedes Zeichen seinen "Wert" durch die Beziehung zu den anderen Zeichen des Systems erhält. Die Verben *setzen, stellen, legen* bezeichnen alle drei das Platzieren eines Gegenstands; dabei ist die Lage des platzierten Gegenstands jeweils anders: Man stellt ein Buch ins Regal und legt es auf den Tisch; einen Topf stellt oder setzt man auf den Herd (in gleicher Bedeutung); ein Kind stellt oder setzt man auf den Stuhl (in verschiedener Bedeutung); ein Blatt kann man nur legen, nicht stellen oder setzen. Die Bedeutung jedes der Verben kann man nur bestimmen durch Abgrenzung von den beiden anderen und von weiteren Verben (wie *hängen, stecken*).

1.1.2 Menschen- und Tiersprache

Nun zu Spr_1. Die Aussage in (1-01) ist zu überprüfen. Haben nicht auch Tiere Sprache? Es gibt eine eigene Disziplin, die sich mit Tierkommunikation befasst, die "Zoosemiotik" (engl. "zoosemiotics").[8] Man weiß, dass die Tänze der Bienen der Information über die Lokalisierung des Honigs dienen. Sie verwenden drei verschiedene Tanzarten: den Rundtanz, wenn der Honig nicht weiter als 7 m entfernt ist, den Sicheltanz bei Entfernungen bis zu 20 Metern, den Schwänzeltanz bei größeren Entfernungen. Beim Rundtanz beschreibt die Biene einen Kreis; die Zahl der Wiederholungen gibt die ungefähre Entfernung der Nahrungsquelle an, die Schnelligkeit die Qualität der Nahrung. Beim Sicheltanz kommen Informationen über die Richtung hinzu. Der Schwänzeltanz enthält zusätzlich Informationen über die exakte Entfernung. Entscheidend ist die Zahl der Wiederholungen des Musters pro

---

8 Interessenten seien auf SEBEOK (1968) und FROMKIN / RODMAN (1988^4:19-23) verwiesen.

Minute: Je langsamer die Wiederholungsrate, desto größer die Entfernung des Honigs.[9]

Andere Tierkommunikationssysteme sind differenzierter, aber weniger systematisch. Vögel drücken mit ihrem Gesang nach Meinung der Ornithologen nur einen Revieranspruch aus. Ein Hund kann bellen, heulen, mit dem Schwanz wedeln, die Ohren anlegen und damit verschiedene Emotionen oder Wünsche zum Ausdruck bringen. Aber er kann – nach einem Ausspruch von Bertrand RUSSELL – nicht mitteilen, dass seine Eltern arm, aber ehrlich waren. Und in dem ausgeklügelten Kommunikationssystem der Bienen geht es immer nur um Honig. Die Kommunikationssysteme der Tiere (auch so intelligenter und kommunikationsfreudiger wie Delphine) unterscheiden sich erheblich von menschlicher Sprache:

- Tiersignale sind in ihrer zeitlichen Referenz begrenzt; Tiere können keine Informationen über Vergangenes oder Zukünftiges austauschen.
- Es gibt Beschränkungen in der Art der Nachricht – keine Mitteilungen über Abstraktes etc. – und in der Motivierung.
- Tiere sind in ihrer Kommunikation konditioniert, nicht kreativ.[10]
- Menschliche Sprache ist geschichtet: In jeder Schicht werden Einheiten nach bestimmten Regeln zusammengesetzt. Die Einheiten der höheren Ebene ergeben sich nicht automatisch als Resultat der Kombination von Einheiten der niedrigeren Ebene: /hu:t/ und /hi:t/ sind mögliche Phonemkombinationen des Dt., aber nur *Hut* wird als Wort genutzt. So werden aus wenig Elementarteilen komplexe Botschaften zusammengesetzt. Wörter werden schließlich zu Phrasen, Phrasen zu Sätzen kombiniert (vgl. 4.):

(1-14)	Paul	liest	die Zeitung
	der Junge	hat	einen Hund
	der alte Mann	kennt	dieses Buch

---

9 "Mit der Uhr in der Hand kann man feststellen, daß die Biene bei einer Entfernung der Futterquelle von hundert Meter die geradlinige Strecke der Tanzkurve in einer Viertelminute etwa neun- bis zehnmal durchläuft, bei fünfhundert Meter etwa sechsmal, bei tausend Meter vier- bis fünfmal, bei fünftausend Meter zweimal." (GRZIMEK 1968:527).

10 Bei einem Delphin-Versuch drückte das Weibchen auf den Knopf, um dem Partner etwas mitzuteilen, obwohl der Partner gar nicht mehr da war – nur, weil Auf-den-Knopf-Drücken mit Fisch belohnt wurde.

Aufgrund der genannten Unterschiede neigt man dazu, Tieren Sprache abzusprechen. Mit Affen wurden Langzeitversuche gemacht, die interessante Ergebnisse brachten. Schimpansen wie Washoe, Sarah und Nim Chimpsky (der Name ist angelehnt an den des berühmten Linguisten Noam Chomsky) lernten, Plastikzeichen zu Äußerungen zusammenzusetzen. Sie konnten ein rudimentäres Syntaxsystem erlernen und dadurch z.B. Fragen von Antworten unterscheiden. Sarah konnte Anweisungen wie *If Sarah put red on green, Mary give Sarah chocolate* und *If Sarah put green on red, M. give S. chocolate unterscheiden* und die Anweisungen richtig ausführen, erkannte also Bedeutung und Reihenfolge der Elemente. Andrerseits konnte sie eine Ablehnung weiterer Fragen nicht ausdrücken: Als ihr die Fragerei zu viel wurde, nahm sie alle Frage- und Antwortzeichen und legte sie in richtiger Reihenfolge hin. Obwohl sie jedoch die Bedeutung von *no* und *questions* kannte, kam sie nicht auf die Idee, *no questions* zu formulieren.

Diese Versuche belegen nicht, dass es gelang, den Affen hierarchische Strukturen beizubringen; die Zusammensetzung der Zeichen erfolgte offenbar rein linear, was dem Aufbau menschlicher Sprache nicht entspricht (vgl. 4.). Man kann jetzt schon absehen, dass Affen von einem bestimmten Alter an kaum noch Neues hinzulernen und gegenüber Kindern zurückfallen. Ihre Kreativität im Umgang mit "Sprache" ist begrenzt. Konditionierung – Belohnung des gewünschten Verhaltens – spielt eine entscheidende Rolle. Man kann tierische Kommunikationssysteme offenbar eher mit menschlichen Kommunikationssystemen wie Mimik und Gestik vergleichen als mit Sprache.

Viele interessante Fragen, die Sprache als Gegenstand wissenschaftlicher Forschung betreffen (von denen einige später in anderen Zusammenhängen behandelt werden), wurden nicht berührt:

- Wie lassen sich Sprache und Dialekt abgrenzen?
- Besteht ein Zusammenhang zwischen Sprache und Denken?
- Wie erlernt ein Mensch Sprache?
- Was haben die Tausende verschiedener Sprachen gemeinsam?
- Welche Sprachtypen und welche Sprachfamilien gibt es?
- Wodurch verändern sich Sprachen?

1.2 Zielsetzungen der Sprachwissenschaft

Warum untersucht man Sprache wissenschaftlich? Warum will man wissen, wie sie strukturiert ist und wie sie funktioniert? Jeder Mensch spricht. Man spricht doch nicht besser, wenn man weiß, wie Sprache funktioniert. Darauf lässt sich zunächst antworten: Jeder Mensch atmet und wird durchblutet, was Wissenschaftler nicht daran hindert, Atem und Blut zu untersuchen. Da hier Störungen aller Arten möglich sind, sieht jeder Laie ein, dass Atemwege und Blutkreislauf untersucht werden müssen, um Kranken zu helfen.

Auch bei der Sprache treten Schäden auf. Es gibt angeborene Sprachschäden (z.B. durch eine Hasenscharte, eine Spaltbildung der Oberlippe, verursacht) und erworbene (z.B. Stottern, Lispeln und Aphasien). Und es gibt Sprachverlust, z.B. durch einen Unfall oder einen Schlaganfall; man nennt das "Aphasie". Durch eine Kehlkopf-Operation kann das Sprechen mit Hilfe der Luftröhre unmöglich werden, so dass der Mensch lernen muss, die Luft der Speiseröhre zum Sprechen zu benutzen; man spricht dann von einer Ösophagos-Stimme.[11] Es kommt vor, dass Kinder außerhalb einer Sprachgemeinschaft aufwachsen. Der berühmteste Fall ist Kaspar Hauser, der am 26. Mai 1828 in Nürnberg als Zwölfjähriger sprachlos aufgefunden wurde und dann nur sehr unvollkommen sprechen lernte.[12] Er hatte offenbar die "kritische Phase" bereits überschritten, nach der Spracherlernung nur noch bedingt und unvollkommen möglich ist.

Sprachgemeinschaften können darunter leiden, dass ihre Sprache nicht offiziell anerkannt wird – man denke an die Sprache der Sorben in der Lausitz, denen im Dritten Reich der Gebrauch des Sorbischen verboten war – oder dass sie ständigem Druck von Seiten umgebender Sprachen ausgesetzt ist, wie das beim Rätoromanischen in der Schweiz der Fall ist. Oder man denke an den Sprachenkampf zwischen Wallonen und Flamen in Belgien. Die Zulassung von Dialekten und Soziolekten in der Schule (z.B. Non-Standard Black

---

11 Dabei werden Rülpslaute zum Sprechen umfunktioniert.

12 Über Kaspar Hauser und andere ohne Sprache aufgewachsene Kinder gibt es bereits linguistische und psychologische Untersuchungen; vgl. z.B. Malson / Itard / Mannoni (1964).

English in den USA) wird heftig diskutiert. Bei der Lösung all dieser Probleme haben Sprachwissenschaftler mitzureden.

LANGACKER (1973²:3f, dt. Übs. 1976:3f) nennt vier Gründe für die Berechtigung der wissenschaftlichen Beschäftigung mit Sprache:

(a) politisch-soziale Gründe (z.B. Sprachbarrieren, Sprachplanung usw.);
(b) theoretische Gründe (Verhältnis von Sprache und Denken, Studium der menschlichen Psyche u. Lernprozesse);
(c) praktische Gründe (Schulunterricht, Heilung von Sprachschäden usw.);
(d) kulturelle Gründe: Eine einigermaßen klare Vorstellung von der Sprache gehört zum Allgemeinwissen.

Umgang mit Sprache ist lebensnotwendig. Daher sollten sich Verfasser von Gesetzen, Fragebögen, Mietverträgen und Stromrechnungen auch Struktur und Funktionsweise von Sprache so weit bewusst machen, dass sie fähig sind, Fachjargon in eine für Laien klare, verständliche Ausdrucksweise umzusetzen.

Zahlreich sind Missverständnisse in Bezug auf Sprache:

> "Trotz ihrer Bedeutung für das menschliche Leben kennt man die Sprache ungenügend. Auch unter gebildeten Leuten gibt es tausende von falschen Vorstellungen über die Sprache, und nicht einmal Linguisten von Beruf können den Anspruch erheben, sie völlig zu verstehen." (LANGACKER, ebd.)

Diesen Satz kann jeder Linguist bestätigen. Die Vorstellungen davon, wie Sprache ist oder sein soll, was richtig oder falsch, schön oder hässlich klingt, sind fast durchweg Vorurteile. So hat man bis jetzt keine zuverlässigen Kriterien für "Sprachschönheit" gefunden. Möglicherweise klingt das Italienische schön wegen seines Vokalreichtums, d.h. wegen der günstigen Relation zwischen Vokalen und Konsonanten:

(1-15) Questi calzini sono più belli che resistenti.
Dt. Übers..: "Diese Socken sind eher schön als haltbar."
(LANGENSCHEIDT, *30 Std. Italienisch f. Anf.*, 1961:53)

(1-16) Trotz der Konjunkturflaute ist die Stimmung im Lager der Möbelzulieferer-Industrie von Zuversicht geprägt.
(*KStA* 14.5.93:25)

(1-17) Strč prst skrz krk.
(tschech. "Steck den Finger durch den Hals.")

Schwierig zu entscheiden ist auch die Frage nach "Sprachrichtigkeit" bzw. Sprachnormen. Die von Linguisten ermittelten deskriptiven Normen beruhen auf Analysen des Sprachgebrauchs, präskriptive werden dagegen von Institutionen wie der DUDEN-Redaktion in Deutschland oder der Académie Française in Frankreich festgesetzt für den Gebrauch der Sprache im öffentlichen Leben. Zum Beispiel gilt nach SIEBS (1969[19]:88): "In Nebensilben wird in reiner Hochlautung -en nie als bloßes [n] gesprochen." Diese präskriptive Regel wird allenfalls auf der Bühne befolgt. Im gesprochenen Deutsch wird der "Murmelvokal" ("Schwa") getilgt, wodurch das nachfolgende [n] silbisch wird (vgl. 2.5). Ähnlich ist es in der Morphologie: Die normierte 3. Person Sing. von *laden* ist *lädt*, doch viele Deutsche sagen *ladet*. Oder in der Syntax: *Brauchen* soll nicht ohne *zu* gebraucht werden, doch diese Form ist üblich, weil das Verb indessen in die Gruppe der Modalverben integriert wurde, die alle "reinen" Infinitiv haben: *du musst/ darfst/ brauchst nicht kommen*. Auch im semantisch-lexikalischen Bereich gibt es Normierung; (1-18)b gilt als Norm. In der Umgangssprache wird jedoch oft (1-18)a gesagt. Wer würde auf die Idee kommen, dass Fritz und Franz zusammen ein Hemd anhaben?

(1-18) a Fritz hat dasselbe Hemd an wie ich.
b Fritz hat das gleiche Hemd an wie ich.

Hier soll nicht der Normlosigkeit das Wort geredet werden, aber Normen sollten auf Analysen des Sprachgebrauchs basieren.

Laien stellen oft Fragen folgender Art:

- Wie viele Sprachen gibt es?
- Wie viele Wörter hat das Deutsche?
- Wo wird das reinste Deutsch gesprochen?

Diese Fragen kann man nicht beantworten; ja eigentlich nicht einmal stellen: So müsste zur Beantwortung der ersten Frage der Unterschied zwischen Sprache und Dialekt geklärt sein; was nicht der Fall ist. Sind z.B. Deutsch, Holländisch und Schweizerdeutsch drei Sprachen oder zwei oder eine bzw. drei Dialekte einer Sprache? Ist die gegenseitige Verständlichkeit entscheidend oder das Vorhandensein einer gemeinsamen Schriftsprache (also ein politisch-kultureller Aspekt) oder noch etwas anderes?

1.3 Linguistik als kognitive Wissenschaft

Die moderne Linguistik sieht sich als Teilbereich der "Kognitionswissenschaften" (vgl. SCHWARZ 1996^2:36ff). Nach WESSELLS (1984:14) geht es dabei um

> "die Wissenschaft, die sich mit der menschlichen Informationsverarbeitung befaßt. Ihr Gegenstand, oft als Kognition bezeichnet, betrifft die Arten von Informationen, die wir in unserem Gedächtnis haben, und die Vorgänge, die sich auf die Aufnahme, das Behalten und Verwenden solcher Informationen beziehen."

Nach BIERWISCH (1983b:16) fallen sprachliche Erscheinungen in den Gegenstandsbereich der Psychologie,

> "sofern es z.B. um ihre Wahrnehmung, ihren Erwerb, ihre Verankerung und Auffindung im Gedächtnis, die Motivation ihrer Hervorbringung geht; umgekehrt fallen psychische Erscheinungen dann in den Bereich der Linguistik, wenn in ihnen Wörter, deren Verknüpfung zu Sätzen, die Abhängigkeit von grammatischen Regeln eine bedingende Rolle spielen."

Nach BIERWISCH (1987a:645) bezeichnet der Terminus "kognitive Linguistik" nicht ein spezielles Teilgebiet der Linguistik,

> "irgendwo zwischen Psycholinguistik und Semantik, sondern ... ein bestimmtes Verständnis vom Charakter und der Zielstellung der Wissenschaft von der natürlichen Sprache".

Auch SCHWARZ (1996^2:36f) sieht die kognitive Linguistik als Paradigma, das aus der Linguistik als beschreibender Wissenschaft durch die "kognitive Wende" eine erklärende Wissenschaft machte. Danach ist der Gegenstand der Linguistik in seinen wesentlichen Aspekten nicht materiell – in Form von Texten oder Schallwellen – beschreibbar, sondern kognitiv, als Fähigkeit, Sprache zu verwenden, zu strukturieren, zu verstehen. Natürliche Sprache ist ein mentales Phänomen. Es geht der Kognitiven Linguistik, egal ob man sie als Teilbereich der Linguistik oder als gesamte (mental orientierte) Linguistik ansieht, in jedem Fall um die kognitive Grundlage sprachlicher Erscheinungen (vgl. 7.).

1.4 Bereiche der Sprachwissenschaft

Die Sprachwissenschaft ist eine komplexe Disziplin mit vielen Unterdisziplinen. Diese unterscheiden sich größtenteils erheblich im Gegenstand, in der Methodik und in der Zielsetzung. Im Zusammenhang mit der Abgrenzung von menschlicher Sprache und Tierkommunikation wurde bereits auf die Vielschichtigkeit von Sprache hingewiesen. Das bedingt auch eine Vielschichtigkeit der sprachlichen Analyse:

Die Phonologie untersucht die Lautstruktur von Sprache (im Sinne von Spr_1 und Spr_2): Welche Lauteinheiten kommen (universell und in einer bestimmten Sprache) vor und nach welchen Regeln werden sie verknüpft? Die Morphologie untersucht die Wortstruktur, die Art und Weise, wie kleinste morphologische Bestandteile – die Morpheme – zu Wörtern kombiniert werden. Die Syntax analysiert die Regularitäten der Verknüpfung von Wörtern zu größeren Einheiten: Phrasen und Sätzen. Die Semantik analysiert die Bedeutung von Wörtern, Phrasen und Sätzen. Sie überschneidet sich mit der Pragmatik, die vor allem mit dem Einfluss sozialer und situativer Faktoren auf die Bedeutung von Sprachäußerungen zu tun hat.

Phonologie, Morphologie, Syntax und Semantik werden als Kerngebiete der Sprachwissenschaft angesehen, als Bereiche, mit denen sich ausschließlich die Linguistik beschäftigt.[13] Von vielen Linguisten wird auch die Pragmatik zu den Kerngebieten gerechnet, wogegen andere Argumente vorbringen.

Neben den Kerngebieten gibt es angewandte Gebiete wie linguistische Didaktik und Sprachheilkunde sowie zahlreiche interdisziplinäre Gebiete – oft auch "Bindestrich-Linguistiken" genannt –, von denen einige hier behandelt werden. Auch die Phonetik lässt sich als interdisziplinäres Gebiet auffassen, weil sich in ihr Linguistik, Physik und Biologie überschneiden. Ihr sind einige Abschnitte im Phonologie-Kapitel (2.) gewidmet.

---

13 Das ist einzuschränken für die Semantik, mit der sich lange vorwiegend die Philosophie beschäftigt hat. Heute unterscheidet man zwischen philosophischer und linguistischer Semantik.

Abb. 1 Teilgebiete der Sprachwissenschaft (Ausschnitt) [14]

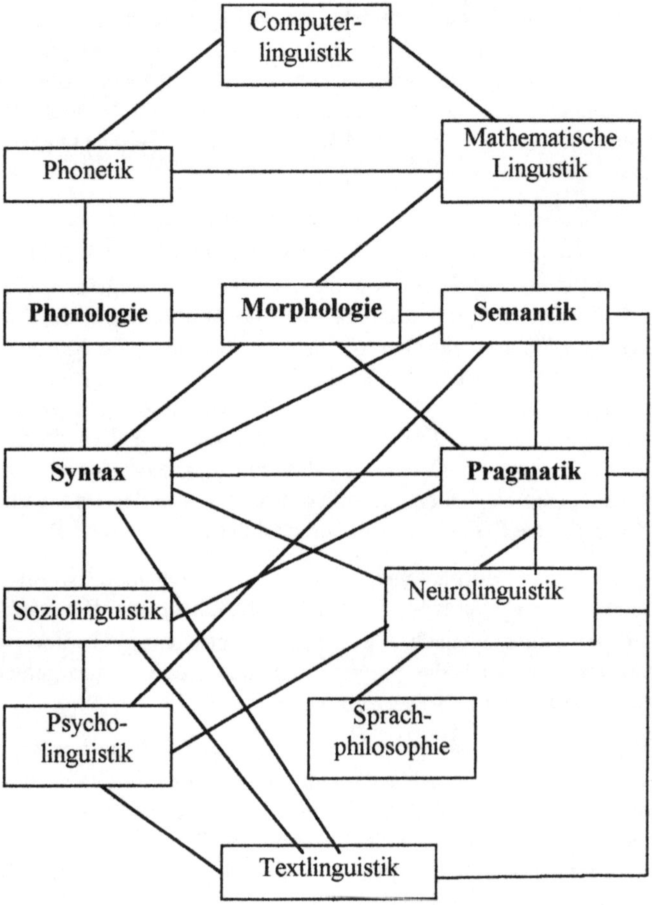

---

14 Die Kerngebiete der Linguistik wurden fett gedruckt; die Zugehörigkeit der Pragmatik zu den Kerngebieten ist umstritten. Nicht alle Verbindungen zwischen den einzelnen Gebieten wurden angezeigt.

2. Phonologie

2.1 Gegenstand der Phonologie

2.1.1 Abgrenzung von Phonetik und Phonologie

Zu den Geräuschquellen in der Natur gehört auch der Mensch. Jeder Mensch erzeugt (oft unbewusst) verschiedenartige Geräusche, die z.B. mit *schmatzen*, *knurren*, *ächzen*, *gröhlen* usw. bezeichnet werden – ganz zu schweigen von Geräuschen, die als Nebenprodukte beim Küssen, Ohrfeigen und anderen Tätigkeiten auftreten.

Die Phonetik beschäftigt sich nicht mit Geräuschen aller Art, sondern nur mit vom Menschen hervorgebrachten – und auch hier nur mit Geräuschen, die der Mensch im sogenannten "Artikulationskanal" (Rachen, Mund, Nase) erzeugt, nicht mit in anderen Körperteilen hervorgebrachten. Aber auch von den Lautrealisierungen im Artikulationskanal sind viele nicht Gegenstand der Phonetik, wie z.B. Niesen, Schmatzen und Rülpsen, sondern nur solche, die zum Sprechen benutzt werden.[15] Die Phonetik hat es mit der Erzeugung, der Beschaffenheit und der Wahrnehmung von Sprachlauten zu tun. Man unterscheidet drei Unterdisziplinen:

- Die artikulatorische Phonetik beschäftigt sich mit der Produktion von Lauten mit Hilfe menschlicher Sprechwerkzeuge.
- Die akustische Phonetik analysiert physikalische Eigenschaften von Lauten bei ihrer Ausbreitung in Luft oder anderen Medien.
- Die auditive oder perzeptive Phonetik (vgl. HEIKE 1969 und BROSNAHAN / MALMBERG 1970) beschäftigt sich mit der Wahrnehmung von Lauten durch das Ohr, den Gehörgang und das Hörzentrum des Gehirns, wobei auch psychische Vorgänge (Interpretation der gehörten Laute) eine Rolle spielen.

---

15 Die Grenzziehung ist nicht einfach; so gibt es Sprachen, die z.B. Schnalzlaute verwenden.

In der traditionellen Sprachwissenschaft wurden Phonetik und Phonologie nicht unterschieden, sondern als "Lautlehre" zusammengefasst. Erst in der auf DE SAUSSURE (1916) aufbauenden strukturellen Linguistik erfolgte eine Differenzierung (vgl. VATER 1982). Der Phonologe der Prager Schule TRUBETZKOY (1939:7) empfiehlt,

> "statt einer einzigen zwei verschiedene 'Lautlehren' einzuführen, von denen die eine auf den Sprechakt, die andere auf das Sprachgebilde gerichtet zu sein hat. Entsprechend ihrem verschiedenen Gegenstand müssen die beiden Lautlehren ganz verschiedene Arbeitsmethoden anwenden: Die Sprechaktlautlehre, die mit konkreten, physikalischen Erscheinungen zu tun hat, muss naturwissenschaftliche, die Sprachgebildelautlehre dagegen rein sprach- (bzw. geistes- oder sozial-) wissenschaftliche Methoden gebrauchen. Wir bezeichnen die Sprechaktlautlehre mit dem Namen Phonetik, die Sprachgebildelautlehre mit dem Namen Phonologie."

Später erfolgte jedoch eine Annäherung. Nach HALLE (1954) muss Phonetik auch die soziale Seite der Sprache berücksichtigen und Phonologie auch die materielle. Für Phonologen heißt das, dass sie artikulatorische, teilweise auch akustische Lauteigenschaften bei ihren Analysen berücksichtigen müssen.

Phonologie lässt sich definieren als das Studium der (sprachspezifisch) bedeutungsunterscheidenden Lauteinheiten und ihrer Kombinatorik. Es geht darum, welche lautlichen Realisierungen sich einer abstrakteren Lauteinheit, einem Phonem, zuordnen lassen und welche Phonemkombinationen in einer Sprache vorkommen (vgl. 2.3). Insofern untersucht sie primär Lautstrukturen in bestimmten Sprachen, macht aber auch Generalisierungen in Bezug auf universelle phonologische Eigenschaften.

Während die Phonetik mit physiologischen und physikalischen Eigenschaften von Lauten zu tun hat – mit dem, was an Lauten hör- und messbar ist –, geht es der Phonologie um das Verhältnis der Laute zueinander in einem Sprachsystem. Wenn der Kölner sagt *Isch kenne disch* oder – in hyperkorrekter Form – *Der Fich chteht auf dem Tich*, dann ist das ein phonologisches Problem: Im phonologischen System des Kölschen fallen zwei Phoneme des Standarddeutschen zusammen.

2.1.2 Akustische Phonetik

Die akustische Phonetik ist ein Teil der Akustik, der Lehre vom Schall. Sie beschränkt sich auf die physikalische Beschreibung von Sprachlauten, lässt also Musiklaute und Naturgeräusche außer Betracht. Schall besteht aus Wellen, die durch die Luft oder ein anderes Medium (z.B. Wasser oder feste Körper) wandern, mit einer Geschwindigkeit von 340 m/sec (in der Luft). Eine Welle entsteht durch Vibration von Materie: Ein Körper gerät in Schwingungen. Jeder Körper hat seine eigene Schwingungsfrequenz; ein schwerer Körper schwingt langsamer als ein leichterer; vgl. Abb. 2 und 3 (schematische Darstellung; in Anlehnung an MALMBERG (1963: 6)):

Abb. 2 Schallwelle mit niedriger Frequenz

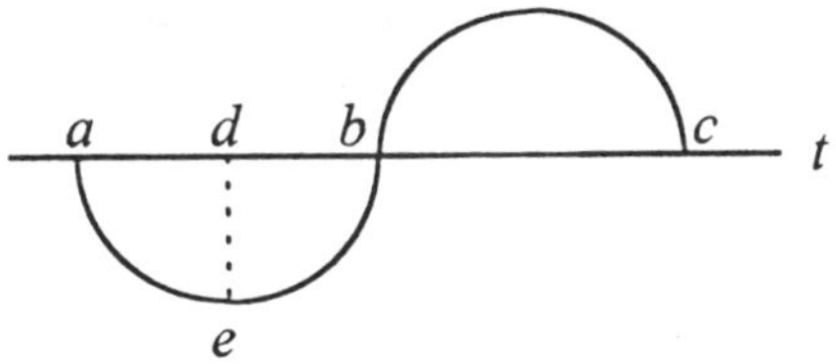

Abb. 3 Schallwelle mit höherer Frequenz

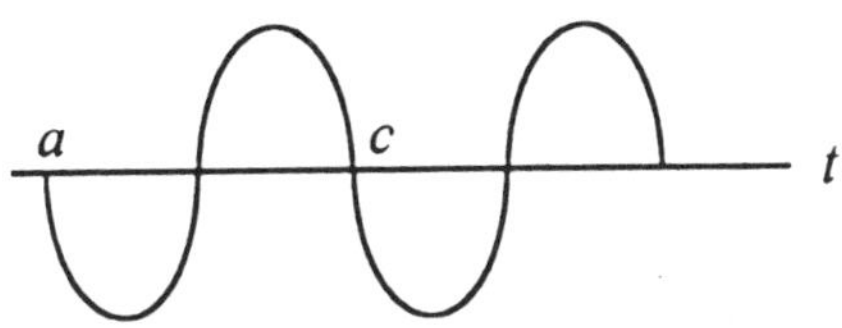

Frequenz ist die Anzahl der Schwingungen pro Sekunde. Je höher die Frequenz, desto höher der erzeugte Ton. In Abb. 3 ist die Frequenz doppelt so hoch wie in Abb. 2; die Entfernung a-c wird bei der zweiten Welle in der halben Zeit gegenüber der ersten Welle erreicht. Der Abstand d-e (zwischen Ruhepunkt und Punkt des größten Ausschlags) ist die Amplitude. Sie korrespondiert mit der Lautstärke; je größer die Amplitude, desto größer die Lautstärke. Die Amplitude ist bei den beiden abgebildeten Wellen gleich; sie haben gleiche Lautstärke.

Die Dauer hängt von der Länge der Schallwelle ab. Die verschiedene Tonhöhe in der Sprache von Männern und Frauen ist auf die im Durchschnitt größeren Stimmbänder beim Mann zurückzuführen. Größere Stimmbänder schwingen langsamer; die Frequenz ist niedriger, die erzeugten Töne sind tiefer.

Die Abbildungen zeigen einfache periodische Wellen. Die meisten Schallwellen sind jedoch komplex, viele nicht-periodisch. Wenn ein Körper schwingt, dann schwingt gleichzeitig jeder seiner Teile. Jede Hälfte eines Körpers schwingt mit doppelt so hoher Geschwindigkeit wie der Gesamtkörper, jedes Viertel mit vierfacher Geschwindigkeit. Eine komplexe Welle enthält einen Grundton (engl. "fundamental") und Obertöne ("harmonics"), deren Frequenzen ein Mehrfaches der Frequenz des Grundtons bilden. Komplexe Wellen (vgl. Abb. 4) entstehen durch Synthese aus den Sinuskurven von Grundton und Obertönen. Bei periodischen komplexen Wellen bildet jede Komponente ein ganzzahliges Mehrfaches des Grundtons; man nennt sie Klänge.

Abb. 4 Periodische komplexe Welle (Musikton)

(nach MALMBERG 1963:17)

Nicht-periodische komplexe Wellen erzeugen Geräusche. Bei ihnen bilden die Obertöne kein ganzzahliges Mehrfaches, und die Wellen sehen recht unregelmäßig aus (vgl. Abb. 5).

Abb. 5 Nicht-periodische komplexe Welle (Straßengeräusch)

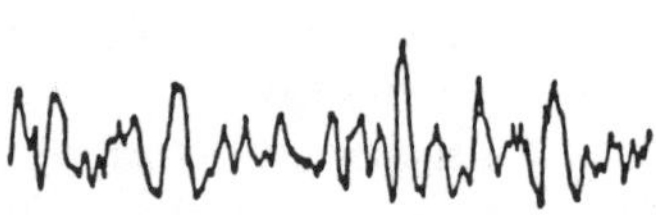

(nach MALMBERG 1963:17)

Akustisch bildet eine sprachliche Lautkette ein Kontinuum. In einem Sonagramm – der bildlichen Aufzeichnung sprachlicher Äußerungen – lassen sich keine abgrenzbaren Segmente erkennen. Im Sonagramm in Abb. 6 sind keine Grenzen zwischen den von uns als Einzellauten empfundenen Teilen der Schallwelle erkennbar; auch Wortgrenzen sind nicht sichtbar:

Abb. 6 Sonagramm nach WÄNGLER (1967[2]: Anhang, Abb. 6)

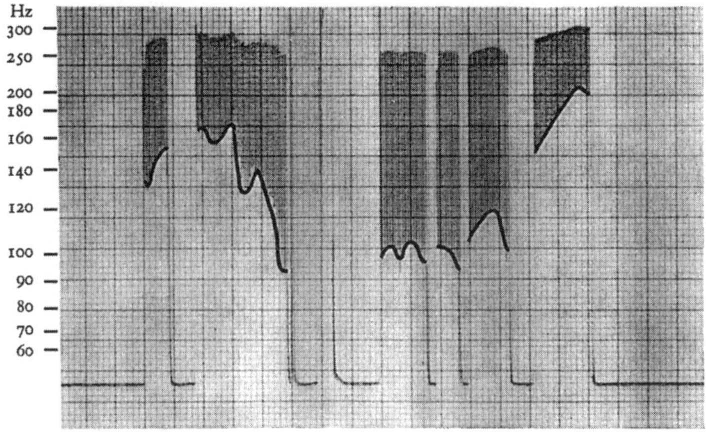

(Hat der Arzt angerufen?)

Erst die Berücksichtigung phonologischer und morphologischer Fakten des Deutschen gestattet die Annahme diskreter Einheiten. Sie ergeben sich phonologisch vor allem aus den Positionen, in denen Austauschbarkeit vorliegt: Durch Austausch von [d] in *der* durch [t] oder [b] ergeben sich die Wörter *Teer* bzw. *Bär*. Durch Austausch von [e] durch [i] ergibt sich *Tier*, durch Austausch von [r] durch [m] oder [n] *dem* oder *den* usw.[16] Auf diesen Segmentierbarkeiten beruhen Reime wie *Reim – Leim* und *Bauer – Mauer* oder Versprecher wie *Musterbrust* (statt *Mutterbrust*), *Bonzer Kanzlei* (statt *Bonner Kanzlei*), *Romeo und Julio* (statt *Romeo und Julia*).[17]

---

16 Phone (d.h. noch nicht auf ihren Phonemstatus überprüfte Oberflächen-Laute) werden in [ ] notiert, Phoneme (vgl. 2.3) in / /.

17 Bei den letzten drei Beispielen handelt es sich um Versprecher im Radio.

2.2 Artikulationsorte und -arten / Phonetische Transkription

Die phonologische Analyse baut stark auf der artikulatorischen Phonetik auf: Die distinktiven Merkmale, mit denen die Lauteinheiten einer Sprache beschrieben werden (vgl. 2.4), sind im Wesentlichen artikulatorisch begründet. So unterscheidet sich im Deutschen /d/ von /t/ im Merkmal [±stimmhaft] und von /z/ im Merkmal [±dauernd].

Der Mensch hat keine speziellen Sprechwerkzeuge. Zum Sprechen benutzte Organe dienen primär anderen Zwecken: der Atmung, dem Kauen, Schmecken usw. Zum Artikulieren wird vorwiegend ausgeatmete Luft benutzt. In einigen Sprachen gibt es auch Laute, die mit Einatmungsluft produziert werden. Das kommt sogar im Dt. vor, z.B. beim "inhalatorischen *ja*" (KOHLER 1977:58). Entscheidend für die Atmung sind die Lungen. Sie weiten sich, wenn das Zwerchfell gesenkt wird und die Rippen sich heben. Diese Volumenvergrößerung der Lungen führt zu einer Druckabnahme der Luft in den Lungen, was wiederum Luftzufuhr durch Mund- und Nasenhöhle über die Luftröhre bewirkt. Hebung des Zwerchfells und Senkung der Rippen erhöhen den Druck auf die Lunge, was zu Volumenverkleinerung und Ausstoß der Luft aus den Lungen führt. Von den Lungen gelangt die Luft durch die Luftröhre in den Kehlkopf, an dem die Stimmbänder befestigt sind. Die Stimmbänder können verschiedene für die Lautproduktion relevante Positionen einnehmen:

Abb. 7 Positionen der Stimmbänder

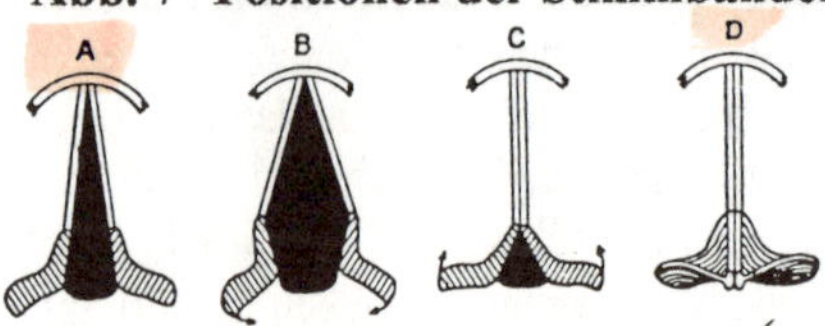

(nach MALMBERG 1963:23)

Position A ist die Atmungs-Position: Die Luft fließt durch die geöffneten Stimmbänder. In dieser Position werden stimmlose Laute erzeugt: Plosive wie [p], [t], [k] und Frikative wie [f], [s], [ʃ] [ç] und [x]. B ist die (für die Artikulation irrelevante) Position für heftiges Atmen. In C, wo die Stimmbänder nur am hinteren Ende geöffnet sind, werden Flüsterlaute erzeugt. In Position D vibrieren die Stimmbänder; sie öffnen und schließen sich periodisch.

Dadurch werden stimmhafte Laute erzeugt: Vokale, Sonoranten wie [m], [n], [ŋ], [l] und [r] sowie stimmhafte Verschlusslaute ([b], [d], [g]) und Frikative ([v], [z] usw.). Eine fünfte Position ist bei MALMBERG (1963) nicht abgebildet: das vollständige Schließen und darauf folgende plötzliche Öffnen der Stimmbänder; dabei wird der "glottal stop" (Knacklaut) produziert.

2.2.1 Konsonanten

Die Stimmbänder sind bei stimmlosen Konsonanten geöffnet (in Atemstellung); die Luft fließt einfach hindurch; bei stimmhaften Konsonanten vibrieren sie. Bei Vokalen ist die Stimmbandvibration nicht distinktiv; alle Vokale sind normalerweise stimmhaft. Zur Lautproduktion muss der Luftstrom zusätzlich im Rachen-, Mund- oder Nasenraum behindert werden (bei Konsonanten) oder durch speziell geformte Resonanzräume fließen (bei Vokalen). Bei Konsonanten wird der Luftstrom in der Mundhöhle (selten in Nasen- und Rachenhöhle) behindert. Nach der Art der Behinderung unterscheidet man bei Konsonanten folgende Artikulationsarten:

- **Verschlusslaute** (Plosive, Explosivlaute; engl. stops) kommen zustande durch Abblockung des Luftstroms in der Mundhöhle und nachfolgende plötzliche Öffnung der betreffenden Sprechorgane (Zunge, Lippen etc.), was zu einer Explosion führt.
- **Frikative** (Reibe- bzw. Engelaute, Spiranten) entstehen dadurch, dass der Luftstrom durch eine Verengung gepresst wird, wodurch ein Reibegeräusch (Friktion) entsteht.
- Bei **Nasalkonsonanten** wird (wie bei Plosiven) der Luftstrom im Mund blockiert; gleichzeitig fließt Luft frei durch die Nase.
- Bei **Lateralen** wird in der Mundmitte (an den Alveolen) ein Verschluss gebildet; die Luft entweicht ungehindert an den Seiten.
- **Vibranten** (r-Laute) entstehen entweder durch einen sehr kurzen Kontakt zweier Sprechorgane (z.B. Zungenrücken und Alveolen) – dann spricht man von einem "flap" – oder durch wiederholte kurze Kontakte, die ein gerolltes r (einen "trill") zur Folge haben.

Quer zur Einteilung der Konsonanten nach ihrer Artikulationsart verläuft eine Unterteilung nach dem Artikulationsort, d.h. der Stelle, wo der Konsonant artikuliert wird, mit den für die Artikulation relevanten Stellen (vgl. Abb. 8).

Abb. 8 Artikulationskanal (speech tract) nach MOULTON (1962:8)

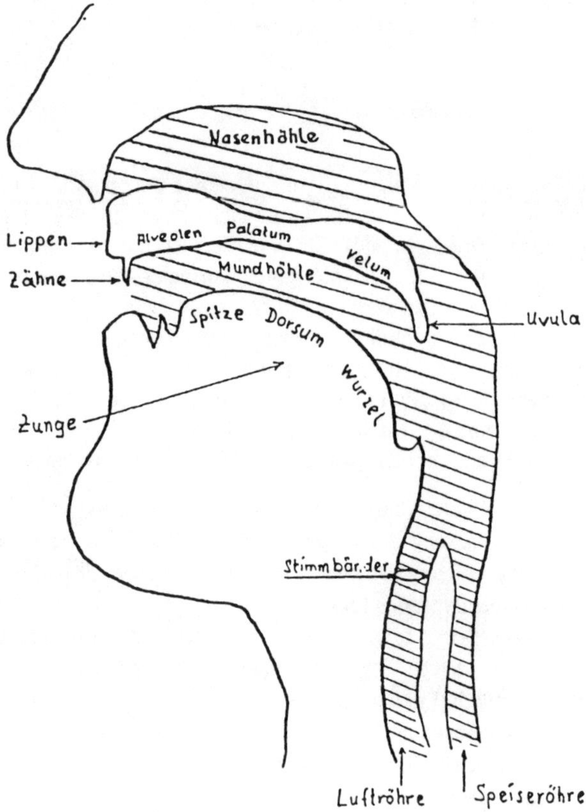

Tab. 1 gibt eine Übersicht über lautliche Realisierungen des Deutschen in IPA-Transkription (nach RAMERS / VATER 1995⁴:17).

Tab. 1 Artikulationsarten und -orte deutscher Konsonanten [18]

	Artikulationsorte						
Artikulationsarten	labial	dental/ alveolar	.palato-alveolar	palatal	velar	uvular	glot-tal
Plosive	p b	t d			k g		ʔ
Frikative	f v	θ ð s z	ʃ ʒ	ç j	x	ʁ	h
Nasale	m	n			ŋ		
Laterale		l					
Vibranten		r				ʀ	
Halbvokale (Glides)	w			j			

Glides (Halbvokale) werden ohne Geräuschbildung (oder mit schwacher Geräuschbildung) artikuliert wie Vokale, sind aber nichtsilbisch (vgl. 2.6) wie Konsonanten: [j] ist ein nichtsilbisches [i], /w/ ein nichtsilbisches [u].

2.2.2 Vokale

Vokale werden oberhalb der Glottis (der Stimmritze zwischen den Stimmbändern) ohne Behinderung des Luftstroms artikuliert, enthalten daher nur wenig Geräusch. Die Artikulation der einzelnen Vokale kommt durch verschiedene Formung der Resonanzräume – Rachen-, Mund- und Nasenhöhle – zustande. Vokale unterscheiden sich dadurch voneinander, welche Frequenzen bei ihrer Artikulation durch den Resonanzraum verstärkt sind und deshalb lauter gehört werden als andere Frequenzbereiche. Die Bereiche verstärkter Resonanzfrequenzen nennt man Formanten.

---

18 Außer Phonemen enthält die Tabelle (in IPA-Transkription) wichtige Allophone (Phonemvarianten) wie die /r/- und /x/-Allophone.

Bei Vokalen sind bis zu fünf Formanten (F1-F5) nachweisbar; F1 und F2 sind für die Perzeption der einzelnen Vokale besonders wichtig. F1 korreliert mit der Mundöffnung und liegt im niedrigsten Frequenzbereich; F2 korreliert mit der Zungenstellung in horizontaler Dimension (vorn vs. hinten) und liegt im nächsthöheren Frequenzbereich. Im Deutschen sind z.B. bei [i] F1 und F2 relativ weit voneinander entfernt, während sie bei [u] nahe beieinander liegen:

Abb. 9 Sonagramme der Vokale [i] und [u]

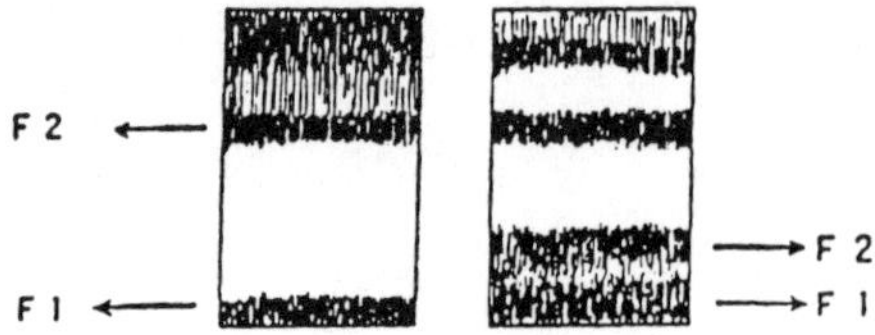

(nach MALMBERG 1963:18)

Vokale lassen sich in einem Trapez anordnen, in dem die Artikulationsorte in horizontaler und vertikaler Richtung nach der Zungenposition geordnet sind (vgl. Abb. 10). Außerdem spielt im Deutschen die sogenannte "Gespanntheitsopposition" bei Vokalen eine zentrale Rolle: Vokale wie [i] und [ɪ] unterscheiden sich in ihrer Artikulation nach dem Grad der Muskelspannung: [i] ist gespannt, [ɪ] ungespannt. Gespannte Vokale sind meist – aber nicht immer, wie sich zeigen wird – länger als ungespannte. Der Murmelvokal [ə] ("Schwa") ist ungespannt und hat wie der r-Vokal (vgl. unten) im Deutschen keinen gespannten Partner.

Abb. 10 Vokalpositionen

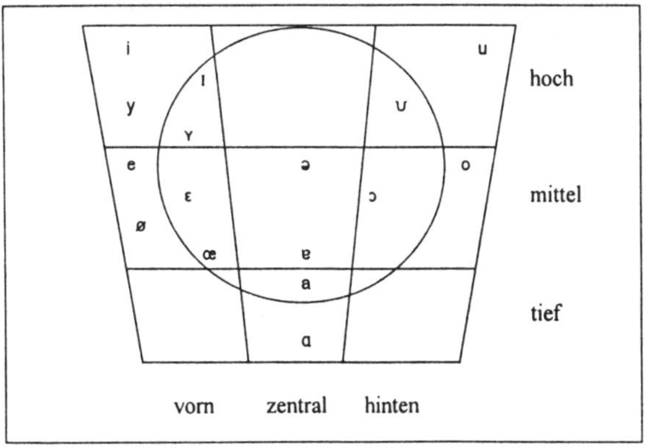

(nach RAMERS/ VATER 1995^{4}:18)

2.2.3 Phonetische Transkription

Zur graphischen Notierung der Artikulation deutscher Konsonanten und Vokale benutzt man ein phonetisches Transkriptionssystem. Die für die Sprachen der Welt entwickelten Orthographien sind gewöhnlich nicht in der Lage, die lautlichen Einheiten jeder Sprache eindeutig wiederzugeben. Das betrifft auch die geltende deutsche Orthographie, deren Entwicklung hier kurz geschildert werden soll.[19]

Für die Schreibung des Deutschen entwickelten deutsche Mönche im 9. – 11. Jahrhundert ein Orthographiesystem auf der Grundlage der lateinischen Orthographie (PIIRAINEN 1981:28). Adlige, Gelehrte und Berufsschreiber begannen in dieser Zeit, deutsch zu schreiben. Im 13. Jh. treten in den Kanzleien deutsche Urkundentexte an die Stelle der lateinischen; die deutschen Kanzleisprachen entwickeln sich. In frühneuhochdeutscher Zeit werden Tendenzen zur Vereinheitlichung stärker. Im 16. Jahrhundert versuchen die ersten Grammatiker, Einfluss auf die Entwicklung der Rechtschreibung zu nehmen und eine Orthographienorm zu postulieren (vgl. PIIRAINEN 1981:30ff).

---

19 Zur Geschichte der deutschen Orthographie vgl. AUGST (1974), NERIUS (1989^{2}) und PIIRAINEN (1981), zur Zeichensetzung MAAS (1992), III.

Die "endgültige" Festlegung der Rechtschreibnorm erfolgte in den Orthographiekonferenzen von 1876 und 1901. Diese größtenteils noch heute geltende Orthographie beruht auf acht verschiedenen, miteinander widerstreitenden Prinzipien,[20] die nicht nur Schulkindern Kopfzerbrechen bereiten. So wird in *Lied* nach dem historischen Prinzip *ie* geschrieben, das die ältere diphthongische Aussprache [iə] widerspiegelt, nach dem morphologischen Prinzip *d* (statt *t*), weil in *Liedes* und *Lieder* *d* geschrieben wird. Nur im Anlaut wird nach phonemischem Prinzip *l* realisiert.

Da das Lateinische keine Umlaute (d.h.: gerundete Vordervokale) und keine postalveolaren Frikative kennt, behalfen sich die deutschen Mönche teilweise mit Diakritika (Zusatzzeichen) wie dem Trema in *ü*, *ö* und *ä*, teilweise mit Buchstabenkombinationen: *ch* steht für den palatalen Frikativ [ç] bzw. den velaren [x], sch für den palato-alveolaren Frikativ [ʃ]. Obwohl die gültige deutsche Orthographie nicht so "lautfern" ist wie die englische und die französische, sind die Diskrepanzen zwischen Lautung und Schrift noch groß genug:

– Für die Wiedergabe einer Lauteinheit (bzw. eines Phonems; vgl. 2.3) werden oft verschiedene Buchstaben oder Buchstabenkombinationen verwendet; so wird /k/ auf acht verschiedene Arten wiedergegeben:
  1. durch *k*: *Kohl, Akt, Flak*
  2. durch *ck*: *Acker, meckern*
  3. durch *g*: *Tag, lügt, Wegs*
  4. durch *gg*: *Brigg, flaggt*
  5. durch *c*: *Camping, chic*
  6. durch *ch*: *Chaos, Christ, Achse*
  7. durch *q*: *Quatsch, Äquator*
  8. durch *x*: *Xanten, Hexe, fix*
– Umgekehrt steht ein Buchstabe wie *g* für verschiedene Laute:
  1. für /g/: *Gabe, Segen*
  2. für /k/: *sagst, Weg*
  3. für /ç/: *wenig, König*

---

20 Nach PIIRAINEN (1981:33) gar neun: phonetisch-phonemisches, morphemisches (etymologisches), historisches, grammatisches, semantisches, ästhetisches, analoges Prinzip; dazu Schreibgebrauch als Prinzip (Vorbild guter Schriftsteller), Einfachheit als Prinzip. Zu orthographischen Normen vgl. KOHRT (1987), 2., und NERIUS (1989^2).

4. für /ʒ/: *Genie, Blamage*
5. für /j/: *ewige (ew'ge), Könige*[21]
6. für /dʒ/: *Gin, Giro*

- Vokallänge wird teils durch Doppelung des Vokals markiert (*aa, ee, oo*), teils durch "Dehnungs-h" und "Dehnungs-e", teils gar nicht oder durch eine Kombination aus zwei Markierungsarten. So wird heute der gleiche Laut [i] in *mir* nur durch *i*, in *ihr* durch *ih*, in *Tier* durch *ie* und in *Vieh* durch *ie + h* in der Schrift wiedergegeben. Im westdeutschen Bereich kommt außerdem *i* als Dehnungszeichen vor, z.B. in *Voigt* und *Troisdorf*. Andererseits wird Vokalkürze oft durch Verdoppelung des folgenden Konsonanten angegeben. Man könnte allein Vokallänge markieren (vgl. (2-01)), oder allein Vokalkürze (vgl. (2-02)):

(2-01) (ich) wohne - (die) wone[22]
(2-02) (ich) wone - (die) wonne

Die Sprachwissenschaft – speziell in den Bereichen Phonetik, Phonologie und Morphologie – kommt aufgrund der unsystematischen Wiedergabe von Lauten in den Schriftsystemen der Sprachen nicht ohne phonetische Transkription aus, wenn sie die Aussprache von Lauten schriftlich festhalten will. Auch für die Spracherlernung ist die Beherrschung eines Transkriptionssystems unerlässlich, weil der Schüler nicht immer einen "native speaker" zur Verfügung hat, der die richtige Lautung vorspricht. Aussprachewörterbücher wie SIEBS (1969[19]), WDA und DUDEN-Aussprachewörterbuch wie auch die meisten seriösen zweisprachigen Wörterbücher verwenden Transkription.[23]

---

21 Die [j]-Aussprache entspricht in diesen Fällen dem Standard (vgl. GOETHE, "Der Fischer": *im ew'gen Tau*). Nicht standardgemäß sind rheinische oder berlinische Aussprache von *ganz gut* als [jants ju:t].

22 Die auf dem grammatischen Prinzip beruhende Großschreibung der Substantive überfordert die Schüler weitgehend. Reformversuche der letzten Jahrzehnte schlugen (leider ohne Erfolg) "gemäßigte Kleinschreibung" vor.

23 Billige Wörterbücher versuchen oft, ohne Transkription auszukommen. In einem amerikanischen Sprachführer für Französisch fand ich für frz. *peu* die Transkription [pur]! Das im Englischen fehlende [ø] wird hier

Tab. 2 Lautwerte der Transkriptionen

(nach RAMERS / VATER 1995[4]:20f)

Zeichen	Artikulationsbeschreibung	Beispiele
p	stl. labialer Plosiv	Pol, Opa, Typ, neppen
b	sth. labialer Plosiv	Ball, aber, Ebbe
t	stl. alveolarer Plosiv	Ton, Rate, Rat, Rad, Ratte, Theo
d	sth. alveolarer Plosiv	das, Laden, Kladde
k	stl. velarer Plosiv	Kind, Café, Chrom, Tag, Ecke, sechs
g	sth. velarer Plosiv	Gras, Wagen, egal, Egge, Guerilla
ʔ	stl. glottaler Plosiv	[vor betontem Vokal] 'aber, Ver'ein
f	stl. labialer Frikativ	fein, Strafe, Schaf, Affe, von, Phon
v	sth. labialer Frikativ	Wein, ewig, Vase, Inventar, Whisky
s	stl. alveolarer Frikativ	As, Messe, Ast, muss, außen
z	sth. alveolarer Frikativ	See, Rose, Asyl, zero
ʃ	stl. palatoalveol. Frikativ	Schnee, Asche, rasch, Chef, Stein
ʒ	sth. palatoalveol. Frikativ	Genie, Gage, Ingenieur, Journalist
ç	stl. palataler Frikativ	Chemie, echt, Märchen, ewig
j	sth. palataler Frikativ	ja, Anja, ew'ge, Italien
x	stl. velarer Frikativ	ach, machen, Docht
ɣ	sth. velarer Frikativ	(sagen)
ʁ	sth. uvularer Frikativ	Garten, Schürze, starr
h	stl. glottaler Frikativ	Haus, Uhu, aha
m	sth. labialer Nasal	Mal, atmen, lahm, Amme
n	sth. alveolarer Nasal	Neid, einig, dein, Tanne
ŋ	sth. velarer Nasal	bang, singen, Bank, Anker (Bassin)
l	sth. alveolarer Lateral	laut, also, Beil, alle
r	sth. alveolarer Vibrant	rein, Ehre, irr
ʀ	sth. uvularer Vibrant	rein, Ehre, irr
w	labialer Glide	waterproof, Quiz, Haus
j	palataler Glide	Ei, heiß
i	hoher unger. gesp. Vordervok.	ihn, Bier, mir, Idee, Genie
ɪ	hoher unger. ungesp. Vordervok.	ist, Mitte, Wirt, Pille
y	hoher gerd. gesp. Vordervokal	Bühne, Gemüt, uni, Zypern
ʏ	hoher gerd. ungesp. Vordervokal	Hündin, Gerüst, Küsse
u	hoher gerd. gesp. Hintervokal	Ufer, Tabu, Ulan, Filou
ʊ	hoher gerd. ungesp. Hintervokal	uns, Mutter, muss, Lust
e	mittl. unger. gesp. Vordervokal	den, Mehl, Esel,, Idee, See, legal

durch die Sequenz *ur* wiedergegeben, die aber mit offenerem Vokal und mit postvokalischem /r/ gesprochen wird.

ɛ	mittl. unger. ungesp. Vordervokal	denn, es Äste, Ecke, lässt
ø	mittl. gerd. gesp. Vordervokal	Öfen, schön, Friseur, Ödem
œ	mittl. gerd. ungesp. Vordervokal	möchte, können, Gehöft
ə	mittl. unger. ungesp. Zentralvokal	genau, Liebe, Hauses, allemal
o	mittl. gerd. gesp. Hintervokal	oben, Sohn, Moos, famos, oval
ɔ	mittl. gerd. ungesp. Hintervokal	offen, ob, oft, Horst, normal
ɐ	mittel-tiefer unger. Zentralvokal	ihr, irr, Uhr, er, Lehrer, Wassers
ɑ	tiefer gespannter Zentralvokal	Aas, Kahn, Rate, lag, Kanal
a	tiefer ungesp. Zentralvokal	Ast, kann, Ratte, Lack, Fantast

Das in Tab. 2 illustrierte phonetische Transkriptionssystem ist das der "International Phonetic Association" (IPA), das in einer Broschüre beschrieben und an Textbeispielen aus vielen Sprachen erläutert wird.[24] Das IPA-System wird in den meisten einschlägigen Werken verwendet (vgl. auch Tab. 1 und Abb. 10).

2.3 Phonem/ Allophon

Nach LASS (1984:1) ist Phonologie mit Funktion, Verhalten und Organisation von Lauten als sprachlichen Einheiten befasst, während Phonetik in dieser Hinsicht neutral ist (vgl. 2.1.1). Laut-Einheiten mit distinktiver Funktion in einem Sprachsystem nennt man Phoneme. Das Phonem ist von Phonologen verschiedener Richtungen unterschiedlich definiert worden. FUDGE (1970:80f) nennt vier Hauptansätze in der Definition des Phonems:

a Der psychologische Ansatz, dessen Hauptvertreter BAUDOUIN DE COURTENAY und SAPIR sind, fasst das Phonem als idealen Laut auf, dessen Realisierung der Sprecher anstrebt, aber gewöhnlich nicht erreicht.

b Der physikalische Ansatz – Hauptvertreter Daniel JONES – sieht das Phonem als Familie ähnlicher Laute an.

c Der funktionale Ansatz – vor allem von Repräsentanten der Prager Schule des Strukturalismus wie TRUBETZKOY und JAKOBSON befürwortet – fasst das Phonem als die minimale bedeutungsdifferenzierende Lauteinheit auf.

---

24 Das deutsche Textbeispiel, S.24f, enthält Fehler; so werden [a] und [ɑ] verwechselt: "Long **a**: is a rather front variety; short **a** is less front ... ." Das Gegenteil ist richtig. Der neueste Stand des Zeicheninventars (1996) ist in HALL (2000:362f) abgebildet.

d Der abstrakte Ansatz – Hauptvertreter: der Glossematiker HJELMSLEV – sieht das Phonem unabhängig von phonetischen Eigenschaften; ausschlaggebend ist die Distribution.[25]

Psychologischer und abstrakter Ansatz spielen heute keine Rolle mehr. Durchgesetzt hat sich (neben dem physikalischen Ansatz) im Wesentlichen der funktionale Ansatz:

> "Das Phonem kann weder von seiner psychologischen Natur aus noch von seiner Beziehung zu den phonetischen Varianten befriedigend definiert werden, sondern einzig und allein von seiner Funktion im Sprachgebilde. Ob man es nun als kleinste distinktive Einheit (L. Bloomfield) oder als Lautmal am Wortkörper (K. Bühler) bezeichnet – alles das kommt auf eines hinaus; nämlich darauf, daß jede Sprache distinktive ('phonologische') Oppositionen voraussetzt, und daß das Phonem ein in noch kleinere distinktive ('phonologische') Einheiten nicht weiter zerlegbares Glied einer solchen Opposition ist."
>
> (TRUBETZKOY 1939:39)

Phoneme sind "distinktiv"; sie signalisieren (ohne selbst Bedeutung zu haben) Bedeutungsunterschiede zwischen Morphemen[26]. Der Unterschied zwischen *Moos* und *Mus* wird durch Kontrast zwischen /o/ und /u/ angezeigt.[27] Das gilt auch für Fälle, wo keine "Minimalpaare" zur Verfügung stehen, wie bei /mo:s/ vs. /me:s/; /me:s/ ist eine mögliche Phonemfolge des Deutschen, die zufällig nicht als Morphem realisiert ist. Entsteht also bei Austausch eines Lauts durch einen anderen ein anderes Morphem (/mo:s/ vs. /mu:s/) oder ein "Nicht-Morphem" (/mo:s/ vs. /me:s/), dann kontrastieren die ausgetauschten Laute und bilden Phoneme (vgl. MAAS 1999:21).

---

25 "Glossematik" nannte sich die Kopenhagener Schule des Strukturalismus, die in den dreißiger Jahren entstand und die *Travaux du Cercle linguistique de Copenhague* herausgab. Prager, Kopenhagener und amerikanische Schule sind die Hauptrichtungen der auf DE SAUSSURE aufbauenden Strukturellen Sprachwissenschaft (vgl. VATER 1982).

26 Morpheme sind minimale morphologische Einheiten (vgl. 3.3).

27 Die – durch ":" angezeigte – Länge der Vokale ist voraussagbar, daher nicht distinktiv; im Dt. sind gespannte Vokale lang, wenn sie betont sind: In *Problem* sind beide Vokale gespannt, aber nur /e/ ist lang (da betont). Ungespannte Vokale sind im Deutschen (anders als im Englischen) immer kurz, so sämtliche Vokale im Wort *Schinkenröllchen*.

Bleibt jedoch bei Austausch eines Lauts durch einen anderen das Morphem erhalten, dann sind die betreffenden Laute **Allophone**, d.h. Varianten des gleichen Phonems. Folgende Typen von Allophonen lassen sich unterscheiden:

- *Freie Allophone* sind in gleicher Position austauschbar. So kann ein Sprecher des Dt. stimmlose Verschlusslaute im Morphem-Auslaut behaucht (aspiriert) oder unbehaucht aussprechen: [lo:pʰ] – [lo:p].
- *Regionale Allophone*. /r/ wird im deutschen Sprachraum verschieden realisiert, in Bayern und Mecklenburg z.B. als "Zungenspitzen-r", im Siegerland als dorsaler Frikativ (wie im Englischen), sonst als uvularer (einmal geschlagener) Flap oder (gerollter) Trill.
- *Komplementäre Allophone* sind innerhalb eines Morphems bzw. innerhalb einer Silbe komplementär distribuiert; so kommt der "Ach-Laut" [x] im Standarddeutschen nur nach Hintervokalen vor, der "Ich-Laut" [ç] nach Vordervokalen und Konsonanten sowie im Morphemanlaut: [ax]; [ɪç], [manç] und [çi:na].[28] Das Phonem /k/ wird im Dt. vor Vordervokalen palatal realisiert (vgl. *Kiel*), vor Zentralvokalen palato-velar (*kahl*), vor Hintervokalen velar (*Kohl*). Stimmlose Verschlusslaute werden im absoluten Anlaut aspiriert, nach Konsonant jedoch nicht; vgl. [kʰɑ:l] (*kahl*) vs. [skɑ:la] (*Skala*).

In bestimmten Umgebungen können Oppositionen aufgehoben (neutralisiert) werden. So verschwindet bei der "Auslautverhärtung" im Dt. der Kontrast zwischen Stimmlosigkeit und Stimmhaftigkeit im Silbenauslaut: Das Substantiv *Leid* und der Imperativ *leit* werden gleich ausgesprochen, mit auslautendem /t/, so dass [lajtmoti:f] ebenso *Leitmotiv* wie *Leidmotiv* sein könnte. Im Mittelhochdeutschen wurde Stimmlosigkeit hier orthographisch ausgedrückt: *leip*, *leit*, *tac* usw.

2.4 Phonologische Merkmale

Während TRUBETZKOY (1939) noch annimmt, dass Phoneme die kleinsten phonologischen Einheiten sind, geht man wenig später davon aus, dass Phoneme weiter zerlegbar sind in (gleichzeitig vorkommende) Eigenschaften oder Merkmale: Nach JAKOBSON / HALLE

---

28 Im Oberdeutschen wird nach Konsonant weitgehend [x] realisiert. Die Allophone [x] und [ç] werden meist als Phonem /x/ zusammengefasst.

(1956) lassen sich die Phoneme aller Sprachen der Welt aus einem kleinen Inventar universeller Merkmale wie [±konsonantisch], [±stimmhaft] usw. zusammensetzen. Diese Merkmale sind binär; d.h. jedes Merkmal hat einen positiven und einen negativen Wert.

Während diese phonetisch-phonologischen Merkmale bei Jakobson und seinen Mitarbeitern primär akustisch (daneben auch artikulatorisch) begründet waren, arbeitet man heute durchweg nur mit artikulatorischen Merkmalen.

Hier werden die wichtigsten phonologischen Merkmale definiert:[29]

- *Konsonantisch* sind nach CHOMSKY / HALLE (1968:302) Laute, die mit einer Behinderung des Luftstroms im Artikulationskanal oberhalb der Glottis artikuliert werden. Die Behinderung kann durch einen Kontakt oder eine Annäherung zweier gegenüberliegender Teile des Artikulationstraktes entstehen. [-kons] sind Vokale und Gleitlaute, [+kons] Konsonanten, also Obstruenten (d.h. Plosive und Frikative), Liquide und Nasalkonsonanten.
- *Sonorant* sind nach CHOMSKY / HALLE (1968:302) Laute, bei deren Produktion der Artikulationskanal so geformt ist, dass spontane Stimmhaftigkeit möglich ist. Die Liquide /l/ und /r/, die Nasalkonsonanten und alle Vokale sind [+son]; Obstruenten – Plosive, Frikative und Affrikaten – haben das Merkmal [-son].
- *Koronal* werden nach WURZEL (1970:196) Laute gebildet, indem die Zungenspitze aus ihrer neutralen Position gehoben wird; [+kor] sind dentale, alveolare und palato-alveolare Konsonanten sowie Liquide, wenn bei ihrer Artikulation die Zungenspitze nach oben geht. Alle anderen Laute sind nicht-koronal.
- *Dauernd* (vgl. CHOMSKY / HALLE 1968:317) sind Laute, bei deren Produktion Organe des Artikulationskanals nicht so weit angenähert werden, dass der Luftstrom im Mund blockiert wird. [-dnd] sind demzufolge Plosive, Affrikaten und Nasalkonsonanten, [+dnd] Vokale, Gleitlaute, Liquide und Frikative.
- *Stimmhaft* sind Segmente nach MAYERTHALER (1974:16), wenn bei ihrer Artikulation die Stimmbänder schwingen; andernfalls sind sie stimmlos, also [-sth].

---

29 Für die Definition aller fürs Deutsche relevanten Merkmale sei auf RAMERS / VATER (1995^4:35-42) verwiesen.

- *Gerundet* sind Laute, bei deren Artikulation die Lippen gerundet und vorgestülpt sind; gewöhnlich sind Hintervokale wie /u/ und /o/ gerundet, haben also das Merkmal [+ger]; im Deutschen kommen aber auch gerundete Vordervokale vor: /y/ und /ø/ sind [+ger], /i/ und /e/ [-ger].
- *Gespannt* wird von MAYERTHALER (1974:16) so definiert: "Gespannte Segmente werden mittels einer artikulatorischen Haltung produziert, die eine Anspannung der supraglottalen Muskulatur involviert." Im Dt. findet sich der Kontrast in Vokal-Paaren wie z.B. /u/ vs. /ʊ/ (vgl. *Huhn*/ *Hunne*), /y/ vs. /ʏ/ (*Düne*/ *dünne*), /ɑ/ vs. /a/ (*Haken*/ *hacken*). Nach MOULTON (1962) sind gespannte Vokale im Mundraum peripher, ungespannte zentral.
- Merkmale wie [±nasal] und [±lateral] differenzieren die Artikulationsarten weiter, Merkmale wie [±hinten], [±hoch] und [±tief] die Artikulationsorte (vor allem bei Vokalen).

Das von WURZEL (1970) und MAYERTHALER (1974) angesetzte Merkmal [+silb] für Phoneme, die einen Silbengipfel bilden können, nimmt man heute nicht mehr an, weil sich dieses Merkmal aus der phonotaktischen Struktur der Silbe ergibt (vgl. 2.6). So werden Sonoranten wie /l/, /m/ und /n/ in *Himmel*, *Atem* oder *Leben* bei Ausfall eines Schwa silbisch realisiert (vgl. HÖHLE / VATER 1978). Andererseits werden Vokale auch nichtsilbisch realisiert, nämlich als Glides (Gleitlaute bzw. Halbvokale). Mit phonologischen Merkmalen lassen sich Phoneme in "natürliche Klassen" einteilen wie die Klasse aller stimmhaften oder aller konsonantischen Laute oder aller Dauerlaute. Natürliche Klassen sind relevant für phonologische Regeln. So betrifft die "Auslautverhärtung" die Klasse der Obstruenten. Nur bei ihnen, wo jeweils einem stimmhaften Segment ein stimmloses gegenübersteht, ist Neutralisierung möglich (wobei beide im stimmlosen Segment zusammenfallen, z.B. /d/ und /t/ in /t/). Die von WURZEL (1970:2) in verkürzter Form übernommene Tabelle 3 zeigt die wichtigsten Merkmale deutscher Konsonanten. Das palato-alveolare Segment /j/ kommt als Konsonant und Glide vor und unterscheidet sich von /ç/ nur durch seine Stimmhaftigkeit.[30]

---

30 WURZEL (1970) u.a. unterscheiden /J/ als Konsonant von /j/ als Glide. Da dieser Unterschied jedoch rein phonotaktisch (durch die Position und

Tab. 3 Merkmale deutscher Konsonanten

	p	b	f	v	m	t	d	s	z	n	l	r	ʃ	ç	j	k	g	x	ŋ	R
kons	+	+	+	+	+	+	+	+	+	+	+	+	+	+	+	+	+	+	+	+
son	–	–	–	–	+	–	–	–	–	+	+	+	–	–	–	–	–	–	+	+
dnd	–	–	+	+	–	–	–	+	+	–	+	+	+	+	+	–	–	+	–	+
kor	–	–	–	–	–	+	+	+	+	+	+	+	+	–	–	–	–	–	–	–
hoch	–	–	–	–	–	–	–	–	–	–	–	–	+	+	+	+	+	+	+	–
hint	–	–	–	–	–	–	–	–	–	–	–	–	–	–	–	+	+	+	+	+
nas	–	–	–	–	+	–	–	–	–	+	–	–	–	–	–	–	–	–	+	–
sth	–	+	–	+	+	–	+	–	+	+	+	+	–	–	+	–	+	–	+	+

Die alten Artikulationsorts-Bezeichnungen lassen sich folgendermaßen in binäre Merkmale übersetzen: Labiale = [-kor,-hint], Dento-Alveolare = [+kor,-hch], Palato-Alveolare = [+kor,+hch], Palatale = [-kor,+hch], Velare = [+hint,+hch], Uvulare = [+hint,-hch]. Hinterkonsonanten sind gleichzeitig [-kor]; dies Merkmal ist für sie also redundant.

Die Tabelle enthält nicht /h/, da dieser Laryngallaut in der neueren Phonologie meist als Nicht-Konsonant (mit den Merkmalen [-kons) und [-son]) aufgefasst wird (vgl. RAMERS / VATER 1995[4]:94). Ebenso fehlen die Affrikaten: Eine Affrikata ist eine Verbindung aus Plosiv und homorganem (an der gleichen Artikulationsstelle gebildetem) Frikativ: /pf/, /ts/ etc. Affrikaten lassen sich als Segmentverbindungen behandeln. Wertet man sie jeweils als ein Segment – was aus phonotaktischen Gründen wünschenswert ist –, dann kommt man in Schwierigkeiten, weil man gleichzeitig das Merkmal [-dauernd] (für den Plosivteil) und [+dauernd] (für den Frikativteil) ansetzen muss. Die Nichtlineare Phonologie kann dies Problem lösen (vgl. 2.6).

Funktion in der Silbe) bedingt ist, ziehe ich eine einheitliche Transkription vor.

2.5 Phonologische Prozesse und Regeln

Während sich die phonologische Analyse innerhalb der verschiedenen Richtungen des Strukturalismus (vgl. Anm. 25) auf Segmentierung von Lautketten und Etablierung eines Phonemsystems für eine Sprache konzentrierte, stellt die Generative Grammatik (GG) die Analyse phonologischer Prozesse bei der Realisierung von Phonemen in Sequenzen in den Vordergrund. Es lassen sich diachronische und synchronische Prozesse unterscheiden. Ein diachronischer Prozess ist z.B. die hochdeutsche Lautverschiebung, in der anlautende stimmlose Verschlusslaute zu Affrikaten wurden (/p/ → /pf/, /t/ → /ts/, /k/ → /kx/).[31] Ein synchronischer Prozess ist z.B. die Endsilbenabschleifung im heutigen Deutsch, wo *-en* bei zunehmendem Sprechtempo durch Schwa-Ausfall und anschließende Assimilation zu /n/, /m/ oder /ŋ/ wird: [reːdn̩], [leːbm̩], [lyːgŋ̍]. Die wichtigsten Arten phonologischer Prozesse sind:

- *Assimilation*: Angleichung eines Phonems an (benachbarte oder entfernte) Phoneme der Sequenz, in der es vorkommt;
- *Dissimilation*: der umgekehrte Prozess ("Verfremdung") , z.B. die Veränderung von [r] zu [l] in der Nähe eines andern [r];
- *Metathese*: Umstellung zweier Phoneme (vgl. *Born* und *Bronnen*).
- *Tilgung* (*Ellipse*): Verlust eines Phonems oder einer Phonemkette. Hierhin gehört die Schwa-Tilgung in deutschen Endsilben;
- *Insertion* (*Epenthese*): Einschub eines Lautsegments in einer Kette, z.B. eines "Sprossvokals" in *Milch* und *fünf*: [mɪləç], [fʏnəf] oder eines "Sprosskonsonanten" in [nɪmpt] (*nimmt*);

Assimilation, Tilgung und Insertion (Epenthese) sind (zum mindesten im Deutschen) weit häufiger anzutreffen als Dissimilation und Metathese. Alle Prozesse betreffen voraussagbare Änderungen von Eigenschaften phonologischer Segmente in einer Sprache. Sie lassen sich in Regeln fassen und mit Hilfe phonologischer Merkmale beschreiben. Phonologische Regeln haben die allgemeine Form

(2-03) $A \rightarrow B / X \_ Y$

---

31 Die Nachwirkung der hochdeutschen Lautverschiebung ist auch synchron spürbar; vgl. niederdt. *Pund* vs. hochdt. *Pfund*.

A steht für das Eingabe-Segment, B für das Ausgabe-Segment, X für die vorangehende Umgebung, Y für die folgende. Die Regel liest man als: "A wird zu B nach X vor Y". Als Beispiel diene die Auslautverhärtung: Ein stimmhafter Obstruent wird stimmlos im Auslaut (vor der Silbengrenze). In Wörtern wie *Magd* wird /d/ im Auslaut stimmlos, ebenso /g/ vor /t/. Das Merkmal [+sth] in der Eingabe kann man sparen. Dann lautet die Regel einfach: "Obstruenten werden im Auslaut stimmlos realisiert"; sind sie bereits in der Eingabe stimmlos, dann ändert sich nichts; die Regel wird "leer durchlaufen". Die Regel lässt sich wie in R1 formulieren:

R1 $[-\text{son}] \rightarrow [-\text{sth}] \;/\; \_\_\,]_{\sigma}$

In der phonologischen Komponente der Generativen Grammatik nimmt man zwei Ebenen an:

- die "phonologische Repräsentation", die die nicht voraussagbare Gestalt der Segmente enthält;
- die "phonetische Repräsentation", die sich durch Anwendung der phonologischen Regeln ergibt.

Die lexikalische Einheit *Hund* enthält die Phoneme /h/, /ʊ/, /n/, /d/; das ist nicht voraussagbar. Voraussagbar ist, dass /d/ als /t/ realisiert wird, sobald es im Auslaut erscheint, z.B. im Nominativ Singular.

2.6 Prosodische Strukturen und Prozesse

2.6.0 Allgemeines

Die Suprasegmentale oder Prosodische Phonologie untersucht segmentübergeifende Phänomene wie

- Struktur von Silben und höheren prosodischen Einheiten (vgl. 2.6.3),
- Akzentstruktur von Wörtern und Sätzen,
- (relative) Quantität von Segmenten,
- Intonation (Satzmelodie),
- Tonkonturen (in Tonsprachen),
- Vokalharmonie (z.B. im Ungarischen).

In Auseinandersetzung mit dem SPE-Modell,[32] das sich als ungeeignet zur Darstellung prosodischer Strukturen erwies, entwickelte sich die nichtlineare Phonologie, die hierarchische Strukturen wie in der Syntax annimmt. Sie spaltet sich in zwei verschiedene Ansätze: Autosegmentale und Metrische Phonologie.

2.6.1 Autosegmentale Phonologie

Die Autosegmentale Phonologie wurde bei der Analyse von Tonkonturen und Silbenstrukturen entwickelt. Unterschiedliche Tonhöhe einzelner Silben im Satz ergibt eine "Intonation", die der Melodie in der Musik entspricht. In "Tonsprachen" wie Ibo und Yoruba in Afrika oder Chinesisch, Tibetisch und Aino in Ostasien ist jeder Silbe ein Ton zugeordnet. Man unterscheidet gleichmäßige Töne ("level tones") und Konturtöne. Bei gleichmäßigen Tönen ist die Tonhöhe hoch, mittel oder tief, bei Konturtönen wechselt sie (fallend, steigend, fallend-steigend usw.). Hohe Töne notiert man mit "H" (high), tiefe mit "L" ("low"); fallende Töne notiert man als "HL", steigende als "LH". Das Nordchinesische unterscheidet nach KIECKERS (1931:106f) vier Töne. Er erläutert sie an der Aussprache des Worts *so*:

> "Es entwickelt sich folgendes Gespräch zwischen drei Männern, von denen der erste ein Experiment vorführt. Er sagt zum zweiten: du mußt es *so* machen. Der Ton setzt hier bei 'so' ziemlich scharf und hoch ein und verharrt in dieser Tonlage (so^1). Der zweite sagt in einer daran anschließenden Frage (indem er jetzt den Versuch macht): meinst du *so*? Der Ton setzt ebenfalls hoch ein, steigt aber noch etwas (so^2). Der erste antwortet: ja! Und nun sagt der dritte, der darüber erstaunt ist und nun auch das Experiment ausführen will: *so*? Der Ton setzt tief ein und steigt erst gegen Ende hoch (so^3). Da er es falsch macht, zeigt der erste es nochmals, wobei er ärgerlich sagt: nein, *so*! Der Ton setzt in mittlerer Höhe ein und sinkt gegen Ende stark (so^4). Durch die verschiedenen Töne werden sonst homophone ... Wörter unterschieden. ... So bedeutet fu^1 'Mann, Gatte' (nur in der Schrift- und Literatursprache), fu^2 'Glück', fu^3 'Präfektur', fu^4 'reich'."

---

32 Der SPE-Ansatz ("SPE" ist die Abkürzung für *(The) Sound Pattern of English* von CHOMSKY / HALLE 1968) konzentriert sich auf die Beschreibung von Segmenten und ihre Veränderungen in Umgebungen.

Bei langen Vokalen verteilt sich das Tonmuster HL eines fallenden Tons auf die beiden "Hälften" des langen Vokals, den man als zusammengesetzt aus zwei kurzen auffasst. Es gibt aber auch Konturtöne auf kurzen Vokalen. Ein kurzer Vokal kann nicht geteilt werden. Hier treten (wie bei Affrikaten; vgl. 2.4) zwei kontrastierende Merkmale [+hoch, –hoch] in einem Segment auf, was einen Merkmalwiderspruch ergibt; die Notierung als Merkmalfolge (auf zwei Segmente verteilt) wäre ebenfalls unangemessen, da ein kurzer Vokal nicht als bisegmental aufgefasst werden kann. Kurzvokale mit Konturton können in einer rein segmentalen Theorie nicht dargestellt werden. Die autosegmentale Lösung sieht statt einer einzigen Repräsentationsebene zwei miteinander assoziierte Ebenen (tiers) vor. In der oberen Ebene wird die Tonstruktur der Äußerung angegeben, in der unteren finden sich die einzelnen Segmente: [33]

(2-04) Ton-Vokal-Zuordnungen

VAN DER HULST / SMITH (1982:8) weisen darauf hin, dass diese zweischichtige Strukturdarstellung einer Liednotierung mit Melodie und Text ähnelt. Dabei gilt: (a) Alle silbischen Elemente müssen mit wenigstens einem Ton verbunden werden. (b) Assoziationslinien dürfen sich nicht kreuzen. Diese Bedingungen lassen zu, dass ein Ton mit mehreren Segmenten verbunden wird und umgekehrt. Ein Kurzvokal mit Konturton wird in der Segmentebene als ein Segment markiert, das zwei Einheiten der autosegmentalen Ebene zugeordnet ist. Umgekehrt kommt auch Ausbreitung eines Tons über mehrere Segmente vor (vgl. den letzten H-Ton in (2-04)): Es gibt Sprachen, in denen mehrere Vokale in einer Sequenz den gleichen Ton tragen. Die Theorie heißt "autosegmental", weil Töne und andere prosodische Phänomene autonome Segmente bilden. Die Notwendigkeit eines Mehr-Ebenen-Modells zeigt sich darin, dass es Phänomene gibt, die einer Ebene zuzuordnen sind, ohne dass Prozesse in einer anderen Ebene Einfluss auf sie haben. Das gilt auch für Silbenstrukturen.

---

[33] Die Darstellung stützt sich im Wesentlichen auf VAN DER HULST / SMITH (1982) und GOLDSMITH (1990).

2.6.2 Metrische Phonologie

Die Theorie der Metrischen Phonologie wurde an Akzent-Phänomenen entwickelt und später auf andere Phänomene – z.B. Vokalharmonie und Silbenstruktur – ausgedehnt, wo sie mit der Autosegmentalen Phonologie konkurriert. In der Metrischen Phonologie haben sich (in Bezug auf Akzentanalyse) zwei verschiedene Verfahren entwickelt: metrische Bäume und metrische Gitter. Metrische Bäume stellen das Akzentmuster eines Worts in binärer Verzweigung dar; die Knoten sind "s(trong)" und "w(eak)" etikettiert:[34]

(2-05) a

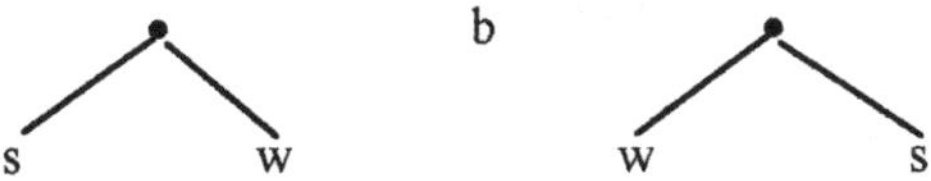

Verboten sind nicht-binäre, symmetrische und reflexive Bäume:

(2-06) a

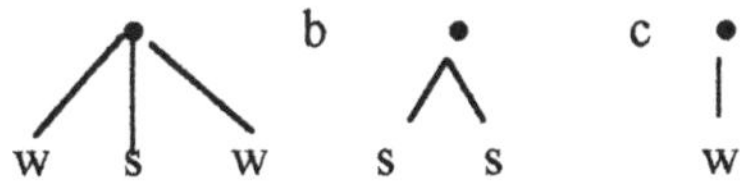

Akzent ist eine relative Eigenschaft: Von einem vereinzelten Segment kann man nicht sinnvoll aussagen, dass es dominant ist; der irreflexive Baum (2-06)c ist sinnlos. Da "S" relational ist, also "stärker als" bedeutet, ist auch (2-06)b nicht sinnvoll. (2-06)a würde bedeuten, dass die erste und die dritte Silbe gleich schwach im Verhältnis zur zweiten sind; das ist aber im Allgemeinen nicht der Fall.

Sowohl die Akzentstruktur von syntaktischen Phrasen und Sätzen als auch die von (einfachen und komplexen) Wörtern lässt sich nach HOGG / MCCULLY (1987:65) durch metrische Bäume darstellen:

(2-07) a

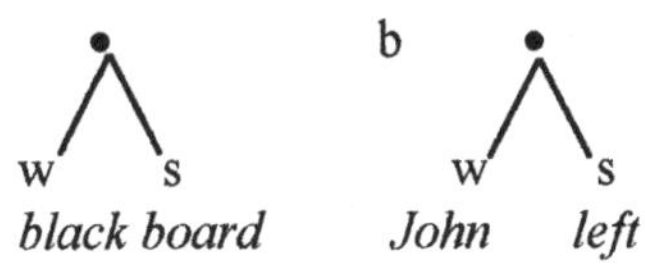

---

[34] Die Darstellung folgt im Wesentlichen HOGG / MCCULLY (1987), SELKIRK (1982), VENNEMANN (1986), GIEGERICH (1985) und dem zusammenfassenden Referat in VAN DER HULST / SMITH (1982).

HOGG/ MCCULLY (1987:66) stellen auch syntaktische Strukturen und Wortstrukturen, die mehr als zwei Silben enthalten, parallel dar ("R" ist von *root* (*Wurzel*) abgeleitet):

```
(2-08)        R               (2-09)        R
             / \                           / \
            w   \                         w   \
           / \   \                       / \   \
          s   w   s                     s   w   s
```

dew covered lawn — *coffee table book*

Das ausschließlich von S-Knoten dominierte terminale Element trägt den Hauptakzent. Die Akzentdistribution in einem Wort ist weitgehend von der Silbenstruktur abhängig. Nach LIBERMAN / PRINCE (1977:271) ist eine Silbe schwer, wenn sie einen langen Vokal oder Diphthong enthält oder wenn dem Vokal mindestens ein Konsonant folgt. Ist die letzte Silbe ("ultima") schwer, erhält sie den Akzent: *Radau*, *Universität*. [35] Ist die vorletzte Silbe ("penultima") schwer, bekommt sie den Akzent: *Aróma*, *Äquátor*. Ist die penultima leicht (weil sie nur einen Kurzvokal enthält), bekommt die vorvorletzte Silbe ("antepenultima") den Akzent: *Kámera*.

Eine Sequenz aus einer betonten Silbe und folgenden unbetonten Silben nennt man **Fuß** (symbolisiert durch "F"). Das Wort *Silbe* bildet im Deutschen ebenso einen Fuß wie das Wort *Fuß* oder das Wort *rettete*; im ersten Fall haben wir einen zweisilbigen oder trochäischen Fuß (der nach EISENBERG 1991 den Normalfall fürs Dt. darstellt), im zweiten einen einsilbigen ("degenerierten") Fuß, im dritten einen dreisilbigen bzw. daktylischen Fuß (vgl. MAAS 1999:79). Füße bilden ihrerseits eine Einheit höherer Ordnung, das **Phonologische Wort** (symbolisiert durch "ω"; vgl. NESPOR / VOGEL 1986:109).

Ein metrisches Gitter kann die relative Prominenz der vorkommenden Silben etwas genauer angeben als ein Baum. Hier ein Beispiel:

```
(2-09)          x
          x     x
          x     x     x

         ver   wal   ten
```

---

[35] Da nach GIEGERICH (1985) das Gleiche fürs Deutsche gilt, werden die engl. Beispiele von LIBERMAN / PRINCE (1977) durch deutsche ersetzt.

Die Hauptakzent-Silbe hat im Gitter drei (mit "x" markierte) Schläge, die Nebenakzent-Silbe zwei, die unbetonte Silbe einen Schlag. Das Gitter ergibt sich nach FÉRY (1986) dadurch, dass zunächst jede Silbe einen Schlag bekommt (1. Ebene), dann jede Silbe mit Vollvokal noch einen Schlag (2. Ebene), dann die Silbe mit dem prominentesten Vollvokal einen weiteren Schlag (3. Ebene). Bei mehr als drei Silben braucht man mehr Ebenen. LIBERMAN / PRINCE (1977) verbinden Baum und Gitter und erhalten dann Strukturdarstellungen wie (2-10), wo das Gitter ergänzend zum Baum wirkt. In andern Darstellungen wird das Gitter auch alternativ zum Baum verwendet.

(2-10)

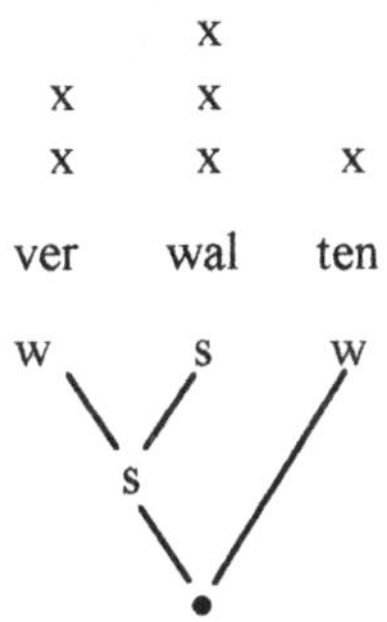

2.6.3 Silbenstruktur

Nach PIKE / PIKE (1947) haben Silben eine hierarchische interne Struktur. SELKIRK (1982) rechtfertigt die Annahme von Silbenkonstituenten durch den Hinweis darauf, dass diese die Domäne für bestimmte Regularitäten und Prozesse bilden; so ist die Silbenkoda die Domäne für Auslautverhärtung und der Reim ist die Domäne für Nasalassimilationen (vgl. VATER 1992). (2-11) illustriert das Pikesche Schema.

(2-11)

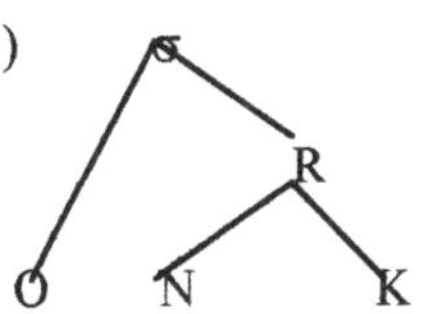

O = Onset
R = Reim
N = Nukleus
K = Koda

Nach SELKIRK (1982) kann man die Pikeschen Silbenkonstituenten mit der CV-Struktur auf sinnvolle Weise kombinieren.

Grundlage für die Analyse der Silbenstruktur ist in der Autosegmentalen Phonologie die CV-Ebene oder Skelett-Ebene. Sie besteht aus C und V genannten Einheiten, wobei C eine nichtsilbische, V eine silbische Einheit bezeichnet. "C" ist von *consonant*, "V" von *vowel* abgeleitet; doch C und V bezeichnen funktionale Einheiten, die die Phonotaktik der Silbe wiedergeben. Zwischen Einheiten der CV-Ebene und Einheiten der Segment-Ebene besteht nicht notwendig 1:1-Relation. Das Wort *oval* hat nach VATER (1992) die Struktur (2-12): Die erste Silbe besteht nur aus einem R(eim), der seinerseits nur N(ukleus) dominiert. Die zweite Silbe besteht aus O(nset) und R, das in N und K(oda) verzweigt. Auch N ist zweiteilig; es enthält V und C: Ein kurzer Vokal wird nur mit V assoziiert, ein langer mit V + C, wobei V den Silbengipfel, also den Vokal, C die Länge (die wie ein konsonantisches Segment behandelt wird) repräsentiert:

(2-12)

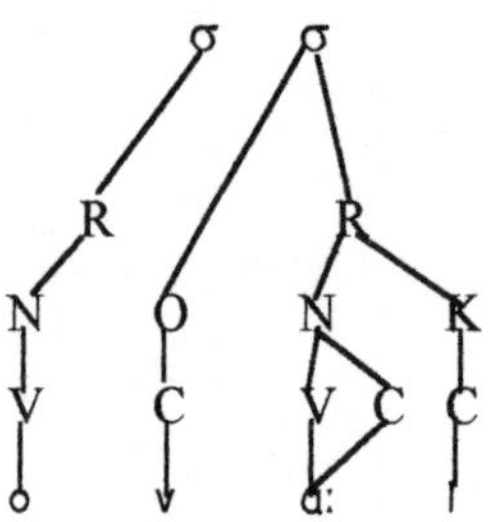

Das in 2.4 angesprochene Affrikatenproblem wird nun lösbar: Affrikaten des Deutschen verhalten sich phonotaktisch (z.B. in ihrer Verbindbarkeit mit anderen Kononanten), wie einfache Konsonanten. Sie bilden jedoch zwei Einheiten der Segment-Ebene mit zwei verschiedenen Werten des Merkmals [±dnd] (während alle anderen, hier durch "..." angedeuteten Merkmale identisch sind):

(2-13)

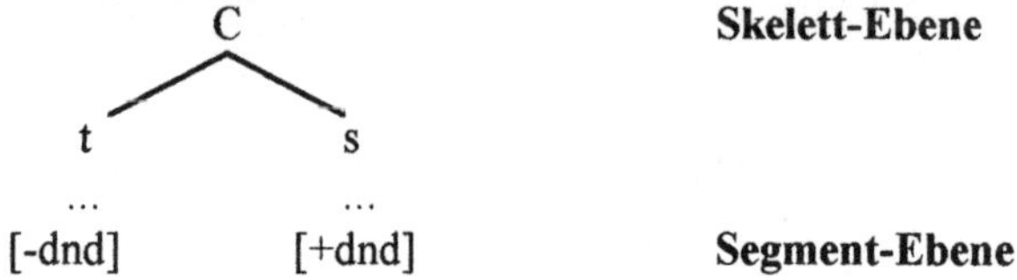

Der Silbengipfel – das Element, das allein eine Silbe bilden kann – ist normalerweise ein Vokal. Im Dt. kann ein kurzer Vokal den Gipfel bilden, z.B. /a/ in *alle* oder /e/ in *Regal*, ein langer Vokal, z.B. /ɑ:/ in *aber*, oder ein Diphthong, d.h. eine Verbindung aus kurzem Vokal und

Glide wie /aj/ in *bei*. In der Autosegmentalen Phonologie lässt sich das einfach darstellen: Der Vokal wird mit V, der Glide mit C assoziiert.

(2-14)

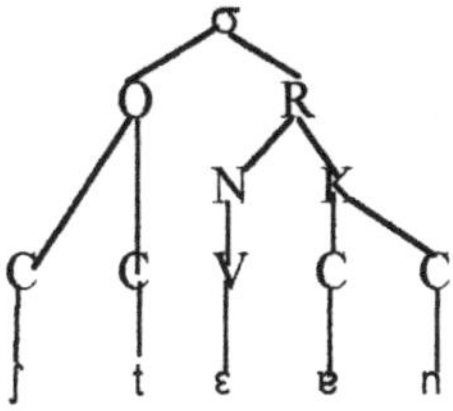

(2-15)

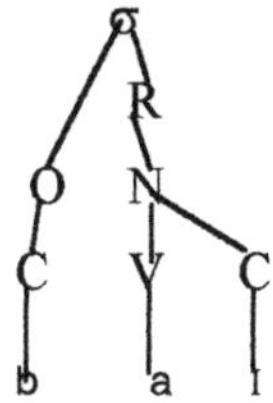

In Sprachen wie dem Tschechischen kann ein Sonorant den Silbengipfel bilden, wie in dem vokallosen Zungenbrecher-Satz (2-16). Hier bildet überall /r/ den Silbengipfel. Im Deutschen können Liquide[36] und Nasale bei Schwa-Elision einen Silbengipfel bilden, wie in (2-17), in der Interjektion *pst* sogar der Frikativ /s/.[37]

(2-16) Strč prst skrz krk.
"Steck den Finger durch den Hals."

(2-17) a [hɪ.mļ] b [ɑː.tr̩] c [oː.fr̩] d [reː.gŋ̍]

Bei den sogenannten "ambisilbischen" Konsonanten wird ein Segment zwei C-Einheiten in der CV-Schicht zugeordnet:[38]

(2-18)

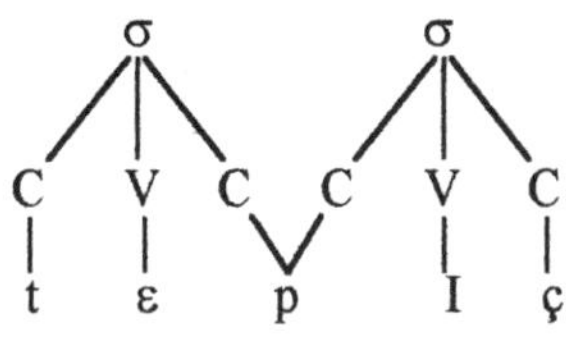

Sonorität ist ein silbenrelevantes Phänomen; entdeckt hat es (zufolge NEEF 2002) offenbar WHITNEY (1865), auf dem SIEVERS (1885³) und JESPERSEN (1904) aufbauen (Sievers spricht von "Klangfülle", was

---

36 Vibranten (/r/-Laute) werden in dieser Position sogar vokalisch: [oːdɐ], wogegen sich die Laterale wie Nasale verhalten (vgl. (2-23)).

37 In den Transkriptionen bezeichnet "." die Silbengrenze.

38 Diese Darstellung hat m.E. einen Nachteil: An sich handelt es sich bei der Assoziation eines Segments zu zwei Einheiten der CV-Schicht um ein langes Segment. Im Deutschen gibt es aber lange Konsonanten nur bei Schwa-Elision und Nasal-Assimilation wie in [deːnː] *dehnen/ denen*. Das ist hier nicht der Fall; [p] ist kurz.

das Gleiche meint). Die phonetische Grundlage der Sonorität ist zwar bis heute nicht eindeutig ermittelt worden, aber man weiß, dass sie mit der Silbenstruktur korreliert: Je sonorer ein Segment ist, desto geeigneter ist es als Silbengipfel. Man nimmt eine Sonoritätsskala an, in der Plosive das Minimum, Vokale das Maximum bilden:

(2-19) Plosive < Frikative < Nasale < l < r < Vokale

Sprachvergleiche zeigen, dass universell Sonorität zum Silbengipfel hin kontinuierlich wächst und zu den Rändern hin abnimmt; (2-20) bringt deutsche, (2-21) englische, (2-22) französische Beispiele:

(2-20)	a /tsɛlt/	b /grʊft/	c /pflɪçt/
	Zelt	*Gruft*	*Pflicht*
(2-21)	a /hænd/	b klɛft/	c /rɪsk/
	hand	*cleft*	*risk*
(2-22)	a /vɛrb/	b /trist/	c /disk/
	verbe	*triste*	*disque*

Ausnahmen wie dt. *Strauß*, *Obst* und *Quatsch* bedürfen einer besonderen Erklärung. Nach WIESE (1996) sind koronale Auslautkonsonanten wie /s/ in *Keks*, /t/ in *Abt*, /st/ in *Obst* und /ʃ/ in *Quatsch* als extrasilbisch anzusehen. Gleiches nimmt Wiese für anlautende koronale Konsonanten z.B. in *Skala* und *Strauß* an.

Auch in der Metrischen Phonologie wurden Silbenstrukturen analysiert. Dabei werden die gleichen Etikettierungen "s" und "w" benutzt, die bei Akzentstrukturen Prominenzgrade kennzeichnen (vgl. 2.6.2); innerhalb der Silbe beziehen sich s und w auf Sonoritätsgrade der Silbenbestandteile und Segmente (vgl. VAN DER HULST/ SMITH 1982:39; GIEGERICH 1985:2). KIPARSKY (1979) verdanken wir ein universelles metrisches Silbenschema (template).

(2-23)

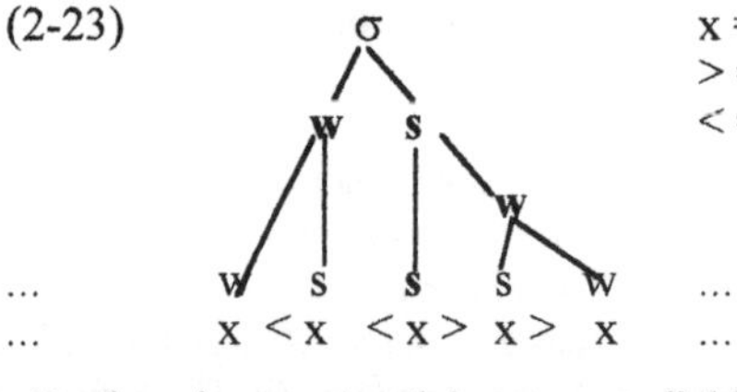

x = Segment
\> = sonorer als
< = weniger sonor als

Die Punkte deuten Ausdehnungsmöglichkeiten nach beiden Seiten an. Die fett gedruckten Knoten entsprechen den Knoten im Pikeschen Schema (Onset, Reim, Nukleus und Koda):

Nach GIEGERICH (1985:45) sind O und R obligatorische Konstituenten, so dass eine Minimalsilbe die Form W^S hat. Sowohl die hierarchische Gliederung der Silbe als auch die Obligatorität des Onsets sind problematisch, aber in der streng binären metrischen Phonologie unumgänglich. Für vokalisch anlautende Silben nimmt GIEGERICH (1985:46f) einen leeren Onset, also ein Null-Segment, an:

(2-24)

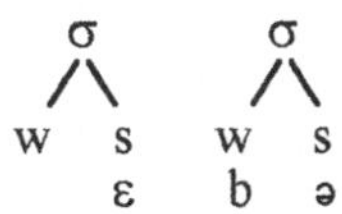

Silbenüberlappungen lassen sich auch metrisch darstellen:

(2-25)

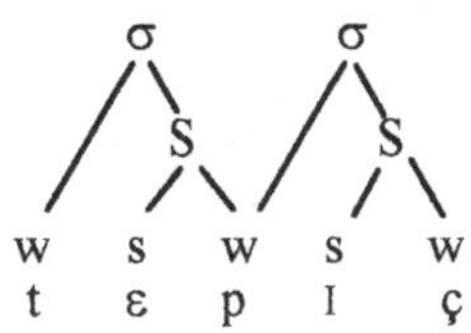

2.6.4 Merkmalarchitektur

Von phonologischen Merkmalen wird neuerdings angenommen, dass sie ähnlich wie Segmente hierarchisch angeordnet sind, wobei die aktiven Artikulatoren – Lippen, Zungenblatt (Corona) und Zungenrücken (Dorsum) – als relevante Knoten fungieren.

(2-26)

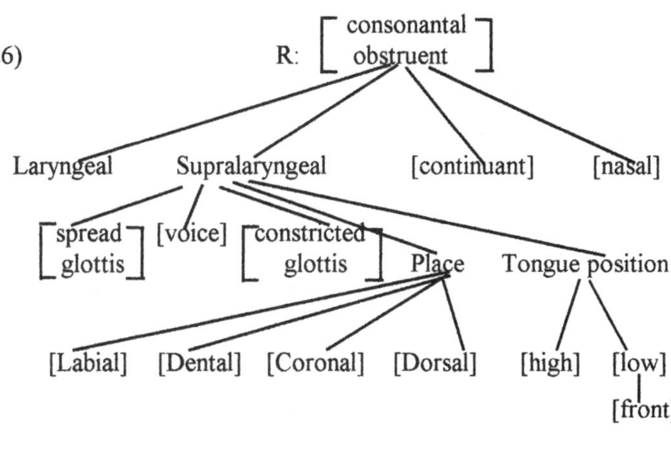

Die Artikulatoren differenzieren z.B. Plosive wie /p/, /t/, /k/ oder Frikative wie /f/, /s/ und /x/ nach ihren Artikulationsstellen. Die Zungenposition sorgt für zusätzliche Differenzierungen. Das System der artikulatorischen Merkmale deutscher Konsonanten stellt WIESE (1996:29) im obigen Baumdiagramm dar; der Wurzelknoten "R(oot)" dient dabei als "Ankerpunkt". Die Merkmale der Segmente des Deutschen werden von WIESE (1996:30) in Tab. 4 (auszugsweise) folgendermaßen spezifiziert

Tab. 4

Segment	tradit. Terminus	Artikulatoren	Modifikation
p, m	bilabial	Labial	
f	labiodental	Labial, Dental	
s, t, n	alveolar	Koronal	
š (ʃ)	palato-alveolar	Koronal, Zungenpos.	+hoch
ç	palatal	Dorsal, Zungenpos.	+vorn, +hoch
x, k	velar	Dorsal, Zungenpos.	+hoch
χ, R	uvular	Dorsal, Zungenpos.	+tief
h, ʔ	glottal	——	

Die hierarchische Merkmalanordnung zeigt, dass die einzelnen Segmente in unterschiedlichem Grade komplex sind. So benötigt man für /ç/ mehr Merkmale als für /ʃ/ und für /ʃ/ mehr als für /s/. Der Sonderstatus von /h/ im Deutschen (und Englischen) – das MOULTON (1962) als "frictionless continuant" klassifiziert – kommt dadurch zum Ausdruck, dass kein Hauptartikulator spezifiziert wird. Gleiches gilt für den glottal stop [ʔ]. Labiale, koronale und dorsale Konsonanten sind auf Grund ihrer Merkmalarchitektur als natürliche Klassen erkennbar. So sind koronale Obstruenten die im Deutschen einzig vorkommenden extrasilbischen Segmente; koronale Nasale werden assimiliert, andere Nasale nicht: *Leben* [le:bm], *Regen* [re:gŋ)], aber nicht *[hεnt] (aus *Hemd* ").

2.6.5 Optimalitätstheorie (OT)

Da neuere Studien, vor allem in Phonologie und Morphologie, oft OT als theoretischen Rahmen verwenden, sei diese hier kurz skizziert. In der OT wird die Grammatik als Menge verletzbarer Beschränkungen (constraints) angesehen. Die Grammatiken spezifischer Sprachen unterscheiden sich dadurch, wie sie diese Constraints anordnen ("ranken"). So gibt es einen FAITHFULNESS-Constraint, der fordert, dass Input und Output eines Sprachausdrucks identisch sein sollten. Es gibt Sprachen, wo der Faithfulness-Constraint einen hohen Rang in der Hierarchie einnimmt, während andere ihn niedriger anordnen. Die Relation zwischen Input und Output eines Sprachausdrucks wird vermittelt durch die formalen Mechanismen GEN(erator) und EVAL(uator). GEN erzeugt Sprachausdrücke und stellt ihre "Treue" gegenüber dem Input fest, während EVAL mit Hilfe der spezifischen Constraint-Hierarchie einer Sprache die besten Kandidaten für einen gegebenen Input aus den von GEN erzeugten Kandidaten auswählt (vgl. ARCHANGELI 1997:13). GEN fügt Elemente hinzu, tilgt welche oder ordnet sie um. Der beste Kandidat ist der, der die wenigsten Constraints verletzt. Dabei wiegt die Verletzung eines höherrangigen Constraints schwerer als die Verletzung eines niederrangigen. Für die Silbenstruktur nennt ARCHANGELI (1997:12) folgende Constraints: ONSET: Eine Silbe beginnt mit einem Konsonanten, PEAK: Silben haben einen Vokal, NOCODA: Silben enden auf Vokal, *COMPLEX: Silben haben höchstens einen Rand-Konsonanten, ONSET & PEAK: Silben bestehen aus Konsonanten und Vokalen. Da alle Constraints verletzbar sind, stellen sie eher Tendenzen als absolute Gesetze dar. Es gibt jedoch Sprachen wie Samoanisch (und andere polynesische Sprachen), die nur CV-Silben haben, also gar keine Verletzung der Silben-Constraints erlauben. Auch die Silbenstruktur der Indianersprache Yawelmani, wo jede Silbe einen Vokal hat, mit einem Konsonanten beginnt und mit höchstens einem Konsonanten endet, lässt sich mit diesen Constraints gut erklären (ARCHANGELI 1997:6ff).

2.7 Aufgaben

2.7.1 Aufgaben mit Lösungsangabe

A1 Buchstaben und Lauteinheiten (Phoneme)

In wie viele Phoneme lassen sich folgende Wörter zerlegen?

(a)	Vase	(b)	Vieh	(c)	Schnee	(d)	Watte
(e)	Hexe	(f)	oh	(g)	Limonade	(h)	Schock

Lösung: (a) 4 (b) 2 (c) 3 (d) 4 (e) 5 (f) 1 (g) 8 (h) 3

A2 Mögliche Wörter

Welche folgenden Lautketten sind mögliche Wörter im Deutschen?

(a) schneps	(b) lotzt	(c) mpin	(d) rtup
(e) plopsch	(f) etk	(g) tlon	(h) ptak

Lösung: (a), (b) und (e).

A3 Transkriptionsübung

Transkribieren Sie folgende Wörter in IPA (Homographen: 2 Transkriptionen, evtl. auch für alternative Aussprachevarianten)

(a) Dach	(b) Dachs	(c) Schwanz
(d) Staat	(e) Stadt	(f) Strich
(g) ihr	(h) irr	(i) üblich
(j) üppig	(k) Schmutz	(l) Fuß
(m) Ofen	(n) offen	(o) sehnen
(p) Sennen	(q) Dänen	(r) dehnen

Lösung:

(a) [dax]	(b) [daxs]/[daks]	(c) [ʃvants]
(d) [ʃtaːt]	(e) [ʃtat]	(f) [ʃtrɪç]
(g) [ʔiːɐ]	(h) [ʔɪɐ]	(i) [ʔyːp.lɪç]
(j) [ʔʏ.pɪç]	(k) [ʃmʊts]	(l) [fuːs]
(m) [ʔoː.fr̩]	(n) [ʔɔ.fr̩]	(o) [zeː.nr̩]
(p) [zɛ.nr̩]	(q) [dɛː.nr̩]	(r) [deː.nr̩]

A4 Merkmale

In welchem Merkmal unterscheidet sich das jeweilige Wortpaar?

(a) Dieb/ Sieb	(f) Bein/ dein
(b) Kiel/ kühl	(g) Höhle/ Hölle
(c) Ofen/ Öfen	(h) Vase/ Phase
(d) lach/ Lack	(i) Last/ Rast
(e) Miete/ Mitte	(j) tut/ tot

Lösung:

(a) [-dnd]/ [+dnd]	(b) [-rund]/ [+rund]	(c) [+hint]/ [-hint]
(d) [+dnd]/ [-dnd]	(e) [+gesp]/ [-gesp]	(f) [-kor]/ [+kor]
(g) [+gesp]/ [-gesp]	(h) [+sth]/ [-sth]	(i) [+lat]/ [-lat]
(j) [+hoch]/ [-hoch]		

A5 Segment-Tilgung im Kasem

(nach LANGACKER 1972:267f)

In der Niger-Kongo-Sprache Kasem wird der Singular von Substantiven mit dem Suffix -a, der Plural mit -i markiert. Erklären Sie die Tilgungen in 2 – 5 durch Regeln und geben Sie die Regelfolge an:

	Singular	Plural
1	[bakada] 'Junge'	[bakadi]
2	[kambia] 'Kochtopf'	[kambi]
3	[pia] 'Yam-Wurzel '	[pi]
4	[buga] 'Fluß'	[bwi]
5	[diga] 'Zimmer'	[di]

Lösung:

$$\begin{bmatrix}\text{-kons}\\ \text{+hoch}\\ \text{-hint}\end{bmatrix} \rightarrow \emptyset \,/\, \_\_ \begin{bmatrix}\text{-kons}\\ \text{+hoch}\\ \text{-hint}\end{bmatrix}$$

$$\begin{bmatrix}\text{+kons}\\ \text{-son}\\ \text{+hint}\\ \text{+sth}\end{bmatrix} \rightarrow \emptyset \quad / \, \_\_ \begin{bmatrix}\text{-kons}\\ \text{+hoch}\\ \text{-hint}\end{bmatrix}$$

Die erste Regel tilgt /i/ vor /i/, die zweite /g/ vor /i/. Die /g/-Tilgung muss vor der /i/-Tilgung erfolgen, wie der Plural [di] zeigt: Erst durch die /g/-Tilgung folgt Endungs-i dem Wurzelauslaut /i/ unmittelbar. Die Glidisierung von /u/ zu /w/ vor /i/ ist hier nicht dargestellt.

2.7.2 Aufgaben ohne Lösungsangabe

A6 Lautsegmentierung

Segmentieren Sie folgende Wörter in Phoneme:

(a) Thron	(b) König	(c) Minister	(d) Stuhl	(e) Tisch
(f) Schrank	(g) Tee	(h) Kaffee	(i) Schnaps	(j) zwei

A7 Transkription

Transkribieren Sie die Wörter in IPA (Vokallänge beachten!):

(a) Quatsch	(b) schwer	(c) ewig
(d) Luchs	(e) tüchtig	(f) lieblich
(g) Kranz	(h) Saalbau	(i) Kilometer

(j) zittern	(k) Verlust	(l) scheußlich
(m) Feld	(n) fällt	(o) fehlt
(p) zählt	(q) gewusst	(r) Rohstoff
(s) Tomate	(t) Zitrone	(u) Orange

A8 Transkription

Transkribieren Sie folgende Wörter und berücksichtigen Sie Vokallänge, r-Vokalisierung, Schwa-Ausfall und Assimilationen (vgl. 2.5):

(a) leben	(b) sterben	(c) Lippen
(d) reden	(e) raten	(f) sagen
(g) hocken	(h) Räuber	(i) Verkehr
(j) Polizei	(k) Vitrine	(l) Universität
(m) Energie	(n) Rangierer	(o) lebendiger

A9 Merkmale

Bestimmen Sie jeweils das Merkmal (mit Plus- und Minuswert), in dem sich ein Paar unterscheidet (vgl. A4):

(a) lahm/ Lahn	(b) was/ Bass	(c) Tür/ Tour
(d) tot/ tut	(e) für/ vier	(f) Kreis/ Greis
(g) lose/ Rose	(h) Lied/ litt	(i) Main/ nein

A10 Phonologische Regeln: Spanisch

(nach LANGACKER 1972:253)

Im Spanischen alternieren die stimmhaften Plosive [b,d,g] mit den stimmhaften Frikativen [β,δ,γ]. Stellen Sie eine Regel für diese Alternation auf, die sth. Plosive in speziellen Umgebungen verändert. [β] ist ein bilabialer, [δ] ein dentaler, [γ] ein velarer Frikativ.

1.	usted	[usteδ]	"ihr"
2.	libertad	[liβertaδ]	"Freiheit"
3.	gobernar	[goβernar]	"regieren"
4.	ambos	[ambos]	"beide"
5.	lobo	[loβo]	"Wolf"
6.	dado	[daδo]	"gegeben"
7.	falda	[falda]	"Hemd"
8.	miga	[miγa]	"beiβen"
9.	boga	[boγa]	"Welle"
10.	boda	[boδa]	"Hochzeit"

3. Morphologie

3.1 Gegenstand der Morphologie

3.1.1 Das Wort

Nach JENSEN (1990:1) ist Morphologie das Studium der internen Struktur von Wörtern. Doch was ist ein Wort? Das Wort *Wort* ist nicht nur in der Umgangssprache (vgl. (3-01) – (3-04)) mehrdeutig, sondern auch in der linguistischen Terminologie, wie aus (3-09) und (3-10) ersichtlich:

(3-01) Im Wort *lebendig* hat die zweite Silbe den Hauptakzent.

(3-02) Doch kaum das grause Wort verklang,
dem König ward's heimlich im Busen bang.
(HEINE, Belsazar)

(3-03) Das Wort zum Sonntag.

(3-04) Ein Mann – ein Wort.

Nur im ersten Beispiel haben wir Wort als sprachliche Einheit, für die sich der Linguist interessiert. In (3-02) handelt es sich bereits um eine Bedeutungserweiterung, denn das "Wort" Belsazars – im vorangehenden Text zitiert – lautet: "Jehovah! Dir künd' ich auf ewig Hohn – Ich bin der König von Babylon!". Dieses "Wort" ist mindestens zwei Sätze lang! Und noch länger ist das "Wort zum Sonntag" in (3-03), das einen ganzen (gesprochenen) Text von fünf Minuten Dauer umfasst. Eine noch andere Bedeutung hat Wort in (3-04); hier bedeutet es so viel wie "Ehrenwort". Für den sprachlichen Normalverbraucher ist Wort meist etwas, was beim Schreiben durch Zwischenräume abgetrennt wird; man fragt "Schreibt sich das in einem Wort?" Abgesehen davon, dass sich diese Definition nur auf die schriftliche Wiedergabe eines Worts bezieht,[39] gibt es auch hier Probleme: Es gibt komplexe Wörter, die Wortgruppen und Sätze enthalten:

---

[39] Zudem ist die Schreibung veränderlich; vgl. *kopfstehen – Kopf stehen* .

(3-05) Gutenachtkuss
(3-06) Zieh-dich-gut-an-Tag
(3-07) Ich-weiß-von-nichts-Haltung

Auch gibt es Diskrepanzen zwischen spontanem Wortgebrauch und postalischer Wortdefinition. Der Postbeamte würde sich wohl weigern, im Telegramm (3-08) nur zwei Wörter zu berechnen, da für ihn ein Wort das ist, was maximal 10 Buchstaben umfasst. *Großvaterbeerdigung* und *Freitagnachmittag* sind regulär gebildete Wörter des Deutschen, auch wenn sie von der Post oder beim Scrabble-Spiel aus quantitativen Gründen nicht anerkannt werden.

(3-08) Großvaterbeerdigung Freitagnachmittag

Was das Ganze verkompliziert, ist, dass auch *Wort* als sprachliche Minimaleinheit – als kleinster Satzbaustein – noch verschiedene Deutungen zulässt, wie folgende Beispiele belegen:

(3-09) Die Wörter *singe* und *sang* sind Formen eines Worts.
(3-10) Im Frühjahr schlüpfen die Küken aus.

Satz (3-09) klingt widersprüchlich: *singe* und *sang* werden im gleichen Atem als zwei Wörter und als ein Wort bezeichnet. "Wort" bedeutet im ersten Fall "flexivisches Wort" ("Wortform"), im zweiten "lexikalisches Wort" ("Lexem"): eine abstrakte, syntaktisch autonome Einheit, bei der von der konkreten Flexionsform abgesehen wird (vgl. PLANK 1981:206). Im Lexikon finden wir Lexeme, im konkreten Text Wortformen. Der Computer benötigt zusätzliche Anweisungen, die ihm gestatten, *singe*, *singst*, *singen*, *singt*, *sang*, *gesungen* als Realisierungen eines lexikalischen Worts zu speichern. Dabei ist zu beachten, dass *sänge*, nicht aber *Sänger* diesem Lexem zugeordnet wird. Die Unterscheidung zwischen lexikalischem und flexivischem Wort ist nur relevant für flektierbare Wörter, also Substantive, Verben, Adjektive und Determinantien (Artikelwörter), nicht für Wörter ohne Flexion (Adverbien, Präpositionen, Konjunktionen etc.).

In (3-10) kommen zwei weitere linguistisch relevante *Wort*-Verwendungen vor: *Im* ist – wie *am*, *zur*, *aufs* etc. im Deutschen – ein durch Klitisierung entstandenes "Fusionswort"; es bildet phonologisch eine Einheit (hier eine Silbe), obwohl morphologisch zwei (lexikalische) Wörter darin enthalten sind. Durch Klitisierung wird ein Wort zum "Klitikon" (engl. "clitic") abgeschwächt und mit einem anderen verschmolzen (fusioniert):

> "Clitics are elements which share certain properties of fully fledged words, but which lack the independence usually associated with words. In particular, they ... have to be attached phonologically to a *host*. This makes them look like affixes..." (SPENCER 1991:350).

Deutsch ist reich an Klitika; vgl. *es* und *ihn* in *hab's*, (*hast*) *du's/du'n* usw. WIESE (1996:250) nennt durch Klitisierung entstandene Formen wie *am* und *zur* "Verschmelzungsformen".[40] Im Dt. gibt es mehrsilbige Verschmelzungen: *hinterm, durch'n.*

Schlüpfen ... aus ist, ähnlich wie *reiste ... ab* in (3-11), ein Beispiel für "syntaktische Wörter", die zusammen eine Wortform bilden. Nichtzusammenfall eines morphologischen Worts mit einem syntaktischen ist charakteristisch fürs Deutsche. Zwischen den beiden syntaktischen Wörtern, die zusammen ein morphologisches Wort bilden, können sehr viele andere Wörter bzw. Wortgruppen stehen:

(3-11) Am Morgen *reiste* Paul bei strahlendem Sonnenschein, mit viel Gepäck, nach tränenreichem Abschied von seiner Frau und seinen Kindern, in trüber Stimmung *ab*.

Die morphologische Theorie muss Wörter in allen Sprachen der Welt beschreiben können, also auch so exotische Gebilde wie *reiste ... ab* im Deutschen. Der Wort-Begriff muss dafür weit genug sein, andererseits Varianten im eben erläuterten Sinne zulassen.

3.1.2 Das Morphem

Morpheme sind Bausteine, aus denen sich ein Wort zusammensetzt. SPENCER (1991:5) definiert Morphem in der Tradition von BLOOMFIELD (1933) als minimale Bedeutungseinheit ("minimal meaningful element").[41]

(3-12) ist ein aus Morphemen zusammengesetztes Wort.

---

[40] Solche Fusionsformen gibt es auch in anderen Sprachen; vgl. *du* und *au* im Franz., *del, al, nel* etc. im Italienischen.

[41] Damit grenzt er Morpheme nicht nur von Phonemen, sondern auch von Fugen wie *-s-* in *Arbeitsamt* ab. Für FUHRHOP (1998:1) sind Fugen "Stammformendungen". Stammformen sind Bestandteile des "Stammparadigmas". Fugen sind Komponenten von Kompositions- oder Derivationsstammformen: *Eier-(becher)*, *Arbeits-(amt)*, *arbeits-(los)*.

(3-12) Lehrervereinigung

Das Wort *Lehrervereinigung* gliedert sich in:

- das freie Morphem *Lehr-*;
- das freie Morphem *ein*;
- das gebundene Morphem *-er*;
- das gebundene Morphem *ver-*;
- das gebundene Morphem *-ig*;
- das gebundene Morphem *-ung*;

Freie Morpheme können allein vorkommen, **gebundene Morpheme** nur zusammen mit freien. Der Hauptteil eines Worts, die **Wurzel**, ist gewöhnlich ein freies Morphem.[42] Es gibt aber auch gebundene Wurzeln, z.B. *Brom*(*beere*), *Schwieger*(*sohn*), (*un*)*wirsch*, (*ver*)*gess*(*sen*), *klob*(ig). Nicht nur freie Morpheme wie *lehr-* und *ein*, sondern auch gebundene haben eine Bedeutung: *-er* bezeichnet einen "Täter", *-ung* einen Vorgang oder dessen Resultat;[43] *ver-* markiert nach FLEISCHER / BARZ (1995:325) "die vollständige Durchführung einer Handlung"; *-ig*, das Verben aus Substantiven oder Adjektiven bildet, drückt einen Prozess bzw. eine Handlung aus.[44]

Den weitaus größten Teil der gebundenen Morpheme bilden die **Affixe**, die man nach ihrer Position im Wort wiederum in Präfixe, Suffixe, Infixe und Zirkumfixe einteilt:

(3-13)	a	Un-glück	Miss-brauch	Be-schluss
	b	Tag-s	Mal-er	Finster-nis
	c	iu-n-go (lat.) "ich verbinde"		
	d	Ge-lach-e		

---

42 Der Stamm (der als Basis für Flexions-, Ableitungs- und Kompositionsprozesse dient) umfasst mehr als die Wurzel: In *Fußballer* tritt das Suffix an den Stamm *Fußball* (zwei Wurzeln), in *Brötchengeber* bestehen die Stämme *Brötchen* und *Geber* aus Wurzel und Suffix.

43 Die Suffixe *-er* und *-ung* sind in ihrer Bedeutung recht vage (vgl. 3.3.2). So bezeichnet das Suffix *-ung* sowohl Vorgänge und Zustände (als "Nomina actionis") als auch deren Resultate ("Nomina resultati").

44 Das Präfix *ver-*, das sich aus drei verschiedenen germanischen Präpositionen herleitet, hat noch andere Bedeutungen; so bezeichnet es z.B. in *verblühen* einen Resultatszustand.

Die Wörter in (3-13)a bestehen aus Präfix und Wurzel,[45] die in b aus Wurzel + Suffix. In (3-13)c ist in die Wurzel ein Infix *-n-* eingeschoben. In (3-13)d bildet *ge-..-e* nach Meinung von OLSEN (1991b:353) ein Zirkumfix um die Wurzel *-lach-*.[46] Affixe haben meist abstraktere Bedeutungen als Wurzeln: *-er* bezeichnet in *Mal-er* einen Täter, in *Bohr-er* ein Instrument; *-ung* bezeichnet einen Vorgang bzw. eine Tätigkeit (vgl. *Bewegung*, *Bergung*), aber auch das Ergebnis eines Vorgangs (*Krümmung*, *Verletzung*).

Der Funktion nach unterscheidet man bei Affixen Derivative (Ableitungsaffixe), wie die anhand der Beispiele (3-12) und (3-13) vorgestellten Affixe, und Flexionsaffixe oder Flexive wie *-s* in *Hof-s*, *-st* in *komm-st*, *-en* in *schlaf-en*, und *-t* in *erlebt* (vgl. 3.2). Morphemgrenzen wurden hier, einer alten Tradition folgend, durch "-" angegeben; dabei lassen sich Prä- und Suffixe durch die Position des Strichs vor oder nach der Wurzel unterscheiden.

Morphemanalyse einer Sprache ist ohne Kenntnis der Bedeutung der zu untersuchenden Äußerungen nicht möglich: Das Wort *beinhalten* könnte man (wenn es geschrieben vorliegt) ohne Kenntnis der Bedeutung in *Bein* und *halten* zerlegen und entsprechend falsch interpretieren; gleichermaßen könnte man das Wort *beinahe* in *Bein-* und *-ahe* zerlegen. Bei der Feldforschung ("field work"), der Analyse einer noch nicht erforschten Sprache (bzw. Sprachvariante), braucht der Linguist Informanten, die ihm die Bedeutung einer Äußerung (gegebenfalls durch Gesten) mitteilen.

Der Forscher muss zwar eine Ausgangshypothese für seine Untersuchung haben (vgl. 1.1.0), aber dabei Annahmen vermeiden, die von der Spezifik seiner Muttersprache oder anderer ihm bekannter Sprachen herrühren. So kann er nicht ohne weiteres annehmen, dass die zu analysierende Sprache Artikelwörter beim Substantiv hat, die zwar im Deutschen und Englischen vorkommen, in vielen anderen Sprachen aber nicht.

---

45 Dabei sind *Missbrauch* und *Beschluss* aus Verben "konvertiert".

46 WIESE (1996:97) nimmt ein Präfix *ge-* und ein Suffix *-e* an, die bei der Ableitung von *Gelache* aus *lach-(en)* kooperieren. Eine alternative Analyse (ohne Morpheme) schlägt NEEF (1996b) vor; dabei gelten "Designbedingungen", die prosodische Faktoren (wie Akzent- und Silbenstruktur) berücksichtigen.

Wie ein Phonem in verschiedenen Allophonen, kann ein Morphem in verschiedenen Allomorphen realisiert werden. So tritt das Morphem *Land* in vier Allomorphen auf. Allomorphie kann phonologisch bedingt sein wie in (3-14)a vs. b und c vs. d, wo die Auslautverhärtung den Wechsel zwischen stimmhaftem und stimmlosem Plosiv verursacht, oder rein morphologisch: Das Pluralmorphem verlangt bei *Land* die umgelautete Form; Gleiches gilt für das Suffix *-chen*. Eine alternative, ohne Morpheme auskommende, Analyse würde hier verschiedene Stammformen annehmen (so z.B. FUHRHOP 1998).

(3-14)	a	[land]	in *Land-es*,
	b	[lant]	in *Land*,
	c	[lɛnd]	in *Länd-er*,
	d	[lɛnt]	in *Länd-chen*

Der Linguist hat es bei der morphologischen Analyse klassischen (strukturalistischen) Zuschnitts mit drei Vorgängen zu tun:[47]

- Segmentierung (Zerlegung in Morpheme),[48]
- Klassifizierung (Zuordnung von Allomorphen zu Morphemen),
- Strukturierung (Analyse des hierarchischen Aufbaus von Morphemkomplexen).

Hier soll Morphemsegmentierung am Beispiel einer "exotischen" Sprache vorgeführt werden.

(3-15) Aztekisch (nach NIDA 1946:11)

a	nikita	"ich sehe es"	f	tikinita	"du siehst sie (Pl.)"
b	kita	"er sieht es"	g	nikitak	"ich sah es"
c	kinita	"er sieht sie (Pl.)"	h	kitakeh	"sie sahen es"
d	kitas	"er wird es sehen"	i	kinitakeh	"sie sahen sie (Pl.)"
e	kitak	"er sah es"			

NIDA (1946:11) gibt die Zusatzinformation, dass die Verbwurzel *-ita-* ist. Dann ergibt sich folgende Morphemanalyse: Die Personalformen

47 In der Generativen Morphologie kommt die Analyse von Prozessen (z.B. Argumentvererbung) hinzu; vgl. 3.3.

48 Viele Linguisten nehmen zusätzlich die Einheit 'Morph' an, als eine noch nicht als Allomorph eines Morphems klassifizierte Einheit (vgl. GLÜCK (ed.) 1993:402).

der ersten und zweiten Person Sg. werden im Nominativ (genauer: in der Subjektform) durch die Präfixe *ni-* und *ti-* ausgedrückt.

In der 3. Pers. Sg. wird das Subjekt gar nicht bezeichnet; vgl. (3-15b). Das Objektmorphem wird in der 3. Pers. Sg. durch *-k* nach dem Subjektmorphem und vor der Wurzel bezeichnet. Die dritte Person Pl. wird im Nominativ durch *-eh*-Suffix (nach der Wurzel und dem Tempussuffix) bezeichnet. Im Akkusativ (bzw. in der Objektform) wird sie jedoch durch ein der Wurzel vorangestelltes Morphem *kin-* bezeichnet, also in gleicher Stellung wie das Sing.-Objektmorphem.

Von den Tempora wird das Präsens – wie im Deutschen – gar nicht, das Futur durch *-s*-Suffix, das Präteritum durch *-k*-Suffix bezeichnet. Das Beispiel zeigt, dass auch Sprachen außerhalb des europäischen Kulturkreises recht komplex und dabei sehr systematisch strukturiert sein können. Den Linguisten ist schon längst die Einsicht gekommen, dass es keine "primitiven" Sprachen gibt. Für den Linguisten – auch für den Noch-nicht-Linguisten – ist eine solche Morphemanalyse reizvoll, da man nach einer kleinen "Korpusanalyse" selbständig neue Äußerungen bilden kann.

Aufgabe: Bilden Sie auf Aztekisch:

j	ich werde es sehen	m	du siehst es
k	du wirst sie (Plur.) sehen	n	sie werden sie (Plur.) sehen
l	sie werden es sehen	o	er sah sie (Plur.)

3.2 Flexion

Flexion ist die Bildung eines flexivischen Worts aus einem lexikalischen Wort. Dazu werden Flexive (vgl. 3.1.2) verwendet, in (3-16) die Nominal-Flexive *-es*, *-e*, *-er* und *-n*. Durch Wortbildung entstehen dagegen lexikalische Wörter wie in (3-17)b-d.

(3-16)
a Haus
b Haus-es
c Häus-er
d Häus-er-n

(3-17)
a Haus
b häus-lich
c Häus-ler
d Hochhaus

Eine rein segmentale Analyse kann morphologische Strukturen nicht vollständig erfassen, so z.B. Pluralbildung durch Umlaut im Deutschen (vgl. (3-18)) oder durch Reduplikation der ersten

Wurzelsilbe in der philippinischen Sprache Tagalog (vgl. (3-19) nach SPENCER 1991:13):

(3-18) a Hafen/ Häfen b Mutter/ Mütter c Kloster/ Klöster
(3-19) a sulat "writing" (present) b susulat "writing" (future)

Bei den Verben unterscheidet man im Deutschen zwei Hauptklassen: starke und schwache Verben. Schwach werden Verben genannt, die ihr Präteritum und Partizip mit *-t*-Suffix bilden (vgl. (3-20)a), stark diejenigen, die Ablaut (eine aus dem Indogermanischen ererbte Vokaländerung der Wurzel) dafür verwenden (vgl. (3-20)b-e).

(3-20) a lern-Ø-e / lern-t-e
b sing-st / sang-st
c komm-t / kam-t
d fahr-en / fuhr-en
e steig-e / stieg-Ø

Bei starken Verben bewirkt ein Flexiv im Präsens Umlaut (Nachvornverlagerung ("fronting") der Artikulation eines Vokals; vgl. (3-21)b) oder "Hebung" des Wurzelvokals (vgl. /e/ → /ɪ/ in (3-22)b), so dass Affix und Wurzelveränderung zusammenwirken:

(3-21) a fahr-e b fähr-st
(3-22) a tret-e b tritt-st

Ablaut ist manchmal mit konsonantischen Veränderungen kombiniert:

(3-23) a zieh-en / zog-en
b geh-en / ging-en
c steh-en / stand-en

Es gibt eine kleine dritte Klasse, die man als "gemischt" oder "unregelmäßig" bezeichnet; das sind historisch gesehen schwache Verben, die in der Präsens-Wurzel durch ein folgendes *j*-Suffix umgelautet wurden, wozu dann in den Vergangenheitsformen noch konsonantische Abwandlungen kamen:

(3-24) a renn-Ø-e / rann-t-e
b brenn-Ø-e / brann-t-e
c denk-Ø-e / dach-t-e
d dünk-Ø-e / deuch-t-e

Während das Präteritum der regulären (schwachen) Verben durch *-(e)t-* bezeichnet wird, wird das Präsens morphologisch nicht markiert:

(3-25) a arbeit-∅-e b arbeit-et-e

Gleiches gilt für den Nominativ deutscher Substantive (vgl. (3-26)a). Einige Linguisten nehmen in solchen Fällen "Realisierung durch ∅" bzw. ein "Null-Morphem" an (vgl. BHATT 1991:18f). Diese Annahme ist problematisch, auch wenn "∅" als "bedeutungsvolles Fehlen einer Phonemsequenz" definiert wird. Man vergleiche:

(3-26)	a	Tag-∅-∅	b	Tag-∅-e
	c	Tag-e-∅	d	Tag-e-n
(3-27)	a	Wagen-∅-∅ (Sg.)	b	Wagen-∅-∅ (Pl.)

In (3-26)a folgen zwei Nullen aufeinander, und in (3-27) kontrastieren zwei Nullen, was sie nach der Definition des Null-Morphems gar nicht dürften. Dazu kommt, dass Singular- und Plural-Null verschieden gewertet werden müssen: Sg-∅ ist ein ∅-Morphem (da Singular im Deutschen prinzipiell nicht markiert wird), Plural-∅ dagegen ein ∅-Allomorph neben anderen Allomorphen wie *-e*, *-er*, *-s*. Auch bei Verben können zwei Nullen aufeinander folgen:

(3-28) muss-∅-∅

Auch hier muss man die erste Null (für "Präsens") morphemisch, die zweite (für die 3. Person) allomorphisch werten, denn Präsens wird grundsätzlich nie bezeichnet, während für die 3. Person noch das -(*e*)*t*-Allomorph zur Verfügung steht.

SPENCER (1991:12ff) u.a. plädieren dafür, eine morphematische Analyse eher als Prozess darzustellen. Nach ANDERSON (1992:51ff) haben sich alle für Morpheme postulierten Eigenschaften bei der praktischen Wortanalyse als problematisch erwiesen: Morpheme sind nicht notwendig unteilbar; so ist das indonesische Wort *kebisaan* "Fähigkeit" von *bisa* "fähig sein" mit dem Zirkumsuffix *ke-...-an* gebildet; es gibt kein *kebisa*. Problematisch ist auch die Annahme, dass sich ein Wort exhaustiv aus Morphemen zusammensetzt wie in (3-29); es bleiben Reste wie die Fuge *-s-* und die Sequenz *-ig-*, die kein Morphem bildet.[49]

(3-29) a Hoffn-ungs-los-igkeit b Hoffn-ung-s-los-ig-keit

49 Anders als in *eckig* und *zugig* bildet *-ig* kein Adjektiv **hoffnungslosig*.

Nach ANDERSON (1992) bestehen Wörter nicht aus Morphemen. Wortstruktur ist Produkt interagierender Prinzipien aus Phonologie, Syntax, Semantik und Lexikon, die an Wörtern operieren. Komplizierte Relationen zwischen Bedeutungseinheiten und Morphen sind z.B. im Isländischen anzunehmen (vgl. ANDERSON 1992:55), wo die Wurzel die drei Segmente /hav/ umfasst, wobei der Indikativ gleichzeitig durch das Vokalsegment /a/ bezeichnet wird; Präteritum wird durch /ði/ ausgedrückt, Singular durch /ir/, 2. Person durch /r/:

(3-30)

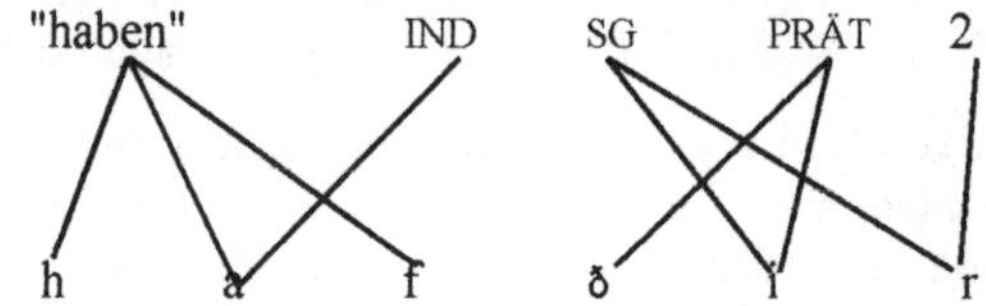

Eine auf der Autosegmentalen Phonologie aufbauende Form der morphemlosen morphologischen Analyse demonstriert KATAMBA (1993:167) am Beispiel des Arabischen (nach MCCARTHY 1981).

(3-31) **Arabische Verbstruktur**

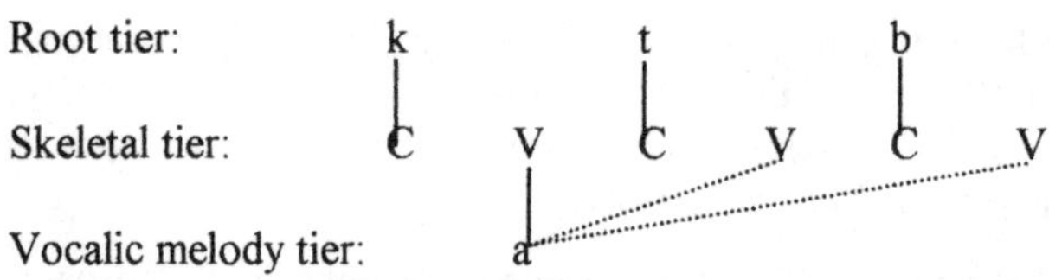

Die Verform *kataba* "(he) wrote" lässt sich so erklären, dass die C-Einheiten des Skeletts mit der konsonantischen Wurzel *ktb* ("schreib") assoziiert werden, während sich der das Präteritum markierende Vokal /a/ mit dem ersten V der Skelettschicht verbindet und auf die anderen (noch offenen) V-Positionen ausgebreitet wird.[50]

Auch für neuere morphologische Untersuchungen des Deutschen ist Aufgabe der traditionellen Morphemanalyse charakteristisch. Statt dessen werden andere Verfahren angewandt:

– Gegenüberstellung von Wörtern (oder Stammformen), so bei RAFFELSIEFEN (1993), BECKER (1994), NEEF (1996a);

---

50 KATAMBA (1993:167) vermerkt: "... a rule of Arabic licences the spreading of /a/ to these vacant slots".

- deklarative Analyse statt derivationeller Herleitung, z.B. bei RAFFELSIEFEN (1993) und NEEF (1996a/b, 1998);
- Erklärung morphologischer Formen durch Prinzipien oder Regeln, z.B. bei WURZEL (1994) und NEEF (1996a/b, 1998).

WURZEL (1994:32f) illustriert an seinem Prinzip (A) und den darauf aufbauenden "Paradigmenstrukturbedingungen" (PSB1-3) einige wichtige Merkmale der deutschen Substantivflexion.[51] Hier werden flexivische Wörter durch Gegenüberstellung zweier Formen ermittelt.

(3-32) (**A**) Flexionsparadigmen und Flexionssysteme sind implikativ aufgebaut.
(**PSB1**) Wenn ein Substantiv (in seiner Grundform) auf *-e* endet, dann hat es im Plural den Marker *-n*; vgl. *Hase/Hasen, Ende/Enden*.
(**PSB2**) Wenn ein Subst. im Plural den Marker *-er* hat, dann hat es im Dat. Pl. den Marker *-n*; vgl. *Männer/Männern, Kinder/Kindern*.
(**PSB3**) Wenn ein Subst. feminin ist und im Plural Marker -e/-∅ hat, dann hat es Pluralumlaut; vgl. *Maus/Mäuse, Mutter/Mütter*.

NEEF (1998) analysiert Pluralformen deutscher Substantive ebenfalls anhand von prosodischen Bedingungen, die z.B. dafür sorgen, dass ein Wort im Plural auf mindestens eine Reduktionssilbe enden muss, dass Wörter, die im Singular bereits eine Reduktionssilbe haben, im Plural kein Segment hinzufügen (vgl. *(der) Wagen – (die) Wagen*) und dass Wörter im Plural nicht auf Obstruent enden dürfen, so dass *Abend* ein Segment braucht (der Plural heißt *Abende*; **Abend* ist kein wohlgeformter Plural). Nach NEEF (1996a:15) kann der Terminus "generativ" (im weniger technischen Sinne) als "Nachbildung des impliziten sprachlichen Wissens eines kompetenten Sprachbenutzers einer bestimmten Sprache" augefasst werden (ebd.). In diesem Sinne sind Ausprägungen generativer Grammatiktheorien denkbar, die ohne erzeugende Regelsysteme auskommen (NEEF 1996a:15f). Nach NEEF (1996a:17f) ist in der Syntaxforschung seit einigen Jahren eine starke Tendenz erkennbar,

---

51 Ergänzt wird Prinzip (A) durch ein Prinzip (B), das besagt, dass die Flexionsklassenzugehörigkeit von Wörtern mit gleichen außermorphologischen (syntaktischen, phonologischen, semantischen) Eigenschaften nicht beliebig ist; es gibt präferente und (mehr oder weniger) nichtpräferente Flexionsklassenzugehörigkeit.

"zugunsten von oberflächennahen Wohlgeformtheitsbedingungen auf abstrakte Transformationen, schließlich sogar auf das Konzept der Tiefenstruktur zu verzichten (vgl. HAIDER 1993, CHOMSKY 1995)."

Auch im phonologisch-morphologischen Bereich ist diese Tendenz unverkennbar. Unter "Oberfläche" versteht der Verf. "die sprecher- bzw. hörerseits vorgenommene phonologische Interpretation eines naturwissenschaftlich beobachtbaren Ereignisses"; eine Oberflächen-Repräsentation ist damit zu einem gewissen Grad abstrakt.[52] Sprachspezifische Züge sind relevant: Aspiration ist im Deutschen irrelevant und muss in phonologischen Transkriptionen nicht angegeben werden, im Gegensatz zu Georgisch oder Thai. Mit GALLMANN (1990:15) definiert NEEF (1996a:20) "grammatisches Wort" folgendermaßen:

"Ein grammatisches Wort ist eine abgeschlossene morphologische Einheit mit bestimmten formalen Merkmalen (= Signifiant) sowie bestimmten grammatischen und/oder inhaltlichen Merkmalen (= Signifié), die die Position eines Phrasenkerns einnehmen kann."

Turm (Nom.) und *Turm* (Akk.) sind danach zwei verschiedene grammatische Wörter. Ein Oberflächenwort muss die flexivischen Merkmale tragen, die die jeweilige syntaktische Position erfordert; *die Höhe des Turm* ist ebenso wenig wohlgeformt wie *die Turms*.[53]

Im Deutschen wie in anderen Sprachen ist die Abgrenzung des Standards von umgangssprachlichen oder dialektalen Varietäten schwierig. Am Beispiel der Aussprache von *leben* (nach WURZEL 1984:33) entscheidet sich NEEF (1996a:26) dafür, die Varianten a-c (die in isolierter Aussprache vorkommen) als Norm zuzulassen, d jedoch nicht. Mit KLOEKE (1982) nimmt NEEF (1996a:27) an, dass Aussprachevarianten kennzeichnend für Sprachregister sind, die unterschiedlichen Wohlgeformtheits-Bedingungen unterliegen. So ist die Schwa-Aussprache wie in (3-33)a für das gehobene Register

---

52 So gibt phonologische Transkription auch nicht Frequenz der Stimme oder Lautstärke einer Äußerung wieder.

53 Beide Abweichungen kommen vor; Fehlen des Genitiv-*s* ist eine seit längerem zu beobachtende Tendenz vor allem in der Umgangssprache; Übergeneralisierung des -*s*-Plurals kommt z.B. in der Kindersprache vor.

charakteristisch, während Aussprache mit silbischem Sonoranten eher standard- und umgangssprachlich ist.[54]

(3-33) a [le:bən] b [le:bn̩] c [le:bm̩] d [le:m]

Die Wortdesign-Theorie von NEEF (1996a) ist eine nicht-derivationelle Morphologie, die ohne Morpheme auszukommen sucht und die morphologische Regularitäten als "Designbedingungen" formuliert. NEEF (1996a:123ff) benutzt das Wortdesignmodell zur Darstellung der Struktureigenschaften deutscher Infinitive.[55] Das Hauptkennzeichen deutscher Infinitive ist die segmentale Endung, die orthografisch als *n* erscheint, dem aber verschiedene phonische Realisierungen entsprechen, so [m] in *leben* (vgl. (3-33)c) oder [ŋ] in *hocken*. Diesen hinsichtlich der Artikulationsstelle unspezifizierten Nasal notiert NEEF (1996a:131) als [N]. Die wichtigsten Designbedingungen für Infinitive (nach NEEF 1996a:131–140) sind in Tab. 5 zusammengestellt:

Tab. 5 Designbedingungen für Infinitive im Deutschen

DB1a	Segmentale Endung	Die Wortform muss über eine bestimmte segmentale Endung verfügen. Klausel: Die segmentale Endung lautet [N].
DB2a	Unikale Nebensilbe	Die Wortform muss mit genau einer Nebensilbe enden.
DB2b	Obergrenze für Nebensilben	Die Wortform muss mit höchstens einer Nebensilbe enden.
DB3	Maximaler Silbenreim	Segmente der Wortform vom letzten Vollvokal an, die vor dem Schwa stehen, müssen einen wohlgeformt u. möglichst maximalen Silbenreim ergeben.

54 Wahrscheinlich ist die Aussprache c mit Assimilation des /n/ nach /b/ zu /m/ auch in der Standardsprache die übliche Aussprache; d ist stark umgangssprachlich bzw. typisch als "Allegroform" (schnelles Sprechen).

55 Die Daten stammen von MUTHMANN (1988), einem rückläufigen Wörterbuch, das Lautstrukturen berücksichtigt.

DB1a ist im Hauptteil so allgemein formuliert, dass sie für alle Flexionskategorien gilt (vgl. NEEF 1996a:131); eine Spezialklausel garantiert für den Infinitiv die Endung [N], die als Phon, nicht als Morphem zu verstehen ist (NEEF 1996a:132). Den Wortstamm, auf den viele Designbedingungen Bezug nehmen, erschließt der Verf. aus dem Infinitiv (wegen seiner absoluten Regelmäßigkeit).

Nach DB2a endet der Infinitiv auf eine Nebensilbe, d.h. eine Silbe, die Schwa oder silbischen Sonoranten enthält.[56] Da ein phonologisches Wort aus mindestens einer Hauptsilbe besteht, kann die Nebensilbe nicht die einzige im Wort sein, sondern muss zumindest einer Hauptsilbe folgen. Im Gegensatz zu FÉRY (1991) und WIESE (1996) nimmt NEEF (1996a/b) nicht die prosodische Einheit "Fuß" an. In der Standardsprache verletzen die beiden Verben *sein* und *tun* DB2a. Hier garantiert offenbar die hohe Frequenz, dass sie als Infinitive fungieren können (vgl. RAFFELSIEFEN 1993b). In der Umgangssprache gibt es viele einsilbige Infinitive; z.B. *gehn* [geːn], *bau'n* [bawn], *näh'n* [nɛːn], *sterb'n* [ʃtɛɐ̯m]; hier herrschen andere Designbedingungen. DB2b verhindert Infinitive mit mehreren Nebensilben. Im heutigen Deutsch gibt es (anders als im Niederländischen und Jiddischen) Formen wie *trommelen*.

DB3 nimmt Rücksicht auf die Struktur der Reim-Konstituente in der Silbe, garantiert die richtige Schwa-Position und verhindert so z.B. Infinitive wie *handlen* statt *handeln* oder *wandren* statt *wandern*. Die Formulierung "möglichst" besagt, dass es sich um keine absolute Bedingung handelt; in Konkurrenz zu anderen Bedingungen haben diese den Vorrang. So garantiert DB1 finales [N] und verhindert eine Bildung wie [hawnə], die nach DB3 möglich wäre. Neben den genannten Bedingungen gilt für Infinitive wie alle Verbformen noch eine allgemeinere Bedingung (vgl. NEEF 1996a:164):

Tab. 6 Unterschied zur Basis

DB4	**Unterschied zur Basis**	Die Wortform muss sich in ihrer phonologischen Struktur von der phonologisch bedingten Realisierung der relevanten Basis unterscheiden.

56 NEEF (1998a) benutzt statt dessen den Terminus "Reduktionssilbe".

3.3 Wortbildung

3.3.0 Allgemeines

Wortbildung ist die Erzeugung eines lexikalischen Worts.[57] Man könnte in jeder Sprache unendlich viele lexikalische Wörter bilden, indem man neue, (nach phonologischen Regeln bildbare) Phonemsequenzen erzeugt. So könnte man im Deutschen ein Wort [mɛl] mit der Bedeutung "Klarsichthülle mit Löchern" bilden, oder [lɛm] für "Tasse mit angebauter Untertasse". Tatsächlich entstehen die meisten neuen Wörter nicht auf diese Weise.[58] Es ist für das Gedächtnis ökonomischer, neue lexikalische Wörter aus bereits vorhandenen zu bilden. Die wichtigsten Verfahren sind folgende:

(3-34) **Wortbildungsverfahren**

a **Komposition**	*Holzhaus, himmelblau, schlafwandeln*
b **Derivation**	*täglich, Leitung*
c **Konversion**	*fischen* (von *Fisch*), *Tritt* (von *treten*)
d **Abkürzung**	*Uno, Krimi, Trafo, Kombi, Krad, Bus*
e **Kontamination**	*Kurlaub, Wintermezzo, Tomoffel*
f **Entlehnung**	*Milieu, Karriere, Smog, Computer, Snack*

Jedes neue Wort ist zunächst eine okkasionelle Wortbildung: *Rauchverzicht, Nichtraucher-Block, Ritalin-Flut, ADHS-Syndrom, Problemlöser, brutalstmöglich* sind Neubildungen ("Neologismen") aus einem Exemplar der Wochenzeitung *Der Spiegel* (vom 22.4.02).

Bei der "Usualisierung" werden Wörter gewöhnlich auf nur eine ihrer möglichen Bedeutungen festgelegt. Das Wort *Hosenträger* hat usuell instrumentale Bedeutung, könnte aber genauso gut als Nomen agentis verwendet werden; ein Schotte, der nie einen Kilt trägt, kann z.B. sagen *Ich bin Hosenträger*. Das Wort könnte sogar einen Beruf bezeichnen (z.B. "Person, die angestellt ist, Hosen vom Lager ins Geschäft zu tragen"). All diese Bedeutungen sind meist durch Usualisierung blockiert.

---

57 GALLMANN (1990:61) hält den Terminus "Lexembildung" für besser geeignet als den tradtionellen Terminus "Wortbildung".

58 PAUL (1968^8:177) bringt jedoch viele Beispiele für (meist lautmalende) "Urschöpfungen" (z.B. *bimmeln, blaffen, blubbern, dudeln, klimpern*).

Usualisierung kann auch die phonologische Seite betreffen: *Hochzeit* ist aus *hoch* und *Zeit* zusammengesetzt (mhd. noch *hochgezit* mit langem [o:]); *Junker* kommt von *Jungherr*, *Jungfer* von *Jungfrau*.

Es gibt Überlappungsbereiche zwischen Flexion und Wortbildung, speziell Derivation (vgl. MATTHEWS 1974: 37ff, BHATT 1991:25), z.B. Komparation der Adjektive und Partizipbildung der Verben:

(3-35) a	ält-er-e	b	ält-est-er
(3-36) a	brenn-end-e	b	ge-brann-t-es

Komparative und Partizipien des Präsens und Perfekts sind offenbar eher als Derivate und nicht, wie traditionell üblich, als Flexionsformen anzusehen: So ist der Komparativ nicht obligatorisch bildbar (vgl. **töter*, **lediger*, **schwangerer* etc.), und Partizipien sind oft usualisiert (vgl. *reizend*, *gereizt*), d.h. in ihrer Bedeutung nicht von der Verbbedeutung her voraussagbar; oft ist ein Partizip isoliert (vgl. *benommen*, *geflügelt*, *verflixt*, *bescheuert* etc.). Zudem kann in jedem Fall ein Flexions-Suffix antreten (vgl. (3-39) und (3-40)). Nur selten finden sich sonst zwei Flexionsaffixe hintereinander wie in *Häus-er-n*.

3.3.1 Komposition

Für die beste Definition von "Komposition" halte ich die, nach der es sich dabei um die Bildung eines Worts (eines Kompositums) handelt, das aus (zwei oder mehr) lexikalischen Wörtern zusammengesetzt ist. Eine Definition, nach der ein Kompositum aus (mindestens) zwei freien Morphemen besteht, erfasst zwar Bildungen wie *Gasthaus* und *hellblau*, aber nicht solche wie *Gastwirtschaft*, *Rechenschaftsbericht*, *Beziehungskiste*, *Problemlöser*, denn sie kann nicht erklären, dass ein Kompositionsglied gebundene Morpheme enthalten kann, wie das für ein Wort ja charakteristisch ist.[59] Ein Blick in eine Tageszeitung zeigt, dass solche komplexen Komposita besonders häufig vorkommen.

---

59 Die oben verworfene Definition geht fälschlich davon aus, dass jedes Wort, das eine Komponente eines Kompositums bildet, ein Simplex ist, d.h. aus einem Morphem besteht. Ein Kompositum kann eine erstarrte, nicht mehr frei vorkommende Konstituente enthalten (vgl. *Brombeere* und *Schornstein*). Solche Komposita spielen jedoch keine Rolle in produktiven Wortbildungsprozessen. Produktiv ist ein Wortbildungsmuster, wenn es zur Bildung neuer Wörter benutzt werden kann.

Zwei Typen von Komposita lassen sich unterscheiden:

- Determinativ-Komposita sind notwendig zweigliedrig: *Holzhaus*, *Rechenschaftsbericht*, *hellblau*, *beispielsweise*. Das Erstglied ("Bestimmungsglied") determiniert das Zweitglied, das auch "Grundglied" genannt wird.
- Kopulativ-Komposita sind nicht notwendig zweigliedrig; die einzelnen Glieder sind einander "kopulativ" (verbindend) zugeordnet: *Hosenrock*, *Prinzregent*, *Dichter-Maler-Komponist*, *schwarzrotgold*.[60]

In der Lexikalistischen Wortbildungstheorie[61] wird die Gemeinsamkeit der Determinativkomposita mit Ableitungen durch eine Regel erfasst (vgl. BHATT 1991:41). OLSEN (1986) formuliert die Regel so:[62]

(3-37) $X^n \rightarrow Y^p X^m$

Die Regel drückt mit Hilfe der Variablen X und Y aus, dass der Kopf rechts ist (was fürs Deutsche und andere, nicht aber für alle Sprachen gilt). X und Y sind Variablen für Kategorien. Im Einzelnen kann – mit gewissen Restriktionen – N(omen), V(erb), A(djektiv) und P(räposition) eingesetzt werden. Der Index des Gesamtworts (links vom Pfeil) kann nur "Ø" sein, während die Indizes der beiden Konstituenten entweder "Ø" oder "af" (bzw. "-1") sein kann. Der Ø-Index gibt die Stufe der Kategorie an: "Ø" bezeichnet eine selbständige Kategorie, d.h. eine Wurzel wie *groß* oder *Haus*, "af" eine nichtselbständige Kategorie, d.h. ein Affix wie *-lich* oder *-er*. Die Lexikalistische Wortbildungstheorie geht davon aus, dass Affixe auch kategorial bestimmt sind: *-lich* ist A, denn es bildet Adjektive (z.B. *häuslich*); *-er* ist N, denn es bildet Substantive (z.B. *Maler*).

---

60 Kopulativ-Komposita sind im Deutschen marginal; sie machen sicher weniger als 5 Prozent aller Komposita aus.

61 Die Lexikalistische Wortbildungstheorie, die Ende der siebziger Jahre den sogenannten "Transformationalistischen Ansatz" als Morphologie-Theorie der Generativen Grammatik ablöste, kann noch heute als führende Wortbildungstheorie angesehen werden. Mittlerweile gibt es jedoch neuere Ansätze, die die Interaktion zwischen Phonologie und Wortbildung betonen, so die "Prosodische Morphologie" (vgl. SPENCER 1991, 5.1) und die Optimalitätstheorie (vgl. ARCHANGELI 1999).

62 Diese Regel könnte so erweitert werden, dass sie Kopulativkomposita – und damit alle Haupttypen der Wortbildung – einschließt.

(3-38)

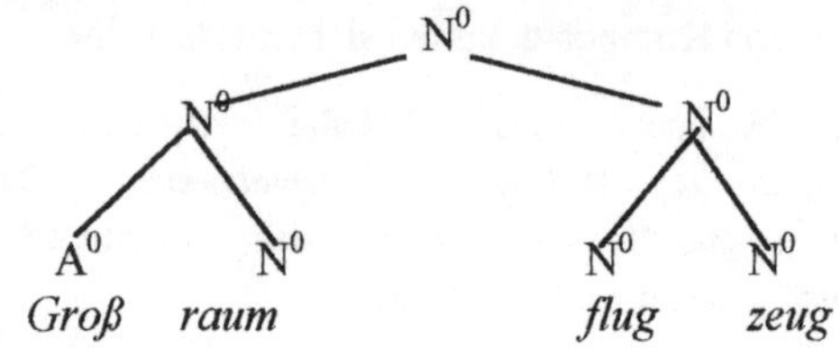

Der **Kopf** (das Grundglied) des Kompositums bestimmt die Kategorie und das Genus. In *Großraum* ist *groß* Adjektiv (A), *Raum* Substantiv (N), also ist das Ganze ein N. In *Verkehrsamt* ist *Verkehr* Maskulinum, *Amt* Neutrum, folglich ist das Kompositum Neutrum. In (3-38) ist *Flugzeug* Kopf des Gesamtkompositums und *Zeug* Kopf des Kompositums *Flugzeug*. Das Kompositum *Arbeitgeberverband* ist im Gegensatz zum symmetrisch strukturierten *Großraumflugzeug* "linksverzweigend":

(3-39)

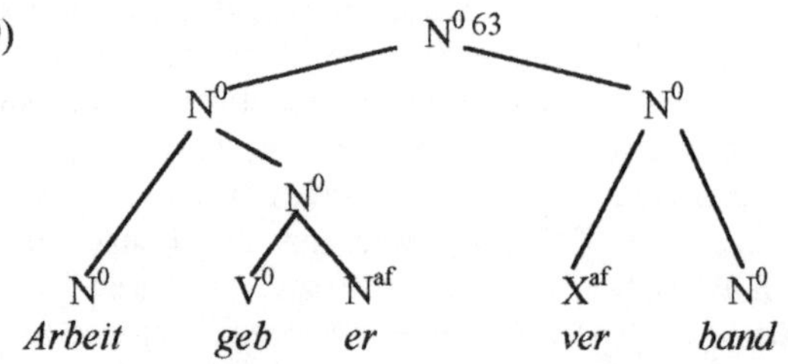

Bei Determinativ-Komposita ist der Kopf gleichzeitig auch semantisches Grundglied: Ein *Hochhaus* ist eine Art *Haus*. Das gilt nicht für Kopulativ-Komposita: Das Adjektiv *schwarzrotgold* bedeutet nicht "auf schwarze und rote Art gold(en)", sonden "schwarz und rot und gold(en)"; Die Bedeutung von Kopulativkomposita ergibt sich sich additiv aus den Bedeutungen der Komponenten. Das Kopulativ-Kompositum *schwarzrotgold* hat die Struktur (3-40).

(3-40)

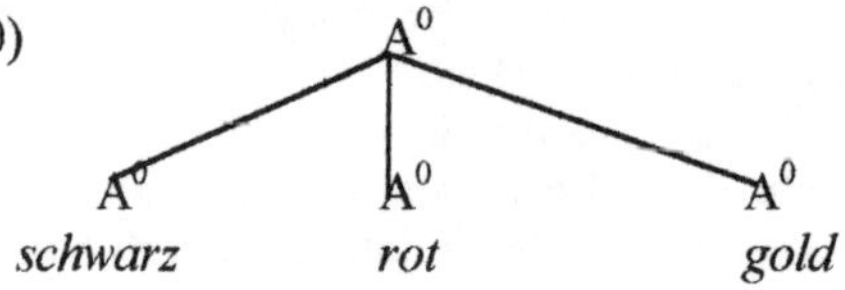

Determinativ-Komposita mit N als Kopf nennt man "Nominalkomposita", solche mit V als Kopf "Verbalkomposita" usw. (3-41)

---

63 Hier wurde Konversion von *verbind*$_V$ zu *Verband*$_N$ nicht berücksichtigt.

bringt eine Auflistung aller im Deutschen vorkommenden Untertypen von Determinativ-Komposita (nach BHATT 1991:40).

(3-41) **Kategoriale Typen von Determinativ-Komposita**

a	N N	*Holzhaus, Motorradfahrer*
b	A N	*Dunkelkammer, Rotlicht*
c	V N	*Malbuch, Wartehalle*
d	P N	*Mitmensch, Hinterhaus*
e	N A	*nachtblind, honigsüß*
f	A A	*dunkelblau, halbstark*
g	V A	*schreibfaul, tragfähig*
h	P A	*vorschnell, überklug*
i	N V	*kopfstehen, staubsaugen*
j	A V	*fremdgehen, (sich) kranklachen*
k	V V	*schweißbrennen, walzfräsen*
l	P V	*vorlesen, mitschreiben*

Verbalkomposita sind im Deutschen selten. WUNDERLICH (1986) argumentiert dafür, dass *staubsaugen, fremdgehen, mitschreiben* usw. keine Verbalkomposita seien, sondern syntaktische Verbverbindungen ähnlich wie *den Aufstand proben, in Erfahrung bringen* usw.[64]

Einen besonderen Typ von Komposita stellen die in der traditionellen Literatur so genannten "Zusammenbildungen" (vgl. (3-42)) dar. Nach LESER (1990) handelt es sich hier morphologisch eindeutig um Komposita, bei denen aus pragmatischen Gründen das Zweitglied nicht frei vorkommt (es gibt nicht *äugig, fenstrig* und *Türer*), da normalerweise kein kommunikatives Bedürfnis besteht, eine Eigenschaft wie *äugig* zu nennen; jeder Mensch hat ja Augen.[65]

(3-42)	a	blauäugig	rotbäckig	einfenstrig
	b	Ehebrecher	Vorderlader	Viertürer

---

64 Die seit der Rechtschreibreform von 1996 geltende Getrenntschreibung komplexer N+V-Verben wie *Kopf stehen* und *Rad fahren* behandelt Verben dieses Typs (aber nicht alle; vgl. staubsaugen!) als Verbphrasen, V+V- und P+V-Verben (*walzfräsen, vorlesen*) dagegen als Komposita.

65 Das von Psychologen neu gebildete Wort *Händigkeit* (als übergeordneter Ausdruck für Links- und Rechtshändigkeit) zeigt, dass die Möglichkeit, solche Bildungen selbständig zu äußern, pragmatisch gesteuert ist.

Bei den Determinativ-Komposita lassen sich nach der Relation zwischen Erst- und Zweitglied zwei Typen unterscheiden:

(3-43) a Autofahrer b Filmemacher
c Geisterfahrer d Kettenraucher

Bei **Rektionskomposita** wie in (3-43)a/b besetzt das Erstglied "eine offene Stelle in der Argumentstruktur des Kopfs der Wortstruktur" (OLSEN 1986:67; vgl. auch TOMAN 1983). Ein *Autofahrer* ist "jemand, der Auto fährt", ein *Filmemacher* "jmd., der Filme macht". Rektionskomposita sind meist aus Verben abgeleitete Nomina.[66] Sie "nehmen ihr Objekt mit"; man nennt das "Argumentvererbung": *Auto fahren – Autofahrer*. Rektionskomposita zeigen: Das *er*-Suffix, das an sich keine Argumentstruktur hat, übernimmt die Argumentstruktur (bzw. "Valenz" – vgl. 4.5) des Verbs, mit dem es sich verbindet und vererbt sie (oft in veränderter bzw. reduzierter Form) an das resultierende komplexe Wort. Das Argument kann außerhalb des komplexen Worts "gesättigt" werden, wie in *(der) Schreiber des Briefs*, oder innerhalb, in einem Rektionskompositum wie *Briefschreiber*, wo das Erstglied die Theta-Rolle "Thema" besetzt.[67] Das Argument mit der Agens-Theta-Rolle wird gewöhnlich bei Rektionskomposita nicht vererbt (in *-er* ist es praktisch bereits enthalten). [68] Eine Ausnahme ist *Arztbesuch*, wo *Arzt* als Agens (aber auch als Patiens, d.h. als Besuchter) interpretierbar ist.

(3-44) illustriert Argumentvererbung am Beispiel *Briefschreiber*.

---

66 Auch relationale Substantive wie *Sohn*, *Fan* oder *Ende* haben eine Leerstelle für ein Argument: *Arztsohn, Wagner-Fan, Filmende.*

67 Mit "Theta-Rollen" bezeichnet man semantische Funktionen der Verb-Argumente; in *Paul liest* die Theta-Rolle "Thema". Auch von N oder A regierte Genitiv-NPs wie in *(der Sohn) des Präsidenten*, *des Kriegs (müde)* haben Theta-Rollen. Im Diagramm (3-44) bezeichnen die Pfeil-Linien 1 und 2 Argumentvererbung, Pfeil 3 Argumentsättigung.

68 Bei Nominalisierung intransitiver Verben kommt Füllung der ersten Position durch das Subjekt (das dort meist die Rolle "Thema" oder "Patiens" innehat) eher vor; vgl. *Erdbeben, Schneefall, Halsentzündung.*

(3-44)

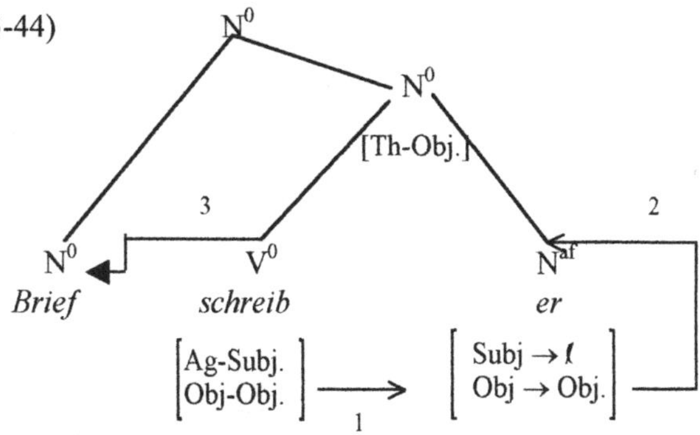

Bei **Nichtrektionskomposita** ist die semantische Relation zwischen Erst- und Zweitglied prinzipiell offen: *Kettenraucher* wird normalerweise nicht interpretiert als "jmd., der Ketten raucht", sondern "jmd., der (Zigarren oder Zigaretten) in Ketten/kettenweise raucht". Gelegentlich lässt ein Kompositum rektionale und nicht-rektionale Lesart zu: *Alkoholfahrer* hat normalerweise Nichtrektions-Lesart ("jmd., der in alkoholisiertem Zustand fährt"), lässt aber auch die Rektions-Lesart zu: "jmd., der Alkohol fährt (d.h. transportiert)". Gewöhnlich wird bei Nichtrektionskomposita durch Usualisierung eine Lesart die übliche; so wird *Geisterfahrer* normalerweise interpretiert als "jmd., der wie ein Geist fährt".

Nach FANSELOW (1981) spielen bei der Interpretation von Komposita – besonders Nichtrektionskomposita – stereotypische Assoziationen eine Rolle (vgl. auch RICKHEIT 1993). So wird in *Fabriknagel* eine lokale Relation zwischen Erst- und Zweitglied hergestellt: "Nagel, der in der Fabrik hergestellt wird", wobei das Herstellen von etwas zu den Stereotypen-Assoziationen von *Fabrik* gehört. Umgekehrt wird in *Teehaus* das Zweitglied lokal gedeutet: "Haus, in dem man Tee trinkt". *Messer* ist "ein Instrument, mit dem man etwas schneidet". Dieses Stereotyp ist relevant in der Interpretation von *Käsemesser*, wo das Erstglied das bezeichnet, was mit dem Messer geschnitten wird. Bei *Stahlmesser* trifft jedoch nicht dieses Stereotyp zu (nach unserem Wissen ist Stahl zu hart, als dass man ihn mit einem Messer schneiden kann), sondern ein anderes: das Material, aus dem das Instrument gemacht ist.

3.3.2 Derivation

Die Produktion eines lexikalischen Worts aus einem bestehenden mit Hilfe von Derivationsaffixen (Derivativen) wird Derivation (bzw. Ableitung oder Affigierung) genannt. Das Ergebnis ist ein Derivat. Affixe werden in der Lexikalistischen Wortbildungstheorie als lexikalische Einheiten angesehen; wie selbständige Lexeme haben sie eine Kategorie (vgl. OLSEN 1986:75). Das gilt insbesondere für Suffixe:

(3-45)	$[[\text{fahr}]_V[\text{er}]_N]_N$	$[[\text{leit}]_V[\text{ung}]_N]_N$	$[[\text{wärm}]_A[\text{e}]_N]_N$
(3-46)	$[[\text{freund}]_N\ [\text{lich}]_A]_A$	$[[\text{trink}]_V[\text{bar}]_A]_A$	$[[\text{gläub}]_V[\text{ig}]_A]_A$
(3-47)	$[[\text{marsch}]_N[\text{ier}]_V]_V$	$[[\text{witz}]_N[\text{el}]_V]_V$	$[[\text{kreuz}]_N[\text{ig}]_V]_V$[69]

Die "Ableitungsbasis" (das Ausgangswort) kann selbst komplex sein:

(3-48) a $[[[\text{eigen}]_A[\text{tüm}]]_N[\text{lich}]_A]_A$
b $[[[\text{freund}]_N[\text{lich}]_A][\text{keit}]_N]_N$

(3-49) a $[[[\text{fuß}]_N[\text{ball}]_N][\text{er}]_N]_N$
b $[[[\text{welt}]_N[\text{männ}]_N][\text{isch}]_A]_A$

Wenn man Affixen eine Wortartkategorie zuordnet, ist es nur noch ein Schritt zu der Annahme, dass Affixe Wörter seien und dass folglich kein Unterschied zwischen Komposition und Ableitung besteht. Diese Schlussfolgerung hat HÖHLE (1982) gezogen. Affigierung ist dann eine Form der Komposition.

(3-50) a $[[\text{Last}]_N[\text{wagen}]_N]_N$
b $[[\text{Last}]_N[\text{er}]_N]_N$

(3-51) a $[[\text{wunder}]_N[\text{voll}]_A]_A$
b $[[\text{wunder}]_N[\text{lich}]_A]_A$

Die Wortbildungen in a und b unterscheiden sich nur dadurch, dass die in a zwei freie Konstituenten haben, die in b eine freie und eine gebundene (was auch in Fällen wie *Brombeere* vorkommt).

---

69 Bei Verben wurde das Flexiv *-(e)n* weggelassen. Das Derivativ *-ig* in *kreuz-ig(-en)* hat nichts mit dem Adjektiv-Derivativ *-ig* (in *eis-ig*) zu tun.

Beide Typen lassen sich durch die gleiche Wortbildungsregel (3-37) ableiten. Gegen die "Kompositionstheorie der Affigierung" sind jedoch Einwände erhoben worden, vor allem von REIS (1983).

- Einige von Höhles Argumenten gelten nur für Suffixe. Bei Präfixen ist die Annahme eines Kategorialstatus viel problematischer als bei Suffixen. Ist *er-* in *erröten* wirklich ein V (das aus einem A ein V macht)? Und warum ist *Unglück* N, *unglücklich* A? Offenbar ist das rechte Glied für die Kategorie des Gesamtworts verantwortlich, nicht das linke: Der kategoriale Status des Präfixes ist nach REIS (1983:113) unbestimmt (und wird mit "X" notiert).

- Wurzeln sind im Gegensatz zu Affixen nicht positionsfest:

(3-52) a Haustür / Hochhaus
b Fremdling / befremd(en)

- Ein Affix hat keine Argumentstruktur; es kann nur durch "Argumentvererbung" eine bekommen (vgl. 3.3.1). So erbt *-er* in *Fahr-er* und *Les-er* Argumente von den Verben *fahren* und *lesen* Dabei "perkolieren" die syntaktischen und morphologischen Merkmale vom Kopf an das Gesamtwort, während die Argumentstruktur vom Nicht-Kopf ausgeht, vom Kopf übernommen (und modifiziert) wird und dann perkoliert (vgl. (3-44)).

Lexikoneinträge von Affixen haben außer phonologischer, kategorialer und semantischer Charakterisierung (PC, KC, SC) noch eine Subkategorisierung (SK), die die Kategorie der Wurzel spezifiziert, mit der sich das Affix verbindet. Hier werden drei Lexikoneinträge von Affixen (nach OLSEN 1986:76) vorgestellt:

(3-53) *-er*
PC /r/ [70]
KC N^{af}
SK [V_]
SC "Agens oder Instrument, das die V-Handlung ausführt"

---

70 Dies Suffix hat die zugrunde liegende Form /r/; zwischen Stamm und /r/ wird durch "Schwa-Epenthese" (vgl. WIESE 1996) ein Schwa eingeführt, das mit /r/ zum r-Vokal (vgl. RAMERS/ VATER 1995⁴:105f) verschmilzt.

(3-54) *-bar*

PC /bar/
KC A^{af}
SK [V_]
SC "Fähigkeit, V auszuführen"

(3-55) *-heit*

PC /hajt/
KC N^{af}
SK [A_]
SC "Eigenschaft, A zu sein"

Die Indizierung "af" – die OLSEN (1986) von SELKIRK (1982) übernimmt – unterscheidet Affixe von selbständigen Lexemen. OLSEN nimmt also wie HÖHLE (1982) an, dass Affixe kategorial spezifiziert sind, unterscheidet sie aber im Index von selbständigen Lexemen. Das Kompositum *Wohnraumerfassung* unterscheidet sich vom Derivat *Bewohnbarkeit* also vor allem in der Indizierung, wie die "Baumdiagramme" (3-56) und (3-57) zeigen:[71]

(3-56)

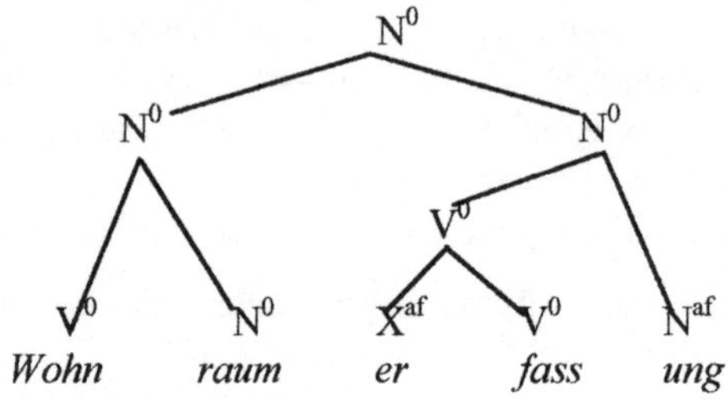

(3-57)

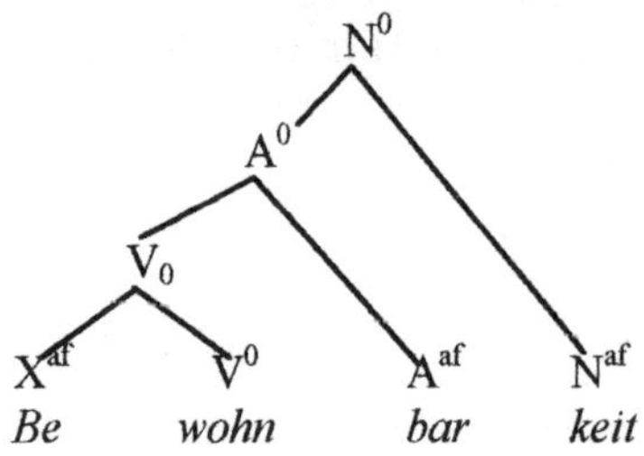

Affixe können Varianten haben. So verbindet sich *-er* mit V-, N- und Num(erale)-Wurzeln in verschiedener Lesart; *Lenker* ist Nomen

---

[71] Es wird angenommen, dass die Kategorie ohne ihren Index perkoliert.

agentis ("einer, der lenkt") oder Nomen instrumenti ("etwas, womit man lenkt"), *Berliner* Herkunftsbezeichnung ("jmd., der aus Berlin ist"), *Fünfziger* Bezeichnung einer Quantitätseinheit, die sich auf einen Menschen, einen Bus, eine Münze usw. beziehen kann.[72]

Wie in 3.3.1 beschrieben, haben Affixe keine Argumentstruktur, erben sie aber von ihrer Ableitungsbasis (V, N oder A). Gewöhnlich wird das Objekt (in der Rolle des Patiens oder Themas; s. (3-58)a) vererbt, wobei es außerhalb des Worts als Genitiv realisiert wird (vgl. (3-58)b).[73] Ein präpositionales Objekt oder ein Adverbial kann im Allgemeinen unumgewandelt vererbt werden (vgl. (3-60) und (3-61)). Das Subjekt wird meist nicht vererbt; vgl. (3-59):

(3-58)	a	Heimbewohner
	b	Bewohner des Heims
(3-59)	a	*Ausländerbewohner (des Heims)
	b	*Bewohner der Ausländer (des Heims)
(3-60)	a	Wir hoffen auf die Zukunft
	b	Unsere Hoffnung auf die Zukunft
(3-61)	a	Man kann Alf zu Torheiten verleiten.
	b	Alf ist zu Torheiten verleitbar.

Bisher war nur von Suffigierung die Rede. Es gibt gute Gründe, Prä- und Suffigierung zusammenzufassen als Affigierung.[74] Jedoch sind Präfixe – anders als Suffixe – kategoriedurchlässig: $[[\text{Un}]_X[\text{glück}]_N]_N$, $[[[\text{un}]_X[\text{glück}]]_N[\text{lich}]_A]_A$.

Das liegt an ihrer Position links von der Wurzel; das rechte Glied bildet den Kopf. Doch so einfach ist das nicht. Man vergleiche:

---

72 Viele *er*-Ableitungen können sowohl Nomina agentis als auch Nomina instrumenti ausdrücken, sind jedoch meist in einer der beiden Bedeutungen usualisiert. So wird *Fahrer* gewöhnlich interpretiert als "Person, die fährt", während *Entlüfter* in der Bedeutung "Vorrichtung zum Entlüften" usualisiert ist. Es gibt Wörter wie *Bohrer, Läufer, Lenker, Schreiber,* die in beiden Bedeutungen usualisiert sind.

73 Zum Verhalten von *-er* bei Verben mit zwei Objekten vgl. LESER (1990:75f).

74 FLEISCHER (1982[5]) vertritt die Ansicht, dass Präfigierung eine eigene, von der eigentlichen Ableitung (Suffigierung) verschiedene Art der Wortbildung sei. Zur Widerlegung dieser These vgl. OLSEN (1986:96ff).

(3-62) a $[[\text{er}]_X[\text{röt}]_A]_V$ b $[[\text{ge}]_X[\text{fühl}]_V]_N$

Rot ist A, *erröten* ist V; *fühl-* ist V, aber *Gefühl* ist N. Die Erklärung von FLEISCHER (1982[5]), dass bei deadjektivischen und denominalen Wörtern wie *erröten* und *versilbern* -(*e*)*n* Derivativ sei, ist falsch (vgl. dazu OLSEN 1986:95f). Ein Derivativ ist konstant vorhanden, aber das gilt für -(*e*)*n* nicht: *ich versilbere*, *du errötest* etc. Das zeigt eindeutig, dass -(*e*)*n* Flexiv, nicht Derivativ ist. Nach OLSEN (1986) sind Verbalpräfixe wie *er-*, *ver-*, *zer-*, *be-* und *ent-* wortartbestimmend und verhalten sich somit wie Suffixe. Die unschöne Konsequenz ist allerdings, dass dann in diesen Fällen der Kopf links sitzt (vgl.(3-64)), während das Deutsche prinzipiell "rechtsköpfig" ist (vgl.(3-63)).

(3-63) a $[[\text{erb}]_V[\text{lich}]_A]_A$ b $[[\text{un}]_X[\text{glück}]_N]_N$

(3-64) a $[[\text{er}]_V[\text{röt}]_A]_V$ b $[[\text{ver}]_V[\text{silber}]_N]_V$

Außerdem wäre die Annahme eines präfixalen verbalen Kopfs in Fällen wie *ver-gieß(-en)*, wo die Wurzel bereits verbal ist, problematisch. Aus diesem Grund beurteilt OLSEN (1989) und (1990) Verbalpräfixe anders: Sie nimmt bei Verbalpräfigierung mit WUNDERLICH (1986) ein Null-Morphem als Kopf an, das aufgrund seiner kategorialen Eigenschaften (N^{af}, V^{af} etc.) die Kategorie des Derivats bestimmt.

Obwohl der kategoriale Status der Präfixe noch nicht genügend geklärt ist, kann man davon ausgehen, dass Prä- und Suffigierung Wortbildungsprozesse von im Wesentlichen gleicher Art sind und sich als "Ableitung" zusammenfassen lassen. Dass Präfixe im Allgemeinen nicht die Kategorie des Worts bestimmen, ist in der Lexikalistischen Wortbildungstheorie durch das Rechtsköpfigkeits-Prinzip (das fürs Deutsche und viele andere Sprachen gilt) vorhersagbar. Weniger Probleme mit Präfixen hat die Wortdesigntheorie (NEEF (1996a/b)), wo Präfigierungen auf gleiche Weise durch Designbedingungen erklärt werden wie Suffigierungen. So muss ein Präfix im Standarddeutschen immer in einer anderen Silbe stehen als die Basis, was für Suffixe nicht immer zutrifft (vgl. *Fahr-t*, *reis-t*, *Gnu-s*).[75]

75 Im Bairischen gilt diese Restriktion nicht; vgl. *gschert*, *Gspusi*.

3.3.3 Konversion

Konversion wird traditionell meist als "implizite Ableitung" oder "Ø - Ableitung" aufgefasst. Es handelt sich um Fälle wie:

(3-65)	a	fang(en)	→	Fang
	b	spring(en)	→	Sprung
(3-66)	a	Fisch	→	fisch(en)
	b	Schicht	→	schicht(en)
(3-67)	a	weit	→	weit(en)
	b	grün	→	grün(en)

Gleichheit der phonologischen Form[76] und semantische Ähnlichkeit deuten auf morphologische Verwandtschaft hin; die Ableitungsrichtung ist meist semantisch bestimmt:

(3-68)	a	Fang	=	"Ergebnis des Fangens"
	b	Sprung	=	"Tätigkeit (oder: Ergebnis) des Springens"
(3-69)	a	fischen	=	"Fische fangen"
	b	schichten	=	"in Schichten stapeln"
(3-70)	a	weiten	=	"weit machen"
	b	grünen	=	"grün werden"

OLSEN (1986:124ff) nimmt in solchen Fällen Umkategorisierung an:

(3-71) a V → N b A → V c N → V

OLSEN (1990) sieht dann Konversion als Ableitung mit Hilfe eines (nach der Kategorie spezifizierten) Null-Suffixes. Diese Sicht ist besser mit der in der Lexikalistischen Wortbildungstheorie angenommenen Rechtsköpfigkeit vereinbar. NEEF (1999) entwickelt einen eigenen Ansatz mit Hilfe von Designbedingungen. Danach ist Verb-Konversion möglich für jeden nichtverbalen Stamm, der vollständig als wohlgeformter Infinitiv vorkommen kann (NEEF 1999:220), wobei die für Infinitive üblichen Restriktionen gelten (vgl. 3.2). Die Bedingung "Syllable Peak Adjacency Constraint" (SPAC) verhindert z.B. Konversionen von *Drama*, *Kaffee*, *Radio*, *Kanu* und *Taxi* zu **dramaen*, **kaffeen*, **radioen*, **kanuen* und **taxien*, da hier die Reduktionssilbe einem Vollvokal folgen würde.

---

76 Bzw. Entsprechung der phonologischen Formen aufgrund von regulären Alternationen (wie Ablaut in *spring – Sprung*).

3.3.4 Andere Wortbildungsprozesse

3.3.4.1 Kontamination

Kontamination ist eine Abart der Komposition die Verschmelzung zweier Wörter, bei der mindestens eins der konstituierenden Wörter gekürzt wird: *Tomate* + *Kartoffel* → *Tomoffel*. Kontaminationen erfreuen sich in vielen Sprachen großer Beliebtheit:[77]

(3-72)	smog	(aus *smoke* und *fog*)
(3-73)	jupelotte	(aus *jupe* und *culotte*)
(3-74)	Kurlaub	(aus *Kur* und *Urlaub*)

Diese Wortbildungsart ist alt. Da es sich dabei oft um Wortspiele handelt, sind solche Bildungen in der Literatur und in den Feuilletonteilen von Zeitungen und Zeitschriften beliebt. GRÉSILLON (1984:35) analysiert eine Reihe von HEINE-Beispielen, darunter *famillionär*, *Katzenjammertal* und *Kanonendonnergott*. Unter den neugebildeten Kontaminationen sind auch Fachwörter wie *Bionik* (aus *Biologie* und *Technik*; zitiert aus *Geo* 1985, 3:70) und *Tomoffel* (Bezeichnung einer Kreuzung aus Tomate und Kartoffel; PLANK 1981:199). Hier einige neuere, schriftlich oder mündlich belegte Beispiele:

(3-76) Zur Stunde spricht Oskar Lafontaine einweihevolle Worte. (WDR III, 10.5.96; zur Einweihung des SPD-Zentrums in Berlin)

(3-77) Die Intonationale (Einladg. zum Kolloquium des Forschungsbereichs "Theorie des Lexikons" am 5.7.1996)

(3-78) Auf dem Flohmarkt gab es sogar Beinamputhesen. (eigener Versprecher, 31.3.1996)

(3-79) humorgiastisch (Filmvorschau RTL II, 21.2.94, 22^{35})

(3-80) Das Wetter bildet in diesen Tagen ein Wintermezzo. (*ZDF*, "Heute", 18.1.94, 21^{10})

---

77 Ich benutze für den Prozess und sein Resultat den von PLANK (1981:199) verwendeten Terminus *Kontamination*. Für das Resultat gibt es konkurrierende Termini wie *Kofferwort* (frz. *mot valise*), *Amalgamierung*, engl. *blend* u.a. Für GRÉSILLON (1984:15ff) ist charakteristisch, dass die Quellwörter in einer phonologischen Sequenz überlappen (vgl. *Kurlaub*). Damit lassen sich aber Bildungen wie *smog*, *brunch* und *Tomoffel* nicht erfassen.

Wie die Beispiele zeigen, kommen Kontaminationen sowohl als bewusst geprägte (oft ironische) Bildungen vor als auch als Versprecher (*Beinamputhese* aus *Beinprothese* und *amputieren*).[78] Kontamination geschieht auch syntaktisch, bei der Bildung von Wortgruppen und Sätzen:

(3-81) Kabarette sich, wer kann! (*FAZ* 5.6.99:50, Fernsehvorschau)
(3-82) die west-östliche Diva (*Spiegel* 1979, über die Callas)
(3-83) Oh, frivol ist mir am Abend! (Revue-Titel)
(3-84) ...der Werbe-Experte frohlockt: Das Design bestimmt das Bewusstsein. (aus: *Das Sein bestimmt das Bewusstsein*)
(J. LORECK, "Lockungen" der PDS, *KStA* 5.8.99:4)

3.3.4.2 Abkürzung (Kurzwörter)

Abkürzungen sind schon von alten römischen Inschriften bekannt: SPQR (*senatus populusque Romanus*) oder INRI (*Iesus Nazarenus, rex Iudorum*). Diese Schreibabkürzungen mussten nicht gleichzeitig auch Sprechabkürzungen sein. Auch wir verwenden heute noch Schreibabkürzungen wie *usw.*, *u.a.*, *ff.* Wortbildungsmäßig interessieren nur die Sprechabkürzungen, die KOBLER-TRILL (1994:13) in Anlehnung an BELLMANN (1977) "Kurzwörter" nennt (sie sind gleichzeitig auch Schreibabkürzungen). Sie entstehen durch Reduktion von Basislexemen (BL). KOBLER-TRILL (1994:62ff) klassifiziert Kurzwörter in mehrere Typen (vgl. auch FLEISCHER / BARZ 1982^{5}:220f). (3-85) bringt eine Auswahl.[79]

(3-85) Kurzwort-Typen

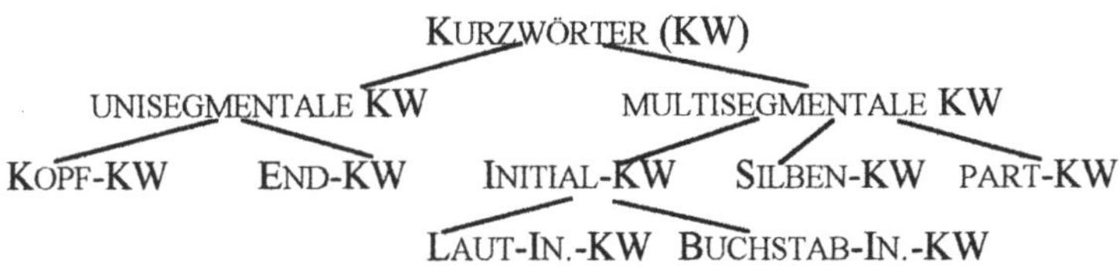

---

[78] WIEGAND (1996) behandelt Versprecher-Kontaminationen.

[79] Weggelassen wurden z.B. die nur bei Namen vorkommenden "Rumpfwörter" wie *Lisa* (< *Elisabeth*) und "Mischkurzwörter" wie *Degussa* (< *Deutsche Gold- und Silberscheideanstalt*).

Es folgen Beispiele für die genannten Kurzworttypen:

(3-86) KOPFWÖRTER: *Akku* (<*Akkumulator*); *Uni* (< *Universität*)
(3-87) ENDWÖRTER: *Cello* (< *Violoncello*); *Bus* (< *Omnibus*)
(3-88) LAUT-INITIAL-KW: *UFO* (< *Unidentified Flying Object*)
TÜV (< *Technischer Überwachungsverein*) [80]
(3-89) BUCHSTABENNAMEN-INITIAL-KW:
SPD (< *Sozialdemokratische Partei Deutschlands*)
TU (< *Technische Universität*)
(3-90) SILBEN-KW: *Trafo (< Transformator)*; [81]
Kripo (< *Kriminalpolizei*)
(3-91) PARTIELLE KW: U-*Bahn* (< *Untergrundbahn);*
Krad (< Kraftrad; ("Motorrad"))

Von den auf *-i* endenden Kurzwörtern (*Uni*, *Abi*, *Krimi*) sind die beliebten Ableitungen mit *-i*-Suffix zu unterscheiden (vgl. WERNER 1996), die sich oft mit verkürzter Wurzel verbinden (vgl. (3-92)b):

(3-92) a Greti, Schatzi, Mausi, Doofi, Brummi
b Nazi, Sozi, Sympi, Sponti, Studi, Bundi, Ossi, Wessi

3.3.5 Entlehnung

Entlehnung ist kein eigentlicher Wortbildungsprozess, dient aber auch der Erweiterung des Wortschatzes. Man unterscheidet gewöhnlich zwischen alten (phonologisch und morphologisch integrierten) "Lehnwörtern" und neueren, noch nicht integrierten "Fremdwörtern".[82] Ältere Entlehnungen sind oft so eingedeutscht, dass man ihre fremde Herkunft kaum erkennt; vgl. *Fenster*, *Tisch*, *Mauer*, *Essig*, *Bibel*, *Zwiebel*.

---

80 Hierher gehören auch sprechende Abkürzungen wie *KLAGE* (*Kölner Linguistische Arbeiten - Germanistik*), *MÜLL* (*Münsteraner Logbuch für Linguistik*), *OBST* (*Osnabrücker Beiträge zur Sprachtheorie*).

81 Die meisten Silben-KW sind Zusammensetzungen von Silbenteilen (vgl. KOBLER-TRILL 1994:76). Hierher gehören auch "Kunstwörter" wie *Persil* (aus *Perborat* und *Silikat*) und *Leica* (aus *Leitz* und *Camera*).

82 Oft setzt der Integrationsvorgang jedoch ein, wie das aus dem Englischen entlehnte Wort *Gag* zeigt, das meist wie [gɛk] ausgesprochen wird. Der Satz *Das war ein Gag*! klingt dann wie *Das war ein Geck*!

Das Deutsche hat seit ältesten Zeiten Wörter entlehnt. Aus dem Hebräischen kommen *amen*, *Sabbat*, *Satan* und Namen wie *Maria*, *Josef*, *David* und *Daniel*, aus dem Griechischen *Kirche*, *Pfingsten*, *Basilika*, *Psyche*. Aus dem Lateinischen kommen *Kaiser*, *Krone*, *Mönch*, *Münster*, *Zoll* und *Zöllner*,[83] aus dem Arabischen *Zenith*, *Nadir*, *Harem*, *Matratze* und *Alkohol*, aus dem Persischen *Basar* und *Schach*. Seit Beginn der Ritterzeit im 12. Jahrhundert dringen mit französischen Gebräuchen und Turnieren französische Wörter ins Deutsche; fürs 14. Jahrhundert sind bereits 2000 französische Fremdwörter belegt (nach POLENZ 1977:53), von denen noch heute viele benutzt werden (vgl. *Abenteuer*, *Tanz*, *Reim*, *Plan*, *Preis*, *Lanze*, *Turnier*, *Kristall*, *Flöte*, *Posaune*).[84] Dazu kam mit dem Erstarken des Handels und Bankwesens in den oberitalienischen Städten italienischer Einfluss, der heute noch in Wörtern wie *Giro*, *Konto*, *Saldo*, *brutto*, *netto*, *Kasse*, *Post* usw. fortlebt.

Seit dem 19. Jahrhundert, besonders aber seit 1945, ist das Deutsche vor allem vom Englischen beeinflusst worden, aus dem zunehmend mehr Wörter entlehnt werden. Dabei wurden neben Handel, Industrie und Politik bald alle Bereiche des täglichen Lebens erfasst: *Trust*, *Standard*, *Tunnel*, *Reporter*, *Interview*, *Club*, *Snob*, *Smoking*, *Jeans*, *Toast*, *Keks*, *Pudding*, *Whiskey*, *Cocktail*, *Sport*, *Start*, *Teenager*, *Blues*, *Party*, *Band*, *boxen*, *Computer*, *e-mail*.

Neben Entlehnungen gibt es Lehnübersetzungen: *Eindruck* von lat. *impressio*, *Einfluss* von *influentia*; aus neuerer Zeit *Kalter Krieg* (cold war), *Eiserner Vorhang* (*iron curtain*), *unmittelbare Konstituente* (*immediate constituent*), *rechtsköpfig* (*right-headed*) usw.

---

83 Aus dem Lateinischen wurde sogar das Suffix *-er* (aus *-arius*) entlehnt, zunächst mit Wörtern wie *tolonarius*, woraus in der Lautentwicklung des Dt. *Zöllner* wurde. Aus dem Lateinischen entlehnt wurden wichtige Bezeichnungen aus dem Bildungswesen wie *Universität*, *Fakultät*, *Dekan*, *Professor*, *Assistent*, *Senat* usw. Die grammatische Terminologie ist ganz lateinisch: *Subjekt*, *Verb*, *Substantiv*, *Infinitiv*, *Akkusativ* usw.

84 Auch aus dem Frz. wurden Suffixe entlehnt, so *-ie* (z.B. in *Melodie*), das später zu *-(er-)ei* wurde, und *-ier-* in *marschieren*, *stolzieren* usw.

3.4 Aufgaben

3.4.1 Aufgaben mit Lösungsangabe

A11 Morphemtypen

Zerlegen Sie folgende Wörter in Morpheme und bestimmen Sie jeweils den Morphemtyp (W = Wurzel, Px = Präfix, Sx = Suffix):

(a) Rührei	(b) Verwundung	(c) verblich
(d) Mogelei	(e) Kuhdung	(f) erblich
(g) Salbei	(h) Missverständnis	(i) beliebig

Lösung

(a) W+W	(b) Px+W+Sx	(c) Px+W
(d) W+Sx	(e) W+W	(f) W+Sx
(g) W	(h) Px+Px+W+Sx	(i) Px+W+Sx

ANMERKUNG: *Mogelei* könnte auch W+W sein ("gemogeltes Ei"). Normalerweise ist es Derivat von *mogeln* (mit Suffix *-ei*).

A12 Missliche Wortbildung

Ist das Wort *misslich* ein Gegenbeispiel zu der Annahme, dass ein Wort immer mindestens eine (freie oder gebundene) Wurzel enthält?

Lösung: Nein: Das erste Morphem ist ein Wurzelmorphem (das auch im Verb *missen* vorkommt), nicht das Präfix *miss-* (in *Missbrauch*).

A13 Allomorphe

Das Präterital-Morphem bei deutschen schwachen Verben tritt in zwei Allomorphen auf, deren phonologische Form vom Stammauslaut abhängt. Beschreiben Sie die Distribution dieser Allomorphe (möglichst zuerst das Allomorph, das stärkeren Restriktionen unterliegt, danach das Allomorph, das die Restfälle abdeckt).

(a) lebte	(b) badete	(c) widmete
(d) rechnete	(e) lernte	(f) knetete

Lösung: Das Präterital-Morphem bei schwachen Verben wird auf *-et-* gebildet, wenn die Wurzel auf koronalen Plosiv (/d/, /t/) oder auf eine Verbindung aus Plosiv + Nasal endet (vgl. b, d und c, f); in allen anderen Fällen tritt *-t-* auf.

ANMERKUNG: Für die richtige Beantwortung der Frage muss das finale *-e* als selbständiges Morphem (zur Bezeichnung der Person) erkannt, also nicht zum Präteritalmorphem gerechnet werden; Schwa zwischen Verbstamm und /t/ gehört nicht zum Stamm!

A14 Morphemzerlegung

Zerlegen Sie folgende Wörter in Morpheme.

a	Lehrer	g	Heulerei	m	missmutig
b	Messer	h	Liebelei	n	endlich
c	Tischler	i	Krümelei	o	schlich
d	Fußballer	j	Handlung	p	frevlerisch
e	Schreiner	k	Ballung	q	öffentlich
f	Messner	l	eilig	r	Berechnung

ACHTUNG: Überlegen Sie genau, wie weit die Wurzel reicht!

Lösung

a	Lehr-er	g	Heul-erei	m	miss-mut-ig
b	Messer	h	Lieb-e-lei	n	end-lich
c	Tisch-ler	i	Krümel-ei	o	schlich
d	Fuß-ball-er	j	Handl-ung	p	frevl-er-isch
e	Schrein-er	k	Ball-ung	q	öffen-t-lich
f	Mess-ner	l	eil-ig	r	Be-rechn-ung

ANMERKUNGEN: b ist monomorphematisch, also nicht in Morpheme teilbar; o enthält zwar das Präteritalmorphem, lässt sich aber nicht teilen (vgl. 3.1.2 zur Problematik der segmentalen Morphemanalyse). In c kommt das Suffix *-ler* vor, im Gegensatz zu d, wo /l/ zum Stamm gehört. Ähnlich gehört /n/ in e zur Wurzel, in f zum Suffix. In j, p und r ist Schwa der Wurzel vor vokalisch anlautenden Suffixen (*-ung* und *-er*) getilgt bzw. nicht erst eingefügt (vgl. Anm. 60). In q kommt ein Fugenelement *-t-* vor; der Umlaut der Wurzel wird vom Suffix *-lich* bewirkt.

A15 Morphologische Strukturen

Stellen Sie die morphologische Struktur der Wörter im Korpu
s durch Klammerung (vgl. 3.3.2) dar, Wort a außerdem als Baumstruktur (vgl. 3.3.1 und 3.3.2).

ACHTUNG: Zu den Konstituenten deutscher Wörter gehören auch "Fremdmorpheme", die man dann annimmt, wenn sie in Verbindung mit anderen (einheimischen oder fremden) Morphemen vorkommen (z.B. *soz-* in *sozial*, *Sozialist*, *sozialistisch*).

a Henkersmahl
b Eisenbahnunglück
c Nacherzählung
d unmusikalisch

Lösung
a $[[[[\text{Henk}]_V[\text{er}]_N]\text{s}]_N\ [\text{mahl}]_N]_N$
b $[[[\text{Eisen}]_N[\text{bahn}]_N]_N[[\text{un}]_X[\text{glück}]_N]_N]_N$
c $[[\text{Nach}]_P[[[\text{er}]_X[\text{zähl}]_V]_V[\text{ung}]_N]_N]_N$
d $[[\text{un}]_X[[[\text{mus}]_X[\text{ik}]_N]_N[\text{alisch}]_A]_A]_A$

a'

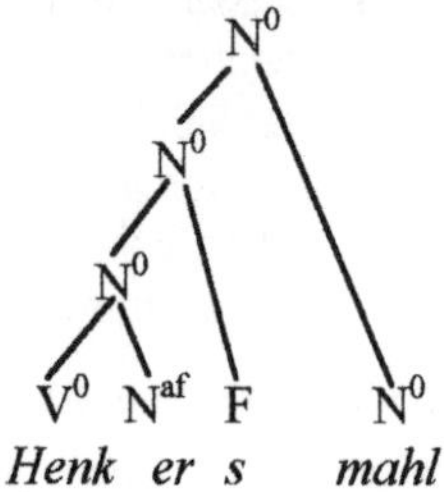

ANMERKUNG: Fugen sind nach FUHRHOP (1998:1; vgl. Fn. 41) "Stammformendungen". Die Fuge ist hier Komponente des Kompositionsstamms *Henkers*. Das Fugenelement gehört stets zur Erstkonstituente eines Kompositums; vgl. Ellipsen wie *Arbeits-* und *Sozialamt*. Präfixe und "unikale" Wurzeln sind in ihrer Kategorie unbestimmt ("X"); vgl. 3.3.2. Die Klammerdarstellungen sind insofern unvollständig, als die Indizes "Ø" und "af" weggelassen wurden; die Kategorien wurden durch (subskribierte) Indizes dargestellt.

3.4.2 Aufgaben ohne Lösungsangabe

A16 Morphemtypen

Zerlegen Sie die Wörter im Korpus in Morpheme; bestimmen Sie jeweils den Morphemtyp (W, Px, Sx) sowie Fugen als "F" (vgl. A11).

a Zufallsbekanntschaft
b Erbschaftssteuer
c Mitarbeiterversammlung
d wissenschaftlich
e glücklicherweise
f Physikstudent
g gekreuzigt
h arbeitslos
i Demonstration
j Elfengesang

ACHTUNG: Ableitungen wie *blum-ig*, *klag-los* und *Witw-er* zeigen, dass das auslautende *-e* der Feminina nicht Teil der Wurzel ist (sondern Flexiv oder Stammbildungs-Morphem).

A17 Morphemzerlegung

Zeigen Sie bei folgenden Wörtern (nach dem Muster von A14) die Morphemgrenzen an (in einigen Fällen gibt es Probleme):

a	Rechenaufgabe	d	Atomreaktor	g	ehrwürdig
b	Büstenhalter	e	Verwandlung	h	Widmung
c	Schnellrechner	f	Kommunist	i	bisexuell

A18 Allomorphe

Bestimmen Sie die Allomorphe des Morphems, das im Deutschen die 3. Person Sing. bei Verben anzeigt, anhand folgender Beispiele.

a	zeigt	e	fällt	i	muss
b	reist	f	darf	j	lässt
c	wartet	g	badet	k	rechnet
d	atmet	h	kommt	l	widmet

ACHTUNG: Beziehen Sie auch Umlaut und Verbklasse (stark vs. schwach) in Ihre Überlegungen ein. Wie erklären sich die alternativen Formen *ladet*/ *lädt* (aber: *badet*/ **bädt*)?

A19 Wortstrukturdarstellung

Stellen Sie die Strukturen der Wörter im Korpus von A16 als Baumdiagramme dar (vgl. die Lösung von A15).

A20 Lexikoneinträge

Stellen Sie die Lexikoneinträge der Suffixe *-lich* und *-ung* nach den Mustern in 3.3.2 dar.

4. Syntax

4.1 Gegenstand der Syntax

Bis in die zweite Hälfte des 19. Jahrhunderts haben sich die Grammatiker überwiegend mit Phonologie (damals "Lautlehre" genannt) und Morphologie beschäftigt. Nur Teilbereiche der Syntax wurden erfasst, vor allem die Kasus und ihre Gebrauchsweisen. Für Hermann PAUL ist noch 1919 (*Deutsche Grammatik*, Bd.III:3) die Syntax

> "Teil der Bedeutungslehre, und zwar derjenige ..., dessen Aufgabe es ist, darzulegen, wie die einzelnen Sätze und Wörter zum Zwecke der Mitteilung zusammengeordnet werden".

Paul hält sich an die Etymologie des Worts: Das Substantiv *Syntax* (griechisch *syntaxis*) ist vom Verb *syntassein* "zusammenordnen" abgeleitet. Um die Verknüpfung von Wörtern geht es in der Syntax noch heute, doch würde man sie nicht mehr zur Bedeutungslehre (Semantik) rechnen. RIES (1894:78f) teilt die Grammatik in Lautlehre, Wortlehre und Syntax und unterteilt die beiden Letzteren nach Formen- und Bedeutungslehre:

Abb. 11 Grammatik-Einteilung nach RIES (1894)

Laut	Wort	Wortgefüge	
Laut-	Wort-	Syn-	Formenlehre
lehre	lehre	tax	Bedeutungslehre

Anhand dieses Schemas definiert RIES (1894:84) Syntax als "Lehre von den Wortgefügen".[85] Diese Einteilung gilt mit gewissen noch zu erörternden Einschränkungen noch heute.

LYONS (1968:194) kontrastiert Syntax mit Morphologie:

---

85 Statt "Wortgefüge" ist seit DE SAUSSURE (1916) der Terminus "Syntagma" (für jede syntaktische Fügung inklusive Satz) gebräuchlich.

> "[M]orphology deals with the internal structure of words and syntax with the rules governing their combination in sentences."

Diese Definition weicht von Ries' Definition in zwei Punkten ab:

- Sowohl aus der Morphologie als auch aus der Syntax ist die Bedeutungsanalyse ausgegrenzt worden. Sie bildet den Gegenstand einer neuen linguistischen Unterdisziplin, der Semantik (vgl. Kap. 5).
- Im Unterschied zu Ries sieht Lyons nicht alle Wortgefüge (Syntagmen) als Gegenstand der Syntax, sondern nur Sätze.

Die Ausgrenzung semantischer Aspekte aus der Syntax ist durch die Schaffung einer dafür zuständigen Disziplin plausibel motiviert.[86] Die Beschränkung auf den Satz stellt jedoch eine unzulässige Einengung dar, da auch Phrasen (Syntagmen unterhalb der Satzebene) syntaktisch analysierbar sind. Noam CHOMSKY, der Begründer der Generativen Grammatik, stellt neue Aspekte ins Zentrum seiner Syntax-Definition.

> "Syntax is the study of the principles and processes by which sentences are constructed in particular languages." (CHOMSKY 1957:11)

Auch hier müsste der Gegenstand auf Syntagmen aller Art erweitert werden. Als Haupteigenschaft von Syntagmen gilt in der neueren Syntaxtheorie ihre syntaktische Wohlgeformtheit (**Grammatikalität**):

(4-01) a Die Mutter hat den Kindern ein Märchen erzählt.
b Den Kindern hat die Mutter ein Märchen erzählt.
c Ein Märchen hat die Mutter den Kindern erzählt.
d Erzählt hat die Mutter den Kindern ein Märchen.
e Ein Märchen erzählt hat die Mutter den Kindern.
f Den Kindern ein Märchen erzählt hat die Mutter.
g ?Die Mutter hat ein Märchen erzählt den Kindern.
h *Den Kindern die Mutter hat ein Märchen erzählt.
i *Die Mutter hat erzählt den Kindern ein Märchen.
j *Mutter die hat erzählt Kindern den ein Märchen.
k Hat die Mutter den Kindern ein Märchen erzählt?

Der Syntaktiker muss Fragen beantworten wie:

---

[86] Jedoch ist enge Interaktion zwischen Syntax, Phonologie, Morphologie und Semantik anzunehmen.

- Warum sieht die überwiegende Mehrheit der Deutschsprachigen die Sätze (4-01)a - f und k als grammatisch an, g – j nicht?
- Warum ist i weniger grammatisch als h und h weniger als g?
- Warum führt die Umstellung von Satzbestandteilen in einigen Fällen zu Sätzen mit gleicher Bedeutung, in anderen Fällen nicht?

Zur Beantwortung der Frage, ob (4-01)a-f bei denotativer Gleichheit (d.h. bei Beschreibung des gleichen Sachverhalts) in gleichen Kontexten verwendbar sind, müssen semantische und pragmatische Erwägungen einbezogen werden. Eine kontrastive Analyse zweier Sprachen erweist zudem, dass gewisse Strukturen in einer Sprache wohlgeformt sind, in einer anderen nicht. So ist die Wortfolge (4-01)i im Deutschen ungrammatisch, im Englischen, Französischen oder Dänischen jedoch grammatisch;[87] j ist im Englischen und Italienischen so ungrammatisch wie im Deutschen, jedoch in den skandinavischen Sprachen, wo der bestimmte Artikel dem Substantiv nachgestellt wird (dän. *moren* "Mutter-die"), grammatisch.

Grammatisch ist eine sprachliche Äußerung, wenn sie aufgrund bestimmter Regeln ableitbar ist. Diese Regeln sind nicht präskriptiv, sondern deskriptiv (vgl. 1.2). Sie beschreiben das, was CHOMSKY (1965) Kompetenz nennt. **Kompetenz** ist die von einem Sprecher in seiner Muttersprache oder einer anderen Sprache erworbene Fähigkeit, Sätze dieser Sprache als wohlgeformt oder abweichend zu erkennen (vgl. 1.3). Das heißt nicht, dass sich der Sprecher dieser Regularitäten voll bewusst ist, sondern dass er sie intuitiv handhabt. Jeder, der einem Ausländer Regularitäten seiner eigenen Sprache erklären soll, wird beobachtet haben, dass diese Regularitäten ihm selbst nicht oder nur teilweise bewusst sind. Ja, es kommt oft genug vor, dass ein Sprecher einen Satz seiner Muttersprache als abweichend wertet (z.B. weil er ihm in der Schule als Beispiel für "schlechtes Deutsch" präsentiert worden ist), obwohl er Sätze dieser Art spontan selbst verwendet. Hier seien Fälle wie die folgenden genannt:

---

[87] Das Deutsche und Niederländische weichen hier in der Wortfolge von allen anderen europäischen Sprachen ab. Mark Twain hat sich über die sogenannte "Klammerstruktur" des Deutschen lustig gemacht in seinem Essay "The awful German language", wo er solche Konstruktionen im Englischen imitiert, was natürlich sehr komisch klingt (vgl. *the man has the newspaper read*).

(4-02) Morgen brauche ich nicht arbeiten.
(4-03) Das habe ich ganz vergessen gehabt.
(4-04) Ich glaube, dass er das kommen sehen hat.

Brauchen wird heute (als Modalverb) sehr häufig ohne *zu* verwendet, auch wenn die (früher ziemlich intolerante) DUDEN-Grammatik diesen Gebrauch bis vor kurzem ablehnte.[88] "Doppelperfekt" wie in (4-03) ist seit mehreren Jahrhunderten registriert und kommt wie das "Doppelplusquamperfekt" sogar bei Goethe vor (*Mignon hatte sich versteckt gehabt*); voll anerkannt sind diese beiden Tempora noch nicht (in der DUDEN-Grammatik 1995[5] werden sie nicht erwähnt). Die Wortstellung *kommen sehen hat* in (4-04) gilt nicht als standarddeutsche Norm, die bei "Ersatzinfinitiven" (*sehen* statt *gesehen*) die Folge *hat kommen sehen* vorschreibt. Den meisten Sprechern des Deutschen ist diese merkwürdige Konstruktion nicht geheuer; sie weichen entweder auf das Präteritum aus (*kommen sah*) oder setzen das finite Verb ans Ende wie in (4-04), was in konjunktional eingeleiteten Nebensätzen (vgl. *dass P. das gesehen hat*) üblich ist. Von der Grammatikalität ist die **Akzeptabilität** zu unterscheiden. Grammatisch wohlgeformte Sätze können als unakzeptabel beurteilt werden, weil sie zu lang oder verschachtelt sind:

(4-05) Derjenige, der denjenigen, der den Pfahl, der auf der Straße, die nach Kulmbach führt, steht, umgeworfen hat, anzeigt, erhält eine Belohnung.

Keine Regel des Deutschen verhindert das Vorkommen von Relativsätzen in Relativsätzen, unmittelbar neben ihrem Bezugswort. Wenn allerdings mehr als zwei Relativsätze ineinander verschachtelt sind, führt das zu einer Belastung des Gedächtnisses. Das ist nicht eine Frage der Kompetenz, sondern der **Performanz**, d.h. des Gebrauchs, den ein Sprecher von seiner Sprache macht.[89] Die Performanz hängt außer von der Kompetenz noch von psychischen, physischen, sozialen und anderen sprachexternen Faktoren ab, z.B. davon, wie konzentriert oder erregt der Sprecher ist, zu wem er spricht oder ob Störungen des Kommunikationsakts (durch Lärm usw.) auftreten.

---

88 Jetzt notiert die DUDEN-Grammatik (1998[6]:404, Fn.1) jedoch, dass standardsprachlich "*brauchen* überwiegend mit *zu* konstruiert" wird.

89 "Sprecher" steht hier verallgemeinernd für "Sprecher", "Schreiber", "Hörer" bzw. "Leser" (vgl. Kap. 7).

Zur syntaktischen Analyse gehört auch die Feststellung **strukturelller Verwandtschaften**. In (4-01)a-f sind die verschiedenen Anordnungen systematisch aufeinander beziehbar, d.h. syntaktisch verwandt: Bei verschiedener Anordnung der Konstituenten wird der gleiche Sachverhalt beschrieben. Wichtig ist auch die Aufdeckung syntaktischer **Ambiguitäten** (Mehrdeutigkeiten):

(4-06) bunte Bänder und Tücher
(4-07) Ich sah einen Mann mit einem Hund, der sehr schnell lief.
(4-08) Die Mutter lässt Erna waschen.

In (4-06) kann *bunte* Attribut zu *Bänder* oder zu *Bänder und Tücher* sein. Der Relativsatz in (4-07) kann Attribut zu *einem Hund* oder zu *einen Mann mit einem Hund* sein. In (4-08) kann *Erna* Subjekt oder Objekt zu *waschen* sein, denn die Konstruktion ist elliptisch: Bei Elision des Objekts wird *Erna* als Subjekt interpretiert, bei Elision des Subjekts als Objekt. Zudem können *die Mutter* und *Erna* jeweils Subjekt und Objekt des Gesamtsatzes sein, so dass der Satz vier verschiedene Lesarten hat: (a) "Die Mutter veranlasst, dass E. etwas wäscht"; (b) "Die Mutter veranlasst, dass jmd. E. wäscht"; "Erna veranlasst, dass die M. etwas wäscht"; "E. veranlasst, dass jmd. die M. wäscht".[90]

4.2 Syntaktische Strukturen

Der bereits mehrfach verwendete Terminus "Struktur" bezeichnet nach HELBIG (1970:48) "die Organisiertheit von Elementen einer Menge, d.h. die Art und Weise ihrer Verknüpfung". Alle "Dinge" (im weitesten Sinne) haben Struktur. Das gilt für Pflanzen, Steine und Menschen wie für von Menschen geschaffene Gebilde wie Häuser.

---

90 Berücksichtigt man noch die lexikalische Ambiguität von *lassen* (als "veranlassen" und "zulassen"), hat der Satz acht Lesarten. Die syntaktische Ambiguität führt in allen Beispielen zu semantischen Ambiguitäten: Ist *die Mutter* Subjekt des Gesamtsatzes, dann ist sie diejenige, die das Waschen veranlasst (oder zulässt); ist *die Mutter* Objekt, dann ist sie diejenige, die (auf Ernas Veranlassung oder mit Ernas Erlaubnis) gewaschen wird.

In 1. wurde erwähnt, dass sich menschliche Sprache von anderen Kommunikationsarten durch die Gliederung in mehrere Ebenen mit eigenen Gesetzmäßigkeiten unterscheidet: Phoneme verbinden sich nach phonologischen Regeln, die fürs Deutsche z.B. /pɛt/, aber nicht */ptɛ/ zulassen. Morpheme verbinden sich zu Wörtern wie *häuslich* und *sterblich*, aber nicht *inlich* oder *verlich*. Die Ebenen sind autonom: Kombinationen von Einheiten der niederen Ebene ergeben nicht automatisch Einheiten der höheren Ebene: /pɪt/, /pɛt/ und /pat/ sind im Dt. zulässige Phonemverbindungen, doch nur /pat/ ist ein Morphem (und ein Wort) des Deutschen.

Die kleinste Einheit der Syntax ist das Wort (das gleichzeitig die größte Einheit der Morphologie ist). Wörter werden unabhängig von ihrer internen (morphologischen) Struktur in syntaktische Strukturen eingesetzt und unterliegen dabei bestimmten syntaktischen Bedingungen. So wird jeweils eine bestimmte Wortform gefordert, z.B. ein Substantiv im Genitiv in (*der Besitzer*) *des Hauses*.

Die nächsthöhere syntaktische Einheit oberhalb des Worts ist die **Phrase**. Eine Phrase ist endozentrisch, d.h. sie hat als Kopf ein Wort, das die Kategorie des Ganzen bestimmt und allein eine Phrase bilden kann.[91] Nach der Art des Kopfs lassen sich im Deutschen vier Phrasentypen unterscheiden:

- Nominalphrase (NP); Kopf ist ein N(omen): *das alte Haus*.
- Verbalphrase (VP); Kopf ist ein V(erb): *schreibt einen Brief*.
- Adjektivphrase (AP); Kopf ist ein A(djektiv): *ziemlich kalt*.
- Präpositionalphrase (PP); Kopf ist eine P(räposition): *vor dem Haus*.

Nach LYONS (1968:171) ist die Phrase äquivalent mit einem einzelnen Wort und enthält kein eigenes Subjekt oder Prädikat. Diese Definition ließ sich nicht halten auf Grund der Einsicht, dass eine Phrase durchaus ein Subjekt enthalten kann:

(4-09) a Kolumbus' Entdeckung
b Amerikas Entdeckung
c Kolumbus' Entdeckung Amerikas
d Amerikas Entdeckung durch Kolumbus

---

91 Im Deutschen kommen jedoch nur zählbare N (Individuativa) im Plural (vgl. *ich esse Tomaten*) und nicht-zählbare N (Kontinuativa) allein als Phrasen vor (vgl. *ich trinke Tee*). **Ich esse Tomate* ist ungrammatisch.

Die Phrasen in (4-09) sind Nominalphrasen (NPs) mit dem N *Entdeckung* als Kopf.[92] Alle enthalten ein Subjekt, in a und c als Agens, in b und d als Patiens (vgl. 4.5). (4-10)c und d enthalten auch ein Objekt (als Patiens). Die Beispiele zeigen, dass eine Phrase weitere Phrasen enthalten kann (vgl. DÜRSCHEID 2000:29). So enthält die NP (4-10)d die NP *Amerikas* und die PP *durch Kolumbus*.

Der **Satz** als oberste (und wichtigste) Einheit der Syntax ist schwer definierbar. Es gibt weit über hundert Satz-Definitionen (vgl. SEIDEL 1935). Es finden sich folgende Typen von Definitionen:

– logikbezogene, z.B.: Satz = Verhältnis zweier Begriffe;
– psychologiebezogene, z.B.: Satz = Ausdruck eines Gedankens;
– strukturbezogene, z.B. Satz = Verbindung von Subjekt und Prädikat, oder Satz = Konstruktion, die nicht Teil einer größeren Konstruktion ist;
– phonologiebezogene, z.B.: Satz = kleinste Atemeinheit;
– orthographiebezogene, z.B.: Satz = Einheit, die durch Punkte getrennt ist.

Gegen alle diese Definitionsansätze lässt sich etwas einwenden: Die logikbezogene und die daraus abgeleitete Subjekt-Prädikat-Definition lassen sich widerlegen durch Beispiele wie (4-10) – (4-12), wo weder Subjekt noch Prädikat erkennbar sind. (4-10) und (4-11) könnten allenfalls als Verbindung zweier Begriffe aufgefasst werden, wenn man "Begriff" eindeutig definiert, was keineswegs einfach ist. Satz (4-12) ist keinesfalls als Verbindung zweier Begriffe aufzufassen.

(4-10) Alle mal herhören! (4-11) Mir nach! (4-12) Au!

Die psychologisch inspirierten Definitionen gehören zu den unklarsten. Wie kann man die Zahl der in einem Satz enthaltenen Gedanken feststellen? Der französische Staatsmann TALLEYRAND behauptet "la parole a été donnée à l'homme pour déguiser sa pensée" ("die Sprache ist dem Menschen gegeben, um seine Gedanken zu verbergen"). Und gibt es nicht Sätze, die null Gedanken enthalten? Da (4-13)a Satz c mit enthält, müsste er zwei Gedanken beherbergen. Aber auch (4-13)b enthält c, nur in Form einer Infinitiv-Konstruktion statt eines *wie*-Satzes. Sind in b nun zwei Gedanken ausgedrückt oder einer?

92 Wie DÜRSCHEID (2000:22) verwende ich die Termini "Substantiv" und "Nomen" synonym, was nicht bei allen Linguisten der Fall ist (ebd.).

(4-13) a Ich sah, wie Paul grinste.
b Ich sah Paul grinsen.
c Paul grinste.

Die orthographiebezogene Definition ist für Linguisten indiskutabel, da es z.B. Gedichte ohne Punkt gibt:

(4-14) Und über allem
der Duft des Sommers
das schrieb jemand
der ist jetzt über
zweitausend Jahre tot
Herr Theokrit der
über dem Spiegel des Wassers
den Erntesegen sah
in Flur und Garten
ruhig betrachtend
Schlehenzweige
die zu Boden hängen
hörend Vogelmusik ...
(B. HILLEBRAND, in: CONRADY , *Das gr. dt. Gedichtb.* 1992[2]: 820)

Phonologisch orientierte Definitionen wie "Der Satz ist die kleinste Sprecheinheit, ... die kleinste Atemeinheit der normal dahinfließenden Rede" (GLINZ 1952:74) sind fragwürdig, wenn man Sätze von Thomas MANN (z.B. aus seinem Roman *Joseph und seine Brüder*) betrachtet, die sich über mehr als eine Seite erstrecken. Hier sind nicht einmal Teilsätze in einem Atemzug zu sprechen, sondern nur kleinere Satzbestandteile. Die strukturbezogene Definition, nach der der Satz eine Konstruktion ist, die nicht selbst Teil einer größeren Konstruktion ist, führt weiter. Allerdings bezieht sich die Definition von BLOOMFIELD (1933) auf engl. *sentence*, nicht auf dt. *Satz*.[93] Außerdem setzt diese Definition den Nachweis voraus, dass der Text keine syntaktische Konstruktion ist; schließlich sind Sätze im Allgemeinen Teile von Texten. Dies Problem soll in 10. erörtert werden.

---

93 BLOOMFIELD (1933:170) definiert *sentence* als "an independent form, not icluded in any larger (complex) linguistic form". Im Dt. ist ein Satz (als Gesamtsatz) unabhängig, als Teilsatz (engl. *clause*) jedoch nicht.

RAMERS (2000:15) erörtert die unter Linguisten gängige Praxis, die Satzdefinition zunächst zurückzustellen und den Satzbegriff erst über die Beschreibung syntaktischer Regularitäten zu explizieren, was allerdings voraussetzt, "dass der Syntaktiker zumindest eine ungefähre Vorstellung davon hat, was er analysieren soll". Dieser Auffassung kann man zustimmen. Zum Mindesten lässt sich erhoffen, dass der Leser dieser Einführung nach der Lektüre des Syntax-Kapitels eine klarere Vorstellung von Satz und Satzstruktur hat als vorher.

4.3 Aufbau der Grammatik

In der Generativen Grammatik, besonders in ihren neuesten Ausprägungen, der "Government Binding Theory" (GB-Theorie, "Rektions-Bindungs-Theorie") und dem "Minimalist Program" (MP), wird Sprache als mentaler Gegenstand gesehen (vgl. 1.3).[94] FANSELOW / FELIX (1993³:16) erläutern Chomskys Sprachauffassung:

> "Für Noam Chomsky, den Begründer der generativen Grammatik, eröffnet die Beschäftigung mit natürlichen Sprachen und den ihnen zugrundeliegenden Strukturphänomenen eine Möglichkeit, zu Einsichten in die Struktur der menschlichen Kognition zu gelangen. Somit ist die Analyse von Sprache für Chomsky ... primär ein Mittel, Einblicke in den Aufbau und die Funktionsweise des 'human mind' zu gewinnen. Durch diese Zielsetzung wird die Linguistik letztlich zu einer Teildisziplin der Kognitiven Psychologie."

Kenntnis und Wissen sind kognitive Phänomene. Performanz (der Sprachgebrauch in einer konkreten Äußerungssituation) setzt Kompetenz voraus.

Dabei stellt sich die Frage, ob es ein eigenständiges Wissenssystem Sprache gibt oder ob sprachliches Wissen sich aus dem Zusammen-

---

94 Zur Vertiefung seien für die GB-Theorie vor allem STECHOW / STERNEFELD (1988), FANSELOW / FELIX (1993³), HAEGEMAN (1991) und HAIDER (1993) empfohlen. Natürlich gibt es noch andere wichtige moderne Grammatiktheorien, z.B. die Dependenz-Grammatik (vgl. ENGEL 1996³), die Funktionale und die Lexikalisch-Funktionale Grammatik sowie die Generalisierte Phrasenstruktur-Grammatik (vgl. dazu SELLS 1985 und DÜRSCHEID 2000).

spiel verschiedener Wissenssysteme ergibt. Den ersten Ansatz nennt man "modular", den zweiten "holistisch". CHOMSKY (1982:107) bevorzugt den modularen Ansatz, d.h. er neigt dazu, grammatisches Wissen als autonom anzusehen, obwohl Sprache insgesamt (von der die Grammatik nur ein Teilaspekt ist) eher als "Epiphänomen" anzusehen ist, das sich aus dem Zusammenspiel verschiedener kognitiver Systeme ergibt. Ein Grund dafür, Grammatik (speziell Syntax) als autonom anzusehen, ergibt sich daraus, dass Grammatikalitätsbewertungen nicht von anderen kognitiven Phänomenen ableitbar sind: So gehorcht die Wortstellung der Sätze in (4-15) – Wiederholungen von (4-01) – rein syntaktischen Regeln; (4-15)e ist nicht aus semantischen oder kognitiven Gründen unzulässig, sondern aus strukturellen: Im Deutschen steht das finite Verb im selbständigen Aussagesatz in Zweitposition.[95]

(4-15) a Die Mutter hat den Kindern ein Märchen erzählt.
b Den Kindern hat die Mutter ein Märchen erzählt.
c Ein Märchen hat die Mutter den Kindern erzählt.
d Ein Märchen erzählt hat die Mutter den Kindern.
e *Den Kindern die Mutter hat ein Märchen erzählt.

Auch die Ungrammatikalität von (4-17) gegenüber der Grammatikalität von (4-16) lässt sich nicht semantisch oder kognitiv erklären, sondern dadurch, dass das Verb *begegnen* – trotz seiner semantischen Ähnlichkeit mit *treffen* – ein Dativobjekt verlangt.[96]

(4-16) Paul traf das Mädchen im Hof.
(4-17) *Paul begegnete das Mädchen im Hof.

Nach CHOMSKY (1981) und STECHOW / STERNEFELD (1988:59-95) lässt sich der Aufbau einer GB-Grammatik wie in Abb. 12 darstellen:

---

95 *Ein Märchen erzählt* in (4-16)d bildet eine Konstituente, eine VP, aus der das finite Verb herausgezogen ist, das in Zweitposition steht.

96 *Begegnen* bezeichnet immer ein zufälliges, nicht-verabredetes Treffen, wogegen *treffen* sowohl zufällig als auch verabredet gemeint sein kann: *Ich traf ihn zufällig/ wie verabredet in der Uni* vs. *Ich begegnete ihm zufällig/ *wie verabredet in der Uni*. Es gibt aber keine Regel, nach der ein intentionaler Prozess im Dt. nicht durch ein Verb mit Dativ realisiert werden könnte; vgl. die beiden grammatischen Sätze *Er gab mir versehentlich / absichtlich den falschen Schlüssel.*

Abb. 12

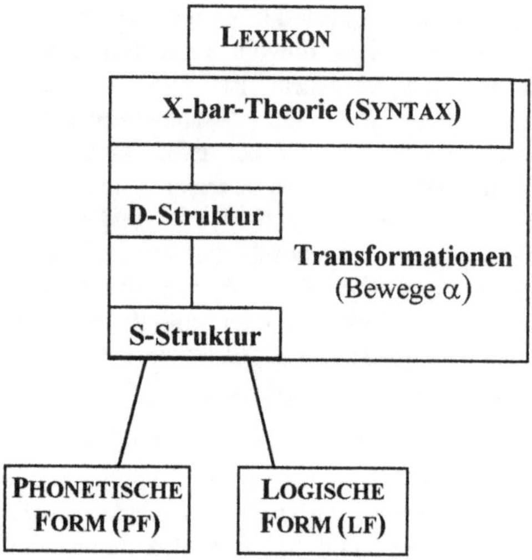

Das Gesamtsystem der Sprache besteht aus den Teilsystemen Lexikon und Grammatik.[97] Das Lexikon enthält lexikalische Einheiten, die in syntaktische Strukturen eingesetzt werden. Die Grammatik hat eine Syntax-Komponente, in der durch X-bar-Prinzipien die D-Struktur gebildet wird (vgl. 4.4), woraus mit Hilfe der Transformationsregel "move α" die S-Struktur abgeleitet wird.[98] Aus der S-Struktur wird durch phonologische Regeln (vgl. 2.5) die PF abgeleitet, durch sogenannte "Konstruktionsregeln" (die z.B. den Skopus von Quantoren bestimmen) die LF.

Das von CHOMSKY (1993) skizzierte **Minimalistische Programm** ("Minimalist Program", MP) basiert auf wenigen, sprachtheoretisch minimalen Annahmen. Neben dem Lexikon sieht das MP nur noch ein Verarbeitungssystem ("computational system") vor, das

---

97 Zur Struktur von Lexikoneinträgen vgl. vor allem 3.3.2, zur Verbindung von Lexikon und Grammatik vgl. 4.6.

98 Die Termini "D-Struktur" und "S-Struktur" sind von den engl. Termini "deep structure" (dt. "Tiefenstruktur") und "surface structure" ("Oberflächenstruktur") abgeleitet, die CHOMSKY (1965) benutzt.

Lexikoneinheiten zu komplexen Ausdrücken zusammensetzt und sie in der Phonetischen Form (PF) phonetisch und in der Logischen Form (LF) semantisch interpretiert. PF und LF sind Schnittstellen ("interfaces"), die jeweils die Verbindung zur artikulatorisch-perzeptiven und semantisch-konzeptuellen Ebene herstellen. Auf D- und S-Struktur wird verzichtet.[99]

4.4 Konstituenten/ PS-Regeln

Syntaktische Konstruktionen (Syntagmen) sind nicht linear wie Perlenketten strukturiert, sondern hierarchisch wie Bäume.[100] Wörter werden zu Phrasen verknüpft und diese zu Sätzen (vgl. 4.2). Der Satz enthält Konstituenten, die wieder Konstituenten enthalten. Die Konstituentengrammatik ist ein zentrales Verfahren zur Analyse von Sprachstrukturen.[101] Konstituenten sind Bestandteile, in die sich eine syntaktische Konstruktion sinnvoll zerlegen lässt. Doch was ist eine sinnvolle Zerlegung? BLOOMFIELD (1933:161), der als erster explizit mit Konstituentenstrukturen arbeitete, ist unbekümmert:

> "Any English speaking person ... is sure to tell us that the immediate constituents of *Poor John ran away* are the two forms *poor John* and *ran away*; that each of these is, in turn, a complex form."

Kriterien für die Analyse in I(mmediate) C(onstituent)s nennt WELLS (1947). Eine Äußerung wird so geteilt, dass die Sequenzen Expansionen kleinerer Sequenzen sind, die ihrerseits Expansionen noch kleinerer Sequenzen sind (vgl. VATER 1982:47):

(4-18) (((the)(king))((of)(England)))(((open)(ed))(Parliament))

The king of England ist eine **Expansion** von *the king*, das seinerseits eine Expansion von *he* (oder *John*) ist; *opened Parliament* ist nach

99 Für ausführlichere Darstellungen des MP sei auf LENERZ (1998), DÜRSCHEID (2000, §8.5) und MECNER (1999) verwiesen.

100 Vgl. "Blatt am Zweig, Zweig am Ast, Ast am Baum" im Lied "Draußen auf der grünen Au".

101 Eine Alternative ist die Dependenzgrammatik. In ihr wird nicht eine Struktur in Teilstrukturen zerlegt, sondern es werden Abhängigkeitsbeziehungen zwischen Elementen einer Struktur beschrieben.

WELLS (1947) eine Expansion von *worked*. Der **Permutationstest** ergibt, dass man nicht einzelne Wörter im Satz für sich umstellen (permutieren) kann, wohl aber größere Einheiten, nämlich Phrasen:

(4-19) a Fritz fuhr mit dem Zug nach Paris.
b Nach Paris fuhr Fritz mit dem Zug.
c *Fritz fuhr Paris nach mit dem Zug.
d *Fritz fuhr mit nach dem Zug Paris.
e Mit dem Zug nach Paris fuhr Fritz.

Bei gleicher linearer Ordnung sind verschiedene hierarchische Strukturen möglich. So lässt sich in (4-19)a *nach Paris* als Adverbial an die Satzspitze stellen (vgl. b), während es als Attribut nicht allein voranstellbar ist; hier ist aber die Gesamt-NP, von der *nach Paris* ein Teil ist, in Erstposition permutierbar (vgl. (4-19)e). "Baumdiagramme" haben sich gegenüber der Klammerung als günstigere Darstellungsform der Konstituentenanalyse durchgesetzt. (4-18) hat die Baum-Struktur (4-18'):

(4-18')

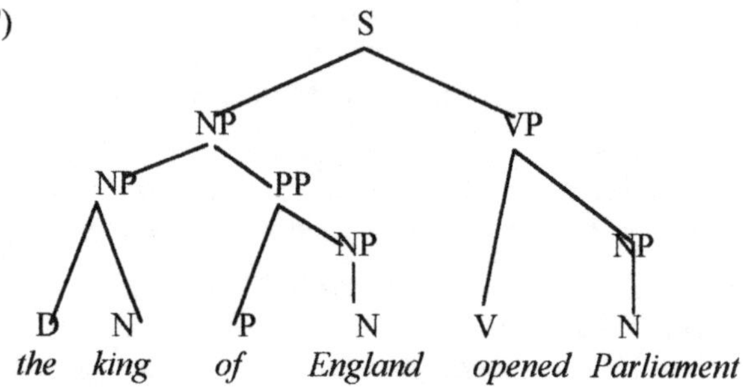

Legende: D = Determinans (Artikel und Demonstrativa); N = Nomen (Substantiv); P = Präposition; S = Satz; V = Verb; Phrasensymbole s. 4.2.

Ein syntaktisch doppeldeutiger Satz wie (4-19)a hat zwei Baumstrukturen: In (4-19)a' ist *nach Paris* Attribut zu *dem Zug* und Konstituente der NP *dem Zug nach Paris*. Im zweiten Fall, wo *nach Paris* als selbständige PP (in der Funktion eines Adverbials) der PP *mit dem Zug* nebengeordnet ist, ergibt sich Baumdiagramm (4-19)a":

(4-19) a'

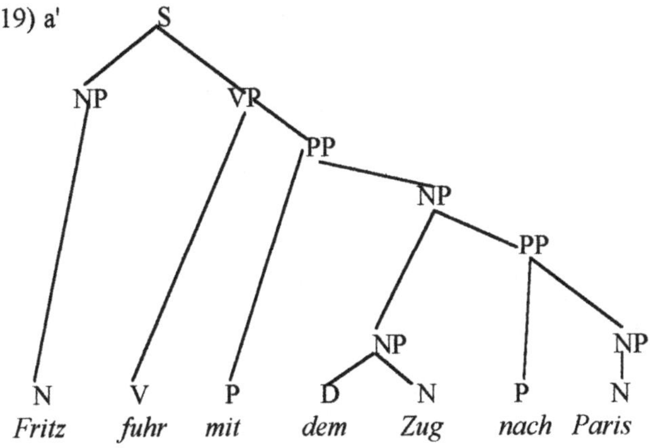

(4-19) a"

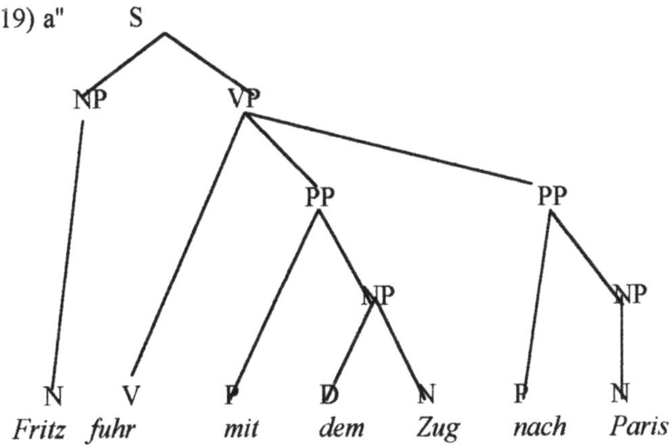

Konstituentenstrukturen sind Teil-Ganzes-Beziehungen: Ein Ganzes wird in seine Teile zerlegt, S in NP + VP, VP in V + NP + PP usw. Man spricht auch von "Dominanzbeziehungen": S dominiert NP + VP usw. Hier soll Konstituentenanalyse an einem Text in "Pidgin-Deutsch"[102] mit recht einfach gebauten Sätzen vorgeführt werden.

---

[102] "Der Name *Pidgin* ist mit großer Wahrscheinlichkeit auf eine chinesisch gefärbte Aussprache von engl. *business* ... zurückzuführen und bezeichnet eine aus einer sprachlichen Notsituation entstandene Mischsprache." (BUSSMANN 1990²:587). Ein Soziolekt ist die Sprache einer sozialen Schicht. Pidgin-Deutsch (auch "Gastarbeiterdeutsch" genannt) ist ein "Xenolekt", d.h. eine Sprachvarietät, die von Muttersprachlern mit

Auch Dialekte, Soziolekte und "Xenolekte" haben eine Grammatik. Der Text beschreibt eine wahre Situation: Bei einer Gerichtsverhandlung in Wien muss die Befragung des wegen eines Verkehrsdelikts angeklagten Jugoslawen, der wenig deutsch spricht, ohne Dolmetscher erfolgen, da dieser nicht erschienen ist. Die Verhandlung beginnt mit Fragen des Staatsanwalts auf Standarddeutsch, die der Angeklagte nicht versteht. Der Verteidiger (V) geht darauf zum Pidgindeutsch über, in dem der Angeklagte (A) antwortet und in das auch der Staatsanwalt (S) einfällt.

(4-20) Gerichtsverhandlung in Pidgindeutsch

(nach *Express*, 29./30.6.1974:6)

(1) V: Richter fragen, warum du so schlecht fahren?
(2) A: Ich nix schlecht fahren.
(3) Andere Mann schlecht fahren.
(4) V: Du nix schlecht fahren?
(5) S: Natürlich er schlecht fahren.
(6) A: Ich nix schlecht fahren.
(7) S: Du schlecht fahren.
(8) Hier Protokoll.
(9) A: Protokoll nix gut.
(10) S: Du nix gut.
(11) Protokoll gut.
...
(12) A: Ich gute Autofahre.
(13) S: Du gute Autofahre?
(14) Ich nix lachen.
(15) Du machen kaputt Kuh.
...
(16) A: Andere Mann machen kaputt Muhkuh.
...
(17) A: Danke fir Freispruch.
(18) S: Nix Freispruch!

Die in (4-20) vorkommenden Sätze lassen sich grundsätzlich in zwei Konstituenten zerlegen, nämlich (a) NP + VP, (b) NP + AP oder (c)

Fremdsprachigen oder von diesen untereinander gebraucht wird und die durch Vereinfachung gegenüber der Standardsprache charakterisiert ist (vgl. NABRINGS 1981:86).

NP + NP. Wie in der Standardsprache enthält eine NP obligatorisch ein N als Kopf (vgl. 4.1), dazu fakultativ ein A. Anders als in der Standardsprache kommt in NP kein D vor. VP enthält V als Kopf, dazu optional A in der Funktion eines Adverbials und die NEG(ation) *nix* (vgl. *nix schlecht fahren* in (2)). AP enthält ein A, dazu optional ein AD(verb) oder NEG wie in *nix gut*. Satzadverbiale wie *natürlich* können bei Typ (a) hinzukommen (vgl. (5)), wahrscheinlich auch bei (b) und (c); es besteht wohl kein Grund, Sätze wie *Natürlich Protokoll nix gut* oder *Natürlich ich gute Mann* auszuschließen.

(4-20')

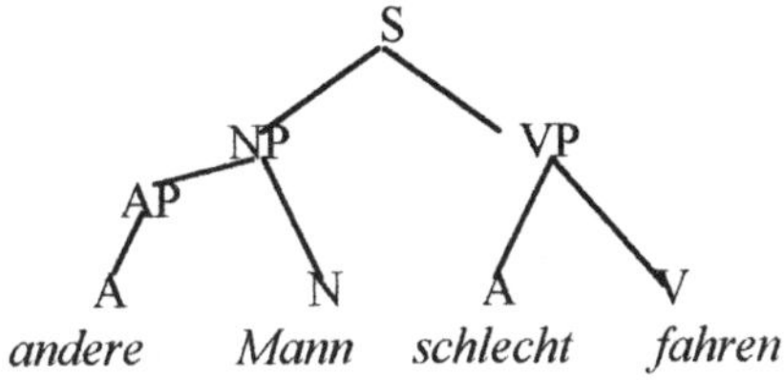

(4-20")

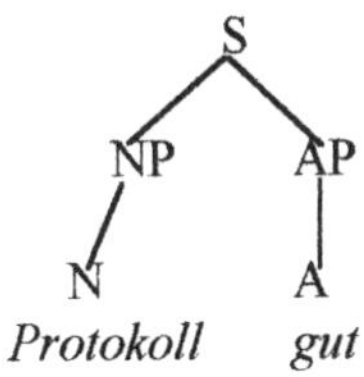

(4-20"')

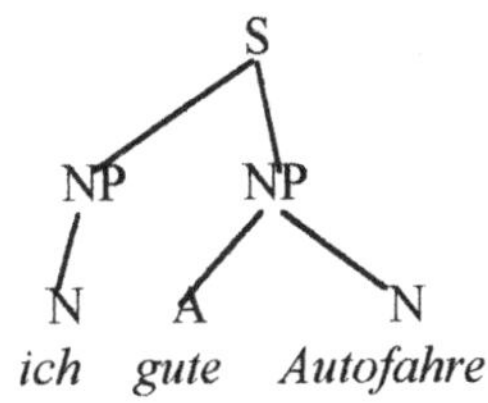

Eine Kopula gibt es im Pidgindeutsch nicht, wie Beispiele (8), (12) und (13) zeigen. Daher dominiert S in diesen Fällen nicht VP, sondern direkt AP oder NP. Außerdem kommen zweiteilige Strukturen wie AD + NP in (8), NEG + NP (in (18)) und AD + PP wie in (17) vor.

Die Konstituentenstruktur von Sätzen lässt sich nach CHOMSKY (1965:66) durch Phrasenstrukturregeln (PS-Regeln) darstellen, die dem Prinzip (4-21) folgen.

(4-21) $A \rightarrow B / X \_\_ Y$

Dies Regelschema ist bereits aus der Phonologie bekannt: Ein komplexes Symbol der linken Seite wird in eine Kette von Symbolen auf der rechten zerlegt. Anfangssymbol ist "S" für Satz. Eine Regel ergibt jeweils einen Teilbaum bzw. mehrere alternative Teilbäume, wenn in der Regel Klammern als sogenannte "Abbreviatoren" verwendet werden (vgl. VATER 1982:74ff und 92ff):

(4-22) a S → (NP) VP

b $\text{VP} \rightarrow \left(\begin{Bmatrix} \text{AD} \\ \text{AP} \end{Bmatrix}\right) \text{(NP)(NP)(PP)(PP)(PP)VK}$

c VK → (VK) V

d PP → P NP

e $\text{NP} \rightarrow \text{(D)(AP)N} \left(\begin{Bmatrix} \text{NP} \\ \text{PP} \end{Bmatrix}\right)$

Die PS-Regeln zerlegen S fürs Standarddeutsche in eine NP mit Subjekts- und eine VP mit Prädikatsfunktion. VK ist eine Konstituente innerhalb von VP, die alle verbalen Teile umfasst (vgl. *kommt*; *kommen soll*; *gekommen sein soll*). Syntaktische Funktionen (zu denen auch die traditionellen Satzglied-Funktionen gehören) lassen sich nach CHOMSKY (1965) als Relation zwischen einer Kategorie und der sie dominierenden Kategorie definieren: "Subjekt" = Relation zwischen NP und S; "Prädikat" = Rel. zwischen VP und S; "Objekt" = Rel. zwischen NP und VP; "Adverbial" = Rel. zwischen PP und VP; "Attribut" = Rel. zwischen NP oder PP und dominierender NP.[103] Phrasale Konstituenten werden weiter zerlegt, bis man zu den Endsymbolen N, V, A, P(räposition), D(eterminans) usw. gelangt.

Nach diesen Regeln ergeben sich Strukturen in Form von Baumdiagrammen (vgl. (4-18'), (4-19)a'/ a" und (4-20') etc).

PS-Regeln dieses Typs benutzt man heute nicht mehr, da sie sich als zu kompliziert und als nicht-universell erwiesen haben. So gilt Regel (4-22)a, nach der das Subjekt eines Satzes fakultativ ist, fürs Deutsche (vgl. *mir ist schlecht*; *mir liegt an deiner Zustimmung*), nicht

---

103 Der Unterschied zwischen Adverbial und Präpositionalobjekt lässt sich nicht auf diese Weise bestimmen; beide sind von VP dominierte PPs. Beim Präpositionalobjekt ist die Präposition, anders als beim Adverbial, nicht frei wählbar, sondern vom Verb determiniert (vgl. BRINKER 1972).

jedoch fürs Englische. Diese Mängel versucht die X-bar-Syntax, eine Weiterentwicklung des PS-Regel-Modells, zu beheben.

4.5 X-bar-Syntax

Die Generative Grammatik hat eine beachtliche Entwicklung durchgemacht. Der vom Strukturalismus beeinflussten Anfangsphase, (vgl. CHOMSKY 1957), folgte als "klassische" Phase die von CHOMSKY (1965) entworfene "Standardtheorie", die zunächst durch die "Extended Standard Theory", dann (Anfang der achtziger Jahre) durch die "Government Binding Theory" (GB-theory) abgelöst wurde. Nach der Grundthese der GB-Theorie wäre die große Komplexität der Sprache für ein Kind nicht beherrschbar, wenn Sprache nicht letztlich auf ganz einfachen Prinzipien beruhte. Der Linguist muss versuchen, sprachliche Variation und Komplexität aus einfachen Grundprinzipien abzuleiten. Im Ansatz ist ein solches Prinzipiensystem bei CHOMSKY (1970) zu finden; ausgebaut wurde es von JACKENDOFF (1977). Syntaktische Strukturierung beruht danach auf dem "X-bar-Schema":

- Phrasen aller Arten (NP, VP, AP und PP) sind im Wesentlichen gleich strukturiert.
- Es gibt Zwischenstufen zwischen Phrase und Wort.
- Auf jeder Stufe gibt es einen Kopf, d.h. eine obligatorische, die Struktur prägende Konstituente, sowie zusätzliche fakultative Konstituenten, die dem Kopf zugeordnet sind.
- Der Kopf der untersten Stufe ist eine lexikalische Kategorie, die den Phrasentyp bestimmt.

(4-23) **Schema für X-bar-Regeln**
(nach FANSELOW/ FELIX 1993[3], II:54)

$X^n \rightarrow \dots X^m \dots$ (m = n oder n–1)

Nach der X-bar-Theorie kommen alle Phrasen in mehreren Stufen vor. Auf jeder Stufe gibt es einen Kopf mit einem Index, der gegenüber dem der dominierenden Kategorie um eins vermindert ist (also "n–1" beträgt); zusätzliche Elemente sind durch "..." angedeutet.

FANSELOW / FELIX (1993^3, II:54) nehmen das Struktur-Schema (4-24) für X-bar-Strukturen an. Zum besseren Verständnis des Schemas soll Valenz kurz erklärt werden.

Valenz ist ein aus der Chemie bekannter Terminus, der in der Sprachwissenschaft die Wertigkeit eines sprachlichen Elements, besonders eines Verbs, bezeichnet (vgl. 3.3.2). Verbvalenz wird bestimmt durch die Anzahl der Komplemente: *Schlafen* ist einwertig (es hat nur ein Subjekt), *lieben* ist zweiwertig (es hat Subj. und direktes Objekt), *geben* ist dreiwertig (es hat Subj., dir. und indir. Objekt). Auch Substantive und Adjektive haben Valenz: Ein *Urheber* ist immer Urheber von etwas; dies N hat eine Leerstelle, die durch eine Genitiv-NP gefüllt wird (*Urheber des Verbrechens*). *Hoffnung* hat eine Leerstelle für eine PP (*Hoffnung auf Frieden*). Das Adjektiv *überdrüssig* hat eine Leerstelle für einen Genitiv (z.B. *des Streits*), das Adjektiv *erpicht* eine Leerstelle für eine PP (z.B. *auf Erfolg*).[104]

FANSELOW / FELIX (1993^3) beziehen "Adjunkte" in das X-bar-Schema ein. Adjunkte sind frei hinzufügbare Konstituenten, die in einem losen Verhältnis zum Kopf der Phrase stehen; sie entsprechen den "freien Angaben" der Valenzgrammatik und fungieren als modale, kausale, lokale und temporale Adverbiale.

(4-24) **X-bar-Baum** (nach FANSELOW/ FELIX 1993^3, II:54)

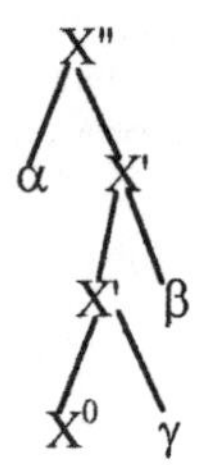

α = Spezifizierer
β = Adjunkt
γ = Komplement

Danach sind "Spezifizierer" (phrasentypische modifizierende Elemente) oben, dominiert vom Maximal-Knoten, angesetzt, Adjunkte in der Mitte, Valenzkomplemente (auch "Ergänzungen" bzw. "Argumente" genannt) unten, nahe am Kopf der Gesamtphrase.

---

[104] Zur Valenz vgl. vor allem TESNIÈRE (1959), ENGEL (1994^3, 1996^3), STORRER (1992), JACOBS (1994), VATER (1996) und ÁGEL (2000). Eine ironische Definition gibt ÁGEL (1995:2): "Valenz ist eine Zeitbombe, die im Lexikon deponiert ist und in der Grammatik detoniert."

Da die Zahl der Adjunkte unbegrenzt ist, ist die mittlere Stufe bei FANSELOW / FELIX (1993³) in (4-24) rekursiv. Sie nehmen zweistufige Gliederung an, im Gegensatz zu JACKENDOFF (1977), der drei Stufen annimmt, und anderen Linguisten, die noch mehr annehmen.

Ursprünglich fiel der Satz aus diesem Schema heraus, da er als exozentrische (d.h. nicht-endozentrische) Verbindung aus NP und VP aufgefasst wurde (vgl. (4-22)a). CHOMSKY (1986) sieht nun auch den Satz als Phrase – mit einem abstrakten Element als Kopf – und bezieht ihn in das X-bar-Schema ein:

(4-25) **GB-Schema der Satzstruktur**[105]

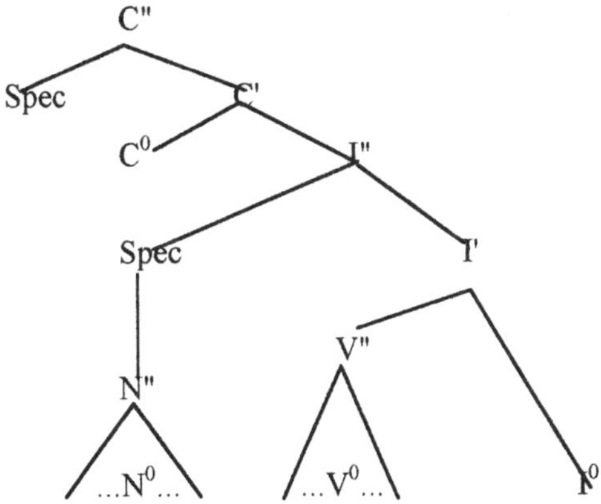

Legende:

C	=	COMP(lementizer)	I	=	INFL(ection)
C'	=	engere COMP-Phrase	I'	=	INFL-Phrase (I^0 + VP-Kompl.)
C"	=	maximale COMP-Phrase	I"	=	engerer Satz (NP + I')

Nach dieser Auffassung ist der Satz im engeren Sinne (d.h. der einfache Satz S) eine INFL-Phrase (I"). Ihr Kopf INFL(ection) ist eine funktionale Kategorie, die grammatische Merkmale enthält und im Gegensatz zu lexikalischen Kategorien wie N und V nicht als Lexem, sondern als Tempus- oder Numerusmorphem realisiert wird. Zur

---

105 Die offenen Dreiecke stellen die Struktur von N" und V" vereinfacht dar, wobei die Pünktchen ausgelassene Konstituenten andeuten. Das Diagramm entspricht der Darstellung bei DÜRSCHEID (1991:56), doch wurde CP durch C", IP durch I" und TOP durch Spec ersetzt.

Struktur von I" im Deutschen vgl. SCHMIDT (1994). Die Subjekts-NP ist innerhalb von I" Spezifizierer von INFL. V wird in der zugrunde liegenden D-Struktur in Endposition angenommen.[106] VP (d.h. V") kann – abhängig von der Valenz des Verbs – N"- oder P"-Komplemente enthalten, dazu Adjunkte (s. oben). Der Satz im weiteren Sinne (der komplexe Satz S') hat C(OMP) als Kopf. COMP ist ebenfalls eine funktionale Kategorie; sie kann – bei Nebensätzen – durch Complementizer (Satzverknüpfer) wie *dass*, *ob* oder *weil* realisiert werden; in Hauptsätzen bleibt sie gewöhnlich unrealisiert, hat aber eine wichtige Funktion als "Landeplatz" für Konstituenten, die durch "Topikalisierung" in die Erstposition des Satzes, die sogenannte Topic-Position, kommen (vgl. 4.6).

Die Einführung funktionaler Kategorien führte auch zu einer Veränderung in der Analyse der NP: Ursprünglich wurde angenommen, dass Determinantien Spezifizierer in einer NP sind. Das ändert sich mit der Annahme von ABNEY (1987), dass Determinantien – als funktionale Kategorien – Kopf einer sogenannten "DP" sind und eine NP als Komplement nehmen. Als Spezifizierer der DP fungiert ein pränominaler Genitiv:[107]

(4-26)

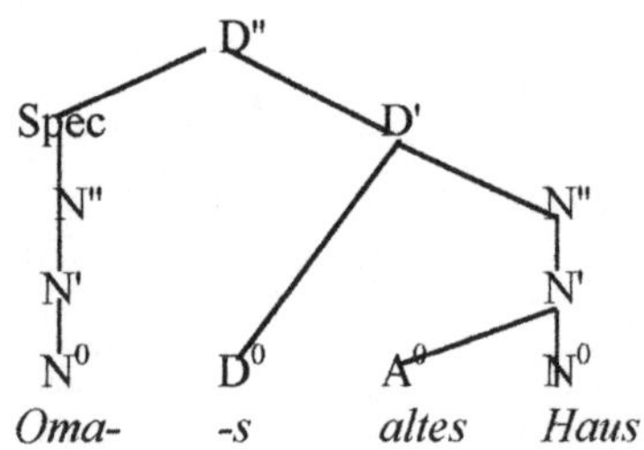

Der DP-Ansatz ist eine konsequente Weiterentwicklung des von CHOMSKY (1986) im obigen Sinne modifizierten X-bar-Konzepts: Funktionale Kategorien (wie COMP und INFL) können danach Kopf einer Phrase sein. Nach dem DP-Ansatz lässt sich die Verwandtschaft von Determinantien und Pronomina gut erklären.

---

106 Die Hauptbegründung liegt darin, dass nur in dieser Position alle Verbteile zusammenstehen und dass man von hier aus alle möglichen Abfolgen (*ist gegangen*; *geht...weg*, *weggeht* usw.) systematisch ableiten kann.

107 Im Diagramm wurden Zwischenkategorien wie A" und A' weggelassen.

Determinantien kommen transitiv (mit NP bzw. N") vor und intransitiv (ohne N"). In *das alte Haus* ist *das* transitiv; es regiert eine NP. In *Das bricht bald zusammen* ist *das* intransitiv; es kommt ohne NP vor; Pronomina sind Determinantien, die eine DP ganz ausfüllen können (vgl. *dies Haus gefällt mir* / *dies gefällt mir*) oder (wie im Fall der "Personalpronomina") ausfüllen müssen, d.h. nur intransitiv vorkommen: *Es ist spät*; *du hast Recht*, *er lügt* etc. (vgl. VATER 2000).

(4-27)

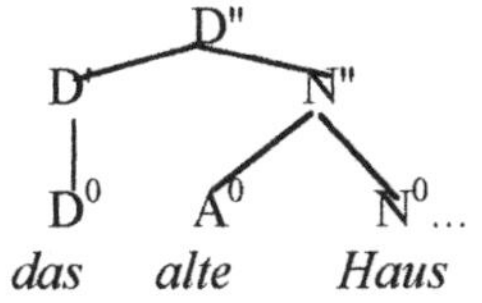

Determinantien (*der*, *dies-*, *jen-*, *derjenig-*) und Quantoren (*ein*, *all-*, *jed-*, *einige* u.a.) sind zwei verschiedene Klassen (vgl. VATER 1984, 2000, HEIDOLPH et al. 1981). Besonders ihre Verbindbarkeit im Deutschen (vgl. *der eine Bruder*, *alle diese Bücher*) spricht für diese Auffassung. Quantoren haben rein quantifizierende Funktion und nehmen andere Positionen in der DP ein (vgl. VATER 1991).[108] Possessiva sind nach OLSEN (1991a:47f) Proformen für pränominale Genitive und nehmen die Spezifizierer-Position in einer DP ein:[109] Nach OLSEN (1991a:53) befindet sich der Stamm von Possessiva – wie *Oma* in (4-26) – in der Spezifizierer-Position der Gesamt-DP, während das Flexiv (z.B. *-em* in *meinem Wagen*) eine Realisierung von D^0 bildet, da es mit dem NP-Komplement in Kasus, Genus und Numerus kongruiert. D^0 trägt als funktionale Kategorie die morphologischen Merkmale der Gesamt-DP. Diese Annahme kann nach OLSEN (1991a) die Verteilung der starken und schwachen Flexion der Adjektive in einer NP erklären: Ist D^0 als Determinans (*d-*, *dies*, *jen-*) realisiert, dann bekommt ein Adjektiv die schwache Endung (vgl. (4-27)); wird D^0 nicht lexikalisch realisiert, wird die starke Endung, die sonst das Determinans hätte, am Adjektiv angezeigt (vgl. hierzu DUDEN 1998[6]:281).

---

108 LÖBEL (1989) und BHATT (1990) betrachten Q als funktionales Element, als Kopf einer QP, die eine NP als Konstituente enthält. Demgegenüber sieht ZIMMERMANN (1991:17) QP als Modifikator von NP an.

109 Nach älteren Auffassungen wurden Possessiva zu den Determinantien gerechnet, wobei zwar ihrer definitheitsanzeigenden Funktion Rechnung getragen wurde, nicht aber ihrer Genitiv anaphorisierenden Funktion.

4.6 Transformationen

Aus der X-bar-D-Struktur (vgl. (4-25)) werden durch Transformationsregeln (auch "Bewegungsregeln" genannt) Sätze verschiedener Typen abgeleitet. Ein Fragesatz[110] wie (4-28) entsteht nach DÜRSCHEID (1991:56ff) dadurch, dass zunächst das finite Verb gebildet wird, indem die Verbwurzel aus der VP in der D-Struktur (vgl. (4-28')) in die I(NFL)-Position wandert und sich dort mit den INFL-Merkmalen verbindet (vgl. I^0 in (4-28")).

(4-28) Kauft der Mann ein Auto?

(4-28')

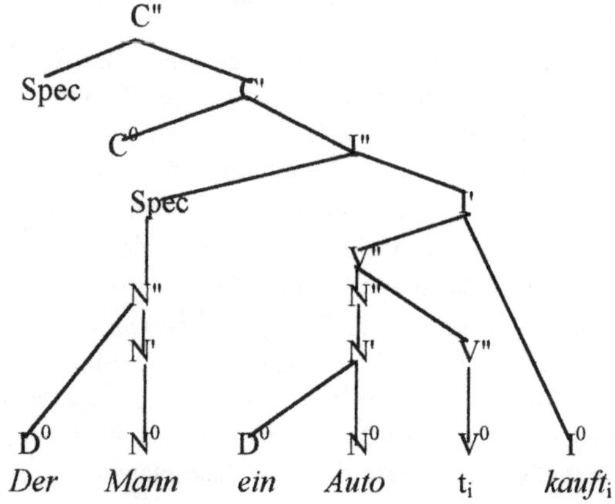

Jede Bewegung hinterlässt eine Spur, die durch "t" (für engl. "trace") und einen entsprechenden Index markiert wird. Für die Bewegung zweier Konstituenten braucht man zwei Indizes, bei drei bewegten Konstituenten braucht man drei usw.

---

110 Genauer: Ein "Entscheidungsfragesatz"; die Struktur von Ergänzungsfragen wie *Wer kommt?* ist mit der Struktur von Aussagesätzen identisch, nur dass in ihnen ein *w*-Wort vorkommt.

(4-28")

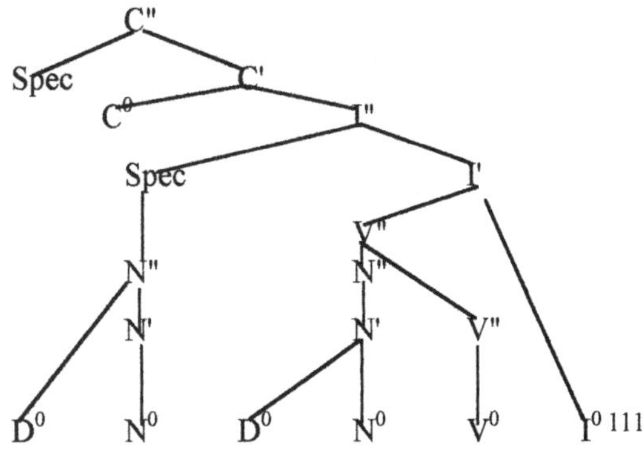

Das so entstandene finite Verb wandert aus der I-Position nach vorn in die (im Hauptsatz ungefüllte) COMP-Position.[112]

(4-28"')

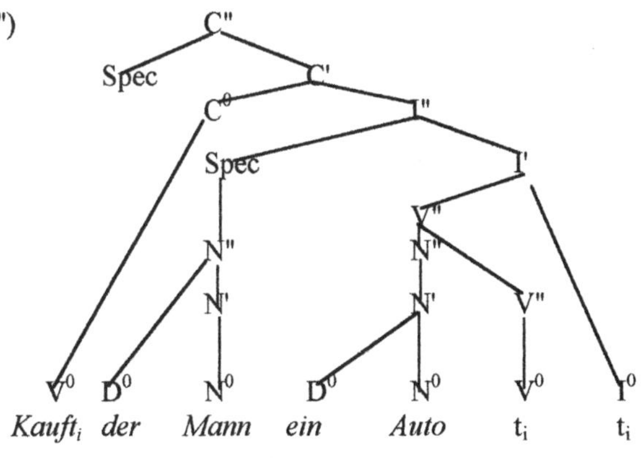

So wird aus (4-28") *der Mann ein Auto kauft* (mit *kauft* unter I^0) und schließlich (4-28"') *Kauft der Mann ein Auto*?

---

111 In (4-28") wurde die Ersetzung der grammatischen Merkmale von I, [Präs., 3.Ps] (vgl. (4-29')), durch die morphologisch und phonologisch passende Form *-t* bereits durchgeführt. Bei Verbindung mit V-Wurzeln wie *bet-* oder *bad-* wäre die entsprechende Endung *-et* (vgl. 3.2).

112 Sowohl das finite Verb als auch eine nebensatzeinleitende Konjunktion bilden im Deutschen die linke Satzklammer (vgl. 4.7). Das berechtigt dazu, für beide die gleiche Position (C^0) in der Satzstruktur anzunehmen.

Auch diese Bewegung hinterlässt eine Spur, so dass das finite Verb zwei (gleich indizierte) Spuren hinterlässt. Die Transformation, die ein finites Verb unter C bewegt, lässt sich (leicht abgewandelt nach GREWENDORF 1988) folgendermaßen formalisieren:

(4-29) $[_{C''}[_{C}]X[V_{fin}]] \rightarrow [_{C''}[_{C}[V_{fin}]]X]$

Das finite Verb wird aus seiner Position hinter X nach vorn, in die C-Position gebracht. X ist eine Variable für eine beliebige Konstituentenkette (im Rahmen der erzeugten X-bar-Struktur); in (4-28) ist es die Folge aus Subjekts-NP + Rest-VP (d.h. VP minus herausbewegtes Verb).

(4-30) Der Mann kauft ein Auto.

Der Aussagesatz (4-30) wird wie der Fragesatz aus (4-28') abgeleitet. Nach der Verb-Bewegung wird die Subjekts-NP "topikalisiert", d.h. in die Anfangsposition, die Specifier-Position von C", bewegt. Auch diese Bewegung hinterlässt eine Spur (hier mit "j" indiziert). Die Specifier-C-Position heißt auch TOP(ikalisierungs)-Position, weil in ihr gewöhnlich die Konstituente steht, die das Thema ("topic") des Satzes bildet, d.h. das, was aus dem vorangehenden Kontext bereits bekannt ist (vgl. dazu LENERZ 1977:11ff und REIS 1977:212ff).

(4-30')

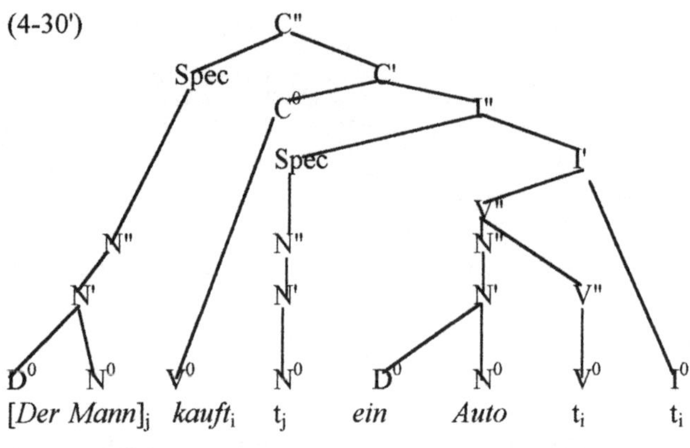

Auch andere Konstituenten können in die TOP-Position wandern, so das direkte Objekt wie in (4-31) oder die Konstituenten(folgen) aus (4-01), von denen einige hier als (4-32)a-d wiederholt werden:

(4-31) Ein Auto kauft der Mann.

(4-32) a Den Kindern hat die Mutter ein Märchen erzählt.
b Erzählt hat die Mutter den Kindern ein Märchen.
c Ein Märchen erzählt hat die Mutter den Kindern.
d Den Kindern ein Märchen erzählt hat die Mutter.

In (4-32)a ist das indirekte Objekt topikalisiert, in b das infinite Verb, in d die (Rest-)VP, aus der das finite Verb in die Zweitposition bewegt wurde. Nach GREWENDORF (1988:65) wird durch Topikalisierung immer genau eine Konstituente in TOP-Position bewegt, was in (4-32)c, wo eine Folge aus Objekt und infinitem Verb vorkommt, aber nicht der Fall ist. DÜRSCHEID (1989) führt mehrere solche Beispiele an, die sie teilweise durch "Scrambling" erklärt, eine Transformation, die Konstituentenfolgen umordnet zu neuen Folgen.[113]

Bei Ergänzungs-Fragesätzen wird das *w*-Wort (*wer*, *wen*, *was*, *wie*) bzw. die *w*-Phrase (*welcher Mann*, *was für ein Buch* usw.) durch "*w*-Bewegung" in TOP-Position gebracht (vgl. GREWENDORF 1988:67ff). Dabei ist die syntaktische Funktion irrelevant, wie die Sätze in (4-33) zeigen:

(4-33) a Wer hat Hans gesehen?
b Wen hat Hans gesehen?
c Welches Mädchen hat Hans geküsst?

Beim durch Konjunktion eingeleiteten Nebensatz ist außer der "Zusammenführung" von V und I keine Bewegung anzunehmen: (*Ich glaube,*) *dass der Mann ein Auto kauft*.

---

113 Scrambling unterliegt bestimmten Bedingungen. FANSELOW (1983) zufolge gibt es eine Konstituente, die nichtfinite verbale sowie nichtverbale Elemente umfasst. Ich nenne sie im Anschluss an HÖHLE (1978) "Verbkomplex" (VK). Das erste Element von VK kann ins Vorfeld (d.h. in TOP-Position) bewegt werden und dann jede fortlaufende Kette links und rechts von diesem Element nachziehen: *Übersetzen wird der Student den Text können müssen*, *Übersetzen können wird der Student den Text müssen*, *Übersetzen können müssen wird der Student den Text*, usw. GREWENDORF (1988:297) spricht hier von der "konfigurationellen Nähe" gewisser Konstituenten zur verbalen Konstituente.

4.7 Topologie

Die beschriebene Satzstrukturierung in Konstituenten wird überlagert von einer eher linearen Strukturierung, der Topologie, auch (weniger treffend!) "Wortstellung" genannt. Topologie ist auch keine rein lineare Ordnung: Es geht nicht um die Stellung von Wörtern, wie Satz (4-01)j zeigt, wo die Umstellung einzelner Wörter eine ungrammatische Folge ergibt, sondern um Stellungseigenschaften von Konstituenten oder Konstituentenfolgen. Was die Positionen von Konstituenten im deutschen Satz betrifft, hat DRACH (1937) mit seinem Modell der "Stellungsfelder" Licht in das Dunkel gebracht. ERBEN (1972[11]) erweiterte dies Modell, REIS (1980b) integrierte es in die GB-Grammatik. Ausgangspunkt von DRACH (1937) und ERBEN (1972[11]) ist die Beobachtung, dass die Teile des Verbkomplexes im Deutschen eine Klammer bilden. Dadurch entstehen drei Felder:

- das Vorfeld vor der linken Satzklammer,
- das Mittelfeld zwischen den beiden Klammerteilen,
- das Nachfeld hinter der rechten Satzklammer.

Auch die nebensatzeinleitenden Konjunktionen nehmen zusammen mit dem finiten Verb an der "Umklammerung" teil: *dass Paul gekommen ist*. Wie in 4.6 gezeigt, lassen sich im Deutschen je nach der Stellung des finiten Verbs drei Satztypen unterscheiden:

(4-34) Ist Hans gekommen? (V-Erststellung)
(4-35) Heute ist Hans gekommen. (V-Zweitstellg.)
(4-36) (Ich glaube, dass) Hans gekommen ist. (V-Endstellung)

Diese fürs Deutsche grundlegende Typisierung der Sätze nach der Position des finiten Verbs korreliert jedoch nicht ohne weiteres mit der Einteilung in Haupt- und Nebensatz oder der (mehr pragmatisch bedingten) Einteilung in Frage-, Aussage- und Befehlssätze. Nebensätze kommen mit V-Endstellung vor, wenn sie durch Konjunktion eingeleitet sind wie in (4-36). In (4-36') und (4-36") hat der (konjunktionslose) Nebensatz jedoch Erst- bzw. Zweitstellung:[114]

(4-36') Kommt Hans, kann er etwas erleben.

---

[114] Unselbständige Verbzweitsätze wie *Hans kommt gerade* in (4-36") sind nach REIS (1997:121ff) "syntaktisch relativ unintegrierte Nebensätze".

(4-36") Ich glaube, Hans kommt gerade.

Auch bei Hauptsätzen kommt neben Verbzweit-, auch Erst- und Endstellung vor (vgl. GREWENDORF 1988:21). Fragesätze haben nur als Entscheidungsfragen V-Erststellung (vgl. 4.6). Ergänzungsfragen wie *Wer hat das Auto gekauft?* haben V-Zweitstellung.

Sätze mit V-Erst- und V-Endstellung haben grundsätzlich kein Vorfeld. Ein Mittelfeld haben alle Satztypen, wenn es bei V-Zweitstellung mit einfachem Verb (vgl. *Jan liest*) auch nicht immer besetzt sein muss. Alle Satztypen haben ein Nachfeld, das jedoch oft unbesetzt bleibt. Es kann mit recht komplexen Konstituenten besetzt sein, z.B. mit *dass-* und *so dass*-Sätzen (letztere stehen obligatorisch im Nachfeld) oder mit Relativsätzen: *Ich habe Hans in einem Auto gesehen, das ganz neu aussah* (zu den Möglichkeiten der Verlagerung einer Konstituente ins Nachfeld vgl. ALTMANN 1981). Tab. 7 gibt einen Überblick über wichtige im Deutschen vorkommende Satztypen und ihre Zuordnung zu den Stellungsfeldern:

Tab. 7 Stellungsfelder des Deutschen

Vorfeld	**linke Klammer**	**Mittelfeld**	**rechte Klammer**	**Nachfeld**
	Hat	Jan das Buch	ausgelesen?	
	Liest	Jan das Buch	aus?	
	Lies	das Buch	aus,	bitte!
	Hilf	mir,		Jan!
Jan	hat	das Buch	gebracht,	na so etwas!
Wer	hat	das Buch	gebracht?	
Das	hat	Inge heute	gebracht,	nicht wahr?
Er	sei	erstaunt	gewesen.	
Jan	liest.			
		Einmal	ausspannen!	
	Ob	Inge wohl	kommt?	
(..)	dass	Hans gelogen	hat.	
(..)	ohne	daran zu denken,		dass H. kommt.

In Fällen wie (4-37) spricht man von "Ausklammerung"; hier ist eine Konstituente aus der eingeklammerten Position herausbewegt.

(4-37) Hans ist weggefahren nach Köln.

4.8 Rektion, Bindung, Kasus und Theta-Rollen

Die Syntax in der GB-Theorie setzt sich aus einer Reihe von Prinzipiensystemen zusammen, deren Kerngedanken knapp, aber instruktiv bei DÜRSCHEID (1991:61ff) beschrieben werden. CHOMSKY (1981:5) nennt folgende in (4-40) aufgelistete Prinzipiensysteme (deutsche Übersetzungen von DÜRSCHEID 1991:61):

(4-38) (i) bounding theory (Grenzknotentheorie)
(ii) government theory (Rektionstheorie)
(iii) θ-theory (Theta-Theorie)
(iv) binding theory (Bindungstheorie)
(v) case theory (Kasustheorie)
(vi) control theory (Kontrolltheorie)

Hier werden Rektion, Bindung, Kasus und Theta-Rollen kurz erläutert. Eine genauere Beschreibung der anderen beiden Systeme findet sich bei FANSELOW / FELIX (1993^{3}).[115]

Rektion ist bei CHOMSKY (1981) strenger definiert als in der traditionellen Grammatik, wo man von der Rektion von Verben spricht, wenn ein Verb ein direktes oder indirektes Objekt oder beide fordert. Die neue Definition von "Rektion" baut auf der Beziehung "c-Kommando" auf. Von c-Kommando spricht man, wenn eine Konstituente eine andere Konstituente in ihrem angrenzenden, aber nicht direkt von ihr dominierten Bereich hat. Am anschaulichsten lässt sich das in einem Diagramm darstellen (vgl. DÜRSCHEID 1991:63):

(4-39)

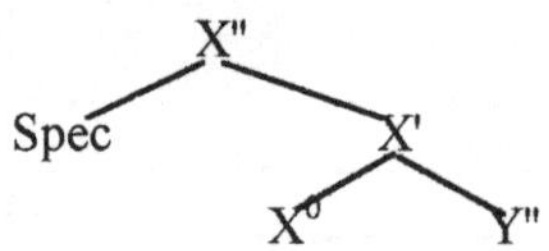

[115] In der **Grenzknotentheorie** werden Wohlgeformtheitsbedingungen für die Bewegungsregel "move α" formuliert. Es geht darum, wie weit die Konstituente wandern darf und welche Grenzknoten Bewegung verhindern. Die **Kontrolltheorie** ist relevant für die Interpretation von leeren Elementen (z.B. Spuren). Eine leere Kategorie wird von einer anderen Konstituente "kontrolliert", d.h. in ihrer Interpretation bestimmt: Vgl. *Hans versprach Fritz [_zu arbeiten]* vs. *Hans empfahl Fritz [_zu arbeiten]*. Das implizite Subjekt der Infinitivkonstruktion wird bei *versprechen* vom Subj. *Hans* kontrolliert, bei *empfehlen* vom Obj. *Fritz*.

Bei der Dominanz-Relation handelt es sich um die Relation zwischen einer Konstituente und den im Baum darunter stehenden Teil-Konstituenten.[116] Man spricht hier auch von einer "Mutter-Tochter-Beziehung". Beim c-Kommando dagegen handelt es sich um eine Relation zwischen Ko-Konstituenten ("Schwestern") oder zwischen "Tante" und "Nichten", wobei die "Tante" immer das c-kommandierende, die "Nichte" immer das c-kommandierte Glied ist. In (4-39) c-kommandieren die beiden Ko-Konstituenten Spec und X' sich gegenseitig; außerdem c-kommandiert Spec noch X^0 und Y". X^0 und Y" c-kommandieren sich gegenseitig. Beim m-Kommando wird auch der obere Bereich eingeschlossen: Hier genügt es, dass beide Konstituenten von derselben maximalen Projektion dominiert werden. In (4-39) m-kommandiert X^0 neben Y" auch noch Spec.

Die Rektions-Relation ist eine spezielle Form der c-Kommando-Relation: Das regierende Glied ist eine X^0-Konstituente – also der Kopf einer Phrase –, das regierte Glied eine X^{max}-Konstituente (eine Maximalphrase), die von X^0 c-kommandiert wird. In der Verbrektion regiert V^0 ein oder mehrere N^{max}. Bewegungen hinterlassen Spuren (s. 4.6), die regiert sein müssen. Nur so ist gewährleistet, dass Strukturen, die Spuren enthalten, auf der Ebene der Logischen Form (LF) semantisch interpretiert werden können.

Die **Bindungstheorie** ist im Unterschied zur Theta-Theorie nur an der Oberflächenstruktur (S-Struktur) anwendbar, also nachdem "move α" angewandt wurde. Bindung impliziert c-Kommando (s. oben) und Koindizierung (d.h. semantisch gesehen: Koreferenz). Anaphern sind notwendig in ihrer regierenden Kategorie gebunden. Zu den Anaphern gehören Reflexiv- und Reziprok-Pronomina. So besteht zwischen einem Subjekt und einem im gleichen Satz auftretenden Reflexivpronomen notwendig eine "Bindung"; vgl. (4-40):

(4-40) Peter wäscht sich die Hände.

Das Reflexivum *sich* ist an das Subjekt gebunden. Semantisch-pragmatisch gesehen heißt das: Es ist mit ihm koreferent (vgl. 5.); syntaktisch wird es von ihm c-kommandiert.

---

116 Anders ausgedrückt: zwischen einer Konstituente und den daraus durch eine Regel abgeleiteten Konstituenten; so werden in (4-41) X^0 und Y" von X' dominiert.

Pronomina sind andererseits in der syntaktisch relevanten Domäne (Satz oder NP) frei, d.h. nicht gebunden:

(4-41) Peter kennt ihn.

In der relevanten Domäne (hier im Satz) darf *ihn* nicht mit *Peter* koindiziert und damit als mit *Peter* koreferent angesehen werden.

In der **Kasustheorie** geht es um die Zuweisung eines Kasusmerkmals an eine DP durch ein Regens (meist ein Verb).[117] Die Kasustheorie baut auf der Rektionstheorie auf. Jeder DP muss ein Kasus zugewiesen werden, sonst ist der Satz ungrammatisch. Dies Prinzip nennt sich Kasusfilter und spielt bei Bewegungen eine Rolle. Die Kasuszuweisung ist abhängig von der Satzstruktur: Die von *waschen* regierte DP erhält im Aktivsatz den Kasus Akkusativ, im Passivsatz den Kasus Nominativ.[118]

(4-42) a Paul wäscht jeden Samstag das $\text{Auto}_{\text{AKK.}}$
b Das Auto_{NOM} wird jeden Samstag (von Paul) gewaschen.

In der **Theta-Theorie** geht es um die Zuweisung thematischer Rollen wie "Agens", "Instrument", "Thema" (das ungefähr dem Patiens entspricht) an Argumente einer regierenden Kategorie.

Die Zuweisung der Theta-Rollen geschieht im Lexikon, das im Gesamtmodell der GB eine eigene Komponente darstellt. Ein Verb wie *schlafen* vergibt nur eine solche Rolle, *lesen* zwei, *geben* drei. Jedes Argument darf nur eine Theta-Rolle bekommen, jede Theta-Rolle muss einem und nur einem Argument zugewiesen werden; es besteht also zwischen ihnen eine 1:1-Relation. Kasus- und Theta-Theorie decken zusammen den Bereich der – unabhängig von der GB-Theorie fortlebenden – Valenztheorie ab.[119]

---

117 In älteren Versionen der GB-Theorie geschieht die Kasuszuweisung an eine NP. Zu Argumenten für die Relevanz der DP statt der NP in syntaktischen Aspekten wie Rektion, Kasuszuweisung, Theta-Rollen-Zuweisung usw. vgl. 4.5.

118 Der temporale Akk. *jeden Samstag* ist als Adjunkt (vgl. 4.5) nicht in der Rektionsdomäne von *waschen*; er wird bei Passivierung nicht zum Nom.

119 Die Assoziation thematischer Rollen mit syntaktischen Kasus beschreibt PRIMUS (1999) eingehend anhand von Beispielen in vielen Sprachen.

4.9 Aufgaben

4.9.1 Aufgaben mit Lösungsangabe

A21 Grammatikalität

Bewerten Sie die folgenden Sätze – mit Begründung – als "voll grammatisch" ("g"), "ungrammatisch" ("u"), "an der Grenze zur Ungrammatikalität ("g-u"), "syntaktisch doppeldeutig" ("d"), "sonst irgendwie (syntaktisch) zweifelhaft" ("?").

(a) Das Klavier stellen wir in den Flur.
(b) Sich sollte Hans schämen.
(c) Hans hat einen Brief geschrieben an ihn.
(d) Hans hat einen Brief geschrieben ihm.
(e) Die Maler und Bildhauer treffen sich in diesem Café.
(f) Sich ereignet hat hier noch nie etwas.
(g) Soeben ist erschienen ein neues Buch über Bach.
(h) Sieben Bilder verkauft hat Elisabeth.
(i) Hans sah Maria im Garten.
(j) Im Garten sah Hans Maria.

Lösung:					
	(a) g	(b) u	(c) g	(d) u	(e) d
	(f) ?	(g) g-u	(h) g	(i) d	(j) d

Anmerkungen: (b): Bei echten reflexiven Verben ist *sich* nicht vorfeldfähig. (e):a) Die Maler treffen sich mit den Bildhauern im C.; b) diejenigen, die sowohl Maler als auch B. sind, treffen sich im Café. (i) kann sowohl bedeuten, dass Hans (z.B. durchs Fenster) Maria sah, als sie im Garten war, als auch, dass er sie sah, als er (zusammen mit M.) im Garten war. Da außerdem Hans und Maria Subjekt oder Objekt sein können, ergibt sich für (i) vierfache Mehrdeutigkeit. (j) ist doppeldeutig: Hans kann im Garten gewesen sein, aber auch Maria durchs Fenster gesehen haben. Da es in vielen Fällen subjektive bzw. regional oder soziolektal variierende Beurteilungen gibt, ist individuelle Variation in den Lösungsangaben nicht auszuschließen.

A22 Kategorien und Funktionen

Bestimmen Sie in den Sätzen (a) – (c) die unterstrichenen phrasalen Kategorien und ihre syntaktischen Funktionen (vgl. 4.4):

(a) a Auf dem Baum saß b ein Vogel.
(b) Inge schickte a ein Paket b ins Krankenhaus.
(c) Der Bruder a meines Großvaters b lebt in Zürich.

Lösung: (a) a: PP, Adverbial; b: NP, Subjekt.
(b) a: NP, Objekt; b: PP, (direktionales) Adverbial.
(c) a: NP, Attribut; b: VP, Prädikat.

A23 Baumstrukturen

Bestimmen Sie am Text "Pidgindeutsch" die Struktur der Sätze (a), (b) und (c) nach dem Muster von (4-20'), (4-20") und (4-20"').

(a) Ich nix lachen.
(b) Du machen kaputt Kuh.
(c) Andere Mann machen kaputt Muhkuh.

Lösung:

(a)

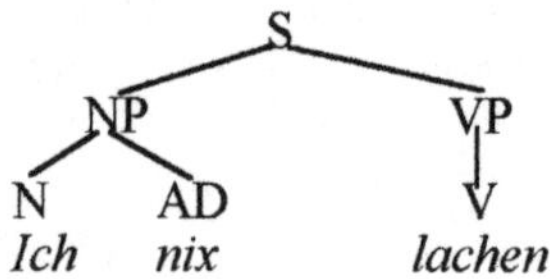

(b)

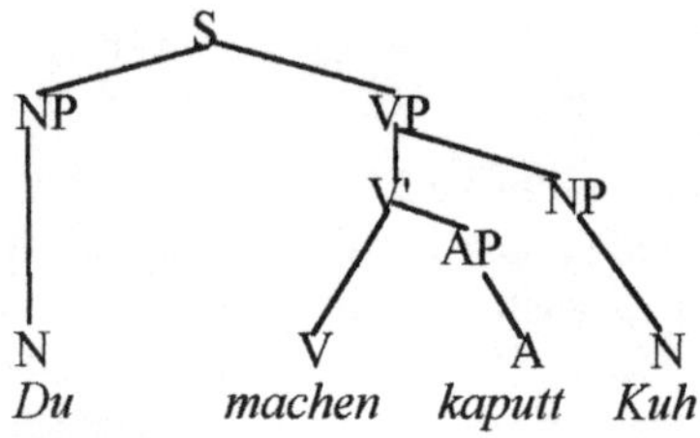

(c)

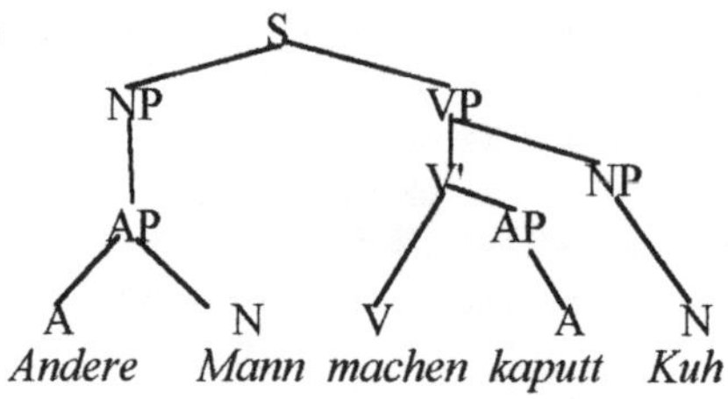

A24 X-bar-Tiefenstruktur

A. Welche Sätze sind aus folgender Tiefenstruktur (D-Struktur) ableitbar? (Nur der relevante Ausschnitt der D-Struktur, nämlich die INFL-Phrase wird hier angeführt). B. Welche Transformationen werden für die Ableitung der S-Struktur benötigt?

$[[\text{Paul}]_{N''}[[\text{seiner Freundin einen Brief geschrieben hab-}]_{V''}\ [\text{Präs,3Ps}]_{I0}]_{I'}]_{I''}$

<u>Lösung</u> A: a Hat Paul seiner Freundin einen Brief geschrieben?
b Paul hat seiner Freundin einen Brief geschrieben.
c Seiner Freundin hat Paul einen Brief geschrieben.
d Einen Brief hat Paul seiner Freundin geschrieben.
e Seiner Freundin einen Brief geschrieben hat Paul.

B: a: V-I-Vereinigung, V-Voranstellung; b-e: V-I-Vereinigung, V-Voranstellg., Topikalisierung der Subj.-NP (b), der Dativ-NP (c), der Akk.-NP (d), der VP (e).

A25 Stellung des Subjekts

Warum steht das Subjekt von A c–e in A24 im Mittelfeld?

<u>Lösung:</u> Das Subjekt kann in diesen Fällen nicht in TOP-Position stehen, da sich dort schon eine andere Konstituente befindet. Folglich bleibt es in seiner "Tiefen-Position", nämlich Spec von INFL.

4.9.2 Aufgaben ohne Lösungsangabe

A26 Grammatikalitätsbewertung

Bewerten und begründen Sie die Grammatikalität jedes Satzes (unter Verwendung der Symbole in A21) und diskutieren Sie Problemfälle.

a Die Kassette geöffnet, fand Paul darin tausend Mark.
b Die Kassette öffnend, fand Paul darin tausend Mark.
c Dem Gast ein Glas Wein schenkte der Wirt ein.
d Dem Gast ein Glas Wein hat der Wirt eingeschenkt.
e Dem Gast ein Glas Wein eingeschenkt hat der Wirt.
f Paul sah den Wirt die Zeitung lesen.
g Paul fand den Wirt die Zeitung lesen.
h Paul fand den Wirt die Zeitung lesend.
i Paul fand das Zimmer geöffnet.
j Paul malte den Zaun grün.
k Paul malte den Zaun in Hockstellung.
l Irene ist nicht auszuhalten.
m Irene ist nicht auszugehen.

A27 Grammatikalitätsbewertung

Nur einer der beiden ähnlich wirkenden Sätze ist grammatisch. Was ist der Grund für die Ungrammatikalität des anderen?

a Kaum eingestiegen fuhr das Auto ab.
b Kaum aufgetankt fuhr das Auto ab.

A28 Phrasenstrukturregeln

Schreiben Sie Phrasenstrukturregeln nach dem Muster (4-22), die alle Strukturtypen im Pidgin-Text (4-20) erzeugen können. Bedenken Sie dabei, dass Baumstrukturen wie die in (4-20') etc. illustrierten sich durch die Anwendung solcher Regeln ergeben.

A29 X-bar-Strukturen

Stellen Sie die zugrunde liegenden X-bar-Strukturen der folgenden Sätze als Baumdiagramme dar. Wie in (4-25) braucht dabei die interne Struktur von V" nicht spezifiziert zu werden.

a Fritz aß mit großem Appetit einen Hering.
b Hat Gerda dir den Schlüssel gegeben?
c Paulas jüngster Sohn kauft sich ein Boot.
d Den Audi in die Garage gefahren hat Rudi.

A30 Bewegungen

Beschreiben Sie die Bewegungen, die von der D-Struktur zur S-Struktur der Sätze in A29 führen, und stellen Sie diese S-Strukturen als Baumdiagramme dar.

5. Semantik

5.1 Gegenstand der Semantik

> "Die Semantik, die Lehre von den Inhalten und Bedeutungen der Wörter und Sätze, ist ein weites Feld." (BÜNTING 1971:160)

Der als Motto vorangestellte Satz mag einem, je mehr man sich mit Semantik befasst, immer bedeutungsvoller erscheinen. Vielleicht sollte man "weites Feld" sogar durch "Dschungel" ersetzen. Die Semantik ist jedenfalls ein zumindest teilweise schwer zugänglicher Bereich. Das fängt mit der Terminologie an: Man ist sich zwar einig, dass es in der Semantik um Bedeutung geht. Doch was ist "Bedeutung"? Bei genauerer Überprüfung erweist sich Bedeutung als schillernder, uneinheitlich definierter Begriff. Man hilft sich, indem man ihn zerlegt oder ihm andere Termini zur Seite stellt, die oft ebenso unklar sind, so wie "Inhalte" im obigen Zitat. Dem Anfänger bietet sich ein terminologisches Dickicht. Einige Termini seien hier genannt:

- Bedeutung – Bezeichnung – Inhalt – Sinn – Referenz – Denotation – Konnotation – Konzept – Gemeintes – Bezeichnetes.

Außerdem wird "Bedeutung" noch zerlegt in:

- grammatische Bedeutung,
- lexikalische Bedeutung,
- deskriptive Bedeutung,
- emotive Bedeutung,
- situative Bedeutung,
- expressive Bedeutung,
- soziale Bedeutung etc.

Diese verwirrende Vielfalt ist teilweise historisch zu erklären: Die Semantik hat sich zunächst innerhalb der Philosophie, dann in Sprachwissenschaft und Semiotik entwickelt. Nach GLÜCK (ed.) (1993:541) hat BRÉAL (1897) den (bereits vorher von ihm geprägten) Terminus *Semantik* offiziell für die sprachwissenschaftliche (primär sprachhistorische) Bedeutungslehre verwendet, als Wissenschaft, die Struktur und Ursachen der Bedeutungsveränderungen von Wörtern untersucht (vgl. SCHAFF 1960:10).

DE SAUSSURE (1916) hat den in der Logik entwickelten Zeichenbegriff für die Sprachwissenschaft nutzbar gemacht. Zeichenketten, die Sätze bilden, können die Wirklichkeit richtig oder unrichtig abbilden und demnach wahr oder falsch sein. (5-01) ist wahr, wenn zum Zeitpunkt der Äußerung die Sonne scheint, andernfalls falsch. Komplexe Sätze beziehen ihren Wahrheitsgehalt aus der Wahrheit bzw. Falschheit ihrer Komponenten. Für den Wahrheitsgehalt komplexer Sätze wurden in der Logik Regeln je nach Art der Verknüpfung (Konjunktion, Disjunktion, Implikation etc.) aufgestellt (vgl. 5.2). So darf man, wenn Satz (5-02) wahr ist und sein erstes Konjunkt ebenfalls, schließen, dass der zweite Teilsatz wahr ist, d.h. dass es warm ist:

(5-01) Die Sonne scheint.
(5-02) Wenn die Sonne scheint, ist es warm.

Nach BREKLE (1972:19f) untersucht die logische Semantik,

> "Gesetzmäßigkeiten, die für die inhaltliche Deutung beliebiger formaler Sprachen (= Kalküle) zu gelten haben (sowohl was die Darstellung beliebiger Sachverhalte anbelangt, aber auch was das Problem der Wahrheit von Aussagen und der Synonymie und anderer Bedeutungsbeziehungen zwischen Ausdrücken betrifft). Insofern ist die logische Semantik das formale Paradigma für jede spezielle Semantik ... . [D]ie linguistische Semantik beschäftigt sich als eine empirische Wissenschaft mit den Inhalten von Zeichen und Zeichenkombinationen, die in 'natürlichen' Sprachen zugelassen sind ... ."[120]

Nach SCHWARZ/ CHUR (1993:17) hat es die Semantik mit der semantischen Kompetenz zu tun, einem Kenntnissystem, das unser Bedeutungswissen repräsentiert und das auch Prozeduren enthält, die dieses Bedeutungswissen aktivieren. Die semantische Kompetenz ermöglicht das Produzieren und Verstehen sinnvoller Äußerungen, die Beurteilung solcher Äußerungen nach ihrem Wahrheitsgehalt und damit die sprachliche Bezugnahme auf die Welt. Nach Auffassung von BIERWISCH (1970), WUNDERLICH (1976) und REIS (1980a) ist die wörtliche Bedeutung von Wörtern und Sätzen Gegenstand der Semantik.

---

120 In der **Semiotik** betrifft die Semantik die Beziehung der Zeichen zu ihren Designata (zu dem, was sie bezeichnen).

REIS (1980a) geht davon aus, dass jeder geäußerte Satz in der Äußerungssituation eine Gesamtbedeutung hat, die neben der wörtlichen Bedeutung situative, soziale und implikative Bedeutungsbestandteile umfasst. Die wörtliche Bedeutung ist der Teil der Gesamtbedeutung eines im Kontext K geäußerten Satzes S, der sich ausschließlich aus der Bedeutung der verwendeten sprachlichen Mittel ergibt. Nach REIS (1980a:2) gehört ein Bedeutungsbestandteil B_j dann zur wörtlichen Bedeutung von S im Kontext K, wenn gilt:

- B_j ist nicht variabel (von einem bestimmten Kontext K_i abhängig);
- B_j ist nicht streichbar, d.h. an S im Kontext K kann nicht die Verneinung von B_j angeschlossen werden, ohne dass der Satz widersprüchlich wird;
- das Auftreten von B_j lässt sich nicht aus dem Zusammenwirken der sonstigen wörtlichen Bedeutung von S, Konversationsprinzipien und Gegebenheiten von K rekonstruieren.

Die Bestimmung der wörtlichen Bedeutung soll am Beispiel von Satz (5-03) in verschiedenen Kontexten (K_1 – K_3) vorgeführt werden.

(5-03) Hier wird deutsch gesprochen.

K_1: Schild an einem Geschäft.
K_2: Mitteilung eines Partygasts in einer kleinen Gesprächsgruppe an einen neu Hinzutretenden.
K_3: Aufforderung eines Deutschlehrers an ausländische Schüler.

Eine genaue Analyse dieses Satzes in den drei genannten Kontexten ergibt, dass eine Bedeutungskomponente B_1 "eine Personenmenge unterhält sich in deutscher Sprache" kontextinvariant, nicht streichbar und damit Bestandteil der wörtlichen Bedeutung dieses Satzes ist oder sie ganz ausmacht. Dagegen sind folgende Komponenten kontextvariabel und damit in bestimmten Kontexten streichbar:

B_{2a}: Die Situation[121] betrifft die Gegenwart (K_2) oder schließt die Gegenwart mit ein (K_1).
B_{2b}: Die Situation betrifft die (unmittelbare) Zukunft (K_3).

---

121 Nach EHRICH (1992) ist "Situation" der zusammenfassende Terminus für "Ereignis" und "Zustand". Ereignisse sind Zustandsveränderungen; zu ihnen gehören Vorgänge (Prozesse) und Handlungen. REICHENBACH (1947) gebraucht "Ereignis" ("event") als Zusammenfassung von "Zustand", "Vorgang" und "Handlung", also i.S.v. "Situation".

B_3: Alternativ-Handlungen (das Sprechen einer anderen Sprache) sind ausgeschlossen (K_2 und besonders K_3).

B_{4a}: Die Äußerung ist als Mitteilung/ Aussage intendiert (K_1 und K_2).

B_{4b}: Die Äußerung ist als Aufforderung intendiert (K_3).

Die Komponenten B_{2a} – B_{4b} gehören nicht zur wörtlichen Bedeutung, sondern werden durch die Äußerungssituation, die Art der Interaktion der beteiligten Personen und die sozialen Beziehungen zwischen ihnen beigesteuert (vgl. 6.2.3). Auch die Gefühle und Bewertungen, die in einer Äußerung mitschwingen, sind kontextvariabel. Man kann (5-03) mit dem Ton der größten Zufriedenheit und des größten Entsetzens sprechen, je nach der Einstellung, die der Sprecher zur deutschen Sprache hat. Er kann das durch intonatorische Mittel ausdrücken.

Da nicht Wörter, sondern nur Sätze einen Wahrheitsgehalt – im Hinblick auf eine bestimmte Sprechsituation – haben, lässt sich die wörtliche Bedeutung von Wörtern erst aus der wörtlichen Bedeutung von Sätzen ableiten.[122] So ist die kontextinvariante, wörtliche Bedeutung von *hier*: "Ort, der den Sprecher mit einschließt". Dass es sich dabei einmal um ein Geschäft, ein andermal um eine Zimmerecke, ein Klassenzimmer, eine Stadt oder ein ganzes Land handelt, ergibt sich aus dem Kontext, in dem der *hier* enthaltende Satz geäußert wird. *Hier* ist ein "deiktisches" Wort, d.h. ein Sprachausdruck, der sich auf die Sprechsituation bezieht; dabei ist die Variabilität des tatsächlich Gemeinten besonders augenfällig. Das Gleiche gilt für *jetzt*, das die Sprechzeit einschließt, aber beliebig lang sein kann, oder für *ich*, das den Sprecher spezifiziert und im einen Fall Noam Chomsky, im anderen Marilyn Monroe, im dritten Lieschen Müller usw. bezeichnet.

Die wörtliche Bedeutung eines Worts ist in ein- oder mehrsprachigen Wörterbüchern angegeben. Dabei hängt es vom Geschick des Lexikographen ab, ob er den gemeinsamen Nenner für alle Verwendungsweisen eines Worts herausfindet, wie er ihn benennt, wie er die einzelnen Schattierungen sortiert.[123]

---

122 Nur Sätze, die als Aussagen fungieren, haben einen Wahrheitsgehalt. Sätzen mit anderer Funktion (Frage, Versprechen, Befehl usw.) kann nur indirekt ein Wahrheitsgehalt zugeordnet werden (vgl. 6.2).

123 Die wörtliche Bedeutung der Hauptvariante von *Kraft* ist nach KLAPPENBACH / STEINITZ (1970,3:2211) "Stärke, Fähigkeit zu etw.". Das deckt Fälle ab wie "körperliche, geistige, seelische, sittliche,

Ein Wort, das sich in Bedeutungsvarianten auffächert, nennt man "polysem". Sind die einzelnen Bedeutungen allerdings so weit voneinander entfernt, dass sie überhaupt nichts Gemeinsames haben, nimmt man zwei (oder mehr) homonyme Wörter an; vgl. *Schloss* als Gebäude und *Schloss* als Schließvorrichtung in einer Tür.

Nicht nur Wörter, sondern auch syntaktische Strukturen tragen zur Bedeutung eines Satzes bei. Wörter sind nicht wahllos, sondern nach syntaktischen Regularitäten miteinander verknüpft. Das gilt auch für Sätze wie *Protokoll nix gut* aus dem Pidgin-Text (4-20) oder wie (5-04), Titel eines Films von R.M. Faßbinder:

(5-04) Angst essen Seele auf.

Man versteht den Satz so, dass die Angst die Seele aufisst, nicht umgekehrt. Hier hat allein die Wortstellung strukturierende Wirkung. Im Standarddeutschen gibt nicht die Wortstellung allein Aufschluss über die Satzgliedfunktion; die Kasus spielen eine oft entscheidende Rolle. Die Satzgliedfunktion trägt zur Satzbedeutung bei, ist aber nicht immer (morphologisch oder durch die Stellung) markiert.

(5-05) a Der Vater schlägt den Sohn.
b Der Sohn schlägt den Vater.
c Die Mutter schlägt die Tochter.
d Die Tochter schlägt die Mutter.

Während (5-05)a/b syntaktisch – und damit auch semantisch – eindeutig sind, ist das bei c/d nicht der Fall. In beiden Fällen könnte man sowohl mit e als auch mit f fortfahren:

(5-05) e ... weil sie sich von der Alten unterdrückt fühlt.
f ... nachdem andere Erziehungsmethoden versagten.

Die Sätze in (5-06) enthalten zwar die gleichen Wörter, aber in verschiedenen syntaktischen Positionen; daher unterscheiden sich die Sätze in ihrer Bedeutung:

(5-06) a Ich weiß, was ich sage. b Ich sage, was ich weiß.

---

künstlerische, ... übermenschliche K.", "die K. der Muskeln, Fäuste, des Geistes ...", nicht aber Fälle wie "die neue Sekretärin ist eine ausgezeichnete Kraft" (ebd., 2212), eine Verwendung, die einer anderen Variante, "Sache oder Person, die eine Wirkung ausübt", zugeordnet ist.

5.2 Semantische Relationen

Semantische Analyse schließt Bedeutungsrelationen zwischen Sätzen ein. Diese Relationen beruhen auf den Wahrheitswerten zusammengesetzter Sätze, deren Gesetzmäßigkeiten in der Aussagenlogik analysiert werden. Ein kurzer Einblick in die logische Analyse komplexer Sätze ist daher an dieser Stelle notwendig. Die Wahrheitswertzuordnung komplexer Sätze setzt voraus, dass man den Wahrheitsgehalt der involvierten einfachen Sätze wie (5-01) kennt. Für die **Negation** gilt: Ist Satz p wahr, dann ist er bei Hinzufügung einer Negation falsch, und umgekehrt. Es ergibt sich die Wahrheitswerttafel (5-07):

(5-07)

p	¬p
w	f
f	w

w: wahr
f: falsch

Eine **Konjunktion** von zwei Teilsätzen (Konjunkten) ist wahr, wenn beide Konjunkte wahr sind (vgl. (5-08)). Das lässt sich an mit *und* koordinierten Sätzen wie (5-09) gut nachvollziehen: Die Konjunktion ist nur wahr, wenn die Teilsätze p und q beide wahr sind.

(5-08)

p	q	p & q
w	w	w
w	f	f
f	w	f
f	f	f

(5-09) Paul studiert Mathematik und Frieda studiert Medizin.

Eine **(inklusive) Disjunktion** ist falsch, wenn beide Teilsätze falsch sind, und wahr, wenn wenigstens einer zutrifft (vgl. (5-10)).

(5-10)

p	q	p v q
w	w	w
w	f	w
f	w	w
f	f	f

(5-11) ist ein Beispiel für inklusive Disjunktion (wobei *Paul* das implizite Subjekt des *oder*-Satzes ist.

(5-11) Paul studiert oder spielt Fußball.

Die **(materiale) Implikation** ist falsch, wenn die erste konstituierende Aussage wahr und die zweite falsch ist, und wahr in allen anderen Fällen:

> "That is to say, the falsity of the first constituent statement or the truth of the second are, equally, sufficient conditions of the truth of a statement of material implication; the combination of truth in the first with falsity in the second is the single, necessary and sufficient, condition of its falsity." (STRAWSON 1952:82f)

Die Wahrheitswerttafel für die Implikation ist (5-12). Ein Beispiel ist Satz (5-02); er ist wahr, wenn der zweite Teilsatz wahr ist, auch wenn der erste falsch ist, die Sonne also nicht scheint. KUTSCHERA (1967:31) macht an (5-13) klar, dass ein Implikationsgefüge immer wahr ist, wenn der erste Teilsatz falsch ist. Die logische Implikation entspricht nur teilweise dem sprachlichen *wenn-dann*-Gefüge, wie (5-13)c/d zeigen, die nicht unseren üblichen Konditionalgefügen entsprechen (vgl. *Wenn das Wasser warm ist, gehe ich baden*), sondern allenfalls Äußerungen des Typs *Wenn Paul das Examen besteht, fresse ich einen Besen.*

(5-12)

p	q	$p \rightarrow q$[124]
w	w	w
w	f	f
f	w	w
f	f	w

(5-13) a Der Mond ist viereckig impliziert 2 x 2 = 4.
b Der Mond ist viereckig impliziert 2 x 2 = 5.
c Wenn der Mond viereckig ist, dann ist 2 x 2 = 4.
d Wenn der Mond viereckig ist, dann ist 2 x 2 = 5.

Bei der **Äquivalenz** beruht die Wahrheit der Verbindung auf gleichen Wahrheitswerten beider Teilsätze; vgl. Wahrheitstafel (5-14).

---

124 In der Aussagenlogik wird die Implikation dargestellt als "$p \rightarrow q$".

(5-14)	p	q	p = q
	w	w	w
	w	f	f
	f	w	f
	f	f	w

Äquivalenz ist eine Beziehung, die sprachlich durch "genau dann, wenn" wiedergegeben werden kann (mit ähnlichen Einschränkungen, wie sie für die materiale Implikation gelten, vgl. KUTSCHERA 1967: 33), wobei b sich sprachlich am besten durch c wiedergeben lässt:

(5-15) a 2 + 2 = 5 äquivalent der Mond ist viereckig.
b 2 + 2 = 4 äquivalent der Mond ist rund.
c So wahr 2 + 2 = 4 ist, ist der Mond rund.

Drei Relationen, die an sich in den Bereich der Prädikatenlogik gehören, werden ebenfalls zur Erklärung semantischer Relationen zwischen sprachlichen Ausdrücken (einschließlich Sätzen) verwendet:

Reflexivität nennt man die mit "R(x,x)" formalisierte Rückbezugs-Relation, die durch (5-16)a exemplifiziert wird.[125] **Symmetrie** ist eine Relation mit vertauschbarer Reihenfolge der Argumente: R(x,y) → R(y,x). Wann immer R zwischen x und y gilt, gilt auch R zwischen y und x: vgl. (5-16)b. **Transitivität** besteht dann, wenn bei Gültigkeit der Relationen zwischen x und y und zwischen y und z die gleiche Relation auch zwischen x und z besteht; *größer/ kleiner als* sind transitive Ausdrücke (vgl. ALLWOOD / ANDERSSON / DAHL 1977:88ff). Die folgenden deutschen Beispiele illustrieren die drei Relationen:

(5-16) a Hans wäscht sich.
b Hans ist mit Inge verheiratet.
c Hans ist größer als Paul und Paul ist größer als Fritz.

125 In der Prädikatenlogik nennt man ein zweistelliges Prädikat "Relation"; die Argumente eines Prädikats werden in Klammern hinter dem Prädikat angegeben, wobei die letzten Buchstaben des Alphabets für Variable benutzt werden: R(x,y) = Es besteht eine Relation R zwischen x und y; In "L(j,m): *Josef liebt Maria*" stehen die Buchstaben j und m für die Konstanten (Eigennamen) *Josef* und *Maria*.

In a liegt Reflexivität vor (die sprachlich durch ein Reflexivpronomen ausgedrückt wird): Die von Hans ausgeübte Tätigkeit erstreckt sich auf ihn selbst. *Verheiratet sein mit* ist eine symmetrische Relation: Ist Hans mit Inge verheiratet, so ist Inge auch mit Hans verheiratet. Die transitive Relation in c impliziert, dass Hans auch größer als Fritz ist. Bei semantisch mehrdeutigen Sätzen kann ein Satz gleichzeitig mehrere Relationen übermitteln: *Hans und Inge kennen sich* kann reflexiv gedeutet werden (d.h. jeder kennt sich selbst) oder symmetrisch (jeder kennt den andern).

In der linguistischen Semantik unterscheidet man vor allem folgende semantische Relationen: Synonymie, Hyponymie, Ähnlichkeit, Inkompatibilität, Kontradiktion. **Synonymie** besteht zwischen Sätzen, wenn sie in Bezug auf den gleichen Kontext oder gleiche Kontexte wahr sind. Nach REIS (1980a:5) wird Synonymie so definiert, dass S_2 in allen Situationen wahr sein muss, wo S_1 wahr ist, und umgekehrt. Diese strenge Synonymie liegt bei (5-17)a/b vor, nicht jedoch bei (5-18)a/b. Zusätzlich zu der (5-18)a/b gemeinsamen Lesart, in der jeder (mit einem nicht genannten Partner) verheiratet ist, hat (5-18)a noch die Lesart, dass beide miteinander verheiratet sind. In dieser (symmetrischen) Lesart sind a und b nicht synonym. Daher ist zu unterscheiden zwischen strenger Synonymie, die für alle möglichen Kontexte gilt, und Synonymie, die nur für gewisse Kontexte gilt.

(5-17) a Hans und Peter schlafen fest.
b Hans schläft fest und Peter schläft fest.
(5-18) a Hans und Ingrid sind verheiratet.
b Hans ist verheiratet und Ingrid ist verheiratet.

In (5-17) und (5-18) liegen strukturelle Paraphrasen, in (5-19) und (5-20) lexikalische Paraphrasen vor.[126] Sowohl strukturelle als auch lexikalische Paraphrasen können sich stilistisch erheblich voneinander unterscheiden, wie (5-19) zeigt, oder in ihrer regionalen Geltung, wie (5-20)c gegenüber a/b bezeugt.[127]

---

126 *Paraphrase* wird wissenschaftlich als "bilaterale Implikation" definiert (vgl. BUSSMANN 1990²:558), während es umgangssprachlich einfach i.S.v. "Umschreibung" benutzt wird (ebd.).

127 Ein Beispiel für strukturelle Paraphrasen mit unterschiedlichem Stilwert wäre: *Indem er den Brief überflog, runzelte er die Stirn* vs. *Den Brief überfliegend, runzelte er die Stirn.*

(5-19) a Als wir jüngst in Regensburg waren ... (Volkslied)
b Als wir neulich in Regensburg waren ... (Standard)
(5-20) a Maria hat eine Apfelsine gegessen.
b Maria hat eine Orange gegessen.
c Maria hat eine Pomeranze gegessen.

Bedeutungsinklusion (oder **Implikation**) besteht zwischen zwei Sätzen, wenn in jeder Äußerungssituation, in der S_1 wahr ist, auch S_2 wahr ist, aber nicht umgekehrt:

(5-21) a Hans und Peter schlafen fest.
b Hans schläft fest.
(5-22) a Hans ist eingeschlafen.
b Hans schläft.

Auch hier lässt sich neben der strengen Bedeutungsinklusion, die für zwei (oder mehr) Sätze in allen möglichen Kontexten gilt, eine weniger strenge unterscheiden, die nur für eine Teilmenge gilt. Der zweite Fall gilt sicher für (5-22)a/b, da Hans vor dem Sprechzeitpunkt wieder aufgewacht sein kann:

(5-22') Hans ist eingeschlafen, ist aber wieder aufgewacht.

Bei der Bedeutungsinklusion zwischen Wörtern spricht man von **Hyponymie**: Das Hyponym, z.B. *Rose*, impliziert das Hyperonym, in diesem Fall *Blume*. Jede Rose ist eine Blume, aber nicht umgekehrt. Synonymie lässt sich logisch als Äquivalenz bzw. als bilaterale Implikation definieren: Die Wahrheit von S_1 impliziert die Wahrheit von S_2 (in allen Kontexten) und umgekehrt: $S_1 \rightarrow S_2$ & $S_2 \rightarrow S_1$.

Inkompatibilität liegt vor, wenn zwei Sätze S_1 und S_2 in Bezug auf den gleichen Kontext nicht beide wahr sein können. Die Wahrheit von S_1 impliziert die Falschheit von S_2: $S_1 \rightarrow \neg S_2$. (5-23)a impliziert, dass Paul Haare hat, b, dass Paul keine Haare hat.

(5-23) a Pauls Haare sind schon weiß.
b Paul hat eine Glatze.

Kontradiktion, ein Spezialfall von **Inkompatibilität**, liegt vor, wenn S_1 synonym mit der Negation von S_2 ist. Kontradiktorische Adjektive sind nicht steigerbar, wie (5-26) zeigt.

(5-24) a Es regnet. b Es regnet nicht.
(5-25) a Der Fisch ist lebendig. b Der Fisch ist tot.

(5-26) *Der Fisch hier ist lebendiger/töter als der dort.[128]

Antonymie ist der Gegensatz zwischen zwei Einheiten, die auf einer Skala anzusiedeln sind und Zwischenstufen zulassen:

(5-27) a Das Wasser ist warm.
b Das Wasser ist kalt.

Die Negation von *warm* ergibt nicht unbedingt *kalt*, da auch *lau* in Frage kommt, möglicherweise auch *heiß*:

> "The proposition 'X is hot' implies 'X is not cold'; and 'X is cold' implies 'X is not hot'. But 'X is not hot' does not generally imply 'X is cold' ... ." (LYONS 1977:272)

Antonyme Adjektive sind graduierbar und mit einschränkenden oder verstärkenden Adverbien verbindbar:

(5-28) a Das Wasser ist wärmer/kälter als gestern.
b Das Wasser ist ziemlich/sehr warm/kalt.

Auch Substantive können Antonyme bilden, meist nicht als Paare, sondern als n-tupel. Die Negation von *Paul ist Franzose* erlaubt neben der Interpretation "Paul ist Deutscher" auch "Paul ist Däne / Amerikaner" usw.

Semantische Ähnlichkeit ist relativ und lässt sich nach dem Anteil gleicher Merkmale bewerten. Die Objekts-Substantive in (5-29)b-d sind dem Objekts-Substantiv in a in abnehmendem Maße ähnlich:

(5-29) a Fritz isst einen Apfel.
b Fritz isst eine Birne.
c Fritz isst ein Radieschen.
d Fritz isst einen Regenwurm.
e Fritz isst einen Nagel.

Liegt weder Synonymie noch Hyponymie, Inkompatibilität oder Ähnlichkeit vor, dann können zwei Sätze im Verhältnis der Kompatibilität zueinander stehen. Das gilt z.B. für die Relation zwischen (5-30) und (5-31)a, denn (5-30) lässt in gleichem Maße (5-32)b und c zu:

(5-30) Hans ist klüger als Fritz.
(5-31) a Hans ist klug und Fritz ist dumm.

---

128 *Lebendig* ist hier nicht metaphorisch, als "lebhaft", zu verstehen.

b Hans ist klug und Fritz ist klug.
c Hans ist dumm und Fritz ist dumm.

Zwischen (5-30) und den Sätzen in (5-31) liegt keine Implikation vor, sondern lediglich Kompatibilität: Wenn Hans klüger ist als Fritz, können beide klug, aber auch dumm sein; natürlich kann auch Hans klug sein und Fritz dumm, aber das wird nicht durch (5-30) impliziert. Inkompatibilität besteht lediglich zwischen (5-30) und (5-32):

(5-32) Hans ist dumm und Fritz ist klug.

5.3 Semantische Analyse

Nach BIERWISCH (1970) sind Bedeutungen analysierbar:[129]

> "All approaches to the semantic analysis of natural languages are based on the insight that the meanings of lexical items are not unanalyzable or undefinable wholes." (BIERWISCH 1970:168)

BIERWISCH (1970) nennt Bedeutungspostulate und semantische Merkmale als Hauptprozeduren der semantischen Analyse.

5.3.1 Bedeutungspostulate

Bedeutungspostulate sind Beschreibungen der semantischen Relationen zwischen sprachlichen Ausdrücken mit Hilfe logischer Beziehungen wie Äquivalenz, Implikation und Konjunktion. So impliziert die Bedeutung des Worts *Mann* eine Konjunktion der Wörter *männlich* und *erwachsen*:[130]

---

129 Mittlerweile wird aber auch (von LÖBACH 2000) im Hinblick auf Spracherwerb die begründete Ansicht vertreten, dass Bedeutungen holistisch, nicht in Komponenten analysierbar sind.

130 Veronika Ehrich machte mich darauf aufmerksam gemacht, dass die Notierung von BIERWISCH (1970:168) in (5-33) ungenau ist, da der Implikationspfeil in der Logik nur Sätze (bzw. Propositionen) verbindet. Man müsste (nach LYONS 1977,2:788 eher formulieren: *Mann* (x) →

(5-33)	a	*Mann*	→	*männlich* und *erwachsen*
	b	*Frau*	→	*weiblich* und *erwachsen*
	c	*Junge / Mädchen*	→	*nicht erwachsen*
	d	*weiblich*	→	*nicht männlich*
	e	*Mann/Frau/Junge/ Mädchen*	→	*menschlich*

5.3.2 Semantische Merkmale

Semantische Merkmale werden in der Generativen Grammatik systematisch seit KATZ/ FODOR (1963) verwendet. Eine lexikalische Einheit wird in semantische Komponenten zerlegt, die nicht Teil des Vokabulars einer Sprache, sondern abstrakte Einheiten sind:

(5-34)	a	*Mann*	[-Abs, -Kon, +Bel, +Hum]
	b	*Hund*	[-Abs, -Kon, +Bel, -Hum]
	c	*Haus*	[-Abs, -Kon, -Bel, -Hum]
	d	*Wasser*	[-Abs, +Kon, -Bel, -Hum]
	e	*Furcht*	[+Abs, +Kon, -Bel, -Hum]
	f	*Freude*	[+Abs, -Kon, -Bel, -Hum]

Durch diese Merkmale wird die Bedeutung der Wörter systematisch aufeinander bezogen: *Mann* und *Hund* haben [-Abs(trakt)] und [+Bel(ebt)] gemein, unterscheiden sich aber in [±Hum(an)]. *Wasser* und *Furcht* teilen das Merkmal [+Kon(tinuierlich)] – d.h.: nicht in gleichartige Elemente zerlegbar –, unterscheiden sich aber im Merkmal [±Abs]; *Furcht* und *Freude* wiederum sind beide [+Abs], unterscheiden sich aber in [±Kon]. In dieser – BECHERT/ CLÉMENT/ THÜMMEL/ WAGNER (1970) entnommenen – Merkmalsmatrize fehlen einige Merkmale (z.B. "männlich" und "erwachsen" bei *Mann*); andere sind redundant. Merkmale werden als geordnet angenommen, wobei [±Abs] gewöhnlich als oberstes Merkmal rangiert. Dann ergibt sich [±Bel] durch weitere Zerlegung von [-Abs] und [±Hum] durch weitere Zerlegung von [+Bel]. Für Einheiten mit [+Bel] ist danach die Angabe [-Abs] redundant. Ebenso ist für [+Hum] und [-Hum] die Angabe [+Bel] redundant.

Männlich (x) und *Erwachsen* (x); zu lesen als "wenn x ein Mann ist, ist x männlich und erwachsen".

Die semantische Merkmalzerlegung folgt den gleichen Prinzipien wie die phonologische Merkmalsanalyse. Die bis jetzt vorgeführte Merkmalzerlegung ist streng binär: Jedes Merkmal hat einen Plus- und einen Minuswert. Das führt durch schrittweise Einengung der Bedeutung relativ rasch zum Ziel, ähnlich wie beim Quiz. LIMPER (1978) und AARTS / CALBERT (1979) zeigten anhand deutscher und englischer Beispiele jedoch, dass Binarität nur bei den obersten Merkmalen sinnvoll anzusetzen ist. Versucht man, durchgängig binär zu verfahren, dann muss man *Zeitung* als [-Transportmittel] und *Zug* als [-Kommunikationsmittel] kennzeichnen (was tatsächlich in einer semantischen Beschreibung des Deutschen vorkam).

Mit semantischen Merkmalen lassen sich Bedeutungsrelationen genauer bestimmen. **Synonym** sind zwei Wörter, wenn sie in allen Merkmalen gleich sind, jedenfalls in allen denotativen (nach LYONS 1977 "deskriptiven"), d.h. Ereignisse, Dinge, Eigenschaften der Welt bezeichnenden. "Konnotation" betrifft sekundäre Merkmale wie Stilebene, Sprachschicht, emotionale Bewertungen usw. *Gesicht* ist die neutrale Bezeichnung für die Vorderseite des Kopfs; *Antlitz* und *Angesicht* sind gehobene Bezeichnungen, *Visage* ist umgangssprachlich (oder eher jargonhaft) und *Fresse* vulgär. Auch *sterben*, *verscheiden*, *abkratzen* usw. unterscheiden sich in ihren stilistischen Konnotationen. *Mutter*, *Mutti*, *Mama* und *Mami* sind bei denotativer Gleichheit verschieden in der emotionalen Färbung.

Hyponym ist eine lexikalische Einheit E_1 in Bezug auf eine Einheit E_2, wenn E_1 alle Merkmale von E_2 enthält, aber nicht umgekehrt: *Rose* inkludiert *Blume*, da es alle seine semantischen Merkmale enthält; darüber hinaus hat *Rose* andere distinktive Merkmale, die es von *Tulpe*, *Nelke* usw. unterscheidet. **Antonym** sind zwei Einheiten E_1 und E_2, wenn sie in allen Merkmalen gleich sind bis auf eines. So haben *kurz* und *lang* die Merkmale [Eigenschaft], [Raumbezogen], [Dimension] [Längebezogen] gemein, unterscheiden sich aber darin, dass sie unterschiedliche Abschnitte einer Skala bezeichnen; *kurz* gibt einen Abschnitt unterhalb einer Norm an, *lang* einen, der darüber liegt.[131]

---

131 Für eine detaillierte und interessante semantisch-kognitive Analyse deutscher Dimensionsadjektive sei auf LANG (1987) verwiesen.

Ein Wort ist **mehrdeutig** ("ambig"), wenn ihm mehr als ein Merkmalkomplex zukommt. *Flügel* hat in einer wörtlichen Lesart (z.B. bei einem Vogel) das Merkmal [+Belebt], in der anderen (z.B. als Klavierflügel) [-Belebt], [+Artefakt] (d.h.: künstlich geschaffen). Gemeinsam sind beiden Lesarten Merkmale wie [-Abs] sowie solche, die die Form betreffen.

Homonym sind gleichlautende lexikalische Einheiten (Wörter oder Affixe), wenn ihre Bedeutungen nicht genügend gemeinsame Merkmale enthalten, um sie als Varianten eines Worts anzusehen. Das gilt z.B. für *Schloss*$_1$ (Gebäude) und *Schloss*$_2$ (Schließvorrichtung). Dazu kommen oft morphologische Unterschiede: *Bank*$_1$ bildet den Plural *Bänke*, *Bank*$_2$ *Banken*.

BIERWISCH (1970) setzt (wie KATZ 1972) relationale Merkmale als Untermenge der semantischen Merkmale an:

(5-35)a *Vater*: [X ELTER VON Y & MÄNNL. x &<BEL.(EBT) X & BEL. Y>]
b *Mutter*: [X ELTER VON Y & NICHT-MÄNNL. X & <BEL. X & BEL . Y>]
c *Sohn*: [X KIND VON Y & MÄNNL. X & <BEL. X und BEL. Y>]
d *lang*: [Y GRÖSSER N & Y DIM. VON X & maximal Y]
e *töten*: [X VERURSACH (Y VERÄND. zu (NICHT BEL. Y)) und <BEL. Y>]

Die Merkmale in spitzen Klammern bezeichnen bei BIERWISCH (1970) semantisch-pragmatische Voraussetzungen für die Anwendbarkeit der relationalen Merkmale; so kann man nur etwas Belebtes töten, nicht aber einen Schrank oder einen Stein. N in der Merkmalsbeschreibung von *lang* bezeichnet den Normalwert von Y. Die Größe X ist das Objekt, dessen räumliche Merkmale durch das relationale Dimensionsadjektiv bezeichnet werden, z.B.: *die Stange ist lang*. Hier gibt es Restriktionen in bezug auf die Objekte: *Der Kuchen ist lang* kann sinnvoll interpretiert werden, *die Apfelsine ist lang* kaum noch.

Töten gehört wie *setzen*, *stellen*, *legen*, *tränken* u.a. zu den kausativen Verben; es enthält das Merkmal [VERURSACH] und das davon abhängige komplexe Merkmal [VERÄND], das den verursachten Prozess bezeichnet. Der Prozess führt zu einem Resultatszustand (hier zum Totsein).

KATZ / FODOR (1963) und die auf ihnen aufbauenden Semantiker sind – mit Recht – kritisiert worden, weil mit den gängigen semantischen Merkmalen z.B. Farbbezeichnungen wie *rot* und *grün* nicht hinreichend gekennzeichnet werden können.

Unterhalb der oberen Merkmale wie [+Abs, +Eigenschaft, +Farbe] helfen einem die üblichen Merkmale nicht weiter. Wenn KATZ/FODOR (1963) als unterste Merkmale sogenannte "distinguishers" wie [rot] oder [grün] verwenden, findet keine Zerlegung mehr statt. Dann könnte man sich gleich die Obermerkmale sparen und rein "holistisch" vorgehen, indem man sagt, dass *rot* die Farbe "rot" bezeichnet. Von Komponentenanalyse kann dann freilich nicht mehr die Rede sein.

Eine wichtige Rolle – besonders in der Verbsemantik – spielt die Merkmalsemantik jedoch bei der Bestimmung von Selektionsbeziehungen: *Laufen* und *schreien* erfordern ein belebtes Subjekt, *schreiben* und *dichten* ein menschliches, *rollen* und *fallen* ein konkretes, wobei das Subjekt von *rollen* noch weitere, physikalisch begründete Eigenschaften erfüllen muss.

5.3.3 Prototypen

Eine dritte Art der Bedeutungsanalyse ist das Arbeiten mit Prototypen. Die Untersuchungen der Gestaltpsychologen (vgl. WERTHEIMER 1923) ergaben, dass der Mensch bei der (sprachlichen oder nichtsprachlichen) Kategorisierung von Gegenständen oft nicht von notwendigen und hinreichenden Merkmalen ausgeht (wie [±belebt] usw.); es gibt offenbar fließende Übergänge zwischen Kategorien und innerhalb einer Kategorie "bessere" und "schlechtere" Vertreter.

Auch Untersuchungen wie die über "Basic Color Terms" (BERLIN / KAY 1969) zeigten, dass es innerhalb von Kategorien "bessere Beispiele" gibt. Darauf bauen die Untersuchungen von Eleanor Rosch (vgl. ROSCH 1975 und 1977) auf, die sich mit der menschlichen Kategorisierung befasste. Das Farbspektrum ist nach ROSCH (1977:4) ein ideales Untersuchungsgebiet für das Testen menschlicher Kategorisierung: Es ist eine Domäne, wo die physikalischen Eigenschaften messbar sind, und zwar unabhängig von ihrer Kodierung in bestimmten Sprachen; zudem können kognitive Operationen wie Wahrnehmung und Erinnerung unabhängig von sprachlichen Eigenschaften gemessen werden. Roschs Untersuchungen ergaben, dass die Fokalfarben, Farbschattierungen, die sich aufgrund ihrer Helligkeit und anderer physikalischer Eigenschaften besonders von den übrigen Farbschattierungen abheben, besonders leicht kodifiziert werden – und zwar mit besonders kurzen Farbnamen – und auch besonders leicht im Gedächtnis behalten werden, unabhängig vom System der Farbbezeichnungen in der Muttersprache der Versuchspersonen. Rosch wählte für ihre Tests unter anderem Sprecher des Dani (einer Sprache auf Neu-Guinea) aus, die nur über zwei Farbbezeichnungen verfügen.[132] Trotz der verschiedenen Grenzziehungen innerhalb des Farbspektrums zeigte sich eine erstaunliche Übereinstimmung bei Sprechern von zwanzig Sprachen. Die Fokalfarben waren Prototypen, optimale Vertreter ihrer Klasse.[133]

ROSCH (1977) lenkte den Blick auf zwei Probleme der klassischen Kategorisierungstheorie:

- Wenn Kategorien definiert werden durch Eigenschaften, an denen alle ihre Mitglieder teilhaben, dürfte es keine besseren und schlechteren Beispiele für die Kategorie geben.
- Wenn Kategorien durch inhärente Eigenschaften ihrer Mitglieder definiert werden, müssten Kategorien unabhängig von Besonderheiten der Wesen sein, die die Kategorisierung vornehmen, und dürften nicht die neurophysiologische Ausstattung des Menschen involvieren.

Hier stellt die Prototypentheorie einen Fortschritt dar. Ein weiterer Problembereich, der durch die Prototypentheorie neu belebt wurde, sind generische Phrasen. KLEIBER (1988:26) unterscheidet zwischen Generizität wie in (5-36)a und Prototypikalität wie in (5-36)b. CHUR (1993) übernimmt diese Unterscheidung und analysiert Generizität und Prototypikalität genauer. (5-36)a ist eine echte generische Aussage, die sich auf die Gesamtheit bzw. Art aller Schimpansen bezieht. (5-36)b bezieht sich dagegen auf einzelne Mitglieder der Art.

(5-36) a Schimpansen sind Affen.
b Schimpansen verstellen sich.

---

132 Die beiden Farbnamen im Dani sind nach BERLIN / KAY (1969:46) *modla* (für hellere Farben) und *mili* (für dunklere Farben).

133 Eine gute Zusammenfassung der Untersuchungen von BERLIN / KAY (1965) und ROSCH (1975/ 1977) gibt LAKOFF (1987:26): "The boundaries between the color ranges differ from language to language. The regularities appear only when one asks for the best example of a basic color term given a standardized chart of 320 small color chips. ... For example, in languages that have a basic color term for colors in the blue range, the best example is the focal blue for all speakers no matter what language they speak."

KLEIBER (1988:2ff) warnt in seinem Forschungsbericht über Prototypentheorie davor, Prototypen als "Wunderwaffe" zu verstehen; nicht alle Schwierigkeiten der klassischen Merkmaltheorie lassen sich mit Hilfe von Prototypen lösen. Nach der kognitiven Kategorisierung in der klassischen Version der Prototypen (repräsentiert z.B. durch ROSCH 1977) ist ein Prototyp der beste Repräsentant einer Klasse. Nach GIVON (1986:79) lassen sich prototypische Mitglieder einer Kategorie als Durchschnitt mehrerer Mengen (hier mit den Merkmalen a, b, c und d) darstellen; Miglieder mit nur drei Merkmalen sind weniger typisch, die mit einem am wenigsten:

Abb. 13

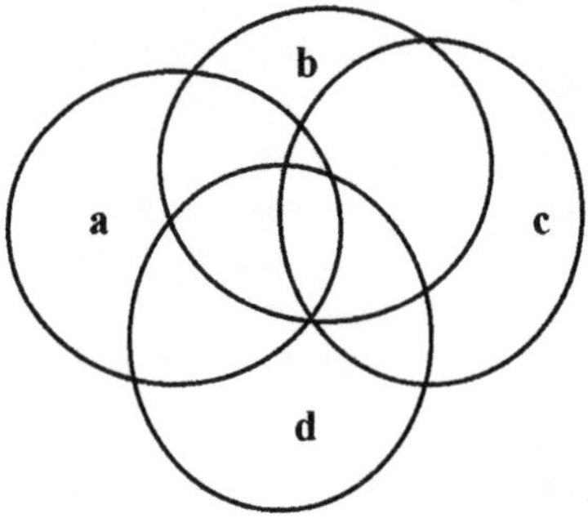

In psychologischer Hinsicht unterscheiden sich prototypische Vertreter einer Kategorie von peripheren dadurch, dass sie schneller erkannt, leichter gelernt und häufiger verwendet werden (KLEIBER 1988:25). Es gibt "Grade der Mitgliedschaft" einer Kategorie, die sich auf einem Kontinuum der Kategorienmitgliedschaft anordnen lassen. Der Stuhl mit viereckiger Sitzfläche und vier Beinen ist eher Mitglied der Kategorie STUHL als der mit runder oder dreieckiger Sitzfläche, nur einem Bein und/oder Armlehnen. Die alte Volksweisheit "Ausnahmen bestätigen die Regel" kommt zu neuen Ehren. Die Merkmalsemantik tut sich schwer mit Ausnahmen, so z.B. mit Vögeln, die nicht fliegen können. Flugfähigkeit ist eine typische, aber nicht notwendige Eigenschaft von Vögeln.

LAKOFF (1986) verbindet Merkmal- und Prototypenanalyse: Er unterscheidet zwischen kategoriebestimmenden Kriterien für Klassenzugehörigkeit und prototypischen Eigenschaften, die nicht allen Mitgliedern der Kategorie zukommen. Das Wort *Junggeselle* (*bachelor*), das klassische Beispiel der Merkmalsemantik, enthält sowohl kategoriale Eigenschaften (a) als auch prototypische (b):

(5-37) Junggeselle
a [+Menschl, +Männl, +Erwachsen, -Verheiratet]
b [Alleinlebend, Macho, Kocht gern]

KLEIBER (1993:120f) befürwortet eine Weiterentwicklung der Prototypentheorie, wie sie SCHLYTER (1982:13), aufbauend auf WITTGENSTEIN (1953), vorschlägt:

> "Es gibt dann wenige, vielleicht keine, Eigenschaften, die für alle die 'peripheren' Individuen gemeinsam sind, es gibt nur eine 'family resemblance' oder nur Ähnlichkeit mit dem Prototyp. "

Eine solche Familienähnlichkeit bildet eine Menge von Referenten AB BC CD DE, die eine gemeinsame Kategorisierung rechtfertigen (vgl. KLEIBER 1993:121). KLEIBER (1988:49) führt ein Beispiel aus der australischen Ureinwohnersprache Dyirbal an. Dyirbal ist eine Klassifikatorsprache, in der alle Nomina mit bestimmten sprachlichen Mitteln, den Klassifikatoren, in Klassen eingeteilt werden. Im Dyirbal gehören zur *bayi*-Klasse sehr unterschiedliche Substantive, nämlich solche, die Männer, Känguruhs, Opossums, Bumerangs, einen Regenbogen, den Mond etc. bezeichnen. Weder mit notwendigen und hinreichenden noch mit Merkmalen der klassischen Prototypentheorie lässt sich diese Klasse semantisch bestimmen. Es gibt immer nur "lokale" Ähnlichkeiten zwischen einzelnen Mitgliedern dieser Klasse. So gehört das Wort für *Mond* – da der Mond als Ehemann der Sonne angesehen wird – aufgrund dieser mythischen Eigenschaft in die *bayi*-Klasse und ist dadurch dem Wort für Mann semantisch ähnlich.

5.4 Bedeutungsfelder

LUTZEIER (1981:1) vergleicht die linguistische Semantik mit einem armen Entwicklungsland. "Reiche Länder" wie Logik, Philosophie und Psychologie liefern Güter, deren Anwendung auf die linguistische Semantik "einen peinlichen Mangel an Erkenntnissen über linguistische Fakten" bewirkt. Er will daher die Semantik methodisch "aufforsten".

Zu diesem Zweck baut er die Wortfeldanalyse, die sich bereits Anfang der dreißiger Jahre entwickelt hatte, methodisch aus.[134]

Die Linguisten erkannten bereits vor längerer Zeit, dass man die Relationen zwischen Wörtern, ihre Gemeinsamkeiten und Unterschiede innerhalb eines Ausschnitts aus dem Gesamtlexikon einer Sprache, erfassen muss. Ein solcher Ausschnitt ist ein Feld. Diese Felder sind verschieden benannt worden: "Wortfeld", "Bedeutungsfeld" und "semantisches Feld" sind die gebräuchlichsten Ausdrücke. TRIER (1931) spricht jedoch – in der ersten "Feldstudie" – vom "Sinnbezirk (des Verstandes)". Er beschreibt, wie semantisch ähnliche Lexeme wie *klug*, *weise*, *schlau* im "Bewußtsein des Sprachbrauchers" aneinander grenzen und sich zu einem "Inhaltsmosaik" ordnen. Er geht davon aus, dass die Mengen aller Bedeutungen in einer Sprache das Seinskontinuum voll abdecken und es in ein lückenloses Gesamtmosaik aufgliedern. PORZIG (1934) bezieht syntaktische Relationen als "wesenhafte Bedeutungsbeziehungen" ein, so die Beziehung zwischen Subjekt und Prädikat (*Hund – bellen*) oder zwischen Verb und Objekt (*fällen – Baum*).

LUTZEIER (1981) versteht unter "Wortfeld" ein lexikalisches Paradigma semantisch verwandter Wörter. Als Wortfeld-Beispiele führt er Bezeichnungen für Turngeräte, Verwandtschaftsbezeichnungen, Temperaturadjektive, Ruhepositionen eines Vierbeiners, temporale Konjunktionen u.a. an. Bei der Analyse des Wortfelds "Finanzielle Einnahmen" wird die hierarchische Gliederung deutlich; vgl. Abb. 14 (aus LUTZEIER 1981:167):[135]

---

134 Dabei benutzt er jedoch Methoden und Notierungen der Logik und tut das, was er kritisiert: Die Wortfeld-Definition von LUTZEIER (1981:139) lautet (ausschnittweise) folgendermaßen: "L kann zu einem Wortfeld in F erweitert werden gdw 1. L ist ein Wörter-Paradigma in F und 2. Es gibt eine syntaktische Kategorie c aus Syn und es gibt einen eindeutigen semantischen Aspekt A, so daß 2.1 alle Elemente von L gehören der Kategorie c an und 2.2 alle Elemente von L fallen unter den Aspekt A und 2.3 es gibt endlich viele Dimensionen D_i (i=1, ... n), so daß für alle i $\in$ {1,2, ... n} die Dimension D_i eine Zerlegung von L in endlich viele Mengen Z_{ir} (r=1, ... n_i) mit dem Namen N_{ir} (r=1, ... n_i) bewirkt ... ."

135 Die Kleinschreibung der Substantive wurde vom Autor übernommen.

Abb. 14 Wortfeld "Finanzielle Einnahmen"

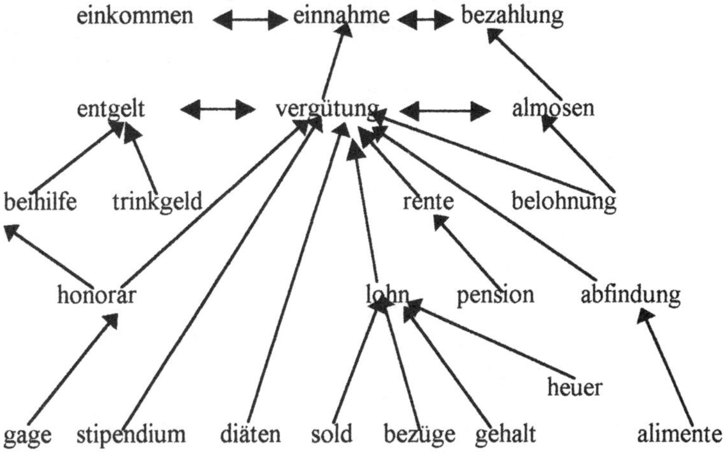

Eine der interessantesten, methodisch strengsten Arbeiten zum Wortfeld ist BAUMGÄRTNER (1967). Baumgärtner strebt eine Synthese von Triers und Porzigs Ansätzen an, bereichert durch Erkenntnisse der neueren Semantik- und Syntaxtheorie. Wichtig für die Konstituierung eines Bedeutungsfelds sind zwei Kriterien, ein logisch-semantisches und ein syntaktisches (vgl. BAUMGÄRTNER (1967:174ff).

– Die Beziehungen zwischen zwei verwandten Lexemen werden durch Implikationsrelationen bestimmt: (5-38) zeigt, dass ein Implikationsverhältnis zwischen den Verben besteht: *Schlendern* impliziert *spazieren*, und *spazieren* impliziert *gehen*, aber nicht umgekehrt.

(5-38) a Wenn einer schlendert, dann spaziert er.
b Wenn einer spaziert, dann geht er.

– Durch hinzugefügte Konstituenten wird das Vorhandensein semantischer Merkmale in einem Wort geprüft: (5-39) zeigt, dass *trippeln* Merkmale enthält, die durch die Adverbiale *schnell* und *mit kurzem Schritt* expliziert werden. (5-39)a und b sind synonym, (5-39)c/d kontradiktorisch.

(5-39) a Erna ging schnell, mit kurzem Schritt durchs Zimmer.
b Erna trippelte durchs Zimmer.
c Erna trippelte langsam durchs Zimmer.
d Erna trippelte mit großen Schritten durchs Zimmer.

Ein weiteres Indiz für das Vorhandensein dieser Merkmale in *trippeln* sind Sätze wie (5-40). Dieser Satz wird wohl als semantisch bzw. pragmatisch nicht normal empfunden. Man braucht zusätzliche Annahmen wie etwa die, dass der Seemann in Folge einer Fußverletzung nur kurze Schritte machen kann.

(5-40) Der athletische Seemann trippelte über das Schiffsdeck.

Aus ähnlichen Gründen ist (5-41) abwegig:

(5-41) Das grazile Mädchen stapfte in Stöckelschuhen über den Parkettfußboden.

So schwer die Bedeutung von *stapfen* zu beschreiben sein mag, zweierlei scheint klar zu sein: *Stapfen* kann man eher in Stiefeln oder Holzschuhen als in Stöckelschuhen, und die "Stapffläche" ist typischerweise eher Schnee oder Matsch als ein Parkettfußboden, wobei dann allerdings nicht auszuschließen ist, dass man das barfuß tut. Man sieht, welche feinen Nuancierungen in einer Sprache ausdrückbar sind. Man könnte *stapfen* ungefähr so paraphrasieren: "sich aufrecht fortbewegen mit schwerfälligem Schuhwerk und/oder auf einem Untergrund, der der Bewegung Widerstand entgegensetzt".[136]

Die genannten Verben gehören zum Wortfeld der Fortbewegungsverben. Fortbewegung impliziert Bewegung, aber nicht umgekehrt. Bewegungsverben wie *wackeln*, *zittern*, *zucken* oder *nicken* sind keine Verben der Fortbewegung. Bei den Fortbewegungsverben lassen sich wiederum wichtige Untergruppen unterscheiden:

- Differenzierung nach dem Medium der Fortbewegung, d.h. danach, ob die Bewegung auf dem Boden, zu Wasser oder in der Luft geschieht;
- innerhalb jedes Mediums ergeben sich Untergruppen nach der Bewegungsart, also danach, ob die Bewegung aufrecht oder bäuchlings oder in Hocklage usw. erfolgt (vgl. *gehen* vs. *robben* oder *kriechen*);
- es kann weiter danach unterschieden werden, ob die Bewegung – beim Menschen – mit oder ohne Fortbewegungsmittel erfolgt (vgl. *gehen* vs. *fahren*, *rollern*, *radeln*, *rodeln* usw.). Dies Merkmal berücksichtigt BAUMGÄRTNER (1967) allerdings nicht.

---

136 In der Analyse von *stapfen* bei BAUMGÄRTNER (1967:183) kommen nur die Merkmale "(Fortbewegung)-(Auf dem Boden)-(Aufrecht)-(Schwerfällig)-(Angestrengt)" vor. Die weiteren Merkmale (s. oben) fehlen.

Das Feld der Verben der aufrechten Fortbewegung auf dem Boden wird im Deutschen durch das Hyperonym *gehen* (in seiner Bedeutung "zu Fuß gehen") repräsentiert.[137] Nicht jedes Bedeutungsfeld hat ein Hyperonym. BAUMGÄRTNER (1967:186) postuliert – im Gegensatz zu TRIER (1931) –, dass die Sprache das Sein nicht lückenlos aufteilt. So existiert kein Wort, das nur die Komponenten "Gehen" plus "Langsam" enthält; *spazieren*, *schreiten* und *wandeln* enthalten bereits weitere speziellere Merkmale. Einige Merkmalzuordnungen sind problematisch. So bedeutet *laufen* im Sport nicht einfach "gehen + schnell"; es gehört eine Spezifizierung des (Nicht-)Bodenkontakts der Füße dazu. Auch wird *laufen* in einigen Gegenden Deutschlands nicht im Sinne von "schnell gehen", sondern von "zu Fuß gehen" (engl. *walk*) gebraucht.[138] *Bummeln*, *schlendern* und *trödeln* sind sicher weiter zu differenzieren. Bei aller Kritik an einzelnen Punkten ist hervorzuheben, dass BAUMGÄRTNER (1967) brauchbare Methoden zur Bedeutungsfeldanalyse erarbeitet und erprobt hat.

Nach MILLER / JOHNSON-LAIRD (1976:524ff) gehören Bedeutungsfelder zur kognitiven Grundausstattung von Sprechern: Wörter sind nicht isoliert gespeichert, sondern in Form semantischer Netzwerke, die sie miteinander und mit dem Wissen über die Welt verbinden. Innerhalb des "mentalen Lexikons"[139] gibt es offenbar Basisfelder, die besonders früh gelernt werden; das Feld der Bewegungsverben gehört dazu (ebd.: 527).

BAUMGÄRTNER (1967:186) fasst seine Analyse des Felds der Fortbewegungsverben in einem Schema zusammen:

---

137 *Gehen* hat zahlreiche Varianten; vgl. *Ich gehe nach Amerika*; *das Paket geht nach Potsdam*; *Irene geht zum Theater; die Uhr geht nicht* usw. Die meisten dieser Varianten haben mit Fortbewegung nur in sehr allgemeiner Form zu tun. DI MEOLA (1994) zeigt, dass die verschiedenen Varianten von *gehen* (und *kommen*) in systematischen Beziehungen zueinander stehen und den gleichen kognitiven Bedingungen unterliegen. Das gilt auch für die nicht-deiktischen Varianten.

138 Man vergleiche dazu den Berliner Witz, in dem ein Floh den anderen fragt "Laufen wir oder nehmen wir einen Hund?".

139 Das mentale Lexikon wird bei SCHWARZ / CHUR (1993:221) definiert als "Teil des LZG [Langzeitgedächtnis, H.V.], in dem alle Informationen über die Wörter einer Sprache gespeichert sind. Diese Informationen sind in Form von sogenannten Lexikoneinträgen repräsentiert."

Abb. 15 Verben der aufrechten Fortbewegung auf dem Boden

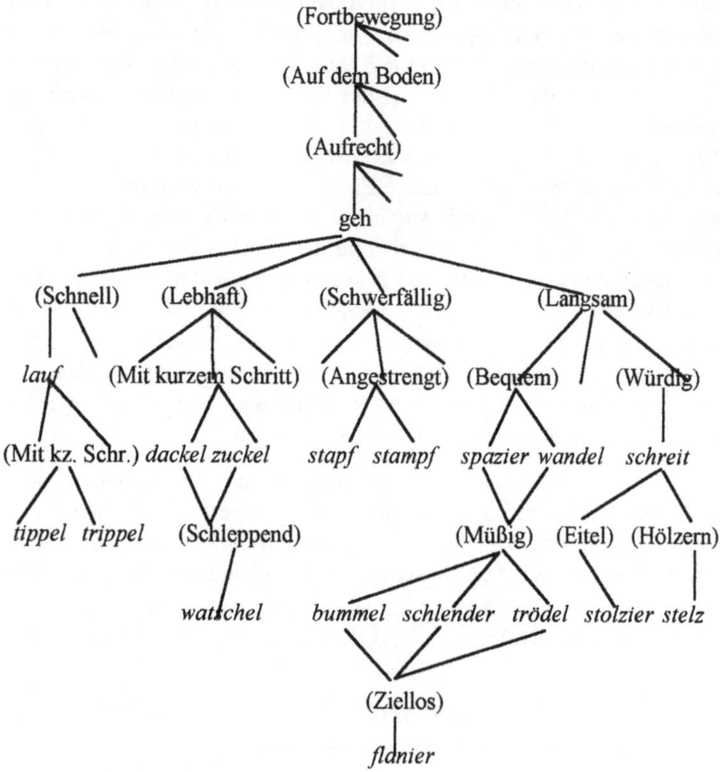

5.5 Referenz und Denotation

LYONS (1977:50ff und 174ff) unterscheidet folgende Arten (oder Aspekte) von Bedeutung:

Abb. 16

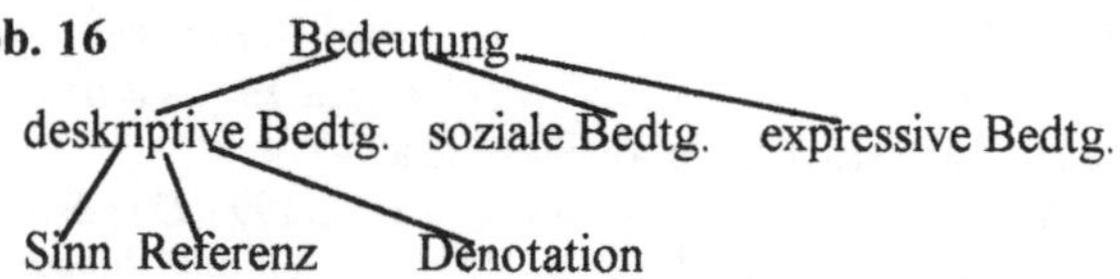

Deskriptive Bedeutung ist Bedeutung, die explizit bejaht oder verneint und objektiv verifiziert werden kann, wie z.B. (5-42).

(5-42) Augenblicklich regnet es in Köln.

Natürlich kann eine solche Äußerung eine nicht-deskriptive Zusatzbedeutung haben. Soziale Bedeutung dient dazu, soziale Relationen zu etablieren oder aufrechtzuerhalten. Anredeunterschiede wie *du* und *Sie* im Deutschen sind ein Standardbeispiel für unterschiedliche soziale Bedeutungen; ihre deskriptive Bedeutung ist gleich. Expressive Bedeutung bezieht sich auf den Gemütszustand des Sprechers: Ein Satz wie (5-43) kann z.B. verärgert geäußert werden, wobei Intonation, Stimmfärbung und Akzentuierung zur Übermittlung dieser expressiven Bedeutung dienen können.

(5-43) Du machst, was du willst!

Soziale und expressive Bedeutung gehören nach REIS (1980a) und LEVINSON (1983) zu den pragmatischen Bedeutungsbestandteilen, die abhängen vom Situationskontext und den sozialen Beziehungen zwischen den Gesprächsteilnehmern (vgl. 6.1). Deskriptive Bedeutung teilt sich nach LYONS (1977) auf in Sinn, Referenz und Denotation. Sinn und Sinnrelationen sind in 5.2 – 5.4 ausführlich besprochen worden. Nun ist über Referenz und Denotation einiges zu sagen.

Referenz betrifft nach LYONS (1977:174) das Verhältnis zwischen sprachlichem Ausdruck und dem, wofür dieser Ausdruck in einer bestimmten Äußerungssituation steht, seinem "Referenten". Lyons stützt sich auf FREGE (1892) – der unglücklicherweise statt "Referenz" "Bedeutung" sagt – sowie auf RUSSELL (1905), STRAWSON (1950) und Arbeiten anderer Philosophen.[140]

Ein Ausdruck referiert immer in einem konkreten Kontext, während der Sinn einem Wort (im Sinne eines Lexems, einer Wörterbucheinheit) anhaftet. *Haus* als Lexem hat einen Sinn, aber Referenz hat es nur in einer konkreten Äußerung wie *Ich habe ein Haus gekauft* oder *Das Haus dort ist hübsch*.

---

140 Zu verweisen ist hier auf MORRIS (1938:3), wo Referenz definiert wird als eine Beziehung zwischen einem Zeichen S (für "sign"), einem Designatum D und einem Interpreten I: "S is a sign of D for I to the degree that I takes account of D in virtue of the presence of S." Vgl. dazu auch das "semiotische Dreieck" bei OGDEN / RICHARDS (1923:11).

Referenz ist an die Äußerungssituation und an die Intention des Produzenten (Äußerers) gebunden. Mit ein und demselbem sprachlichen Ausdruck kann auf verschiedene Dinge referiert werden. *Das Haus* kann in einer Äußerungssituation auf ein Stadthaus, in einer anderen auf ein Landhaus, in einer dritten auf ein Spielzeughaus oder das Bild von einem Haus referieren, abhängig vom situativen und/oder sprachlichen Kontext und von der Intention des Sprechers.

Nach SEARLE (1969) ist Referenz eine Handlung und kann daher wie jede Handlung missglücken. Produzent und Rezipient der Äußerung vollziehen nicht notwendig die gleiche Referenz. Hier eine wahre Begebenheit (in Köln 1974) als Beispiel für gescheiterte Referenz:

(5-44) (Empfang zum 75. Geburtstag eines emeritierten Professors. Der Geschäftsführende Direktor – neu am Institut – soll dem Jubilar gratulieren. Er fragt einen Kollegen:) "Wer ist denn der Jubilar?" (– Antwort:) "Der alte Herr mit dem Sektglas." (Der G. D. sieht zwei alte Herren mit Sektglas; der eine hat Sekt im Glas, der andere Orangensaft. Er schüttelt dem Herrn mit dem Sekt im Glas die Hand und will ihm Blumen überreichen, da stürzt der Kollege auf ihn zu:) "Herr X., das ist der Falsche!"

In den bisherigen Beispielen handelt es sich um definite und unikale Dingreferenz, d.h. der sprachliche Ausdruck ist auf einen bestimmten, in der Situation einzig in Frage kommenden Gegenstand bezogen. Diese Art ist bei den Philosophen, die sich mit Referenz beschäftigten, und auch noch bei SEARLE (1969) und THRANE (1980) die einzige Referenzart, die sie untersuchen. Daneben gibt es aber noch nichtunikale und indefinite Dingreferenz (z.B. *die Häuser*, *ein Haus*) und außer der Dingreferenz auch noch Ereignis-, Orts- und Zeitreferenz, die erst später Gegenstand wissenschaftlicher Untersuchung wurden (z.B. bei JACKENDOFF 1983, BIERWISCH 1988 und EHRICH 1992). [141]

Als dritte Bedeutungskomponente nimmt LYONS (1977:207) die "Denotation" an, die wie der Sinn an das Lexem gebunden ist und all das bezeichnet, worauf ein Lexem referieren kann, also sein Referenzpotential: Zur Denotation von *Haus* gehören alle existierenden und denkbaren Häuser, auf die sich dies Wort beziehen kann. In der

---

141 DAVIDSON (1967) hat bereits frühzeitig Ereignisreferenz untersucht; der Aufsatz wurde jedoch erst später zur Kenntnis genommen.

Logik wird das gewöhnlich mit "Extension" bezeichnet, im Gegensatz zur "Intension", die dem Sinn einer lexikalischen Einheit entspricht und die durch Merkmale wie [±abstrakt], [±belebt] usw. angegeben werden kann. An dieser Stelle sollen die mit "Sinn" und "Referenz" konkurrierenden Termini (nach WUNDERLICH 1974:242) zusammengestellt werden.

Tab. 8 Termini für "Sachbezug" und "Begriffsbezug"

MILL (1862/63)	denotation	connotation
FREGE (1892)	Bedeutung	Sinn
RUSSELL (1905)	denotation	meaning
CARNAP (1947)	extension	intension
BLACK (1949)	reference	sense

In der Logik und Mengenlehre haben sich "Extension" und "Intension" durchgesetzt, in der Linguistik "Referenz" und "Sinn". "Bedeutung" wird als Oberbegriff für beide verstanden. "Denotation" wird heute eher als Gegensatz zu "Konnotation" verwendet. Konnotation bezeichnet im heutigen Gebrauch meistens stilistische und assoziative Merkmale. So betrachtet man *Gesicht*, *Antlitz* und *Visage* als denotativ gleich und konnotativ verschieden. Für "Denotation" i.S.v. LYONS (1977) gebraucht man "Referenzpotential" oder "Extension".

Der Referenzforschung stellen sich vor allem folgende Fragen:

- Was ist Referenz?
- Welche sprachlichen Ausdrücke werden zum Referieren benutzt?
- Worauf wird referiert?
- Wann sind zwei oder mehrere sprachliche Ausdrücke "koreferent", d.h. wann referieren sie auf den gleichen Referenten?

Literatur zu diesen Fragen gibt es in Fülle. Hier sei auf die Überblicke in SCHWARZ / CHUR (1993) und VATER (1994^3, 1996^3) verwiesen.

5.6 Exkurs zur Prädikatenlogik

In der Aussagenlogik geht es darum, die Semantik komplexer Sätze aus der Semantik einfacher Sätze abzuleiten (vgl. 5.2); die Semantik einfacher Sätze ist Gegenstand der Prädikatenlogik. Zu den aus der Aussagenlogik bekannten Junktoren kommen in der Prädikatenlogik noch weitere Operatoren hinzu. Es gibt zwei Arten von Konstanten: Prädikate (die mit Großbuchstaben geschrieben werden) und Eigennamen bzw. Individuenkonstanten (mit Kleinbuchstaben geschrieben). Prädikate sind Funktionen mit so vielen Argumenten, wie ihrer Stelligkeit entspricht: Einstellige Verben wie *schlafen* haben ein Argument (den Schläfer), zweistellige wie *lieben* haben zwei (Liebende), dreistellige wie *geben* drei (Gebenden, Empfänger, Gegebenes). Prädikatsformeln enthalten Individuen als Argumente; jeder Formel entspricht ein Satz einer natürlichen Sprache:

(5-45) a S(p)
b Peter schläft.

(5-46) a L(p,m)
b Peter liebt Maria.[142]

(5-47) a V(p,b,m)
b Peter stellt Berthold Maria vor.

Neben Konstanten gibt es Variablen (für die die letzten Buchstaben des Alphabets verwendet werden). Sie stehen für Individuen oder Gegenstände. Einer NP bzw. DP (vgl. 4.5) – entspricht in der Logik eine (definite oder indefinite) Kennzeichnung, die wie ein Prädikat interpretiert wird, also *ein Buch* als "etwas, das ein Buch ist". Variablen sind durch einen Quantor gebunden.[143] Die gebräuchlichsten Quantoren sind der Allquantor ∀ und der Existenzquantor ∃: ∃x bedeutet "es gibt ein x, für das gilt"; ∀x bedeutet "für alle x gilt".

---

142 "Die Reihenfolge der Argumente folgt der Reihenfolge in einem unmarkierten Aussagesatz." (SCHWARZ / CHUR 1993:142).

143 Ungebundene Variablen treten nicht in (wahrheitswertfähigen) Sätzen auf, sondern in "offenen Sätzen" oder Prädikatsfunktionen (vgl. ALLWOOD / ANDERSSON/ DAHL 1977:64). "L(p,x)" wird nicht interpretiert als "Paul liest etwas" (was wahr oder falsch sein könnte), sondern als "Pauls Lesen" (mit einer Variablen x, die das Objekt des Lesens bezeichnet).

Der Formel (5-48)a mit Existenzquantor entspricht der Satz (5-48)b; Formel (5-49)a mit Allquantor entspricht Satz (5-49)b:[144]

(5-48) a $\exists x[B(x) \& K(p,x)]$
b Paul kauft ein Buch.
(5-49) a $\forall x[B(x) \rightarrow K(p,x)]$
b Paul kauft alle Bücher.

Die prädikatenlogische Darstellung (5-48)a lässt sich genauer interpretieren als "Es gibt ein x, für das gilt: x ist ein Buch und Paul kauft x", oder etwas sprachnäher: "Es gibt etwas, das ein Buch ist und das Paul kauft". Formel (5-49)a besagt: "Für alle x gilt: Wenn x ein Buch ist, dann kauft Paul x", oder, wiederum sprachnäher: "Alle Gegenstände, die Bücher sind, kauft Paul".

Alle Quantoren haben einen Skopus, d.h. einen Bereich, auf den sie sich beziehen. Man kann das gut an einem in der Logik viel zitierten doppeldeutigen Satz demonstrieren:

(5-50) Jeder liebt jemanden.

In der Interpretation "Jeder hat jemanden, den er liebt" gilt die prädikatenlogische Darstellung (5-50)a, in der Interpretation "Es gibt jemanden, den jeder liebt" (5-50)b:

(5-50) a $\forall x\ \exists y\ L(x,y)$
b $\exists y\ \forall x\ L(x,y)$

(5-50)a besagt: Für jeden gibt es jemand, den er liebt; der Existenzquantor steht im Skopus des Allquantors, folglich wird "jemand" als variabel verstanden, also: a liebt b, b liebt c, d liebt a usw. In b dagegen gibt es eine bestimmte Person, für die gilt, dass sie von allen geliebt wird; hier steht der Allquantor im Skopus des Existenzquantors (vgl. ALLWOOD / ANDERSSON / DAHL 1977:68).[145]

---

144 Der Allquantor ist relativ; *alle Bücher* kann sich auf die Gesamtheit der Bücher auf der Erde, in der Physik, in einer Buchhandlung beziehen.

145 Für Veronika Ehrich (persönl. Kommnikation) ist (5-50) nur in der ersten Lesart möglich. Auch für LOHNSTEIN (1996:73) sind hier sowohl x als auch y gebunden. Der Satz *Jeder in diesem Raum spricht zwei Sprachen* zeigt deutlichere Skopusambiguität: Es können entweder zwei bestimmte oder zwei beliebige Sprachen gemeint sein.

Dieser kleine Exkurs möge genügen, um zu zeigen, wie man semantische Relationen mit Hilfe der Prädikatenlogik klarer und eindeutiger darstellen kann. Hier wurden nur zwei Operatoren, die gleichzeitig Quantoren sind, kurz vorgestellt. Für die logische Darstellung anderer Quantoren (z.B. Numeralia wie *zwei*, *drei* usw.) sei auf REICHENBACH (1947:247-250) verwiesen, für die Darstellung des Lambda-Operators, der in der neueren Logik oft zur Gewinnung bestimmter semantischer Relationen oder Individuen aus formalisierten Aussagen benutzt wird, auf die gründlichen Darstellungen von CHUR (in SCHWARZ/ CHUR 1993:152-158) und LOHNSTEIN (1996, Kap.7). Auch die Semantik der Tempora wird oft mit Hilfe logischer Operatoren dargestellt (vgl. REICHENBACH 1947 und BALLWEG 1988; zu sonstigen wichtigen Darstellungen des deutschen Tempussystems vgl. FABRICIUS-HANSEN 1986, EHRICH 1992 und THIEROFF 1992).

5.7 Aufgaben

5.7.1 Aufgaben mit Lösungsangabe

A31 Wörtliche Bedeutung

Welche der Bedeutungskomponenten $B_{1\text{-}10}$ gehören zur wörtlichen Bedeutung von Satz S1?

S1 Hans hält Fritz für dümmer als Paul.
B_1 Hans ist klug.
B_2 Fritz ist klug.
B_3 Paul ist klug.
B_4 Fritz ist dumm.
B_5 Paul ist dumm.
B_6 Fritz ist dümmer als Paul.
B_7 Hans hat eine bestimmte Meinung über die intellektuellen Fähigkeiten von Fritz und Paul.
B_8 Hans hält Fritz für dumm.
B_9 Hans hält Paul für klug.
B_{10} Hans hält Paul für klüger als Fritz.

Lösung: B_7 und B_{10} gehören zur wörtlichen Bedeutung von S1.

A32 Semantische Relationen

Bestimmen Sie die semantischen Relationen zwischen allen Sätzen des Korpus. Benutzen Sie folgende Kürzel:

"Sx = Sy" Sx ist synonym mit Sy
"Sx → Sy" Sx impliziert Sy
"Sx ← Sy" Sx wird von Sy impliziert
"Sx /→ Sy" Sx ist inkompatibel mit Sy
"Sx ↔ Sy" Sx ist kontradiktorisch zu Sy
"Sx % Sy" Sx ist kompatibel mit Sy.

S2 Georg unterrichtet Heinz im Flötenspiel.
S3 Georg kann Flöte spielen.
S4 Georg spielt gut Flöte.
S5 Georg spielt kein Musikinstrument.
S6 Georg ist der Flötenlehrer von Heinz.

Lösung: S2 → S3; S2 % S4; S2 / → S5; S2 = S6.
S3 ← S2; S3 ← S4; S3 / → S5; S3 ← S6.
S4 % S2; S4 → S3; S4 / → S5; S4 % S6.
S5 / → S2; S5 / → S3; S5 / → S4; S5 /→ S6.
S6 = S2; S6 → S3; S6 % S4; S6 / → S5.

A33 Semantische Merkmale

Nennen Sie die distinktiven semantischen Merkmale für die a – d:

a Maurer b Milch c Stein d Gang

Lösung
a [+Bel(ebt), +Hum, +Beruf, +Männl].
b [-Bel, +Org(anisch), +Kon, +Flüssig].
c [-Bel, -Org, ±Kon].
d [+Abstr, +Aktion].

ANMERKUNGEN. Für a-c gilt [-Abstr] ist redundant (vgl. 5.3.2). [+Beruf] sollte vielleicht besser nicht binär, sondern als [Beruf] notiert werden (vgl. 5.3.2). Natürlich schließt hieran eine Untergliederung in weitere Merkmale (Kopf- und Handarbeit etc.) an. *Stein* kommt kontinuierlich (*die Statue ist aus Stein*) und nicht-kontinuierlich vor (*Er warf einen Stein*). Tätigkeits- (Aktions-)Abstrakta wie *Gang* müssten natürlich noch weiter differenziert werden.

A34 Relationale Merkmale

Bestimmen Sie die relationalen Merkmale der Verben *geben* und *nehmen* nach dem Muster von *töten* (vgl. (5-36)e).

Lösung
geben [(X HAB Y) und (X VERURSACH (Z HAB Y))]
nehmen [(X HAB Y) und (Z VERURSACH (Z HAB Y))]

ANMERKUNG. Der Verursacher des Besitzwechsels ist bei *geben* derjenige, der Objekt Y anfangs besitzt, bei *nehmen* derjenige, der Y nach dem Wechsel besitzt. Y ist hier nicht spezifiziert, es kann abstrakt oder konkret, dinglich oder menschlich sein.

A35 Koreferenz

Nennen Sie alle koreferenten Ausdrücke im folgenden Text und spezifizieren Sie die Ausdrucksmittel für Koreferenz:

T1 aus: St. Zweig: Die Welt von gestern

> "Die Schwerindustrie fühlte durch Hitler sich von der Bolschewistenangst entlastet, sie sah den Mann an der Macht, den sie seit Jahren im geheimen finanziert; ... und insbesondere dem Militär war Hitler willkommen, weil er militaristisch dachte und den Pazifismus beschimpfte. ... Die verschiedensten, die gegensätzlichsten Parteien betrachteten diesen 'unbekannten Soldaten' ... als ihren Freund – sogar die deutschen Juden waren nicht sehr beunruhigt. Sie machten sich vor, ein 'ministre jacobin' sei kein Jakobiner mehr, ein Kanzler des Deutschen Reiches werde die Vulgaritäten eines antisemitischen Agitators selbstverständlich abtun."

Lösung

(1) *Hitler* – Eigenname;
(2) *den Mann ..., den sie ... finanziert* – komplexe Gattungs-DP;
(3) *Hitler* – Eigenname; (4) *er* – Pronomen;
(5) *diesen 'unbekannten Soldaten'* – Gattungs-DP;
(6) *'ministre jacobin'* – Gattungs-DP;
(7) *ein Kanzler des Deutschen Reichs* – komplexe Gattungs-DP;
(8) *eines antisemitischen Agitators* – komplexe Gattungs-DP.

ANMERKUNGEN: Der Text zeigt deutlich, dass erneuter Bezug auf einen Referenten (Koreferenz) nicht nur durch Rekurrenz (z.B. Wiederaufnahme des Eigennamens) und Pronomina geleistet wird, sondern auch durch DPs, die deskriptiven Gehalt haben und damit dem Referenten neue Merkmale zuschreiben. Diese DPs sind untereinander keineswegs synonym – was bereits FREGE (1892) mit seinen berühmten Beispielen *der Sieger von Austerlitz* und *der Verlierer von Waterloo* gezeigt hatte, die beide auf Napoleon referieren. Darüber hinaus müssen diese DPs nicht einmal definit sein, wie (7) und (8) zeigen. Eine DP, die *ein* oder einen andern Quantor enthält, ist nicht notwendig indefinit; sie ist für Definitheit nicht markiert (vgl. 4.5).

Hier wird der DP-Ansatz zugrunde gelegt, nach dem z.B. *'diesen unbekannten Soldaten'* syntaktisch eine DP, keine NP ist (vgl. 4.5).

5.7.2 Aufgaben ohne Lösungsangabe

A36 Wörtliche Bedeutung

Stellen Sie anhand der Kontexte $K_{1\text{-}3}$ die wichtigsten Bedeutungsbestandteile von Satz S7 (nach REIS 1980a) zusammen und begründen Sie, welche davon zur wörtlichen Bedeutung des Satzes gehören. Nehmen Sie die Analyse von (5-03) in 5.1 als Muster.

S7 Morgen sieht es hier anders aus.

K_1 Vater äußert S7 zum Sohn in dessen Zimmer.

K_2 Gast äußert S7 am Stammtisch eines Lokals kurz vor Kommunalwahlen.

K_3 Geschäftsinhaber äußert S7 beim Wegfahren von Bauschutt aus seinem Laden kurz vor der Eröffnung.

A37 Semantische Relationen

Beschreiben Sie die semantischen Relationen zwischen S8 und den folgenden Sätzen im Korpus (Kürzel für Relationen vgl. A32):

S8 Elfriede ist Irenes jüngere Schwester.
S9 Elfriede ist jung.
S10 Irene ist jung.
S11 Irene ist alt.
S12 Irene ist älter als Elfriede.
S13 Elfriede hat eine Schwester.
S14 Elfriede ist ein Einzelkind.
S15 Elfriede ist nicht Irenes jüngere Schwester.
S16 Irene ist Elfriedes ältere Schwester.

A38 Semantische Merkmale

Zerlegen Sie die Wörter in semantische Merkmale (vgl. A33/34):

a Prinz	b Königin	c Soldat
d Hengst	e Fohlen	f Kuh
g Sand	h Öl	i Zweig
j Tochter	k klein	l kaufen

A39 Bedeutungsfelder

Stellen Sie alle lexikalischen Einheiten aus dem Korpus zusammen, die Ihrer Meinung nach ein Bedeutungsfeld bilden, definieren Sie das Feld und bestimmen Sie nach BAUMGÄRTNER 1967 (vgl. 5.4) die Merkmale, in denen sich die einzelnen Feld-Mitglieder unterscheiden.

a	klug	b	dumm	c	schlau
d	weise	e	clever	f	dreist
g	gerissen	h	helle	i	schlagfertig
j	intelligent	k	gelehrt	l	auf Draht
m	allwissend	n	kreativ	o	altklug

ANMERKUNG: Es muss zunächst entschieden werden, ob Phrasen Feld-Mitglieder sein können.

A40 Personalreferenz

Stellen Sie alle Fälle von Personalreferenz im folgenden Text fest sowie alle Fälle von personaler Koreferenz und die dafür verwendeten sprachlichen Mittel (vgl. A35).

T2 Verschwiegene Gaben

> Nachdem die Polizei die Firmen des Königsteiner Immobilienpleitiers Jürgen Schneider durchsucht hat, verzeichnen die Finanzämter einen ungewöhnlichen Andrang. Rund 50 Beschäftigte und Berater des zerbrochenen Imperiums reichten nun Selbstanzeigen ein. Der spendable Firmenboß hatte etwa bei Weihnachtsfeiern stets Schecks mit größeren Summen an verdiente Mitarbeiter verteilt. Manche nutzten Firmenwagen und Firmenwohnungen. Bei höheren Zuwendungen wurde "absolute Verschwiegenheit gegenüber jedermann" vertraglich vereinbart. Viele Schneider-Gehilfen haben solches Zubrot offensichtlich nicht als Einkommen versteuert. Leider hat ihr pingeliger Chef die Unterlagen aufgehoben. (*Der Spiegel* 2.5.94:103)

ANMERKUNG: Zur Personalreferenz gehören auch Kollektivnomina, die eine Menschengruppe bezeichnen. Bei Koreferenz kommt auch der Fall vor, dass kein sprachliches Mittel benutzt wird und der Referent nur erschlossen werden kann, so bei unpersönlichen Passivsätzen – vgl. (*Anna, Martin, Elise und Jürgen trafen sich.*) *Es wurde geplaudert* –, wo nicht direkt Koreferenz zwischen den Plaudernden und den vorerwähnten Personen hergestellt wird.

6. Pragmatik

6.1 Gegenstand der Pragmatik

LEVINSON (1983:6ff) gibt einen kritischen Überblick über Pragmatik-Definitionen und ihre Probleme. Am befriedigendsten scheint ihm (1983:12) folgende rein negative Definition zu sein:

> "Pragmatik ist das Studium all der Aspekte von Bedeutung, die nicht in einer semantischen Theorie erfaßt werden."

Die Pragmatik hat wie die Semantik mit der Bedeutung von Sätzen zu tun. Da jeder Satz in einem bestimmten (situativen oder sprachlichen) Kontext geäußert wird, wäre eine Abgrenzung von Semantik und Pragmatik der Art, dass die Semantik es mit der Bedeutung von Sätzen in einem "Null-Kontext" zu tun habe, die Pragmatik mit der Interpretation von Sätzen in Kontexten, nicht machbar: Sätze werden normalerweise nie in einem Null-Kontext geäußert. Das Kernstück der Semantik ist die Feststellung des Wahrheitswerts von Äußerungen. So ist der Satz *Paul weint* wahr in Bezug auf eine Situation, wo einer Person namens *Paul* Tränen aus den Augen rinnen, und falsch in Bezug auf eine Situation, wo der gleichen Person Wasser die Wangen hinunterläuft (z.B. weil sie gerade duscht; vgl. REIS 1980a). In der Semantik geht es um die Bedingungen, die für den Gebrauch sprachlicher Ausdrücke gelten, damit sie Sachverhalte der uns umgebenden (oder einer fiktionalen) Welt richtig widerspiegeln.

Das Kernstück der Pragmatik ist nach LEVINSON (1983:9) die Grammatikalisierung von Aspekten des Kontexts (z.B. *ich* als Bezeichnung für den Sprecher einer Äußerung, *hier* als Bezeichnung für den Sprecherort, Imperativ als Bezeichnung einer Aufforderung usw.). Doch erschöpft sich die Semantik nicht in der Wahrheitswertbestimmung von Äußerungen, und die Pragmatik umfasst mehr als Grammatikalisierung von Teilen des Kontexts. Die Pragmatik hat es auch mit nicht-versprachlichten Annahmen und Prinzipien zu tun, die die Bedeutung von Äußerungen mitbestimmen, mit Ironie, mit Gefühlen, die in einer Äußerung mitschwingen usw.

Möglich wäre eine Definition durch Aufzählung (LEVINSON 1983:27): Pragmatik ist danach das Studium von Deixis, Implikaturen, Sprechakten, Aspekten der Diskursstruktur etc. Eine solche Definition wäre nicht sehr befriedigend, wenn auch nicht abwegig. Die folgenden Beispiele zeigen das Wirken pragmatischer Aspekte in Äußerungen:

(6-01) a Komm her!
b ?Komm hin!
(6-02) a Aristoteles war ein Grieche, glaube ich.
b *Aristoteles war ein Grieche, aber ich glaube es nicht.
(6-03) a Freds Bart ist schon grau.
b *Freds Bart ist schon grau, aber er hat keinen Bart.
c ?Freds Bart ist schon grau; er hat einen Bart.
(6-04) a Ich befehle dir, Kreons Befehl nicht zu befolgen.
b *Ich befehle dir, diesen Befehl nicht zu befolgen.
(6-05) a Hiermit gebe ich meine Verlobung mit Frau Hedwig Tobler-Schwerin bekannt.
b Hiermit verschwinde ich.
c ?Hiermit stelle ich Ihnen eine Frage.
(6-06) a Paul, mach bitte die Tür auf.
b ?Paul macht bitte die Tür auf.
c *Paul hat bitte die Tür aufgemacht.
(6-07) a Kahn kritisierte seinen Chef. Darum wurde er entlassen.
b Kahn kritisierte seinen Chef. Darauf wurde er entlassen.
c Kahn kritisierte seinen Chef und wurde entlassen.
d Kahn kritisierte seinen Chef. Er wurde entlassen.

(6-01)a ist eine normale Aufforderung, b nicht, weil das deiktische Adverb *hin* eine Bewegung vom Sprecher weg impliziert und so mit dem Verb *kommen* in Konflikt gerät, das normalerweise Bewegung zum Sprecher hin ausdrückt. Möglich wäre (6-01)b nur mit Bezug auf einen (vorerwähnten) dritten Ort. (6-02)a ist eine normale Äußerung, b nicht, weil zu den Bedingungen des Sprechakts "Aussage" gehört, dass der Sprecher an die Wahrheit der Aussage glaubt oder zumindest diesen Anschein erweckt. (6-03)b enthält zwei inkompatible Feststellungen, da die vom ersten Teilsatz präsupponierte Proposition (d.h. notwendige Voraussetzung) "Fred hat einen Bart" kontradiktorisch zur Proposition des zweiten Teilsatzes ist. (6-03)c ist tautologisch, da die Proposition des zweiten Teilsatzes bereits die Präsupposition des ersten Teilsatzes bildet und daher ohnehin mitverstanden wird.

(6-04)a ist ein normaler Befehl, b nicht, wenn sich diesen auf den gerade ausgesprochenen Befehl bezieht, da die Ausführung des Befehls in jedem Fall unmöglich ist. *Hiermit* gehört in Kontexten wie in (6-05)a zur "performativen Formel", einem Ausdruck, der die Funktion einer sprachlichen Äußerung explizit angibt, und wird nur bei bestimmten Sprechaktfunktionen – z.B. Anordnungen, Bekanntmachungen, offiziellen Mitteilungen, eidesstattlichen Erklärungen usw. – verwendet. In (6-05)c ist es nicht möglich. In den (von REIS 1980a übernommenen) Sätzen (6-07)a-d geht es um Annahmen, die der Rezipient bei der Interpretation von Sätzen macht, um das, was er "mitversteht". Nur in a wird der Grund für Kahns Entlassung direkt genannt, nämlich die Kritik am Chef. In b – d wird kein Grund genannt; trotzdem wird der Hörer geneigt sein, Kahns Kritik am Chef als Grund anzunehmen, obwohl darauf nur Nachzeitigkeit, und nur Verknüpfung zweier Ausdrücke oder Äußerungen anzeigt. In d wird überhaupt keine logische Beziehung zwischen beiden Sätzen markiert. Pragmatisch gesehen liegt – aufgrund von Weltwissen – die Interpretation, nach der der Vordersatz den Grund für das Geschehen im Folgesatz angibt, nahe. Juristisch könnte nur der Produzent von (6-07)a belangt werden, nicht aber der Produzent von (6-07)b – d.[146]

Sowohl bei mündlichen als auch bei schriftlichen Kommunikationsakten spielt der sprachliche und situative Kontext eine Rolle. Das gilt sowohl für die Produktion von Äußerungen als auch für ihre Interpretation durch den Rezipienten:

(6-08) Du ziehst mir nicht das Grüne an.
(W.BUSCH, Die fromme Helene. *Ges. Werke*, Stg.: Fackelverl., III:18)

(6-09) Die Grünen kommen hierher.

In Satz (6-08) handelt es sich um ein grünes Kleid, wie sowohl der situative Kontext – Verhaltensmaßregeln der Tante für Helene vor Besuch des Vetters Franz – als auch der sprachliche Kontext (*ziehst ... an*) klarmachen. (6-09) könnte sich in einem Kontext auf Kleider beziehen, die vor einer Modenschau sortiert werden; in einem andern auf das Sortieren von Stachelbeeren; in einem dritten um Mitglieder einer Partei, denen Plätze im Bundestag zugewiesen werden sollen.

146 "Produzent (einer Äußerung)" steht für Sprecher oder Schreiber, "Rezipient" für Hörer oder Leser. Statt "Hörer" ist der Terminus "Adressat" geeigneter; Hörer kann jemand auch durch Mithören werden.

Bezüglich der Komponenten der Sprech- bzw. Empfangssituation verweist KNIFFKA (1980:7) auf die LASWELLsche Formel der Journalisten: "Wer? Was? Wann? Wo? Warum? Wie?". WUNDERLICH (1971:177) gibt die auf die Sprechsituation angewandte Formel (6-10), deren "9-tupel" in Tabelle 9 erklärt wird:

(6-10) Sit = Sp, Hö, s, l+w, Äuß, Inh, Vorauss, Int, Rel

Tab. 9 Situationskomponenten

Sp	Sprecher;
Hö	Hörer (bzw. Angesprochener);
s	Zeit der Äußerung (Sprechzeit);
l+w	Ort und Wahrnehmungsraum des Sp;
Äuß	phonolog.-syntakt. Eigenschaften der Äußerung;
Inh	kognitiver Inhalt der Äußerung;
Vorauss	mit der Äuß verbundene Voraussetzungen des Sp;
Vorauss-Sp	Sprecher-Wissen;
Vorauss-Hö	Sp's Annahmen üb. Wissen u. Fähigkeiten des Hörers;
Vorauss-Hö-w	Annahmen über den Wahrnehmungsraum des Hörers;
Vorauss-Soz	soziale Beziehung von Sp und Hö;
Vorauss-Text	Verständnis der vorangegangenen Äußerung;
Int	Intention des Sprechers bei der Äußerung;
Rel	mit der Äuß etablierte Relation von Sp und Hö.

Bezüglich des Sprechers ist relevant, wer redet, wann er spricht und wie er auf sich selbst Bezug nimmt. Je nachdem, wer redet (ein König, ein Minister, ein Pfarrer, eine Privatperson), wird der Redebeitrag mehr oder weniger offiziell, länger oder kürzer sein. Wann jemand redet, ist teilweise sozial geregelt. Für Kinder galt früher "Ein Kind redet nur, wenn es gefragt wird". In einem Round-Table-Gespräch wird einer Person gewöhnlich explizit Rederecht erteilt. Auf sich selbst bezog sich ein König früher mit *wir*, während alle anderen schlicht *ich* gebrauchten. Relevant ist hier unter anderem die Zahl der Adressaten und die soziale Beziehung zwischen Sprecher und Adressat, die sich im Deutschen im Unterschied *du* vs. *Sie* niederschlägt. In ostasiatischen Sprachen wird hier noch stärker differenziert.

Auf die Sprechzeit wird in jeder sprachlichen Äußerung direkt oder indirekt Bezug genommen. Abgesehen von marginalen Satztypen, in denen entweder eine infinite Verbform oder gar kein Verb vorkommt (vgl. (6-11)), wird gewöhnlich durch das Tempus des Verbs auf die Sprechzeit Bezug genommen (vgl. (6-12)):

(6-11) a Alle mal herhören!
b Stillgestanden!
c Feuer!

(6-12) a Es brennt.
b Es brannte.
c Es hat gebrannt.

Das Präsens ist die am vielseitigsten verwendbare Tempusform. Es wird nicht nur für Gegenwart – d.h. Gleichzeitigkeit einer Situation mit der Sprechsituation – verwendet, sondern auch zur Bezeichnung zukünftiger, vergangener, zeitloser oder zum Sprechzeitpunkt noch andauernder Situationen: [147]

(6-13) Ich komme gleich/ später/ morgen/ nächste Woche.
(6-14) Was sagt sie?
(6-15) Die Erde dreht sich um die Sonne.
(6-16) Seit drei Stunden warte ich auf dich.

Auf die Äußerungszeit und auf andere Zeitintervalle kann auch mit Temporaladverbialen wie *jetzt*, *eben*, *bald*, *in einer halben Stunde* usw. Bezug genommen werden. Äußerungsort und Wahrnehmungsraum kommen in Sprachäußerungen implizit und explizit vor; durch Adverbien wie *hier*, *da*, *dort*, *hierher*, *dorthin*, *drüben*, *daneben* usw. wird auf lokale Aspekte der Sprachsituation Bezug genommen. Die Relevanz des Wahrnehmungsraums zeigt sich bei Verwendung von *rechts* und *links*, *vor*(*n*) und *hinten*/*hinter*. (6-17) ist problematisch, wenn Sprecher und Adressat sich gegenüberstehen; dann weiß der Adressat nicht, ob "rechts vom Sprecher" oder "rechts vom Adressaten" gemeint ist. Die Anweisung des Fahrschullehrers (6-18) ist problematisch, wenn die Konstellation in Abb. 17 vorliegt:

(6-17) Geben Sie mir die Schere rechts/ links.
(6-18) Parken Sie hinter dem grünen VW.

---

147 Zur Definition von "Situation" vgl. 5.1, zur Zeitreferenz VATER (1994^3), zum Tempussystem des Deutschen unter anderem VATER (1983), FABRICIUS-HANSEN (1986), BALLWEG (1988) und THIEROFF (1992).

Abb. 17

Die referenzielle Doppeldeutigkeit in (6-18) entspringt dem Umstand, dass *hinter dem grünen VW* einmal deiktisch (auf den Sprecher bezogen), zum anderen intrinsisch (auf inhärente Eigenschaften des Referenten bezogen) verwendet werden kann (vgl. VATER 1996³:58). Unabhängig davon, wo Sprecher und Adressat sich befinden, hat das Auto erkennbar ein Vorder- und ein Hinterteil. In der intrinsischen Lesart bedeutet (6-18) demnach "hinter dem Hinterteil des VW", während deiktisch die Stelle gemeint ist, die man erreicht, wenn man am VW entlanggefahren ist, also hinter dem Vorderteil des VW.[148]

Der Wahrnehmungsraum spielt auch bei der Sprecheridentifizierung eine Rolle. Im Dunkeln oder hinter der verschlossenen Tür (z.B. bei *ich* als Antwort auf die Frage *Wer ist da?*) ist eine Identifizierung des Sprechers erschwert, so dass sekundäre Merkmale (z.B. charakteristische Eigenschaften der Stimme) ausschlaggebend sind.

Zur Äußerungsform sei nur gesagt, dass die lautsprachliche Äußerung durch Gebärden ergänzt werden kann und manchmal ergänzt werden muss. Gebärden können sogar Sprache ersetzen; man vergleiche *Komm her* und das gleichbedeutende Winken mit dem gekrümmten Finger. Die Frage ist, ob Gebärden in irgendeiner Form von der (Laut-)Sprache abgeleitet sind oder ob es Zufall ist, dass Sprachgemeinschaften sich oft auch durch spezifische Gestik auszeichnen. Man denke daran, dass unsere Gesten für *ja* und *nein* auf dem Balkan die umgekehrte Bedeutung haben.

Zum Äußerungsinhalt sei hier nur angemerkt, dass ERVIN-TRIPP (1968) zwischen dem manifesten Äußerungsinhalt ("topic") und einem latenten ("function") unterscheidet. So kann der Sprecher eine lange

---

148 Kugeln und Würfel sind nicht intrinsisch gegliedert; sie haben keine asymmetrischen Achsen, so dass man bei ihnen nicht Vorder- und Rückseite, Ober- und Unterseite unterscheiden kann (vgl. VATER 1996³).

Geschichte erzählen, z.B. über seinen letzten Urlaub, die nur den Zweck hat, den Adressaten zu beruhigen oder abzulenken. Ervin-Tripp erwähnt Äußerungen ohne Topik wie *au!* und andere ohne eigentliche Funktion ("avoidance conversations"); jedoch ist m.E. die Füllung von Verlegenheitspausen auch eine Koversations-Funktion. Auf Voraussetzungen des Sprechers ist im Zusammenhang mit Implikaturen in 6.3 einzugehen.

6.2 Sprechakte

6.2.0 Allgemeines

An der Sprechakttheorie hat die Semantik ebenso viel Anteil wie die Pragmatik. Ausgangsthese ist die von AUSTIN (1962) gemachte Feststellung, dass Sprechen Handeln sei. Austin ging davon aus, dass Sprachäußerungen in zwei Klassen zerfallen: "performatives" und "constatives". Eine performative Äußerung wie (6-19), von einem Priester gemacht und vom Besprengen des Täuflings mit Weihwasser begleitet, ist ein Akt (der Taufakt), hat also Handlungscharakter; für eine konstative Äußerung wie (6-20) gilt das nicht.

(6-19) Ich taufe dich auf den Namen Johannes.
(6-20) Die Nützlichkeit eines Dings macht es zum Gebrauchswert. (K.Marx, *Das Kapital*)

Gegen Ende seiner Vorlesungen kommt Austin jedoch zum Schluss, dass alle Äußerungen, auch Feststellungen und andere "constatives", Handlungen sind. Sprechen ist eine Form des Handelns und unterliegt Bedingungen, wie sie für Handlungen typisch sind. Drei Aspekte sind für sprachliche Äußerungen aller Art charakteristisch.

- Sie werden von einer Intention des Sprechers gesteuert;
- sie verändern auf bestimmte Art und Weise die Welt (wenn auch meist in kleineren Bereichen);
- sie unterliegen spezifischen Bedingungen, die von AUSTIN (1962) "Glückensbedingungen" ("felicity conditions") genannt werden.

6.2.1 Bestandteile von Sprechakten

SEARLE (1965, 1969) und WUNDERLICH (1971, 1976) ist eine Weiterentwicklung der Sprechakttheorie zu verdanken. Nach SEARLE 1965 (dt. 1972:153) vollzieht ein Sprecher gleichzeitig folgende Akte:

> "In einer typischen Sprechsituation, die einen Sprecher, einen Hörer und eine Äußerung des Sprechers umfaßt, sind eine Reihe verschiedener Akte mit der Äußerung des Sprechers verknüpft. Charakteristischerweise wird der Sprecher sein Kinn und seine Zunge bewegt und Geräusche gemacht haben. Darüber hinaus wird er charakteristischerweise einige Akte vollzogen haben, die in die Klasse fallen, welche das Informieren oder Irritieren oder Langweilen seiner Zuhörer umfaßt; er wird weiterhin charakteristischerweise einige Akte vollzogen haben, die in die Klasse fallen, welche das Verweisen auf Kennedy oder Chruschtschew oder den Nordpol enthält; ebenfalls wird er Akte aus jener Klasse vollzogen haben, welche das Machen von Feststellungen, das Stellen von Fragen, das Erteilen von Befehlen, das Erstatten von Berichten, das Grüßen und das Warnen umfaßt."

Den visuell (und akustisch) wahrnehmbaren Akt, für den Kinn-, Lippen- und Zungenbewegungen sowie "Geräuschemachen" kennzeichnend sind, nennt SEARLE **lokutionären Akt**. Den Akt, der das Verweisen auf Personen, Dinge und Sachverhalte enthält, nennt er **propositionalen Akt**.[149] Den funktionellen Teil des Sprechakts, also das Erteilen von Befehlen, Machen von Feststellungen usw., nennt er **illokutionären** (bzw. **illokutiven**) Akt; den Akt, den er durch Informieren, Irritieren und Langweilen illustriert, nennt er im Anschluss an AUSTIN (1962) **perlokutiven Akt**. Searle untersucht nur illokutive und propositionale Akte. Über perlokutive Akte schweigen sich die meisten Sprechakttheoretiker aus; eine rühmliche Ausnahme ist SCHLIEBEN-LANGE (1974); über lokutionäre Akte sagt nur WUNDERLICH (1976) etwas.

---

149 Genau genommen handelt es sich um den Referenzakt als Teil des Propositionsakts (vgl. 6.2.2).

6.2.2 Propositionale Akte

Eine Proposition kann mit verschiedenen Illokutionen gekoppelt sein:

(6-21) a Paul bleibt hier.
b Bleibt Paul hier?
c Paul, bleib hier.
d (Paul,) ich erlaube dir hier zu bleiben.
e (Paul,) ich bitte dich um dein Hierbleiben.
f (Paul,) ich bitte darum, dass du hier bleibst.[150]

Die Sätze (6-21)a-f enthalten die gleiche Proposition, aber verschiedene Illokutionen: a ist eine Feststellung, b eine Frage, c eine Aufforderung, d eine Erlaubnis, e und f sind Bitten. In allen Fällen wird der gleiche Referenzakt (Referenz auf Paul) vollzogen und mit ihm die gleiche Prädikation verbunden (das Hierbleiben von Paul). Der "propositionale Gehalt" aller angeführten Sprechakte ist "das Hierbleiben von Paul". Dies wird jedoch dem Subjekt *Paul* je nach Art der Illokution auf verschiedene Weise zugeschrieben. Ebenso kann eine Illokution mit verschiedenen Propositionen verbunden sein, vgl. (6-22)a/b:

(6-22) a Isst Inge Spaghetti?
b Kommt Gerda zum Abendbrot?

SEARLE (1969) nimmt auch illokutive Akte ohne Proposition an:

(6-23)a Hurra! b Au! c Tschüs!

(6-23)a ist eine konventionalisierte Begeisterungsäußerung, b ein Schmerzensschrei, c ein Abschiedsgruß. Eine Proposition (mit Referenz und Prädikation) ist nicht erkennbar. Propositionen haben nicht an sich einen Wahrheitsgehalt, sondern nur, wenn sie in einem Aussage- (bzw. Feststellungs-)Akt vorkommen: (6-21)a kann wahr oder falsch sein; bei b – f besteht diese Möglichkeit nicht; das gilt nicht nur für Sprechakte ohne Proposition, sondern auch für solche, die eine Proposition aufweisen, die mit einer anderen Illokution als der Feststellung verbunden ist.

---

150 In d-e kann der Adressat nur durch einen Vokativ expliziert werden; dieser stellt nach WUNDERLICH 1976 einen Akt für sich dar, ist aber immer auf einen anderen Sprechakt (hier Erlaubnis oder Bitte) bezogen.

WUNDERLICH (1976:134) trägt diesem Umstand Rechnung, indem er annimmt, dass grundsätzlich eine Illokution mit einem "propositionalen Gehalt" verbunden ist, dass dieser aber nur bei repräsentativen Sprechakten (Aussagen, Feststellungen, Behauptungen usw.; vgl. 6.2.5) "Proposition" im vollen Sinne des Wortes genannt werden kann. Die anderen Illokutionen sind mit "offenen Propositionen" (bei Direktiva, d.h. Anordnungen, Befehlen, Btten usw.), "Propositionsbegriffen" (bei Entscheidungsfragen) oder "Prädikatsbegriffen" (bei Ergänzungsfragen) verbunden. Eine Proposition ist demnach eine besondere Ausprägung des propositionalen Gehalts.

So wie eine Illokution durch besondere sprachliche Mittel, so genannte "illokutive Indikatoren", markiert werden kann (vgl. 6.2.3), so wird eine Proposition durch "propositionale Indikatoren" angezeigt (vgl. SEARLE 1965, dt. 1972:159). Indikator für eine Proposition kann ein ganzer (selbständiger) Satz sein wie in (6-21)a, eine Infinitivkonstruktion wie in (6-21)d, eine Nominalisierung wie in (6-21)e, ein *dass*-Satz wie in (6-21)f.

Die Annahme von SEARLE (1969), dass eine Proposition genau einen Referenz- und einen Prädikationsakt enthält, ist nicht aufrechtzuerhalten (vgl. VATER 1986a):

- Es gibt Propositionen ohne Referenz (jedenfalls i.S.v. SEARLE, d.h. Referenz auf einen "Ding-Referenten"),[151] z.B.:

(6-24) Es regnet/ schneit/ dämmert usw.

- Referenz ist nicht an das Subjekt gebunden, sondern kommt auch innerhalb der VP vor. In (6-25) referieren Subjekt und Objekt; in (6-26) gibt es ein referierendes (direktionales) Adverbial. In (6-27) referiert das Subjekt gar nicht, dafür gibt es ein referierendes Objekt und ein referierendes Adverbial.

(6-25) Hans kennt Helga.
(6-26) Hans geht zum Bahnhof.
(6-27) Es zieht Hans nach München.

151 Wenn man jedoch annimmt (vgl. JACKENDOFF 1983 und VATER 1986a), dass nicht nur NPs bzw. DPs, sondern auch VPs, APs und PPs referieren, dann gibt es auch in (6-24) Referenz, nämlich auf eine Situation.

- Schließlich wird die Einteilung in Referenz- und Prädikationsteil dadurch hinfällig, dass es Sprachen mit subjektlosen Sätzen wie das Deutsche gibt; vgl. (6-28), wo nach SEARLE (1969) nur eine Prädikation auftreten dürfte; der Satz enthält aber zwei Referenzen (innerhalb der Prädikation).

(6-28) Mir liegt an deiner Zustimmung.

Schließlich ist bei SEARLE (1969) zu kritisieren, dass er nur einen Spezialfall von Referenz behandelt, nämlich definite Referenz, und diese nur für singularische individuative NPs wie *Hans*, *der Tisch* usw., nicht aber für pluralische (*die Tische*) oder kontinuative (*das Glück*). Das beeinflusst entscheidend seine Glückensbedingungen und Regeln für Referenzakte (vgl. HAWKINS 1978 und VATER 1984).

6.2.3 Illokutive Akte

Der illokutive Akt ist der Teilakt des Äußerungsakts, der nach SEARLE (1965) das Machen von Feststellungen, Erteilen von Befehlen usw. (s. 6.2.1), kurz: die Funktion der Äußerung, betrifft. Woran erkennt der Adressat die Illokution?

- an illokutiven Indikatoren (vgl. (6-21)b-f);
- an Handlungen des Sprechers, die die Äußerung begleiten (z.B. Gebärden, Stimmstärke und Intonationseigenschaften, die nicht grammatikalisiert - und damit Teil des illokutiven oder propositionalen Indikators - sind;
- an situativen bzw. kontextuellen Bezügen der Äußerung (Zeitpunkt, Raum, Redezusammenhang usw.).

Illokutive Indikatoren sind die Modi und Satztypen[152] (z.B. der Imperativ in (6-21)c, performative Formeln wie *ich erlaube dir* in (6-21)d, Wortstellung wie im Fragesatz (6-21)b). Sie sind jedoch nicht immer eindeutig, sondern bedürfen vielfach der Ergänzung durch den

---

[152] Leider werden in der Sprechakttheorie syntaktische Phänomene nicht immer streng definiert; so werden Modi und Satztypen meist als ein und dieselbe Konstruktion angesehen (WUNDERLICH 1976 spricht von "Satzmodi"), obwohl nur im Imperativ beide zusammenfallen. Indikativ und Konjunktiv sind reine Modi, Aussagesatz (nach WUNDERLICH 1976 "Deklarativmodus") und Fragesatz sind Satztypen.

Kontext. Das gilt besonders für die Modi des Verbs und die Satztypen. Ein Aussagesatz wie (6-21)a kann für die verschiedensten illokutiven Akte benutzt werden, z.B. als Feststellung, Aufforderung, Versprechen oder Drohung. MEIBAUER (1999:70) erläutert an den Beispielen (6-29)a/b den Unterschied zwischen Satztyp und Illokution:

(6-29) a Du bleibst nachher noch hier!
b Sie wohnen schon lange hier?

(6-29)a/b sind dem Satztyp nach beide Aussagesätze, obwohl a eine Aufforderung und b eine Frage ausdrückt. Meibauer (1999:70) knüpft daran folgende Empfehlung:

> "Um dieser Verwechslung von Form und Funktion terminologisch vorzubeugen, empfiehlt es sich, für die Formtypen lateinische Namen zu verwenden, für die Funktonstypen (Sprechakttypen) deutsche. Wir reden also von Deklarativsätzen (statt von Aussagesätzen), Interrogativsätzen (statt von Fragesätzen) und Imperativsätzen (statt von Aufforderungssätzen); dazu von Behauptungen, Fragen und Aufforderungen als Benennungen für sprachliche Handlungen."

Er betont jedoch, dass mit dieser terminologischen Konvention noch nicht viel gewonnen ist; man muss die formalen Kriterien für Satztypen spezifizieren. Dabei spielen Reihenfolgemerkmale wie die Stellung des finiten Verbs (vgl. 4.7) eine Rolle, aber auch kategoriale Merkmale, wie die Füllung bestimmter Strukturen mit bestimmten Wortarten, und schließlich intonatorische Merkmale wie steigende und fallende Satzmelodie.[153]

Partikeln wie *mal* oder *bitte* sind überwiegend sekundäre Indikatoren, d.h. sie wirken zusammen mit anderen Indikatoren (wie Satztyp) bei der Kennzeichnung einer Illokution (vgl. SÖKELAND 1980).

Performative Verben gelten als die eindeutigsten illokutiven Indikatoren, können aber auch nichtwörtlich (metaphorisch) gebraucht werden und zeigen dann nicht den illokutiven Akt an, den man aufgrund ihrer wörtlichen Bedeutung erwarten würde. So werden (6-30)a/b normalerweise als Drohungen aufgefasst, nicht als Versprechen bzw. Rat.

---

153 Nach der durch das Fragezeichen markierten Intonation müsste (6-29)b wohl als Fragesatz gewertet werden.

(6-30) a Ich verspreche dir eine Tracht Prügel.
b Ich rate dir: Halt den Mund, sonst geht's dir schlecht!

Die performative Formel besteht aus einem performativen Verb in der 1. Person Präsens (Singular oder Plural),[154] dem Subjekt in der 1. und dem Objekt in der 2. Person; vgl. (6-21)d-f. In anderen Personen oder Tempora werden diese Verben nicht performativ gebraucht; vgl. *Er bat mich* oder *ich habe ihm versprochen*. Nicht alle illokutiven (illokutionsbeschreibenden) Verben können performativ verwendet werden. So ist *drohen* illokutiv (d.h. illokutionsanzeigend), aber nicht performativ. (6-31)a ist ein Bericht über einen Droh-Akt. Aber auch b ist eine Feststellung; nur c ist als Drohung verstehbar.

(6-31) a Paul drohte mir, mich anzuzeigen.
b Ich drohe dir, dich anzuzeigen.
c Ich zeige dich an.

Mimik, Gesten und Intonation können eine Illokution nicht immer verdeutlichen: So kann (6-21)a, mit energischer Intonation gesprochen, immer noch eine (eindringliche) Feststellung sein, nicht unbedingt eine Drohung oder Aufforderung.

Wenn alle sprachlichen und gestischen Indikatoren versagen, wie weiß dann der Sprecher, welche illokutive Funktion eine Äußerung hat? Jede Illokution unterliegt Bedingungen, die sowohl der Sprecher als auch der Adressat kennt. SEARLE (1965) hat diese "Glückensbedingungen" für den Sprechakt **Versprechen** ausführlich dargestellt und diese Analyse auf andere illokutive Akte ausgedehnt (1969:64ff).

(6-32) Bedingungen für "Versprechen"

"Es sei angenommen, dass ein Sprecher S in Gegenwart eines Hörers H einen Satz T äußert; S verspricht dem Hörer H mit der Äußerung von T aufrichtig (und vollständig), daß p, dann und nur dann, wenn die folgenden Bedingungen erfüllt sind:

(1) Es gelten normale Eingabe- und Ausgabe-Bedingungen.
(2) S drückt in der Äußerung von T die Proposition aus, daß p.
(3) Indem S ausdrückt, daß p, prädiziert S einen zukünftigen Akt A von S.

---

[154] Manchmal auch in der 2. Ps. *(Entschuldigen Sie)* und (unpersönl.) in der 3. Ps. (*Es wird gebeten, die Einfahrt freizuhalten*).

(4) H würde es vorziehen, daß S A ausführt, statt daß er A unterließe, und S glaubt, daß H es vorziehen würde, daß er A ausführt, statt A zu unterlassen.
(5) Es ist sowohl für S als auch für H nicht offensichtlich, daß S bei normalem Verlauf der Ereignisse A ausführen wird.
(6) S beabsichtigt, A zu tun.
(7) S beabsichtigt, sich mit der Äußerung von T zur Ausführung von A zu verpflichten.
(8) S beabsichtigt, mit der Äußerung von T bei H die Überzeugung zu wecken, daß die Bedingungen 6 und 7 erfüllt sind, indem H seine Absicht, diese Überzeugung hervorzurufen, erkennt; und er beabsichtigt, daß diese Erkenntnis sich dadurch vollzieht, daß der geäußerte Satz als ein solcher erkannt wird, wie man ihn konventionellerweise verwendet, um solche Überzeugungen zu wecken.
(9) Die semantischen Regeln des Dialekts, den S und H sprechen, sind so, daß T korrekt und aufrichtig dann und nur dann geäußert wird, wenn die Bedingungen 1 bis 8 erfüllt sind."

Bedingung (1) gilt für illokutive Akte allgemein. Ist ein Gesprächspartner taub oder findet das Gespräch in unmittelbarer Nähe eines Pressluftbohrers statt, dann sind die Ein- und Ausgabebedingungen nicht erfüllt, und der illokutionäre Akt (und damit der gesamte Sprechakt) ist schon auf dieser Stufe gescheitert.

Bedingungen (2) und (3) nennt SEARLE (1965, 1969) Bedingungen des propositionalen Gehalts. (2) ist von allgemeinerer Art als (3), gilt jedoch nicht für alle illokutiven Akte, da es nach Searle ja Sprechakte ohne Proposition gibt. (3) ist versprechenspezifisch: Es geht immer um einen zukünftigen Akt, den der Sprecher selbst ausführt oder für dessen Ausführung er sorgt; insofern ist (6-33)a, falls die anderen Bedingungen zutreffen, geglückt, (6-33)b nicht. Dass Searles Terminus "Akt" zu eng ist, zeigt (6-33)c, wo ein Verhalten bzw. ein Zustand versprochen wird.

(6-33) a Ich verspreche, dass mein Sohn die Schularbeiten macht.
b Ich verspreche, dass Sie mir helfen.
c Ich verspreche, mich ruhig zu verhalten.

Bedingungen (4) und (5) sind Einleitungsbedingungen. (4) lässt sich auf die Formel bringen, dass A für den Adressaten angenehm sein muss. (5) besagt, dass man normalerweise nichts verspricht, wovon ohnehin klar ist, dass man es tut. (6-34) ist nur ein sinnvolles Versprechen, wenn S normalerweise nicht zu Mittag isst.

(6-34) Ich esse heute zu Mittag.

Diese "Offensichtlichkeitsbedingung" gilt für die meisten illokutiven Akte, sogar für Feststellungen. Ein berühmtes Beispiel ist (6-35); der Kapitän macht im Logbuch die Eintragung (6-35) und will damit (qua Implikatur; vgl. 6.3) andeuten, dass der Steuermann im Gegensatz zu sonst nicht betrunken ist.

(6-35) Der Steuermann ist nicht betrunken.

Bedingung (6) nennt SEARLE (1969) die Aufrichtigkeitsbedingung, (7) die wesentliche Bedingung. Die Aufrichtigkeitsbedingung ist umstritten. Searle selbst spricht von unaufrichtigen Versprechen, was darauf schließen lässt, dass er sie zu den Versprechen rechnet. Nach WUNDERLICH (1976) wäre ein unaufrichtiges Versprechen gelungen (es wird vom Adressaten als Versprechen verstanden und akzeptiert), aber nicht erfolgreich: die versprochene Handlung erfolgt nicht – was sich allerdings erst zu einem späteren Zeitpunkt herausstellt. SEARLE (1969) revidiert die Aufrichtigkeitsbedingung so, dass S nicht tatsächlich die Intention haben muss, A zu tun, sondern seine Verantwortung ausdrückt, A zu tun (gleich, ob er die Intention hat oder nicht). Äußerungen wie (6-36) sind absurd:

(6-36) Ich verspreche dir zu kommen, aber ich komme nicht.

Ähnlich ist bei einer Behauptung davon auszugehen, dass der Sprecher sich für die Wahrheit des Behaupteten verbürgt und Argumente dafür liefern kann. Eine Behauptung glückt, wenn der Adressat das Behauptete als wahr oder wahrscheinlich anerkennt.

Die wesentliche Bedingung ist die zentrale Bedingung. Beim Versprechen liegt sie in der von S unternommenen Selbstverpflichtung. Bedingungen (8) und (9) sind wieder allgemeiner Art: Nach (8) muss der Sprecher dem Adressaten die Intention der Äußerung deutlich machen; (9) nimmt Bezug auf die Beschaffenheit des gemeinsamen sprachlichen Kodes (Searle versteht "Dialekt" in einem weiten Sinne): Aus der Wahl der benutzten Wörter (*versprechen*, *geloben* usw.), aus der syntaktischen Konstruktion (*ich verspreche dir* vs. *ich versprach dir*) und der offenbaren Einhaltung der anderen Bedingungen muss hervorgehen, dass wirklich ein Versprechen intendiert ist.

Aus den Bedingungen für Illokutionen extrahiert SEARLE (1969:62ff) "semantische Regeln für den Gebrauch illokutiver Indikatoren für Versprechen".

- Regel 1 (propositional content rule): Ein Versprechen wird nur im Kontext eines Satzes geäußert, der einen zukünftigen Akt A des Sprechers S ausdrückt.
- Regel 2: Ein Versprechen liegt nur vor, wenn S glaubt, dass der Hörer H die Durchführung von A durch S der Nichtdurchführung vorzieht.
- Regel 3: Nur wenn die Durchführung von A durch S nicht für S und H ohnehin offensichtlich ist, zählt die Äußerung als Versprechen. Regeln 2 und 3 nennt Searle "Einleitungsregeln" (preparatory rules).
- Regel 4, die Aufrichtigkeitsregel (sincerity rule), besagt, dass nur dann ein Versprechen geäußert wird, wenn S beabsichtigt, A zu tun. Diese Regel müsste revidiert werden, parallel zur Revision von Bedingung (6).
- Regel 5, die wesentliche Regel (essential rule), heißt: Die Äußerung eines Versprechens gilt als Übernahme einer Verpflichtung, A zu tun.

Diese Regeln sind "konstitutive Regeln": Sie konstituieren einen Sachverhalt, während "regulative Regeln" einen bereits bestehenden Sachverhalt normieren. Als nicht-sprachliche Beispiele konstitutiver Regeln nennt SEARLE (1969) Regeln, nach denen z.B. der Springer oder der Läufer im Schachspiel gezogen werden. Beispiele für regulative Regeln sind Tischsitten und andere gesellschaftlich geregelte Verhaltensweisen wie Schlipstragen oder Händeschütteln.

SEARLE (1969:64ff) dehnt die Analyse auf andere illokutive Akte aus. Für **Aufforderungsakte** gilt z.B. die propositionale Regel, dass ein künftiger Akt von H ausgedrückt wird, und die wesentliche Regel, dass die Äußerung als Versuch von S gilt, H zu veranlassen, A zu tun. **Feststellungsakte** sind in ihrer Proposition nicht zeitlich gebunden; sie kann gegenwärtig, vergangen, zukünftig sein, sich auf S, H oder dritte Personen oder Dinge beziehen. Ihre wesentliche Regel besagt: Die Äußerung von T gilt als Bestreben, in p einen tatsächlichen Sachverhalt darzustellen. Die wesentliche Regel für **Danksagungen** ist eng an die Aufrichtigkeitsregel angelehnt und besagt, dass die betreffende Äußerung als Ausdruck von Dankbarkeit oder Wertschätzung dient. Entscheidend ist das Ausdrücken eines Gefühls (z.B. Dankbarkeit), nicht das tatsächliche Vorhandensein des Gefühls (das schwer überprüfbar ist). **Gruß- und Abschiedsakte** haben nach

SEARLE (1969) keine Proposition und unterliegen keiner Aufrichtigkeitsregel: Sie sind reine Routineformeln.

WUNDERLICH (1979) charakterisiert Searles Vorgehen so:

> "Die notwendigen und hinreichenden Bedingungen für die Ausführung eines Sprechaktes werden in Begriffen der ausgedrückten Proposition und der Präferenzen, Annahmen und Intentionen des Sprechers formuliert. Diese Formulierungen sind unabhängig von einer Einzelsprache." (WUNDERLICH 1979:275)

Als Philosoph ist Searle an Fragen wie "Welche Äußerung im Englischen ist ein Versprechen?" oder "Was ist diese Äußerung im Englischen für ein Sprechakt?" nicht interessiert. Mit welchen Ausdrücken, Satzkonstruktionen und Intonationen ein Versprechen indiziert werden kann, bleibt in den semantischen Regeln für illokutive Indikatoren offen. Nach WUNDERLICH (1979:276) sind drei Fragen für die Sprechaktbestimmung relevant:

- Mit welchen Mitteln wird ein Sprechakt U in Sprache L realisiert?
- Welche Sprechakte sind mit welchen Mitteln in L realisierbar?
- Wie sind Text-Teile als Sprechakt-Realisierung identifizierbar?

WUNDERLICH (1979) behandelt diese Fragen anhand konkreter Texte, wobei er auf die Sequenzierung, der Dialogstruktur und die Funktion bestimmter Sprechakte im textuellen Zusammenhang eingeht. Nach WUNDERLICH (1979:291) kann ein Sprechakt gleichzeitig mehrere Funktionen haben. So ist Äußerung 7 im "Zahnputztrialog" semantisch (seinen Glückensbedingungen nach) eine Feststellung, pragmatisch (nach seiner Diskurs-Funktion) eine Ablehnung:

(6-37) "Zahnputz-Trialog"

1 M: Klaus! Kommst du mal zu mir?
2 K: Warum?
3 M: Ach, du bist noch dabei, die Kissen zu transportieren.
4 Wenn du fertig bist, kommst du dann her, ja?
5 K: Warum?
6 M: Dann gehen wir Zähne putzen.
7 K: ( ) das macht der Papi.
8 M: Ach ja, so weit kommt's.
9 K: Vati, tust du mir die Zähne putzen?
10 V: Kannst du doch alleine.
11 K: Nein, machst du mir.
12 V: Gut.
13 K: Komm, Papi! (M: Mutter, V: Vater, K: 3jähr. Sohn Klaus)

6.2.4 Perlokutive Akte

Nach AUSTIN (1962:103ff) sind perlokutive Akte über die Illokution und die damit verbundenen Obligationen und Konventionen hinausgehende Akte, mit denen der Sprecher eine über die Illokution hinausgehende Wirkung erzielen will. Beispiele sind unter anderem Überzeugen und Beleidigen.

Man kann jemanden mit einem Behauptungsakts (oder mehreren Behauptungsakten) von etwas überzeugen. Man kann jemand mit einer Feststellung, einer Aufforderung oder einer Frage beleidigen:

(6-38) Sie sind eine Nervensäge.
(6-39) Gehen Sie zum Teufel!
(6-40) Müssen Sie immer alles wissen?

SCHLIEBEN-LANGE (1974:319-334) nennt als weitere Perlokutiva "Spaß machen", "Verschleiern", "Bloßstellen". Vom perlokutiven Akt als einem vom Sprecher intendierten Akt zu unterscheiden ist der perlokutive Effekt, der vom Sprecher nicht intendiert sein muss: So kann man jemanden loben und ihn damit ungewollt in Verlegenheit bringen. Insofern ist Langweilen, das SEARLE (1972:153) als Beispiel für einen perlokutiven Akt nennt – vgl. das Zitat unter 6.2.1 –, eher ein perlokutiver Effekt als ein perlokutiver Akt, denn es ist kaum vorstellbar, dass der Äußerungs-Produzent den (bzw. die) Rezipienten der Äußerung bewusst langweilen will.

6.2.5 Sprechaktklassifikation

Bei der Sprechaktklassifikation geht SEARLE (1976) von drei Hauptkriterien aus:

- dem "illocutionary point", d.h. dem Zweck eines Akts bzw. Akttyps,
- der Anpassungsrichtung ("direction of fit"): Wird die Welt den Worten oder werden die Worte der Welt angepasst?,
- dem ausgedrückten psychischen Zustand.

Die wichtigsten Sprechakttypen erklärt er aufgrund der genannten (und einiger zusätzlicher) Kriterien folgendermaßen:

- Repräsentativa (Behauptungen, Feststellungen, Schlussfolgerungen etc.) charakterisiert er durch Formel (6-41). "Illocutionary point" (IP): Der Sprecher wird (in unterschiedlichem Grad) darauf festgelegt, etwas als Tatsache darzustellen (die Wahrheit von p darzulegen). Anpassungsrichtung: Die Worte werden der Welt angepasst (Pfeil abwärts). Ausgedrückter psychischer Zustand: Glaube (*belief*), dass p.[155]

(6-41) $\vdash \downarrow B(p)$

- Für Direktiva (Befehle, Anordnungen, Bitten und Ratschläge etc.) gilt Formel (6-42). IP: Versuch des Sprechers, Hörer dazu zu bringen, etwas zu tun. Anpassungsrichtung: Die Welt wird den Worten angepasst (Pfeil aufwärts). Ausgedrückter psychischer Zustand : Wille (oder Wunsch), dass H A tun möge.

(6-42) $! \uparrow W(H \text{ tut } A)$

- Kommissiva (Versprechen, Gelöbnisse, Absichtserklärungen etc.) haben den IP "Verpflichtung des Sprechers zu zukünftiger Handlung". Anpassungsrichtung: wie bei Direktiva. Ausgedrückter psychischer Zustand: Absicht (Intention), A zu tun.

(6-43) $! \uparrow I(S \text{ tut } A)$

Nur erwähnt werden sollen die anderen Sprechaktklassen:

- Expressiva (Danksagungen, Entschuldigungen, Gratulationen u.a.),
- Deklarationen (Taufe, Worterteilung, Kriegserklärung usw.) sind Akte, die unmittelbar die Welt verändern (vgl. 6.2.0),[156]
- Repräsentative Deklarationen (Gerichtsurteile u. a.) sind institutionsgebunden wie echte Deklarationen, können aber wahr oder falsch sein wie Repräsentativa.

Nicht erfasst hat SEARLE (1976) Grüße und Anredeakte (Vokative). WUNDERLICH (1976) präzisiert und modifiziert diese Klassifizierung. Wunderlich unterscheidet semantische und pragmatische Bedingungen. Semantisch ist alles, was aus der wörtlichen Bedeutung

---

155 Vgl. dazu jedoch das in 6.2.3 zur Aufrichtigkeitsbedingung Gesagte.

156 Dieser wichtige Sprechakttyp, der den Ausgangspunkt für Austins Beschäftigung mit Sprechakten darstellte, wird von MEIBAUER (1999:112) folgendermaßen charakterisiert: "Deklarationen sind solche Sprechakte, bei denen ein Zustand qua Äußerung hergestellt wird."

einer Äußerung bzw. aus einem neutralen Kontext – der durch Identifizierung von Sprecher, Adressat, Sprechzeit und -ort gekennzeichnet ist – hervorgeht. So können Aufforderungen im Allgemeinen semantisch als solche charakterisiert werden – durch den Gebrauch des Imperativs in einem neutralen Kontext. Ob die Aufforderung jedoch eine Bitte, einen Befehl usw. darstellt, geht nur aus einem nicht-neutralen Kontext durch Einbeziehung der sozialen Beziehungen zwischen Sprecher und Adressat und Berücksichtigung des vorangegangenen sprachlichen Kontextes hervor.

Entscheidend ist für Wunderlich nicht allein die Intention des Sprechers, sondern die Interaktion zwischen Sprecher und Adressat: So setzt eine Erlaubnis die Kenntnis von Spr und Adr voraus, dass ein bestimmtes Tun verboten ist; durch die Erlaubnishandlung wird das Verbot aufgehoben. Entscheidend für die Zuordnung eines Sprechakts ist auch seine Position in einer Sprechaktsequenz. WUNDERLICH (1976) unterscheidet initiative und reaktive Sprechakte. Während Direktiva nach WUNDERLICH (1976) immer initiativ sind, d.h. neue Handlungsverpflichtungen einführen, sind Antworten, Danksagungen und Entschuldigungen immer reaktiv, weil sie auf bestehende oder gerade eingeführte Handlungen Bezug nehmen, bzw. weil sich die Handlungsverpflichtung des Spr aus den vorangehenden Handlungen ergibt. Aufgrund dieser anderen bzw. erweiterten Voraussetzungen nimmt WUNDERLICH (1976) zusätzlich den "Erotetischen Typ" (Fragehandlungen, die Searle zu den Direktiva rechnet), "Retractiva" (Zurückziehen eines Versprechens, Korrektur einer Behauptung, Erlaubnisse) sowie "Vokative" an. Grüße hat auch er vergessen.

6.2.6 Sprechereinstellungen

Zusätzlich zur Illokution, die die Funktion einer Äußerung betrifft, kann der Produzent einer Äußerung noch eine Einstellung zur Illokution oder zur Proposition ausdrücken. Typische sprachliche Mittel zum Ausdruck von Sprechereinstellungen sind nach MEIBAUER (1999:77) Satzadverbien wie *hoffentlich*, Modalpartikeln wie *halt* parenthetische Verben wie *annehmen* und Modalverben im subjektiv-epistemischen Gebrauch. Die folgenden, MEIBAUER (1999:77) entnommenen, Beispiele illustrieren die Verwendung von Einstellungsausdrücken:

(6-44) a Hoffentlich kommt Nastasja nicht zu spät.
b Ingo hat halt keinen Bock.
c Ich nehme an, dass Nastasja heute eintrifft.
d Nastasja soll heute kommen.

Die Gruppe der Satzadverbien (vgl. HETLAND 1992) ist sehr groß; sie umfasst z.B. viele auf *-weise* gebildete Adverbien wie *dummer-*, *(un)glücklicher-*, *trauriger-* und *lustigerweise*; aber auch *leider* und *Gott sei Dank* (bzw. *gottseidank*). Zu den Modalpartikeln gehören neben *halt* auch *ja* und *doch* (z.B. in *das ist ja/doch gar nicht wahr*) oder *denn* in Fragesätzen (*stimmt das denn*?). Zu den von MEIBAUER (1999) so genannten "parenthetischen Verben" gehören *hoffen*, *vermuten* usw.[157] Modalverben werden im Deutschen "objektiv" (oder "deontisch") als Komponente der Proposition verwendet: *Fritz muss / soll /kann arbeiten*, oder "subjektiv" bzw. "epistemisch" zum Ausdruck einer Sprechereinstellung (z.B. einer Vermutung); vgl. *Fritz muss / soll/ kann (könnte) krank sein.*

6.2.7 Indirektheit von Sprechakten

Bis jetzt war nur von "direkten Sprechakten" die Rede, d.h. Sprechakten, die entweder durch ihre sprachliche Form oder den Inhalt der Proposition im kontextuellen oder situativen Zusammenhang eindeutig in ihrer illokutiven Funktion verstanden werden. Viele Sprechakte erfolgen jedoch indirekt. Nach SEARLE (1975) lassen sich indirekte Sprechakte auf der Grundlage von Grice' Maximen und Implikaturen erklären. In solchen Fällen sagt der Sprecher nicht direkt, was er meint, bzw. er sagt nicht alles, was er meint, z.B.:

---

157 Nach WUNDERLICH (1976:73) gehört *annehmen* (wie *glauben*) zu den "doxastischen Funktoren", die genau wie die "epistemischen Funktoren" (*wissen*, *denken*, *zweifeln*) propositionale Einstellungen ausdrücken. Dagegen drücken deontisch-volitive Modalverben wie *wollen* und *möchten* eine "mit dem Sprechakt assoziierte Einstellung" aus (ebd., 306). Wunderlich und MEIBAUER (1999) übersehen, dass derselbe Ausdruck für propositionale wie für illokutive Einstellungen verwendet werden kann. So bezieht sich *annehmen* in (6-44)c auf den Sprecher des Satzes und damit auf die Illokution, in *Paul nimmt an, dass Nastasja heute eintrifft* dagegen auf das Satzsubjekt, d.h. auf die Proposition.

(6-45) (A: Kommst du mit ins Kino? – B:) Ich muss fürs Examen arbeiten.

Unter Voraussetzung des Kooperations-Prinzips, das jeder Kommunikation zugrunde liegt (vgl. 6.3), muss man annehmen, dass B in irgendeiner Form zum Vorschlag von A Stellung nimmt; A nimmt an, dass B kooperativ ist und Relevantes sagen will. Durch Abarbeiten einer Reihe von "Implikaturen" (vgl. 6.3) kommt A schließlich zu der Erkenntnis, dass B seinen Vorschlag (auf höfliche Weise) ablehnt, indem er offenbar einen Grund dafür anbietet, warum für ihn ein Kinobesuch nicht in Frage kommt: Das bevorstehende Examen geht vor, die Vorbereitung nimmt Zeit in Anspruch; man kann nicht zwei Dinge gleichzeitig tun, ergo: B lehnt ab, aber indirekt. SEARLE (1975) nimmt an, dass bei indirekten Sprechakten gleichzeitig zwei Illokutionen realisiert werden. (6-46)a ist primär (vom Sprecher intendiert) eine Bitte, sekundär (aufgrund der illokutiven Indikatoren) eine Frage.

(6-46) a Kannst du mir das Salz reichen?
b Kannst du mir mal/ bitte das Salz reichen?

SÖKELAND (1980) lehnt diese Deutung ab; für ihn sind indirekte Sprechakte illokutionär eindeutig: Wenn auch illokutive Indikatoren im Fall von (6-46)a eine Frage anzeigen, ist – zum mindesten aufgrund der Sprechsituation – eine Bitte intendiert, was sich daran zeigt, dass der Hörer eher das Salz reichen als mit "Ja" antworten wird. Falls sekundäre Indikatoren vorhanden sind, wie die Partikeln in (6-46)b, siegen diese über die primären Indikatoren. Dann handelt es sich auch konventionell um eine Bitte.

Indirekte Sprechakte werfen nach MEIBAUER (1999:101) "das grundlegende pragmatische Problem auf, wie Hörer eine Äußerung als einen bestimmten illokutionären Akt interpretieren". Für SEARLE (1969), der Glückensbedingungen für eine Illokution an den Gebrauch illokutionärer Indikatoren knüpft (vgl. (6-32) und die daraus abgeleiteten Regeln), stellen indirekte Sprechakte kaum lösbares Problem dar, weil in solchen Fällen der Indikator nicht das indiziert, was er eigentlich indizieren sollte (ebd.). Man könnte dies Problem nur effizient lösen, wenn man auf illokutive Indikatoren verzichtet. SEARLE (1975) wählt einen anderen Weg, indem er annimmt, dass zu der Illokution, die der Indikator indiziert, eine weitere hinzukommt. Doch wieso kann (und darf) der Indikator das plötzlich, zumal ja die verschiedensten "Primärindikationen" in Frage kommen?

MEIBAUER (1999:116) kommt zu dem Schluss, dass Indirektheit und Nichtwörtlichkeit zwar immer noch nicht in einer umfassenden Theorie der Grammatik und Pragmatik zufriedenstellend behandelt worden sind, dass aber Ansätze zu einer Lösung der Probleme vorhanden sind, vor allem hinsichtlich der rhetorischen Fragen (vgl. MEIBAUER 1986) und der indirekten Aufforderungen, "die eine Weiterarbeit sinnvoll und möglich machen".

6.3 Implikaturen

Der englische Philosoph H. Paul GRICE hat in Vorlesungen an der Harvard University, die 1975 unter dem Titel "Logic and Conversation" abgedruckt wurden, die Bedingungen untersucht und dargestellt, die Konversationen in natürlichen Sprachen zugrunde liegen. GRICE (1975) geht von zwei Grundvoraussetzungen aus:

- Es gibt Unterschiede zwischen Sagen und Meinen, so dass Gemeintes überhaupt nicht ausgedrückt wird oder Gesagtes in bestimmten Zusammenhängen so verwendet wird, dass es mehr oder andere Bedeutung übermittelt, als ihm normalerweise zugeschrieben werden kann.
- Jeder Konversation liegt ein Kooperations-Prinzip zugrunde:

  "Make your conversational contribution such as is required, at the stage at which it occurs, by the accepted purpose or direction of the talk exchange in which you are engaged." (GRICE 1975:45)

GRICE (1975) unterscheidet konventionelle und konversationelle Implikaturen. Eine konventionelle Implikatur liegt in Fällen wie (6-46)b und (6-47) vor:

(6-47) Paul ist ein Deutscher, deshalb ist er humorlos.

In (6-47) wird "implikatiert" (mitverstanden), dass alle Deutschen humorlos sind. Die Konjunktion *deshalb* ist ein konventionelles Mittel, diese Implikatur auszudrücken. In (6-46)b sind die Form des Fragesatzes und die Partikel *bitte* konventionelle Mittel für die höfliche Verbalisierung einer Aufforderung. Bei konversationellen Implikaturen werden keine konventionellen Mittel zum Ausdruck der Implikatur benutzt (bzw. stehen nicht zur Verfügung); der Gesprächspartner muss daher mehr Interpretationsarbeit leisten, um den Sinn des Gesagten voll zu verstehen.

Grice zeigt, wie und aufgrund welcher Voraussetzungen eine solche Interpretationsarbeit im Gespräch erfolgt. Grundsätzlich gilt das Gleiche für schriftliche Kommunikation. Das Kooperations-Prinzip ist die oberste Maxime jeder sprachlichen Kommunikation. Diese Maxime lässt sich nach GRICE (1975:45) in vier Submaximen zerlegen, die im Folgenden anhand von Beispielen erläutert werden. Implikaturen sind meist mit der Verletzung einer dieser Maximen verbunden. Doch gibt es auch Fälle wie (6-48), wo die Implikatur nicht auf der Verletzung einer Maxime beruht. Obwohl hier "implikatiert" wird, dass A ohne Benzin nicht weiterfahren kann, dass er tanken muss und dass die von B genannte Tankstelle ihm das notwendige Benzin verschaffen kann, ist keine der Konversationsmaximen verletzt. Der Situationskontext ist so klar, dass die Antwort von B voll verständlich ist; sie ist sogar der Situation mehr angemessen, als wenn B fortfahren würde "da können Sie tanken und dann können Sie weiterfahren".

(6-48) (Autofahrer A:) Ich habe kein Benzin mehr. (Autofahrer B:) 200 m weiter geradeaus ist eine Tankstelle.

Die **Maxime der Quantität** besagt: "Mach deinen Beitrag so informativ wie notwendig und nicht informativer als notwendig." Aus verschiedensten Gründen kann die Quantitätsmaxime verletzt werden. So kann (6-49) als Antwort eines Arztes auf die Frage nach dem Befinden eines Kranken völlig der Wahrheit entsprechen (und insofern in Einklang mit der Maxime der Qualität sein), aber nicht die ganze Wahrheit enthalten, z.B. dass entscheidende Körperfunktionen gestört sind.

(6-49) Der Pulsschlag ist regelmäßig.

In (6-50) schreibt ein Professor über einen Studenten folgendes, aus zwei Sätzen bestehendes, Gutachten:

(6-50) Herr X.Y. spricht ein vorzügliches Englisch. Er besucht regelmäßig meine Seminare.

Der Leser des Gutachtens nimmt qua Implikatur an, dass X.Y. keine guten fachlichen Leistungen aufweist, da darüber nichts im Gutachten steht. Verletzungen der Quantitätsmaxime in der andern Richtung finden sich z.B. in Wegauskünften, die den Adressaten eher verwirren:

(6-51) Sie gehen ungefähr 300 m geradeaus bis zur Löwen-Apotheke, dann biegen Sie rechts in die Adolfstraße, dann die zweite Querstraße links in die Brückenstraße, an Hertie vorbei, dann die fünfte Querstraße rechts bis zum Hauptbahnhof; da gehen Sie nicht rechts herum, sondern halbrechts im Bogen, wissen Sie, bis Sie zu einer Treppe kommen, die gehen Sie rauf, dann oben durch eine Passage, am Ende links und dann gleich wieder rechts.

Die **Maxime der Qualität** besagt: "Sage nichts, was du für falsch hältst oder wofür du keine hinreichenden Anhaltspunkte hast." Die Maxime der Qualität wird bewusst oder unbewusst oft verletzt. Es ist nicht immer opportun, die Wahrheit zu sagen. Der Sprecher kommt oft in Konflikt zwischen der Qualitätsmaxime und anderen Maximen einschließlich der Supermaxime: Ist er kooperativ, indem er dem andern eine bittere Wahrheit sagt, oder ist eine "fromme Lüge" angebrachter? Das Arzt-Beispiel zeigt, dass die Einhaltung der Qualitätsmaxime zu einer Verletzung der Quantitätsmaxime führen kann.

Ironie führt oft zur Verletzung der Qualitätsmaxime. (6-52) kann meinen, dass der Sprecher Paul für dumm hält. Eine semantische Analyse, die die Lesart "dumm" in die wörtliche Bedeutung von *klug* einbezieht, ist wertlos. Nur durch Implikatur lässt sich die in (6-52) intendierte Lesart erklären.

(6-52) Paul ist wirklich klug.

Beispiele für eine Verletzung des zweiten Teils der Qualitätsmaxime ("keine hinreichenden Anhaltspunkte") sind nicht schwer zu finden. Jeder von uns sagt wohl zuweilen etwas, wofür er bei genauerem Nachdenken keine ausreichenden Argumente beibringen könnte, z.B.:

(6-53) Margarine ist gesünder als Butter.

Die **Maxime der Relation** formuliert GRICE (1975:46): "Be relevant!" ("Sprich zur Sache!"). Gegen diese Maxime wird häufig verstoßen. Gründe für Abschweifungen, wie z.B. in (6-54), sind vielfach: Ablenkung der Aufmerksamkeit, Konzentrationsschwäche, Streben nach äußerster Genauigkeit usw.

(6-54) Also, da will ich mal was erzählen. Es war im Sommer 1961 – nein, 1964. Alfred ging ja schon zur Schule; wissen Sie, der, der dann die Frieda geheiratet hat. Also – was wollte ich eigentlich erzählen?

Ein Sprecher kann bewusst gegen die Relationsmaxime verstoßen, so im folgenden Beispiel, wo Anna bei einem Kaffeekränzchen mit Äußerung (6-55)a einen Fauxpas begeht und Berta b äußert, um die Situation zu retten:

(6-55) a (Anna:) Also, ich mach' den Kaffee ja stärker, sonst sagt mein Mann: "Der Kaffee schmeckt wie Abwaschwasser."
b (Berta:) Ach, Frieda, wolltest du mir nicht dein Rezept für Spinatpfannkuchen geben?

Die **Maxime der Art und Weise** bezieht sich nicht darauf, was gesagt wird, sondern wie es gesagt wird, und lautet zusammenfassend bei GRICE (1975:46): "Be perspicuous!" ("Mach deinen Redebeitrag durchsichtig!"). Das bedeutet im Einzelnen:

- Vermeide Dunkelheit ("obscurity") der Ausdrucksweise.
- Vermeide Doppeldeutigkeit.
- Sei kurz und bündig (vermeide Weitschweifigkeit).
- Halte eine bestimmte Ordnung ein.

Gegen alle Aspekte dieser Maxime sind Verstöße möglich. "Dunkelheit der Ausdrucksweise" ist in der Dichtung beliebt:

(6-56) Ich habe immer vor dem Rauschen meines Herzens gelegen. (ELSE LASKER-SCHÜLER, *Und suche Gott*)

Bewusst doppeldeutig war das delphische Orakel, so der Spruch, der dem Lyderkönig Krösus zuteil wurde.

(6-57) Wenn du den Halys überschreitest, wirst du ein großes Reich zerstören.

Krösus überschritt mit seinem Heer den Fluss, in der Hoffnung, das Reich des Feinds zu zerstören; zerstört wurde aber sein eigenes Reich.

Doppeldeutigkeit ist unerwünscht in Gesetzestexten; dort wird Eindeutigkeit oft um den Preis großer Schwerfälligkeit erkauft:

(6-58) (1) Ein Kind, das nach der Eheschließung geboren wird, ist ehelich, wenn die Frau es vor oder während der Ehe empfangen und der Mann innerhalb der Empfängniszeit der Frau beigewohnt hat; dies gilt auch, wenn die Ehe für nichtig erklärt wird. ...

(2) Es wird vermutet, daß der Mann innerhalb der Empfängniszeit der Frau beigewohnt habe. Soweit die Empfängniszeit in die Zeit vor der Ehe fällt, gilt die Vermutung nur, wenn der Mann gestorben ist, ohne die Ehelichkeit des Kindes angefochten zu haben.
(*BGB*, 4.Buch, Familienrecht, §1591)

Die Griceschen Maximen sind sehr wichtig bei der Interpretation indirekter Sprechakte (vgl. 6.2.6).

Die Sprechakttheorie stellt zusammen mit der Indirektheitsthematik und den Implikaturen den zentralen Bereich der linguistischen Pragmatik dar (vgl. MEIBAUER 1999:98); jedoch gibt es weitere Bereiche, die schon intensiv bearbeitet wurden. MEIBAUER (1999) behandelt z.B. auch Deixis, Präsuppositionen, Konversations- und Informationsstruktur sowie Spracherwerb unter pragmatischem Aspekt. Er weist (1999:178f) auf weitere Gebiete wie Historische und Kontrastive Pragmatik hin, die er in seiner Pragmatik-Einführung nicht behandelt.[158]

158 Sprechakte, Implikaturen, Deixis, Präsuppositionen und Konversationsstruktur behandelt auch LEVINSON (1983). Hinzuweisen ist noch auf eine neuere umfassende Einführung von VERSCHUEREN (1998).

6.4 Aufgaben

6.4.1 Aufgaben mit Lösungsangabe

A41 Sagen und Meinen

SEARLE (1965, dt. 1972:162f) führt zum Verhältnis von Sagen und Meinen folgendes Beispiel an: Im 2. Weltkrieg gerät ein amerikanischer Offizier in italienische Gefangenschaft. Er möchte erreichen, dass die Italiener ihn für einen (verbündeten) Deutschen halten, und äußert den Satz "Kennst du das Land, wo die Zitronen blühen?".

a Was mag den Offizier dazu bewegen, statt "Ich bin Deutscher" diesen Satz zu äußern?

b Welcher Zusammenhang besteht zwischen der wörtlichen Bedeutung des Satzes und der vom Sprecher intendierten und vom Adressaten zu interpretierenden Bedeutung?

<u>Lösung</u>

a Es gibt mehrere Möglichkeiten: Einerseits ist der tatsächlich geäußerte Satz sicher wirkungsvoller als "Ich bin Deutscher", weil die Nationalität hier nicht behauptet, sondern nur impliziert wird, zum andern (so argumentiert Searle) kann es sich dabei um einen in der Schule auswendig gelernten Satz handeln, der dem Sprecher zufällig einfällt.

b Mit der wörtlichen Bedeutung des Satzes (die sich aus der wörtlichen Bedeutung der Lexeme und der Konstruktionsbedeutung herleitet) hat die intendierte absolut nichts zu tun; dies ist ein Beispiel dafür, dass der "kommunikative Sinn", der durch das Zusammenspiel von wörtlicher Bedeutung, situativem Kontext und Weltwissen zustande kommt (vgl. BIERWISCH 1983:65ff), sich sehr weit von der wörtlichen Bedeutung einer Äußerung entfernen kann.

ANMERKUNG: Der Adressat der Äußerung steht vor der schwierigen Aufgabe, wie er die lexikalisch und grammatisch bestimmte wörtliche Bedeutung mit der Situation (Gefangennahme eines fremden Offiziers) und seinem Weltwissen (über Krieg, Soldaten, Deutsche, Amerikaner usw.) in Einklang bringt. Wichtig ist für SEARLE (1965, dt. 1972:163), dass trotz des offensichtlichen Unterschieds zwischen Sagen und Meinen auch in diesem Fall eine Verbindung zwischen beiden herstellbar ist.

A42 Illokutive Indikatoren

Bestimmen Sie bei folgenden direktiven Sprechakten jeweils den illokutiven Indikator (falls vorhanden). Benennen Sie die indirekten Aufforderungsakte.

(1) Sei ruhig, mein Kind.
(2) Ruhe!
(3) Bist du still?
(4) Du bist sofort still!
(5) Stillgestanden!
(6) Wenn du nur endlich still wärst!
(7) Ich erinnere daran, dass ab 22 Uhr Ruhe zu herrschen hat.
(8) Seien wir mal alle ganz leise.
(9) Ich bitte um Ruhe.
(10) Ich verbitte mir diesen Lärm.

Lösung

(1): Imperativ; (2): Intonation (bei schriftlicher Wiedergabe durch "!" markiert); (3): Fragesatz (direkter Akt: Frage), indirekte Aufforderung; (4): Aufforderungssatz (direkter Akt: Feststellung), indir. Auff.; (5): Partizip; (6): Aussagesatz im Konjunktiv (Optativ), direkt: Ausdruck eines Wunschs, kann als indir. Auff. interpretiert werden; (7): Aussagesatz, weder direkte noch indirekte Auff., sondern Erinnerung an eine (vorher ausgesprochene oder schriftlich niedergelegte) Aufforderung; (8): Adhortativ (Imperativ der 1. Ps. Plur.): Aufforderung, die den Sprecher einschließt; (9): performative Formel *ich bitte* (*um*), die in diesem Fall eine Aufforderung oder (dringende) Bitte bezeichnet; (10): performative Formel für ein Verbot (d.h.: Aufforderung, etwas nicht zu tun).

ANMERKUNGEN: Nominalphrasen wie in (2) sind nicht unbedingt Indikatoren für Aufforderungen: Fälle wie *Ruhe!*, *die Ausweise!*, *das Buch*! können als Aufforderung, ruhig zu sein, die Ausweise vorzuzeigen oder ein Buch auszuhändigen, interpretiert werden. In anderen Fällen wie *Hilfe!* oder *Die Sonne!* handelt es sich eher um eine Bitte bzw. einen Ausruf. *Feuer!* kann je nach Situation als Aufforderung (zu schießen) oder als Warnruf (im Sinne von *Es brennt*) verstanden werden. Inwieweit eine bestimmte Intonation – wie SEARLE (1969) annimmt – wirklich illokutiver Indikator sein kann, ist strittig. BRANDT / REIS / ROSENGREN / ZIMMERMANN (1992:79) bestreiten, dass Intonation einen Satztyp festlegt. Partizipien wie (5) werden nur in der militärischen Kommandosprache als Aufforderungen benutzt; *Haare geschnitten!* ist keine brauchbare Aufforderung an einen Frisör. Fälle wie (4) und (7) werden direkt als Feststellungen (über bestehende Aufforderungen) verwendet, können jedoch indirekt auch als Aufforderungen interpretiert werden (vgl. WUNDERLICH 1976, IV). Hierher gehören auch Fälle wie *Du sollst ruhig sein*.

A43 Illokutive und propositionale Indikatoren

Bestimmen Sie bei a – f jeweils illokutiven und propositionalen Indikator (Situation: Schüler entschuldigt sich beim Lehrer:)

a. Entschuldigen Sie, daß ich zu spät komme.
b. Entschuldigen Sie mein Zuspätkommen.
c. Ich entschuldige mich für mein Zuspätkommen.
d. Entschuldigen Sie, aber der Bus kam nicht.
e. Entschuldigung!
f. Da bin ich!

Lösung (II: illokutiver Indikator, PI: prop. Indikator)

a. II: *Entschuldigen Sie*; PI: dass-Satz.
b. II: *Entschuldigen Sie*; PI: Nominalisierung.
c. II: *Ich entschuldige mich*; PI: Nominalisierung.
d. II: *Entschuldigen Sie*; PI: Null-Indikator.
e. II: *Entschuldigung!*; PI: Null-Indikator.
f. II: Null-Indikator; PI: Null-Indikator.

ANMERKUNGEN: *Entschuldige!* und die entsprechende Höflichkeitsform *entschuldigen Sie* ist neben *verzeih!/ verzeihen Sie*! die einzige performative Formel in der 2. Person (vgl. 6.2.3). Ungewöhnlich ist auch die Nominalisierung *Entschuldigung!* als illokutiver Indikator; es handelt sich um eine Routineformel, wo Sprecher und Adressat nicht explizit genannt sind, aber impliziert werden. *Ich entschuldige mich* ist eine steife, stilistisch gehobene Entschuldigungsform, die aber der bei anderen Illokutionen üblichen performativen Formel entspricht (vgl. *ich bitte dich, ich verspreche dir*).
Der propositionale Indikator kann in c als Nominalisierung aufgefasst werden, wenn man *für* als Teil des illokutiven Indikators (oder besser als Verbindung zwischen illokutivem und prop. Indikator) rechnet; andernfalls muss man als prop. Indikator eine Präpositionalphrase annehmen. Der Nachsatz in d ist keinesfalls ein prop. Indikator; er gibt

einen Grund für die nicht ausgedrückte Proposition des Entschuldigungssatzes (das Zuspätkommen des Sprechers) an. Da in f weder ein illokutiver noch ein propositionaler Indikator vorliegt (*da bin ich* ist kein Indikator für eine mit einer Entschuldigung verbundene Proposition: vgl. *Entschuldigen Sie, da bin ich*) ist es höchst zweifelhaft, ob je ein Sprecher f als Entschuldigung ansehen würde.

6.4.2 Aufgaben ohne Lösungsangabe

A44 Vorschläge

Vorschläge lassen sich nach WUNDERLICH (1976) dem illokutiven Typ der Direktiva zuordnen. Arbeiten Sie anhand der Beispiele (1) – (9) die spezifischen Bedingungen für Vorschläge gegenüber anderen Direktiva heraus und überprüfen Sie, inwieweit auch Merkmale kommissiver Sprechakte auf Vorschläge zutreffen. Beschreiben Sie die illokutiven Indikatoren, die für die Vorschläge benutzt werden, bzw., bei Abwesenheit von Indikatoren, ob es sich um indirekte Sprechakte handelt. Bitte Problemfälle diskutieren!

(1) Wollen wir Skat spielen?
(2) Ich schlage vor, ein Bier zu trinken.
(3) Du kannst dir ein Bier nehmen.
(4) Gehen wir zum "Star"!
(5) (A: Ich habe zu nichts Lust. – B:) Im "Star" ist immer was los.
(6) Ich schlage ein Rumpsteak vor.
(7) Wie wär's mit einem Glas Wein?
(8) (A: Wie komme ich zum Rathaus? – B:) Kommen Sie mit!
(9) Gehen wir?

A45 Noch einmal Vorschläge

Bestimmen Sie bei (3), (4), (6) und einem weiteren Sprechakt aus dem Korpus von A44 den illokutiven und den propositionalen Indikator und gehen Sie knapp auf den Unterschied zwischen "Proposition" und "propositionalem Indikator" ein. Alle Problemfälle kommentieren!

7. Psycholinguistik

7.1 Gegenstand der Psycholinguistik

GAUGER definierte Psycholinguistik (1980^2:421) noch als "die auf Beobachtung (und nur auf Beobachtung) beruhende Untersuchung der Zusammenhänge zwischen sprachlichem und nichtsprachlichem Verhalten". "Verhalten" (engl. *behavior*) gab einer Forschungsrichtung in der Psychologie den Namen: Der "Behaviorismus" ließ nur beobachtbare Vorgänge, die zueinander im Verhältnis Reiz : Reaktion standen, als Gegenstand psychologischer Forschung zu. So sah BLOOMFIELD (1933) in *Language* nur die sprachliche Äußerung selbst (als Reaktion auf ein Verhalten und Reiz für anderes Verhalten) als Gegenstand der Linguistik an. Was im Menschen beim Sprechen oder Hören vorgeht, wurde als nicht erforschbar und damit nicht für die Linguistik relevant angesehen. Seit der "kognitiven Wende" (in den siebziger Jahren) sind mentale Aktivitäten zentraler Gegenstand psychologischer Forschung.[159] So geht es nach SLOBIN (1974:9) der Psycholinguistik um

> "die zugrundeliegenden Kenntnisse und Fähigkeiten, die Individuen benötigen, um Sprache zu gebrauchen und in der Kindheit den Gebrauch der Sprache zu erlernen".

BIERWISCH (1987:646) formuliert drei Fragestellungen:

[1] Was ist Sprachkenntnis?
[2] Wie wird Sprachkenntnis erworben?
[3] Wie wird Sprachkenntnis wirksam?

[1] kennzeichnet das allgemeine Thema der theoretischen Linguistik, nach SCHWARZ (1996^2) gleichzeitig auch den "repräsentationalen" Aspekt der Psycholinguistik (Sprachspeicherung, mentales Lexikon). [2] und [3] betreffen die prozessualen Aspekte der Psycholinguistik, Spracherwerb und Sprachverarbeitung. Nach BIERWISCH (1983:16) fallen sprachliche Erscheinungen in den Gegenstandsbereich der Psychologie, wenn es um ihre Wahrnehmung, ihren Erwerb, ihre

---

159 BÜHLER (1934) u.a. sind Vorläufer dieses kognitiven Ansatzes.

Verankerung und Auffindung im Gedächtnis geht. Die Linguistik orientiert sich in ihrer Theoriebildung an neueren Disziplinen wie der Computerwissenschaft, was auch in der "Computermetapher" zum Ausdruck kommt: Der Geist verhält sich zum Gehirn wie das Programm zum Rechner. Diese Metapher macht interessante Fragestellungen möglich, lässt aber viele Probleme offen, "da wir nicht wissen, welcher Art von Computer das Gehirn tatsächlich entspricht" (BIERWISCH 1987:645).[160] Für BIERWISCH (ebd.) ist die schrittweise Umsetzung dieses kognitiven Programms in der Linguistik eng verbunden mit der Entwicklung der Generativen Grammatik. Andere Forschungsgebiete der Psycholinguistik hängen mit den genannten drei Problemkreisen zusammen:

- das Verhältnis von Sprache und Denken (vgl. WYGOTSKI 1964, HÖRMANN 1967, ENGELKAMP 1974);
- das Verhältnis von Sprache und Wahrnehmung (vgl. MILLER / JOHNSON-LAIRD 1976);
- Lautnachahmung und Lautsymbolik (vgl. HÖRMANN 1967, XII);
- neuronale Grundlagen des Sprachverhaltens (vgl. GESCHWIND 1988[9]).

7.2 Kognitive Strukturen und Prozesse

In der "Kognitiven Linguistik" überschneiden sich nach Auffassung einiger Linguisten Linguistik und Kognitive Wissenschaft (Cognitive Science). Letztere entstand aus der Interaktion von Künstlicher Intelligenz ("KI") [161] und kognitiver Psychologie. Die Kognitive Psychologie befasst sich mit menschlicher Kognition; "Kognition" ist nach SCHWARZ (1992:36) als "Gesamtheit menschlicher Wissensaktivitäten" aufzufassen; vgl. Abb. 18.

---

160 Eine alternative Richtung ist die "Cognitive Grammar": Nach LANGACKER (1988:4) ist Linguistik keine formale Wissenschaft; sie sollte sich nicht an Computerwissenschaft und Mathematik ausrichten; Sprache stellt kein eigenes Modul dar und sollte als biologischer Organismus behandelt werden; relevant seien allgemeine Problemlösungsstrategien bei Sprachproduktion und -rezeption.

161 Künstliche Intelligenz ist ein Gebiet, das aus Erfordernissen der Mensch-Maschine-Kommunikation in der Computerwissenschaft entstand und sich mit Simulation von Sprachverstehen befasst (s. EISENBERG 1977:v).

Abb. 18 Kognitive Systeme und Prozesse

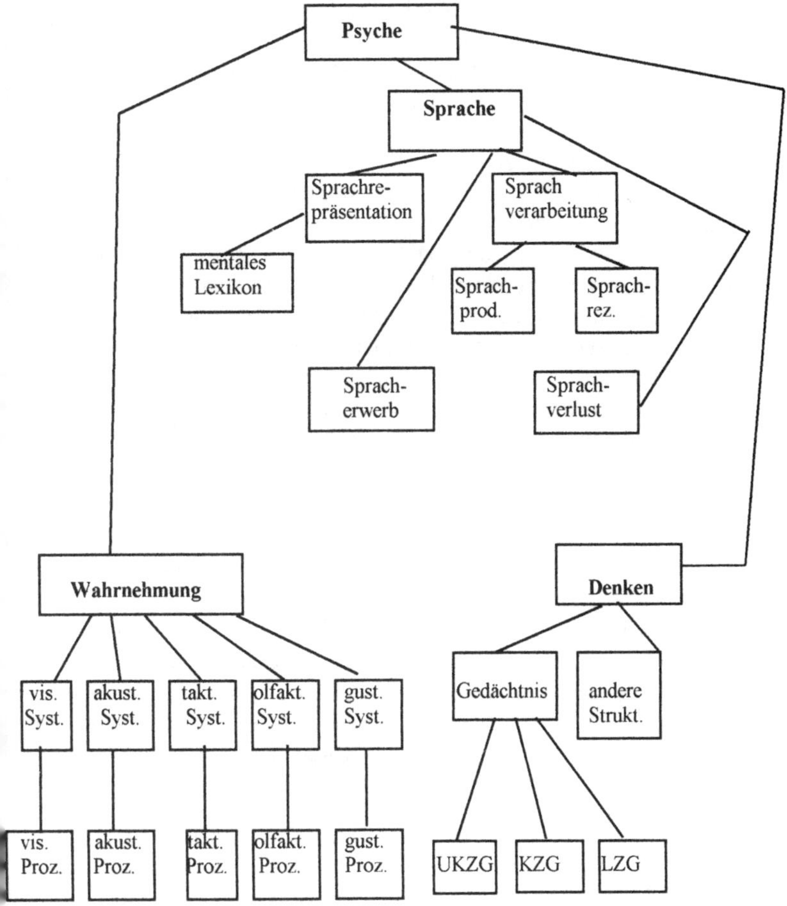

Eine dreidimensionale Darstellung könnte deutlich machen, dass jedem System systemspezifische Prozesse zugeordnet sind. Es ist zu unterscheiden zwischen Wahrnehmung, Sprache und Denken als Systemen einerseits und den mit den jeweiligen Systemen assoziierten Prozessen andererseits. Erwerb und Verlust betreffen das System und die Prozesse. Im Spracherwerb wird ein mentales Lexikon einer Sprache erworben, aber auch die Fähigkeit, Sprache (mündlich und schriftlich) zu produzieren und zu rezipieren (d.h. zu hören und zu lesen). Sprachverlust wird vorwiegend im Rahmen der Neurolinguistik untersucht (vgl. Kap. 8). Natürlich gibt es entsprechenden Erwerb und Verlust auch bei den Wahrnehmungen. Als statischer (struktureller) Denkbereich wird hier (neben anderen Strukturen) das Gedächtnis angenommen, das sozusagen einen Denkspeicher darstellt. Inwieweit auch Denkfähigkeiten erworben und verloren werden können, ist noch zu untersuchen. FODOR (1983) rechnet Wahrnehmungs- und Sprachverarbeitungssysteme zu den *Inputsystemen* und die Denksysteme zu den *zentralen Systemen*.

Nach FODOR (1983:2ff) gilt für Inputsysteme:

- Inputsysteme sind modalitäts- und domänenspezifisch. Domänen sind die Bereiche physikalischer Reize, die den einzelnen Modalitäten zugänglich sind, also z.B. Lichtwellen im visuellen Bereich, Schallwellen im akustischen. Zentrale Systeme sind modalitäts- und domänenneutral.
- Inputsysteme funktionieren schnell und automatisch, zentrale Systeme langsamer und weniger automatisch; man kann Denken bewusst ausüben.
- Inputsysteme sind nach FODOR (1983:2) "abgeschlossen" ("encapsulated"), zentrale Systeme haben unbeschränkten Zugang zu Daten aus dem Gedächtnis und aus den Inputsystemen.

All dies bedeutet nach CARSTON (1988:43), dass Inputsysteme modular sind, während zentrale Systeme typischerweise nichtmodular sind. Das Gegenteil zu Modularität ist Holismus. Für das Denken scheint die Auffasung, dass es holistisch funktioniert, gesichert zu sein. Einige Kritikpunkte an der Auffassung von Sprache als Inputsystem bei FODOR (1983) scheinen angebracht zu sein: Es ist zu bezweifeln, dass Sprachverarbeitung automatisch, reflexartig funktioniert. Sprachverarbeitungs-Phänomene sprechen dagegen: Für eine Sprachäußerung zu einem Sachverhalt oder zum Ausdruck eines Gefühls stehen meist mehrere Sprachausdrücke und mehrere grammatische Konstruktionen zur Verfügung.

Nach WHORF (1956:221) wird die Welt nicht nur in verschiedenen Sprachgemeinschaften verschieden erfahren, sondern Sprachbenutzer werden auch durch ihre verschiedenen Grammatiken zu verschiedenen Typen von Einschätzungen ähnlicher Beobachtungsakte geführt.[162] Diese These, nach der jede Sprache eine bestimmte Weltsicht verkörpert, wurde "sprachliche Relativitätstheorie" genannt (vgl. DITTMAR 1973:14). Im deutschsprachigen Bereich spielte der sich auf Humboldt berufende Sprachforscher Leo Weisgerber (vgl. WEISGERBER 1953/54), bis in die sechziger Jahre eine große, teilweise verhängnisvolle Rolle. WHORF (1956) stützte sich auf Forschungen, z.B. zur Sprache der Hopi-Indianer, die seiner Auffassung nach kein Tempussystem hat, woraus er schloss, dass die Hopi ein völlig anderes Zeitkonzept hätten. Für Whorf schien die Existenz von (mindestens) drei Wörtern für "Schnee" im Eskimoischen hinreichende Evidenz dafür zu sein, dass die Welt in verschiedenen Sprachgemeinschaften verschieden erfahren wird. BROWN/ LENNEBERG (1954:455f) halten dem entgegen, dass man aus dem Vorhandensein bzw. Nichtvorhandensein von Lexemen in einer Sprache nicht auf Unterschiede in der "Welterfahrung" schließen kann:

> "A subject may be perfectly able to distinguish two situations and still not care to do anything about it. Consequently the fact that English speakers do not have different names for several kinds of snow cannot be taken to mean that they are unable to see the differences."

Dafür spricht auch, dass Sprachen grundsätzlich ineinander übersetzbar sind. Im Englischen kann man verschiedene Schneearten unterscheiden, wenn man will, z.B. "good-packing snow" und "bad-packing snow". Nur hat eine Sprache oft einen komplexeren Ausdruck für ein Konzept als eine andere, die ein Lexem (möglicherweise sogar ein Simplex) dafür hat. Es besteht universale Tendenz, das, was man dringend benennen muss, möglichst kurz zu benennen. Im Deutschen haben sich Kurzwörter als Bezeichnungen für gängige Begriffe durchgesetzt, wie *Auto* für *Automobil*, *Bus* für *Autobus* (das seinerseits aus *Auto-Omnibus* verkürzt ist), *Radio* statt *Rundfunkempfänger*, *Uni* statt *Universität*. Schon spricht man vom *Compi* statt *Computer*.

---

162 Nach WHORF (1956:221) sind "users of markedly different grammars ... pointed by their grammars toward different types of observations and different evaluations of externally similar acts of observation, and hence ... must arrive at somewhat different views of the world".

Natürlich ist die Beobachtung, dass verschiedene Sprachen Konzepte verschieden lexikalisieren, keinesfalls unwichtig. Als solide Schlussfolgerung ergibt sich jedoch nur, dass zwischen Konzepten unseres Denkens und Ausdrücken in einzelnen Sprachen keine 1:1-Relation besteht. So können auch einem Ausdruck einer Sprache verschiedene Konzepte zugrunde liegen: Hier einige Beispiele:

(7-01) a Die Eisenträger sind zu schonen.
b Die Hosenträger sind zu schonen.
c Die Kohlenträger sind zu schonen.
d Die Brillenträger sind zu schonen.

In allen vier Sätzen ist das Subjekts-Nomen ein Kompositum, dessen Zweitglied vom Verb *tragen* mit dem Suffix *-er* abgeleitet ist, das nomina agentis bzw. nomina instrumenti bildet (vgl. 3.3.1/3.3.2). Im Prinzip wäre es möglich, alle vier Substantive als Bezeichnungen für Menschen aufzufassen, die eine Tätigkeit ausüben, also Menschen, die (beruflich) Eisen, Hosen, Kohlen oder Brillen tragen, z.B. vom Lager ins Geschäft oder zu Kunden usw. Tatsächlich ist nur *Kohlenträger* eine Berufsbezeichnung. Die anderen Komposita sind anders zu interpretieren. Unser grammatisches Wissen wird durch Weltwissen ergänzt, mit dessen Hilfe wir *Eisenträger* und *Hosenträger* als Instrumentbezeichnungen interpretieren (wobei die Art des Tragens und die Positionierung des Getragenen stark differieren) und *Brillenträger* als Bezeichnung für Menschen, die keine Tätigkeit des Brillentragens ausüben, sondern die Brillen aufhaben (es handelt sich eher um ein "nomen patientis"). Ähnlich ist es in folgenden Beispielen:

(7-02) a David schlug einen Nagel ein.
b David schlug auf Goliath ein.
c David schlug ein.
d Der Blitz schlug ein.

Das in allen vier Fällen benutzte Verb *einschlagen* hat verschiedene Valenzen: In (7-02)a/b regiert es ein Akkusativobjekt, in c/d dagegen nicht. Eine bestimmte Valenz ist jedoch nicht mit einer bestimmten Konzeptualisierung verbunden: Das Einschlagen des Blitzes ist anders zu verstehen als Davids Einschlagen, und dabei – in (7-02c) – kann auch sehr Verschiedenes gemeint sein: David kann großen Erfolg haben – dann liegt Ähnlichkeit mit dem Blitz-Einschlag vor und das Verb ist metaphorisch von der Interpretation in (7-02)d ableitbar. Oder (7-02c) ist (in einem geeigneten Kontext) elliptisch zu interpretieren, nämlich dass David in eine ihm dargereichte Hand einschlägt – z.B. um eine Abmachung zu bekräftigen. Elliptisch kann *einschlagen* in diesem Sinne nicht gebraucht werden, denn die *auf*-Phrase ist obligatorisch (vgl. (7-02)b).

Interessant für den Linguisten sind auch anscheinend parallel gebaute Sätze, die in Wirklichkeit unterschiedlich strukturiert sind, wie folgendes vielzitierte Beispiel von CHOMSKY (1965):

(7-03) a John is easy to please. a' It is easy to please John
b John is eager to please. b' *It is eager to please John

Je nach dem gewählten Adjektiv ist die *is-to*-Konstruktion aktivisch oder passivisch zu interpretieren. Nur in a ist eine Paraphrase der Form *it is* A *to* Inf. möglich. Im folgenden Beispiel hängt die Interpretation der Ø-Stelle beim Infinitiv vom Verb im Matrixsatz ab:

(7-04) a Ich versprach Hans zu kommen.
b Ich bat Hans zu kommen.

Das implizite Subjekt von *kommen* ist in a mit dem Subjekt des Matrixsatzes[163] (*ich*) identisch, in b mit seinem Objekt (*Hans*). Hier spielen pragmatische Aspekte eine Rolle: Nach SEARLE (1969) impliziert ein Versprechen immer eine zukünftige Handlung des Sprechers, also des Versprechenden, während eine Bitte eine zukünftige Handlung des Adressaten der Bitte impliziert (vgl. 6.2). Diese syntaktischen Beispiele zeigen, dass die Syntax eines Satzes zwar zu seiner Semantik beiträgt, aber nicht in 1:1-Relation: Die gleiche Bedeutung kann durch verschiedene syntaktische Konstruktionen ausgedrückt werden, und eine syntaktische Konstruktion kann verschiedene Bedeutungsgehalte ausdrücken. Man kann von der Oberflächenstruktur eines Satzes nicht auf seine semantische Struktur oder gar auf die dahinter liegende konzeptuelle Struktur schließen. Dies führte CHOMSKY (1965) dazu, die Bedeutung eines Satzes von der T-Struktur, nicht von der O-Struktur abhängig zu machen (vgl. VATER 1982a, 2.3).

Nicht einmal von der Semantik eines Satzes kann man direkt auf die zugrunde liegende konzeptuelle Struktur schließen: Der Gebrauch von *kein* ist in (7-05) aus logischen und auch aus sprachlich-

---

163 Mit "Matrixsatz" bezeichnet man einen Satz, in den ein anderer Satz eingebettet ist.

semantischen Gründen unangemessen,[164] pragmatisch jedoch verständlich und sogar sehr treffend, wenn man die Verhältnisse in der ehemaligen DDR kennt, auf die der Witz (7-05) anspielt.

(7-05) A: Ich hätte gern ein Hemd.
B: Wir haben keine Schuhe. Keine Hemden gibt es nebenan.

7.3 Sprachrepräsentation / Gedächtnis

Sprache ist ein kognitives Phänomen, das mit anderen kognitiven Phänomenen zusammenhängt (vgl. Abb. 18): Man muss seinen Wissensspeicher aktivieren, um sprachliche Äußerungen zu interpretieren, wobei sprachliches und nichtsprachliches Wissen interagieren.

7.3.1 Exkurs: Das Gedächtnis

Nach SCHWARZ (1996^2:79) ist "die Fähigkeit des menschlichen Organismus, Erfahrungsinhalte intern und permanent speichern zu können, ... Voraussetzung für alle komplexen Verhaltens- und Denkleistungen." Struktur und Funktionsweise des Gedächtnisses sind bereits gut erforscht. Man weiß, dass das Gedächtnis physiologische Grundlagen hat: Mandelkern (im Großhirn) und Hippocampus (im Mittelhirn) sind für Gedächtnisleistungen zuständig.[165] Werden diese Strukturen in beiden Hemisphären verletzt, entsteht eine dauernde schwere Gedächtnisstörung, die anterograde Amnesie:

---

[164] Logisch gesehen gibt es nur eine leere Menge, der sowohl "keine Hemden" als auch "keine Schuhe", "keine Menschen" usw. angehören.

[165] Einzelne Gehirnregionen sind mit verschiedenen Aufgaben betraut (vgl. NAUTA/ FEIRTAG 1988^9:89ff), wobei komplizierte Wechselwirkungen zwischen Hirnregionen auftreten. So ist das Erkennen von Buchstaben und Zahlen dezentralisiert. Färbungen des Gehirns zeigen Anhäufungen von Nervenzellkörpern an: die graue Substanz. Nervenfasern für die Signalübermittlung bilden die weiße Substanz. Einen Überblick über die "Architektur des Gehirns" geben NAUTA / FEIRTAG (1988^9:94, Bild 5).

Die Betroffenen können sich keine neuen Informationen mehr merken. Weniger tiefgreifend ist die Verletzung nur einer Hemisphäre. Das Gedächtnismodell von ATKINSON / SHIFFRIN (1968) sieht drei Komponenten vor (vgl. WETTLER 1980:15):

Abb. 19 Das Gedächtnis

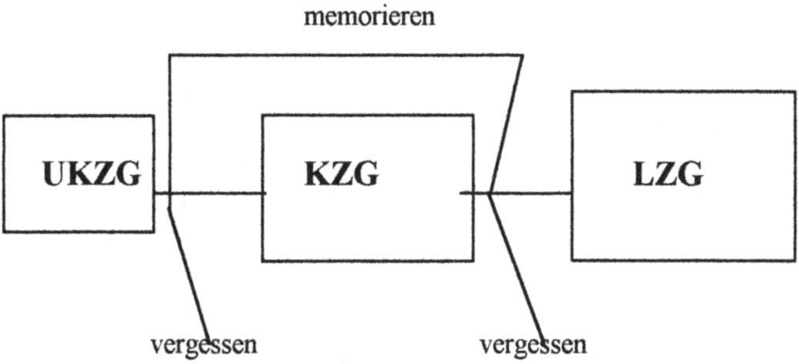

Das **Ultrakurzzeitgedächtnis (UKZG)** ist nach ATKINSON/ SHIFFRIN ein ikonischer Speicher, in dem sich Reize für den Bruchteil einer Sekunde befinden. WETTLER (1980:16) schildert folgenden Versuch:

> "Den Vpn werden gleichzeitig verschiedene, in einem Schachbrettmuster angeordnete Reize, z. B. einzelne Zahlen, während 50 Millisekunden dargeboten. Unmittelbar danach zeigt man ihnen einen Reiz, der sich an derselben Position im Gesichtsfeld befindet wie einer der vorher gezeigten Reize. Die Vpn müssen darauf angeben, ob der zweite Reiz mit demjenigen identisch ist, der bei dem zuerst angegebenen Muster an der entsprechenden Position stand."

Die Versuchspersonen (Vpn) waren zu dieser Leistung imstande. Wurde die Aufgabe jedoch leicht modifiziert, dann konnte die Leistung der Vpn auf das Zufallsniveau abfallen. Wenn z.B. ein Kleinbuchstabe statt eines Großbuchstabens erschien, konnte die Gleichheit des Buchstabens nicht festgestellt werden. Ein Reiz, der die Bewusstseinsschwelle (d.h. 250 Millisekunden) überschreitet, gelangt in das **Kurzzeitgedächtnis (KZG)**, das als Arbeitsspeicher dient. Das KZG kann nach MILLER (1956) ungefähr sieben Elemente (± zwei) simultan speichern. Diese Elemente bleiben nur so lange im KZG, wie man ihnen bewusste Aufmerksamkeit schenkt (vgl. WETTLER 1980:17), z.B. wenn man eine Telefonnummer so lange vor sich hinspricht, bis man sie gewählt hat. Unterbricht man das Memorieren, vergisst man die Nummer.

Das **Langzeitgedächtnis (LZG)** ist ein permanenter Speicher.[166] Experimenten von BADDELEY (1964) zufolge wird beim Übergang vom KZG ins LZG nicht die Gedächtnisspur des KZG kopiert. Die Repräsentation von *Schimmel* ist im KZG die gleiche für "weißes Pferd" und "Schimmelpilz". Im LZG wird für jedes dieser beiden Homonyme eine unterschiedliche Gedächtnisspur aufgebaut. Nach ATKINSON / SHIFFRIN (1968) ist die Verarbeitung von Reizen ein gerichteter Prozess, bei dem der Reiz vom UKZG ins KZG, von da ins LZG übertragen wird. Sie vernachlässigen, dass das LZG diese Prozesse steuert, wie die "Wahrnehmungsabwehr" bezeugt: Bei visueller Vorgabe von Wörtern ist die minimale Darbietungszeit für das richtige Erkennen bei sozial tabuisierten Wörtern bedeutend höher als bei neutralen (vgl. z.B. *Arsch* vs. *Barsch*). Die Aufnahme des Worts ins KZG wird also von dem im LZG gespeicherten Wissen über Bedeutung und soziale Akzeptierbarkeit dieses Worts mitbestimmt.

Nach WETTLER (1980:18) kann man trotz dieser Einseitigkeit viele Ergebnisse von Experimenten nach dem Modell von ATKINSON / SHIFFRIN (1968) sinnvoll interpretieren. Es gibt physiologische Hinweise auf eine Gliederung des Gedächtnisses. Offenbar entsteht im LZG die Gedächtnisspur durch Eiweißmoleküle, die Erregungsübertragungen zwischen Nervenzellen steuern.[167] Die Verhinderung der Eiweißsynthese bewirkte in Tests von BARONDES / COHEN (1968) erst sechs Stunden nach dem Lernversuch eine deutliche Abschwächung der Leistung; bei Versuchen zum sprachlichen Lernen ist der Inhalt des KZG schon wenige Sekunden nach dem Lernversuch gelöscht. Gedächtnismodelle wie das von ATKINSON / SHIFFRIN (1968) sind

---

166 Zur Unterteilung in semantisches und episodisches Gedächtnis vgl. SCHWARZ (1996^2:78ff.), RICKHEIT / STROHNER (1993), BADDELEY (2002), zum Vergleich Gedächtnis : Computer JOHNSON-LAIRD (1988).

167 BARONDES / COHEN (1968) führten Versuche durch, in denen Mäuse das Ausweichen vor elektrischen Schlägen lernten, indem sie sich in einem Labyrinth in einer bestimmten Richtung bewegten. Einem Teil der Tiere wurden Substanzen injiziert, die den Aufbau von Eiweißmolekülen im Organismus verhindern. Wurde das Behalten der Vermeidungsreaktion längere Zeit nach dem Lernversuch überprüft, dann war die Leistung der Tiere signifikant schwächer als in einem Kontrollversuch, in welchem den Tieren neutrale Kochsalzlösung injiziert wurde (WETTLER 1980:18).

demnach nicht als Abbild neuronaler Prozesse zu interpretieren, sondern als psychologische Konstrukte, die Verhalten erklären.

Die Hauptunterschiede zwischen KZG und LZG sind folgende:

- Das KZG hat eine begrenzte Kapazität, das LZG eine unbegrenzte.
- Das KZG kodiert vorzugsweise physikalische und phonologische Charakteristika, das LZG semantische (vgl. *Schimmel*).
- Beim LZG, nicht jedoch beim KZG, spielt die Synthese gewisser Eiweißenzyme eine Rolle.

7.3.2 Das mentale Lexikon

Nach SCHWARZ (1996²:84) ist das mentale Lexikon (ML) "der Teil des LZG, in dem die Wörter einer Sprache mental repräsentiert sind". Die Frage, wie Worteinheiten im ML strukturiert sind, wird kontrovers diskutiert. EMMOREY / FROMKIN (1988:145f) stellen ihr Lexikon-Modell vor:

- Das mentale Lexikon enthält unabhängige, aber miteinander verbundene Sublexika, die spezifische Informationen enthalten: phonologische, semantische und (bei Lesekundigen) orthographische Subkomponenten.
- Phonologische Einheiten enthalten abstrakte phonemische Repräsentationen, die in der Sprachproduktion in motorische Befehle umgewandelt werden.
- Orthographische Repräsentationen tragen regulären und irregulären Schreibungen Rechnung.
- Nach EMMOREY / FROMKIN (1988:145) ist noch nicht entschieden, ob morphologisch komplexe Wörter als Stamm + Affixe aufgelistet werden oder als individuelle Morpheme mit Kombinationsregeln.
- In der lexikalisch-semantischen Subkomponente sind Wörter nach semantischen Merkmalen gruppiert.

Das (nicht durch eine Gehirnschädigung gestörte) ML enthält den Gesamtwortschatz einer Sprache. Angaben zur Zahl gespeicherter Wörter sind umstritten. Nach AITCHISON (1987:6ff) kennt ein Englischsprecher zwischen 50.000 und 250.000 Wörtern. Der aktive Wortschatz bildet eine Teilmenge des passiven Wortschatzes. Die Bestimmung der Zahl gespeicherter Wörter hängt auch davon ab, was man unter Wort versteht. So ist zwischen einem flexivischen und einem lexikalischen Wort zu unterscheiden (vgl. 3.1.1). Man nimmt an, dass lexikalische Wörter (Lexeme) eher als Einheiten des ML in Frage kommen als flexivische (vgl. HANDKE 1995:52). Doch was als Lexem zu gelten hat, ist nicht einfach zu bestimmen. Homonyme rechnen im allgemeinen als zwei verschiedene Lexeme, z.B. $Bank_1$ ("Geldinstitut") und $Bank_2$ ("Sitzmöbel") oder $grünen_A$ und $grünen_V$. HANDKE (1995:69) nimmt (nach LEVELT 1989) folgende Struktur von ML-Einheiten an:

Abb. 20

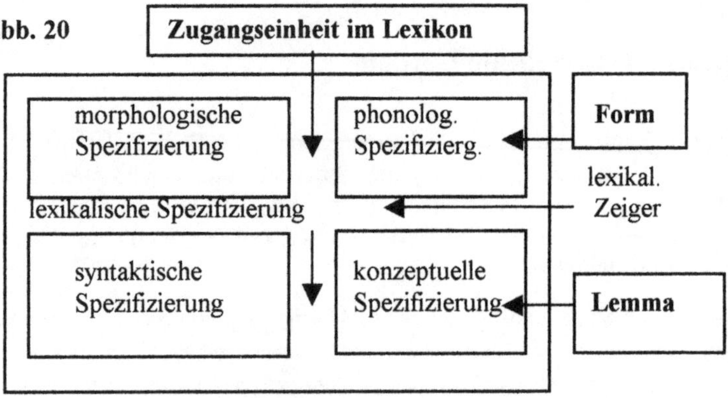

Als Evidenz für Subkomponenten des ML werden Störungen angeführt, die z.B. nur die Phonologie betreffen. Es gibt noch spezifischere Ausfallerscheinungen: So können Patienten, deren phonologischer Kurzzeitspeicher gestört ist, nur kurze Sätze (etwa aus drei Wörtern) kurzfristig speichern und verstehen. Im semantischen Bereich wird über Fälle berichtet, wo Patienten Blumen oder Farben nicht benennen können, was für die psychisch-reale Existenz von Bedeutungsfeldern spricht. CLAHSEN et al. (1991) fanden Evidenz für das "dual route"-Modell: Regulär flektierte Wörter wie *leb-t-e* können als Kombinationen separat gespeicherter Morpheme (Wurzeln/Affixe) aufgefasst werden; irreguläre Formen wie *war* oder *wurde* werden nicht dekomponiert, sondern als Ganzes gespeichert. Das wird auch durch die Anwendung neuro-anatomischer Verfahren bestätigt.[168]

---

168 JAEGER et al. (1996) untersuchten mit Positron-Emissions-Tomographie (PET) die Funktion des ML im morphologischen Bereich. Es ergab sich,

Die Ansicht von EMMOREY / FROMKIN (1988:145), wonach noch nicht entschieden ist, ob Ableitungen in Wurzel + Affix zerlegt sind und ob Affixe als Lexikoneinträge gespeichert sind, ist durch diese neueren Untersuchungen hinfällig.

7.4. Sprachverarbeitung

"Sprachverarbeitung" (engl. "language processing") ist der zusammenfassende Terminus für "Sprachproduktion" und "Sprachrezeption". Nach SCHWARZ (1996^2:171) lässt sich der Sprachproduktionsprozess nicht so gut experimentell manipulieren wie der Rezeptionsprozess: Während man den VPn bei Rezeptionsexperimenten bestimmte sprachliche Strukturen vorlegen und deren Reaktionen darauf entsprechend auswerten kann, ist dies bei der Untersuchung der Sprachproduktion nur begrenzt möglich.

7.4.1 Sprachproduktion

Eine Sprachproduktionstheorie muss erklären, "wie mentale Repräsentationen in (schriftliche oder mündliche) Sprachstrukturen übersetzt werden" (SCHWARZ 1996^2:172). Die Sprachproduktionsforschung stützt sich auf Experimente aus folgenden Bereichen:

- Fehlerlinguistik, insbesondere Versprecherforschung;
- Aphasieforschung, z.B. Wortfindungsstörungen und Agrammatismus;
- Wortfindungsschwierigkeiten bei normalen Sprechern, z.B. das TOT-Phänomen ("tip-of-the-tongue phonomenon") und Sprach-Reparaturen;
- Analyse prosodischer Phänomene (Pausen, Verzögerungsphänomene).

---

dass die Versuchspersonen die Präteritalformen regulärer Verben signifikant schneller produzierten als die irregulärer Verben und dass die Fehlerquote für irreguläre Verbformen wesentlich höher war als die für reguläre. Präteritalformen regulärer Verben wurden on-line gebildet: Aktivierung des linken dorsolateralen präfrontalen Cortex, von der bekannt war, dass sie in on-line-Aktivität bei intentionalem Verhalten beteiligt war, kam nur bei der Bildung von regulären und Nonsens-Formen vor.

Die ausführlichste und systematischste Studie über Sprachproduktion bietet LEVELT (1989). Der Sprecher ist ein höchst komplexer Informationsprozessor, der Intentionen, Gedanken und Gefühle in fließend artikulierte Sprache transformieren kann.[169] Eine Theorie der Sprachproduktion muss diese komplexe Fertigkeit erklären. Nach LEVELT (1989:2) sind die einzelnen Prozessebenen spezialisiert, autonom und automatisch. LEVELT (1989:2ff) entwickelt ein System mit fünf Hauptkomponenten in der Produktion einer sprachlichen Äußerung, von denen zwei auch für Sprachrezeption benutzt werden.

Das System enthält folgende Komponenten:

1 Der **Konzeptualisierer** erzeugt präverbale Botschaften; sie bestehen aus konzeptuellen Informationen, die der Sprecher auszudrücken intendiert.

2 Der **Formulator** besteht aus zwei Subkomponenten:

2a Der **grammatische Kodierer** ruft Lemmata vom Lexikon ab und erzeugt grammatische Relationen, die die konzeptuellen Relationen der Botschaft wiedergeben; sein Output ist die Oberflächenstruktur.

2b Der **phonologische Kodierer** erzeugt auf der Basis der Oberflächenstruktur einen phonetischen Plan ("inneres Sprechen"); er hat Zugang zu den formalen Informationen im Lexikon und inkorporiert auch Prozeduren zur Erzeugung der Prosodie einer Äußerung.

3 Der **Artikulator** führt den phonetischen Plan aus und setzt ihn in eine Sequenz von neuromuskularen Anweisungen um, die dann das Sprechsignal ergeben.

4 Das **Sprachverständnis-System** erlaubt dem Sprecher, seine Äußerungen wahrzunehmen und gegebenenfalls (mit Hilfe des Monitors) zu korrigieren.

5 Die **Audition** ist der Input bei Sprachrezeptionsprozessen; da der Sprecher sich selbst hört, nimmt auch dies System (indirekt) an der Sprachproduktion teil.

---

169 Der Sprachproduktionsprozess wird als "Verschlüsseln" (vgl. SCHWARZ 1996^2:172) bzw. als Transformieren (LEVELT 1989:1) gesehen.

Abb. 21 Sprachproduktionsmodell von LEVELT (1989:9)

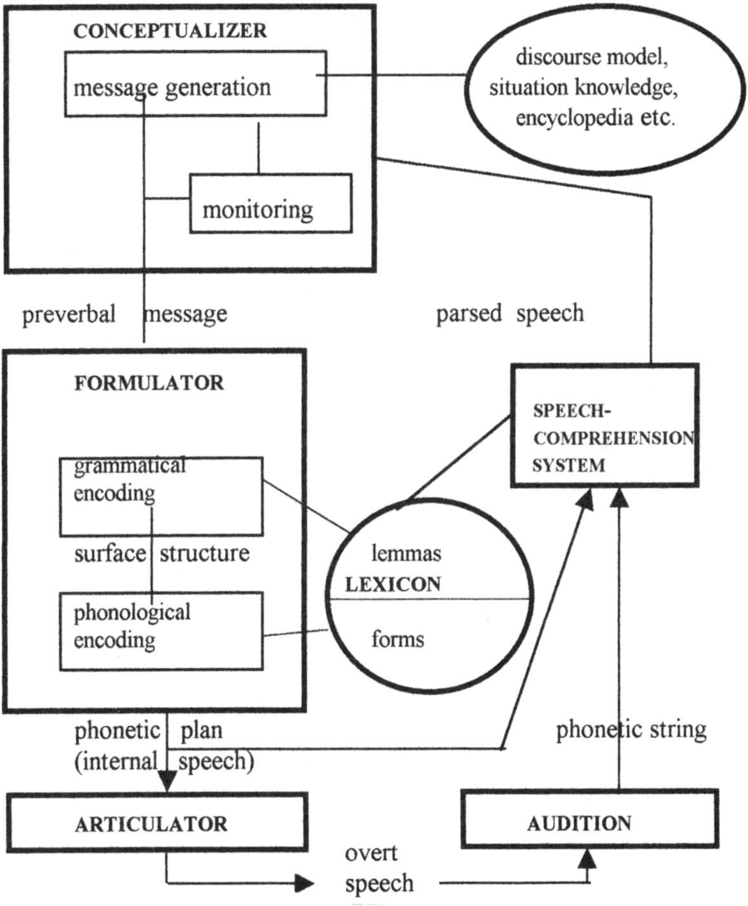

Da Sprechen im Allgemeinen intentional ist – Sprechen im Schlaf bildet eine Ausnahme – erfordert die **Konzeptualisierung**, dass der Sprecher sich über seine Sprechabsicht klar wird und die relevante Information zum Ausdruck dieser Absicht auswählt. Hat z.B. Sprecher A (7–06)a geäußert; dann kann B mit (7–06)b/c antworten, kaum aber mit d oder e, obwohl alle vier grammatische Sätze des Deutschen sind, gleiche Wörter und gleiche Information enthalten:

(7–06) a Hat Paul das Pakét abgeschickt?
b Das Pakét hat Fritz abgeschickt.
c Frítz hat das Paket abgeschickt.
d Fritz hat das Pakét abgeschickt.
e Fritz hat das Paket ábgeschickt.

Neben der "Wortstellung" (bzw. "Topologie"; vgl. 4.7) spielt die Akzentuierung eine Rolle. Sowohl die Platzierung der Satzglieder als auch die Akzentuierung sind Ausdrucksmittel für die Thema-Rhema-Struktur einer Äußerung. Nach der gängigsten Definition ist das Thema das, was als bekannt vorausgesetzt werden kann, das Rhema enthält die neue (durch Akzent oder Stellung markierte) Information.

Das Produkt der Konzeptualisierung ist die **präverbale Botschaft**. Der Sprecher benötigt zwei Arten von Wissen (LEVELT 1989:10):

- Prozedurales Wissen des Typs WENN X DANN Y wird für die Illokution in der Äußerung eines Satzes benötigt. Bei einer Aussage entspricht dieser Formel das Bedingungsgefüge "Wenn du dich auf die Wahrheit von *p* festlegen willst, dann assertiere *p*"; *p* steht für eine beliebige Proposition; *assertieren* (engl. *to assert*) heißt "eine Aussage machen" (vgl. 6.2.3).
- Deklaratives Wissen (oder: propositionales Wissen) ist im LZG gespeichertes oder aus der Sprechsituation geschöpftes bzw. im Verlauf einer Konversation angesammeltes Wissen, das sich im Arbeitsspeicher ("working memory") des Sprechers befindet. Angenommen, der Sprecher hat in seinem LZG (im Zusammenhang mit *Hamburg*) gespeichert *Hamburg ist windig*, dann kann diese Proposition für *p* in der prozeduralen Formel eingesetzt werden und ergibt den Output des Konzeptualisierers, der Input für den Formulator ist und nach Durchlaufen des Artikulators die Aussage (7–07) ergibt:

(7–07) Hamburg ist windig.

Nach LEVELT (1989:10) bildet das deklarative Wissen einen besonderen Speicher (dargestellt durch einen Kreis in Abb. 21) – das mentale Lexikon enthält offenbar sprachliches und konzeptuelles Wissen –, während das prozedurale Wissen Teil der einzelnen Prozessoren ist. Das ML enthält nach HANDKE (1995:50) detaillierte Information über zu produzierende bzw. zu verstehende Wörter und interagiert mit anderen Komponenten des Sprachverarbeiters.

Beim **Formulieren** wird die konzeptuelle Struktur, die den Output des Konzeptualisierers bildet, in eine sprachliche Struktur übersetzt. Das geschieht in zwei Stufen:

- Beim **grammatischen Kodieren** werden benötigte Lemmata angesteuert. Zur Semantik von *Sperling* gehört, dass es sich um eine spezielle Art eines Vogels handelt; die Semantik von *geben* impliziert ein Agens X, das veranlasst, dass ein Gegenstand Y von X auf einen Rezipienten Z übergeht. Die Syntax ist Teil eines jeden Lemmas. *Sperling* ist mit der syntaktischen Kategorie N versehen; *geben* mit der Kategorie V; es erfordert ein Subjekt zur Bezeichnung des Agens, ein direktes Objekt zur Bezeichnung des Gegenstandes, der seinen Besitz wechselt, und ein indirektes Objekt zur Bezeichnung des Rezipienten. Die syntaktischen Informationen lösen Prozesse zum Aufbau syntaktischer Strukturen aus. Eine auf *geben* aufbauende syntaktische Prozedur liefert z.B. – für den Fall, dass die Konzepte MARIA und BUCH in der präverbalen Botschaft vorkommen – die VP *gab Maria das Buch*. Es ergibt sich als Oberflächenstruktur eine Kette aus Lemmata, die in Phrasen geordnet ist.
- Beim **phonologischen Kodieren** wird für jedes Lemma aufgrund der Angaben in der lexikalischen Form (vgl. Abb. 21) ein phonetischer Plan erstellt. So enthält *windig* die morphologische Information, dass das Wort aus einer Wurzel *Wind* und einem Suffix *-ig* besteht, dass es zwei Silben hat, deren erste betont ist, dass das erste Segment /v/ ist und das letzte /ç/. In der Gesamtäußerung (7-09) hat die Silbe /vɪn/ den Hauptakzent. Das Wort *Hamburg* endet als lexikalische Form auf /g/, das aber durch Auslautverhärtung als /k/ realisiert wird. Das Resultat des phonologischen Kodierens ist ein phonetischer (artikulatorischer) Plan.

LEVELT (1989:12) nennt den phonetischen Plan auch "inneres Sprechen". Da die Erzeugung des "inneren Sprechens" der artikulatorischen Ausführung voraneilt, muss der phonetische Plan im Artikulations-Puffer ("Articulatory Buffer") zeitweilig zwischengespeichert werden. Die **Artikulation** ist die Ausführung des phonetischen Plans durch die Muskulatur des Atmungssystems und der Organe in Rachen- und Mundhöhle. Der Artikulator setzt Teile des inneren Sprechens im Artikulations-Puffer in Muskelbewegungen um. Das Resultat der Artikulation ist overtes Sprechen.

Der **Monitor** ist gleichermaßen relevant für Sprachproduktion wie für Sprachrezeption. Ein Sprecher ist normalerweise sein eigener Hörer. Er hat Zugang zum inneren und overten Sprechen. Daher ist eine

Auditions-Komponente auch an der Sprachproduktion indirekt beteiligt. Das komplexe Sprachverstehens-System (dessen Unterkomponenten hier nicht angezeigt sind) hat ebenfalls Zugang zu den Lemmata im Lexikon, um Wörter und ihre Bedeutungen verarbeiten zu können. Sein Output ist geparstes Sprechen, eine Repräsentation, die aus phonologischer, morphologischer, syntaktischer und semantischer Information zusammengesetzt ist.

In Abb. 21 ist die Annahme ausgedrückt, dass inneres Sprechen genau so vom Sprachverstehenssystem analysiert wird wie overtes Sprechen. Dadurch kann der Sprecher Probleme innerhalb des inneren Sprechens entdecken, bevor er das problematische Element voll artikuliert hat. So kommt es zu Selbstkorrekturen wie in (7–08):

(7–08) To the left side of the purple disk is a v-, a horizontal line.

Offenbar hatte der Sprecher zunächst den Plan für das Wort *vertical* im inneren Sprechen bereitgestellt und dann entdeckt, dass es nicht der intendierten Bedeutung entsprach. Der Monitor kann offenbar die Bedeutung des intern Vorbereiteten mit dem Intendierten vergleichen. Nach LEVELT (1989:14) gibt es keine spezifische Monitor-Komponente. Kontrolle erfolgt auf allen Stufen der Sprachproduktion. Auf jeder Stufe von der Konzeptualisierung bis zur Artikulation ist Umorientierung möglich. Für den Beobachter ist nicht immer klar entscheidbar, in welcher Komponente die jeweilige Reparatur erfolgte. Wenn jemand *Wepse* in *Wespe* verbessert, kann sowohl die bereits artikulierte Folge als auch das innere, noch nicht artikulierte Sprechen Ausgangspunkt der Reparatur sein.

Das in Abb. 21 dargestellte System ist modular; jede Komponente ist ein "autonomer Spezialist". So kann nur der grammatische Kodierer konzeptuelle Relationen in grammatische Relationen übersetzen und syntaktische Phrasen aufbauen. Dabei kann als Input nur die präverbale Botschaft dienen. Es gibt keine Rückkopplung von unten nach oben, z.B. vom Artikulator zum Formulator, sondern nur über das Sprachverstehens-System.

Ein alternatives Modell ist das konnektionistische (auf dem Computer simulierte) Modell der Sprachproduktion von SCHADE (1992). Ein konnektionistisches Modell – der Ausdruck wurde von FELDMANN (1981) geprägt – beruht nach SCHADE (1992:11) auf dem Versuch, "Wissen über neuronale Architektur in kognitive Modelle einzubinden". Man spricht auch von "neuronalen Netzwerken". Das menschliche Gehirn enthält ca. hundert Milliarden Neuronen (Nervenzellen). Jedes Neuron ist mit etwa tausend anderen Neuronen verbunden. Die Neuronen senden benachbarten Neuronen primitive "Nachrichten" zu, indem sie deren Aktivierung anregen oder hemmen. Die Stärke der Beeinflussung hängt von der Aktivierungsstärke des sendenden ("feuernden") Neurons ab.

> "So entstehen Netzwerke, deren Knoten über einen Aktivierungswert verfügen und die abhängig von diesem Wert die Aktivierungswerte der mit ihnen verbundenen Knoten beeinflussen." (SCHADE 1992:11)

Konnektionisten erheben nicht den Anspruch, ein Knoten im Modell entspräche einem Neuron im Gehirn. Die Knoten (als Einheiten dieses Netzwerks) enthalten keine symbolische Information, "sondern nur einen vom Aktivierungswert abhängenden numerischen Wert" (SCHADE 1992:12), den sie an ihre Nachbarn weitergeben.

Die Prozesse resultieren aus gleichzeitig stattfindenden lokalen Berechnungen. Unterschiede zwischen den Knoten ergeben sich nur dadurch, mit welchen und wie vielen anderen Knoten ein Knoten Verbindung hat. Die Verbindungen unterscheiden sich in ihrer Leistungsstärke und haben teils exzitatorischen (anregenden), teils inhibitorischen (hemmenden) Charakter. Damit ein Knoten eine Aktivierung weiterleiten kann, muss ein Schwellwert überschritten werden. Den Aktivierungswert eines Knotens zur Zeit t berechnet man aus seinen früheren Aktivierungswerten und den Aktivierungswerten der Knoten, die mit ihm exzitatorisch oder inhibitatorisch verbunden sind. Der errechnete Aktivierungswert liegt immer im Intervall [0,1]. Er steigt, wenn ihm mehr exzitatorische als inhibitorische Aktivierung zugeführt wird; im umgekehrten Fall sinkt er.

Der von SCHADE (1992) modellierte Sprachproduktionsprozess wird durch **Versprecher** und Reparaturen von Versprechern motiviert. Die bereits von MERINGER (1908) festgestellte Regelhaftigkeit von Versprechern lieferte Erkenntnisse zum Sprachproduktions-Prozess. Die Klassifikation von MERINGER / MAYER (1895) wird im Wesentlichen noch heute verwendet. Jede Versprecherart kann verschiedene Spracheinheiten (Phoneme, Silben, Wörter) betreffen. Tab. 10 von SCHADE (1992) baut auf MERINGER / MAYER (1895) auf.

Tab. 10 Versprecherklassifikation (SCHADE 1992)

a.	Vertauschung	*eine Sorte von Tacher* (statt: *Torte von Sacher*)
b.	Antizipation	*als Büblein klein an der Musterbrust* (statt: *Mutterbrust*)
c.	Perseveration	*tschüs, Herr Rütz* (statt: *tschüs, Herr Ritz*)
d.	Kontamination	*Das Haus verkommelt ja* (*verkommt / vergammelt*)

Im Beispiel a. (von MERINGER / MAYER 1895) haben zwei Phoneme ihre Plätze vertauscht; bei der Antizipation b. ist ebenfalls ein Phonem betroffen: /s/ aus *Brust* wird im Wort *Mutter* antizipiert, so dass *Muster* daraus entsteht. Der umgekehrte Fall liegt in c. vor, wo /ʏ/ das /ɪ/ im nachfolgenden Namen ersetzt. In d. (vgl. WIESE 1987:50) wurden die Wörter *verkommen* und *vergammeln* kontaminiert. Der Informationsaufbau verläuft nach SCHADE (1992:56f) kontinuierlich und interaktiv – Eigenschaften, die sich gut durch konnektionistische Netzwerke darstellen lassen. So ergeben sich beispielsweise

> "Kontaminationsfehler zwangsläufig, wenn sich die relative Stärke der konkurrierenden Repräsentationen während der Produktion verändert. Diese Änderung überträgt sich auf die anderen Ebenen und spiegelt sich letztlich in der Produktion als Kontaminationsfehler wider."
>
> (SCHADE 1992:56)

SCHADE (1992:55) nimmt wie LEVELT (1989) eine präverbale Botschaft als konzeptuelle Repräsentation an. Aus ihr wird im "functional level of representation" eine Ansammlung lexikalischer Einheiten mit syntaktischen Rollen (Hauptverb, Subjekt etc.). Diese Repräsentation wird mittels syntaktischer Information in eine Phrasenstruktur-Repräsentation umgeformt, die eine Wortkette ergibt.[170] Die Wortkette wird in eine Lautkette umgewandelt und "dem Artikulationssystem zur weiteren Verarbeitung überreicht". Der statische Modellteil beschreibt die Verknüpfung sprachlicher Einheiten (Netzknoten). Erstes Teilnetz im statischen Modell ist das "Normnetzwerk", das Lexikon und Phonologie modelliert. Im zweiten

---

170 Leider übernimmt Schade oft englische Ausdrücke, wo dies unnötig oder falsch ist. So spricht er von einem "String aus Wörtern" und von "linguistischen Einheiten" (S. 75), wo es um "Spracheinheiten" geht.

und dritten Schritt werden das "Semantiknetzwerk" und das "Syntaxnetzwerk" und die Verknüpfung der drei Teilnetze dargestellt. Das Normnetzwerk besteht aus einer Wortebene, einer Silbenebene, einer Ebene für Silbenbestandteile, einer Lautebene und einer Ebene für phonologische Merkmale. Jeder Knoten der Wortebene repräsentiert ein Wort, jeder Knoten der Silbenebene eine Silbe, jeder Knoten der Silbenbestandteilsebene eine Silbenkomponente (Onset, Reim, Nukleus oder Koda), jeder Knoten der Lautebene einen Laut, jeder Knoten der Merkmalsebene ein phonologisches Merkmal.

Abb. 22 Ausschnitt des Normnetzwerks (SCHADE 1992:78)

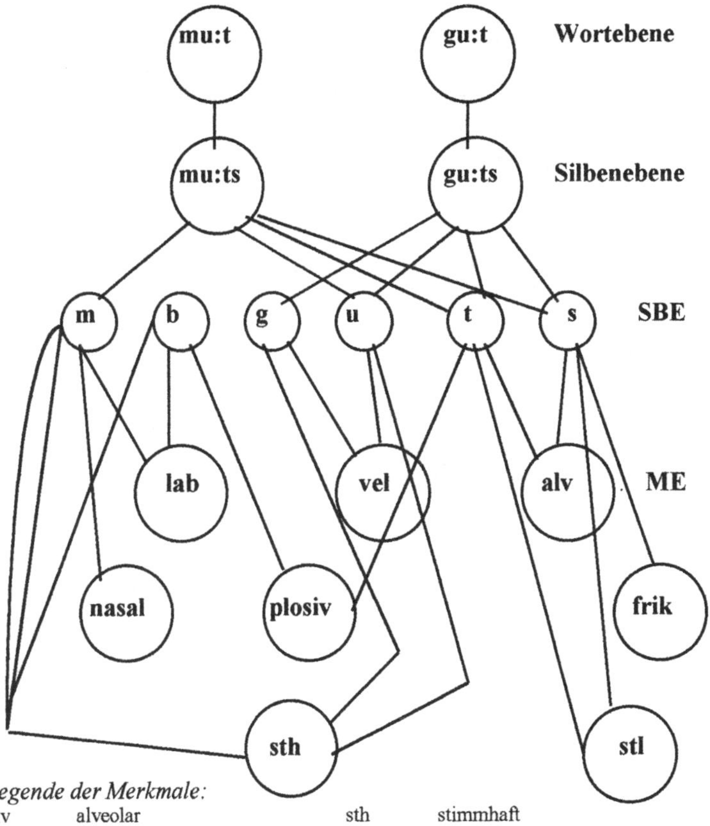

Legende der Merkmale:

alv	alveolar	sth	stimmhaft
frik	frikativ	stl	stimmlos
lab	labial	vel	velar
SBE	Silbenbestandteilsebene	ME	Merkmalsebene

Im dynamischen Teil wird "der Produktionsprozess als Nachbildung des kognitiven Prozesses der Sprachproduktion" (SCHADE 1992:75ff) modelliert. Nach SCHADE (1992:78) sind alle Verbindungen symmetrisch. Diese Rückkopplung garantiert Interaktion zwischen den Ebenen. Schade hat dies Modell auf dem Computer simuliert, wobei zur Einsparung von Rechenkapazität nur jeweils relevante Knoten verfügbar sind. Zwischen den Knoten verschiedener Ebenen bestehen exzitatorische Beziehungen.

Versprecher- und Verschreiberbeispiele belegen Parallelverarbeitung:

(7–09) Auf frühen Magen kann ich das nicht vertragen. (LEUNINGER 1993[5]:20)

(7–10) Auf dem Flohmarkt gab es sogar Beinamputhesen. (H.Vater, 30.3.1996)

(7-11) die Schubertschen Sinfonaten ...(WIESE 1987:50)

(7-12) Niemand ahnte, welche Tragödie sich hier hinter dicken Klosterfrauen abspielte. (*Kölner Stadtanzeiger* 1991)

In (7-09) sind konzeptuelle und semantische Repräsentation betroffen: Das Konzept MAGEN bildet einen Teil der konzeptuellen Repräsentation und wird fälschlich statt MORGEN lemmatisiert. In (7–10) sind semantische und syntaktische Repräsentation gleichzeitig betroffen: Die semantische Repräsentation von *Prothese* enthält eine Merkmalkombination wie "Ersatz für amputiertes Bein". Gleichzeitig ist *Bein* ein mögliches Objekt für das Verb *amputieren*. In (7–11) spielen phonologische und semantische Ähnlichkeit eine Rolle bei der Kontamination. Das Gleiche ist beim "Verschreiber" in (7–12) zu vermuten, wo neben der phonologischen Ähnlichkeit zwischen *Mauern* und *Frauen* auch die Tatsache, dass der Schreiber über Vorgänge in einem Frauenkloster berichtet, hineinspielt.[171]

SCHWARZ (1996[2]:190) weist darauf hin, dass Daten aus der Pathologie (speziell der Aphasieforschung) eine Trennung zwischen Konzeptualisierungs- und Verbalisierungsebene rechtfertigen. Andere Annahmen werden kontrovers diskutiert (vgl. SCHWARZ 1996[2]:191):

171 Nach Monika SCHWARZ (Habilvortrag Köln 1998) schließt sprachlich-formale Motivierung eines Versprechers nicht seine Interpretation als Freudscher Versprecher aus (was LEUNINGER 1993[5] behauptet).

> "Unklar ist aber, ob der Prozessor tatsächlich autonom und strikt seriell arbeitet. Die Annahme von Parallelität auf einer Prozeßebene (d.h. die gleichzeitige Aktivierung mehrerer Elemente auf einer Repräsentationsstufe) ist ohnehin unvermeidlich: Die Interaktion zweier Elemente in bestimmten Versprechern (Verschmelzungen und Substitutionen) wäre sonst gar nicht zu erklären. Inwieweit die verschiedenen Ebenen untereinander interagieren können, ist damit aber nicht geklärt. "

7.4.2 Sprachrezeption

Sprachrezeption ist wie Sprachproduktion ein aktiver Prozess: Der Adressat einer Sprachäußerung muss eine Interpretation erarbeiten, wobei Weltwissen und Sprachwissen relevant sind. Das im LZG gespeicherte Wissen kann in bestimmten Rezeptionssituationen ständig erweitert werden. Nach SCHWARZ (1996^2:133) spielen Zeitlichkeit und Kapazität bei der Verarbeitung eine Rolle:

> "Während das sprachliche Kenntnissystem im LZG neutral gegenüber Beschränkungen wie Zeitlichkeit und Kapazität ist, wird der Prozessor in seiner Arbeitsweise durch solche Faktoren entscheidend affiziert. Sprachliche Verarbeitung ist strikt on-line, d.h. von links nach rechts ablaufend und unterliegt den kapazitären Begrenzungen des KZG."

Die Frage, wie die Komponenten der Sprachverarbeitung miteinander interagieren, wird kontrovers diskutiert: **Autonome Verarbeitungs-Modelle** gehen von prozeduraler Modularität aus; danach ist der Rezeptionsprozess zunächst vom Weltwissen unabhängig. Jede Komponente erzeugt eine Repräsentation unabhängig von den Operationen anderer Komponenten. Die höheren Ebenen können die Verarbeitung der unteren Ebenen nicht beeinflussen; der Prozess verläuft strikt "bottom-up". Die Worterkennungskomponente baut zunächst eine Interpretation auf, die nur vom lexikalischen Wissen und der phonologischen Information gesteuert wird.

Worterkennung wird danach weder von der syntaktischen Komponente noch von kontextuellen oder weltwissengesteuerten Faktoren affiziert. Weltwissen übt erst nach Abschluss des sprachlichen Interpretationsprozesses Einfluss auf die erstellte Repräsentation aus. Nach dem autonomen Modell ähnelt Sprachverarbeitung den (automatisch ablaufenden) Reflexen, die direkte Reaktionen auf Reize darstellen. Allerdings bedeutet Serialität der Verarbeitung nicht, dass erst alle phonologischen, dann die morphologischen, dann die syntaktische Operationen angewandt werden: Sobald das erste Wort lexikalisch identifiziert ist, setzt bereits die syntaktische Analyse ein. Das bekannteste autonome Sprachverarbeitungsmodell stammt von FORSTER (1979). Er unterscheidet ein sprachliches und ein nicht-sprachliches Prozessorsystem ("problem solver"). Jede Prozessebene erhält nur Informationen von der niedrigeren Ebene.

Interaktive Modelle – ihr bekanntester Vertreter ist Marslen-Wilson – nehmen dagegen an, dass das Weltwissen des Rezipienten von Anfang an ("on-line") die Verarbeitung determiniert. Die Direktionalität der Verarbeitung ist nicht so strikt festgelegt. Der Sprachverarbeitungsprozess besteht aus einer Interaktion von bottom-up- und top-down-Prozessen. Jede Prozessorkomponente interagiert zu jedem Zeitpunkt der Verarbeitung mit jeder anderen Komponente. Ein bekanntes Experiment von WARREN / WARREN (1970) bestand darin, dass bei der akustischen Darbietung von Äußerungen an einer Stelle ein Phonem durch Hustengeräusch ersetzt wurde:

(7–13) a It was found that the +eel was on the axle.
b It was found that the +eel was on the shoe.
c It was found that the +eel was on the orange.
d It was found that the +eel was on the table.

Die VPn hörten immer das richtige Wort: *wheel* in a, *heel* in b, *peel* in c und *meal* in d. Der folgende Kontext ermöglichte demnach die Worterkennung. Da solche Tests off-line-Experimente (nachträgliche Interpretationen) sind, wird über eigentliche Verarbeitung an den kritischen Punkten wenig ausgesagt. TYLER / MARSLEN-WILSON (1977) experimentierten mit mehrdeutigen Phrasen in abgebrochenen Sätzen wie (7–14). Die VPn wurden instruiert, jeweils unmittelbar nach Wahrnehmung von *landing planes* über akzeptable und unakzeptable Fortführungen (mit *is* oder *are*) zu entscheiden.

(7–14) a If you walk too near the runway, landing planes ...
b If you've been trained as a pilot, landing planes ...

Für unakzeptable Entscheidungen (z.B. *is* in a) benötigten die VPn mehr Entscheidungszeit als für akzeptable. FORSTER (1979) hält jedoch eine interaktive Verarbeitung in solchen Fällen nicht für zwingend: Der Prozessor kann beide Lesarten simultan erstellen und unmittelbar nach Phrasenschluss die präferierte Lesart festlegen. Dass syntaktische Strategien unabhängig von semantischen und pragmatischen Informationen ablaufen können, haben Untersuchungen mit Garden-Path-Sätzen ("Holzweg-Sätzen") gezeigt:

(7–15) The horse raced past the barn fell.

Obwohl der Satz grammatisch ist, wird er zunächst als ungrammatisch empfunden, da zwei finite Verben vorhanden zu sein scheinen: Der Parser hat zunächst *raced* als finites Verb eingestuft.

Nach dem Vorkommen von *fell* ist eine Neuinterpretation notwendig. Das scheint für serielle Verarbeitung zu sprechen. Nach SCHWARZ (1996^2) ist die Diskussion um autonome oder interaktive Verarbeitung noch nicht abgeschlossen ist. FLORES D'ARCAIS (1988), der eine Übersicht über Ergebnisse und Probleme der Sprachrezeptionsforschung bietet, erläutert Sprachperzeption (ebd. 97) wie folgt:

> "When dealing with speech, we perceive words and sentences, not just sequences of sounds. Perceiving language means carrying out various psychological operations such as isolating and segmenting words, phrases, and longer units, and attributing meaning to them."

Der Rezipient muss empfangene Lautsignale sofort in Sätze, Phrasen, Wörter ordnen, um eine Botschaft interpretieren zu können. Er "hört" also keine Kette linear geordneter Lautsegmente wie (7–16)a, sondern sein "Hören" beginnt damit, dass er diese Kette so wie in b analysiert:

(7–16) a [dikopi:nli:ŋImfax]

b [[die Kopien]$_{NP}$[[liegen]$_{V}$ [im Fach]$_{PP}$]$_{VP}$]$_{S}$ [172]

Es kommt vor, dass das Sprachperzeptionsvermögen des Rezipienten aussetzt, wie im Folgenden (mehrfach getesteten) Fall:

(7–17) mɛ:nɛptəhoj?

ni:mɛ:nɛptəhoj.

vɛnɛptəmɛ:n,

mɛ:nɛptəgras.

Die Auflösung ist einfach: Es handelt sich um deutsche Sätze:

---

172 In (7–16)b ist die interne Struktur der Nominalphrase (Determinans und Kopf-N) nicht angezeigt; ebenso die interne Struktur der PP *im Fach*.

(7–17') Mähn Äbte Heu?
Nie mähn Äbte Heu.
Wenn Äbte mähn,
mähn Äbte Gras.

Perzeption einer unbekannten Sprache ist anders als Perzeption einer vertrauten Sprache. Der polnische Satz (7-18) wird gewöhnlich von einem Nicht-Muttersprachler falsch segmentiert, da die ersten beiden Wörter (wegen des stärkeren Akzents auf der Fragepartikel *czy*) als éin Wort (als *czygrasz*) verstanden werden.

(7–18) Czy grasz na fortepianie?
(ob spielst auf Klavier?) "Spielst du Klavier?"

FLORES D'ARCAIS (1988:98) zufolge tendierten die Modelle der siebziger Jahre (nachdem in den sechziger Jahren die meisten Perzeptionsmodelle seriell und autonom waren) zum interaktiven Ansatz. In den achtziger Jahren wurden autonome Modelle (eines weniger radikalen Typs) wieder belebt. Der Hörer muss nach FLORES D'ARCAIS (1988:99) Grenzen innerhalb der Lautkette bestimmen und Wörter oder größere Spracheinheiten identifizieren, obwohl es bei ihrer artikulatorischen Realisierung eine große Variationsbreite gibt. Das akustische Signal bildet einen kontinuierlichen Strom, wie Sonagramme zeigen.[173] Im Englischen kann eine Lautsequenz oft verschieden segmentiert werden: *night rate / nitrate* etc.[174]

Worterkennungsmodelle werden nach FLORES D'ARCAIS (1988:102) in Suchmodelle und Aktivierungsmodelle unterteilt. Das autonome Suchmodell von FORSTER (1976) enthält ein Lexikon und Zugangs-Prozessoren ("access files"), die geeignete Bereiche des Lexikons anhand perzeptueller Attribute absuchen.

---

173 Phonetische Sonagramme (Lautbilder) bilden gesprochene Rede ab. Eine Äußerung wie *Die Römer spinnen* ergibt im Sonagramm nur an zwei Stellen deutliche Einschnitte in Form von weißen Streifen (bei den Plosiven /d/ und /p/); die Vokale /ø/, /ɪ/ und /ɐ/ (r-Vokal) verschmelzen mit den umgebenden Sonoranten (hier den Nasalen /m/ und /n/).

174 Ein Amerikaner verbesserte einmal meine Aussprache von *disaster* (ich hatte einen glottal stop vor dem /æ/ realisiert) mit dem Gegenbeispiel *A truck came from behind and disassed her.*

Das einflussreichste Aktivierungsmodell ist das **Logogen-Modell** von MORTON (1970). Jede Worteinheit im Modell entspricht einer *Logogen* genannten Einheit im mentalen Lexikon. Ein Logogen enthält eine Schwelle, die die Aktivierungsmenge angibt, die notwendig ist, damit die Einheit reagiert. Wenn durch den Stimulus im Input genug Evidenz angesammelt ist, um den Schwellwert zu überschreiten, spricht das Logogen darauf an und gibt eine Reaktion an das System weiter. Logogene sind für sensorische und konzeptuelle Information empfänglich; das Modell ist daher nicht-autonom.

Im **Kohorten-Modell** von MARSLEN-WILSON / TYLER (1980) bzw. MARSLEN-WILSON / WELSH (1982) entspricht jede Einheit im mentalen Lexikon einer Erkennungs-Einheit, die aus akustisch-phonetischen und syntaktisch-semantischen Informationen koordiniert ist.[175] Der Prozess wird durch sensorische Information des Sprechsignals eingeleitet. Das Resultat einer akustisch-phonetischen Analyse des Inputs wird verglichen mit der akustisch-phonetischen Spezifizierung der betreffenden Einheit. Noch bevor ein Wort ausgesprochen ist, beginnt der Mechanismus, alle in Frage kommenden Lexikoneinheiten "abzutasten". Anschaulich beschreibt AITCHISON (1987:185f) Worterkennung im Kohorten-Modell: Vernimmt ein Hörer die Sequenz [sta] im Kontext einer Äußerung wie (7–19), dann wird die Kohorte von Lexikoneinheiten, die mit dieser Lautsequenz beginnen, aufgerufen (vgl. Abb. 23):

(7–19) John tried to get some bottles down from the top shelf. To reach them he had to <u>sta</u>...

Der vorangehende Kontext (dass John Flaschen vom Regal herunterholen wollte) engt in Stufe 2 den Kontext auf fünf Verben und in Stufe 3 auf zwei ein.[176] Sobald /n/ "eintrifft", fällt die Alternative *stack* weg; *stand* bleibt übrig (vgl. Abb. 23):

---

[175] Eine Kohorte (lat. *cohors*) ist eine Einheit von ca. 1000 Mann in einem römischen Heer und umfasst sechs Zenturien (ein Zehntel einer Legion).

[176] Alphabetische Anordnung wie in Abb. 23 ist fürs ML nicht anzunehmen.

Abb. 23 Kohorte von Wörtern, die mit [sta] beginnen

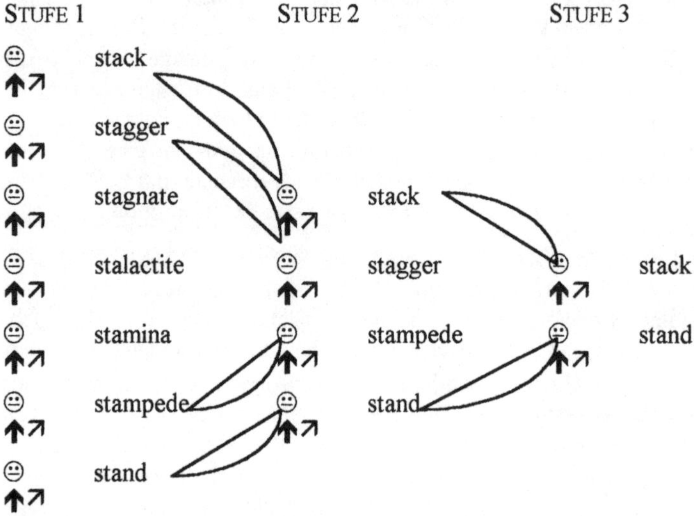

Nach AITCHISON (1987) inkorporiert das Kohorten-Modell mehrere für Worterkennung relevante Fakten:

- Es werden zunächst mehr Wörter aktiviert als benötigt;
- Sprachverwender nutzen alle Arten von Information, um zu einer Entscheidung zu kommen;
- sie entscheiden oft, wenn das betreffende Wort noch gar nicht ausgesprochen ist.

Andererseits kritisiert AITCHISON (1987:186) Schwachpunkte: Das Modell geht fälschlich davon aus, dass Wortanfänge immer klar und ungestört beim Hörer ankommen. Beispiel (7-15) mit den "überhusteten" Wortanfängen lässt darauf schließen, dass der Hörer nicht linear vom Anfang bis zum Ende eines Worts vorgeht, sondern alle möglichen Informationen (auch solche, die aus Kontext und Weltwissen stammen) sofort einsetzt, wobei der Wortanfang nicht entscheidend ist. Weiterhin kritisiert AITCHISON (1987:186), dass nach dem Kohorten-Modell ein Wort beim Aussprechen des Wortendes identifiziert worden ist. Kurze Wörter werden jedoch oft erst ein, zwei

Wörter nach ihrer Artikulation identifiziert.[177] Das Modell erklärt auch nicht, warum Menschen etwas nachträglich verstehen. Schließlich wird durch die Spracherwerbsforschung bestätigt, dass Starktonsilben beim Sprachverständnis eine größere Rolle spielen als Anfangssilben. So reduzieren deutschsprachige Kleinkinder nach STEPHANY (1994:208) *Elefant* und *Mandarine* zu *Fant* und *Rine*. Es sind nicht die Anfangssilben, die notwendig erhalten bleiben.

Das **Aktivierungsausbreitungs-Modell** von MCCLELLAND / RUMELHART (1981) trägt den Mängeln des Kohorten-Modells Rechnung. Danach starten Hörer, mögliche Kandidaten zu aktivieren, sobald sie einige Segmente eines Worts gehört haben. Jeder identifizierte Laut wird sofort mit allen Wörtern verbunden, in denen er vorkommt; jeder Kandidat wird dann mit seinen möglichen Bedeutungen verbunden. Die Semantik engt den Kreis möglicher Wortkandidaten ein.

Bei der **Satzerkennung** wird nach FLORES D'ARCAIS (1988) das Sprechsignal im Arbeitsgedächtnis des Rezipienten Satz für Satz abgearbeitet. Sobald ein Satz grammatisch analysiert ist, wird der Satzinhalt ins LZG überführt. Der Rezipient organisiert eine eintreffende Äußerung eher nach funktionalen als nach strukturellen Gesichtspunkten und isoliert z.B. eine Subjekt-Verb-Objekt-Sequenz als Perzeptionseinheit. Die Löschung eines (Teil-)Satzes im Arbeitsgedächtnis ist ein gradueller Prozess: Sprachmaterial, das für den folgenden Satz noch benötigt wird, bleibt noch eine Weile im Arbeitsgedächtnis. Das gilt z.B. für Satzgefüge folgender Art:

(7–20) Obwohl er müde war, setzte Hans seine Arbeit fort.
(7–20') Obwohl Hans müde war, setzte er seine Arbeit fort.

Anders als in (7–20') ist *er* im Nebensatz von (7-20) erst referentiell identifizierbar, wenn man zum folgenden Hauptsatz gelangt. So muss das Subjekt bis zur Analyse des Hauptsatzes im Arbeitsgedächtnis bleiben. Es gibt Fälle, wo der Rezipient innerhalb eines Satzes funktionale Einheiten herstellen muss, die mit strukturellen anscheinend nicht übereinstimmen. Das betrifft z.B. diskontinuierliche Konstituenten, wo der Hörer den ersten Verbteil mit dem später folgenden zweiten zu einer Verbform vereinen muss:

---

177 In Schnellese-Kursen lernt man, auf die zwei wichtigsten Wörter in jeder Zeile zu achten. Die anderen bekommt man "gratis" mit.

(7–21) a Paul hat / hatte schon wieder mit der Arbeit angefangen.
b Paul fängt schon wieder mit der Arbeit an.

Aufschlussreich sind "Holzweg-Sätze" wie (7-22):

(7-22) Am Nil gelegen hat Kairo jahrhundertelang eine wichtige Rolle gespielt. (*West 3*, 13.4.1991, 20[30])

Macht der Sprecher nach *jahrhundertelang* eine Pause, dann wundert sich der Adressat über die merkwürdige Mitteilung, merkt aber dann, dass er auf dem Holzweg war: *gelegen hat* bildet keine Konstituente; sondern *hat* bildet mit *gespielt* eine komplexe Verbform (mit Perfekt-Funktion), zu der *eine wichtige Rolle* als Objekt gehört; *am Nil gelegen* entpuppt sich als Partizipialkonstruktion. Hier interagieren sprachliche und kognitive Prozesse: Grammatisches Wissen erklärt,

- dass die beiden Teile der Perfektform eine diskontinuierliche Konstituente bilden können;
- dass im Vorfeld eines deutschen Satzes nicht nur das Subjekt, sondern auch andere Konstituenten(folgen) stehen können (s. DÜRSCHEID 1989);
- dass es im (literarischen) Deutschen Partizipialkonstruktionen gibt;
- dass ein einfacher Satz nur ein Prädikat (mit einer finiten Verbform) hat.

Auch "Weltwissen" spielt eine Rolle: Man weiß, dass Kairo am Nil liegt und dass eine Stadt normalerweise ihren Standort nicht wechselt.

7.5 Spracherwerb

Kinder lernen nach WODE (1993:16) die Muttersprache unbewusst.[178] Man kann immer wieder darüber staunen, dass kleine Kinder sich in einer zungenbrecherischen Sprache wie Polnisch oder einer Sandhi-Sprache[179] wie Portugiesisch mühelos verständigen können, dass sie

---

178 LORENZ (1973) unterscheidet unbewusstes (ratiomorphes) und bewusstes (rationales) Lernen. Gehenlernen erfolgt unbewusst, das Lernen mathematischer Operationen (Addieren, Subtrahieren usw.) bewusst.

179 Das Sanskrit-Wort Sandhi bedeutet "Berührung". Es bezeichnet den phonologischen Wandel, den benachbarte Wörter mitmachen, wenn sie "sich berühren". So wird im Sanskrit aus *sa uvača* ("er sprach") *sovača*, im brasilianischen Portugiesisch aus *para a casa* ("zum Haus") pra casa.

den jahrelangen Arbeitsaufwand, den wir beim Erlernen dieser Sprachen als Zweitsprachen benötigen, bis zum dritten oder vierten Lebensjahr bewältigen. In diesem Alter sind Phonologie, Morphologie und Syntax schon weitgehend erworben; der Semantikerwerb geht noch im Erwachsenenalter weiter.[180] Strukturalisten wie Bloomfield glaubten noch, dass das Kind vom Nullpunkt anfängt und schrittweise durch Induktion, durch Aufnahme und Verarbeitung des von außen kommenden Inputs Sprache erlernt. Diese "**Empirismus**" genannte Spracherwerbstheorie war geprägt durch den damals in der Psychologie herrschenden Behaviorismus, der alles auf Reiz und Reaktion ("stimulus" und "response") zurückführte (vgl. SCHWARZ 1996²:197):

> "Nach SKINNER 1957 läßt sich der Spracherwerbsprozeß als eine Abfolge von assoziativen Lernsequenzen charakterisieren. Sprachliche Strukturen werden als Wortketten beschrieben, die sich auf Stimulus-Response-Kontingenzen zurückführen lassen."

Bereits zwei Jahre danach erschien Chomskys kritische und programmatische Rezension (CHOMSKY 1959), in der er Skinner seine eigene Spracherwerbstheorie, den **Nativismus**, entgegensetzte. Chomsky wies den empiristischen Ansatz zurück, da er die strukturellen Gesetzmäßigkeiten der Sprache und vor allem die Kreativität bei der Spracherlernung nicht erklären konnte. Empirische Untersuchungen bestätigten die Ansicht von CHOMSKY (1959), dass sich Kinder kaum von ihren Eltern oder der sonstigen Umgebung in ihrer Spracherlernung beeinflussen lassen. Der Spracherwerb verläuft trotz unterschiedlicher Bedingungen recht einheitlich. Ein gewichtiges Argument für den nativistischen Ansatz liefert der Spracherwerb gehörgeschädigter Kinder (vgl. GLEITMAN a.o. 1988:150):

> "Deaf youngsters, isolated both from a sign language (because their parents did not know one) and from a spoken language (because they were deaf) invent a rudimentary gesture system that shares many formal and substantive properties with the language of their hearing contemporaries who have been exposed to English ... "

---

180 Ich habe z.B. den Ausdruck *einstweilige Verfügung* erst im Alter von zwanzig Jahren richtig verstanden; bis dahin hörte und verstand ich ihn als "ein-zweiige Verfügung", also offenbar als eine Verfügung, die eins-zwei in die Tat umgesetzt wird.

Nach CHOMSKY (1959) verfügt das Kind über einen angeborenen Spracherwerbs-Mechanismus ("language acquisition device", LAD). CHOMSKY (1975) postuliert eine Universalgrammatik, die Kategorien, Merkmale und Funktionen enthält, die in allen Sprachen der Welt vorkommen.

Jede Sprache trifft eine Auswahl aus den verfügbaren Kategorien und Merkmalen und verknüpft syntaktische Funktionen (wie Subjekt) in verschiedenen Sprachen mit jeweils anderen Kasus. Das schränkt den Lernaufwand erheblich ein; er ist durch ein Bioprogamm gesteuert (GLEITMAN et al. 1988:151). Andererseits ist das sprachlernende Kind frei in der Wahl von Realisierungen der Funktionen, für die es im Bioprogramm vorprogrammiert ist. So erfinden gehörlose Kinder Gesten zur Umsetzung des Programms. Abhängig von ihren Kommunikationserfolgen arbeiten sie ständig an der Verbesserung dieser Gesten. Nur was sich bewährt (z.B. nach unten flatternde Finger zur Bezeichnung von Schnee), wird beibehalten.

Beim Lauterwerb sind die Primärdaten mit Bedeutungsmustern gekoppelte Lautmuster. Kinder hören von ihrer Umgebung normalerweise nicht isolierte Wörter, sondern Äußerungen in Form von Lautketten mit bestimmter Intonation; darauf reagieren sie mit größerer Befriedigung, als wenn sie dem Lesen von Wortlisten ausgesetzt sind. Mütter sprechen allerdings zu Babys nicht genau so wie zu Erwachsenen: Ihre Äußerungen sind einfacher, langsamer und mit übertriebener Intonation. Man nennt diese Art zu sprechen "motherese". Kinder können offenbar schon früh den Lautstrom der Muttersprache segmentieren. Nuckelversuche haben ergeben, dass bei Babys die Folge /ba/ die Saugrate (an einer nicht nährenden Brustwarze) erhöht – weil ihnen das Hören von /ba/ anscheinend Vergnügen bereitet. In dem Maße, in dem sie sich an diese Lautfolge gewöhnen, lässt die Nuckelgeschwindigkeit nach, die sich dann wieder erhöht, wenn sie /pa/ statt /ba/ hören (EIMAS et al. 1971). Die Schlussfolgerung von GLEITMAN et al. (1988:154f), dass Kinder biologisch darauf vorbereitet sind, Lautsegmente als nützliche Stücke der akustischen Welt herauszupicken, ist wohl Überinterpretion.

Ein immer noch wichtiges Buch zum Lauterwerb (und darüber hinaus Lautverlust bei Aphasie und zu sprachlichen Universalien) ist JAKOBSON (1969). Jakobsons wichtigsten Thesen sind die folgenden:

- Kinder durchlaufen ab 4.-5. Monat (vgl. OKSAAR 1980^2:437) eine Lallperiode, in der sie eine erstaunliche Vielfalt von Lauten erzeugen. So produzieren deutsche Kleinkinder Schnalzlaute ("clicks"), die sonst nur in den Sprachen der Hottentotten und Buschmänner vorkommen.
- Beim Übergang "zur ersten wirklichen Sprachstufe" verliert das Kind beinahe sein ganzes Lautvermögen, auch Laute, die in der Sprache der Umgebung vorkommen (JAKOBSON 1969:24).[181]
- Die "erste Sprachstufe" wird nach JAKOBSON (1969:61) durch /a/ als ersten Vokal und einen labialen Verschlusslaut (/p/ oder /b/) eingeleitet. Bei den Konsonanten folgt gewöhnlich der Gegensatz zwischen Mund- und Nasenlauten (/p/ vs. /m/; vgl. *papa* und *mama*) und zwischen Labialen und Dentalen (*papa*, *tata*, *mama*, *nana*). Frikative werden nach Plosiven erworben, hintere Konsonanten nach vorderen; so wird /k/ eine Zeitlang durch /t/ ersetzt.[182] Lange begnügen sich Kinder mit einer Liquida (/l/ oder /r/). Tschechisches /ř/, ein seltener Laut, macht Pobleme.
- Dem "breiten" Vokal wird ein enger entgegengestellt: *papa* vs. *pipi*. Darauf erfolgt Aufspaltung in die hohen Vokale /i/ und /u/ (*papa – pipi – pupu*) oder Einführung eines mittleren Öffnungsgrads (*pepe*). Gerundete Vordervokale (/y/, /ʏ/, /ø/ und /œ/) folgen den ungerundeten.
- Aphasie bietet nach JAKOBSON (1969:81ff) ein getreues Spiegelbild zum Spracherwerb: Letzterworbene Phoneme wie /r/ und Nasalvokale gehen als erste verloren. Ersterworbene wie /b/ und /m/ halten sich am längsten.
- In den Sprachen der Welt sind die Phoneme am häufigsten, die bei Kindern als erste erscheinen – also labiale und dentale Verschlusslaute und der Vokal /a/ – und die am seltensten, die Kinder möglichst spät erwerben. Es gibt Implikationsbeziehungen: Hat eine Sprache Frikative, dann hat sie auch Plosive; hat sie gerundete Vordervokale, dann hat sie auch ungerundete. Auch die Nichtunterscheidung von /l/ und /r/ in ostasiatischen Sprachen hat ihre Parallele in der Kindersprache.

---

181 In diesem Zusammenhang weist JAKOBSON (1969:23) auf die "Hörstummheit" hin. Ein serbisches Kind "erkannte und unterschied fehlerlos die ihm vorgesprochenen Worte *tata* und *kaka*, sagte aber selbst ständig *tata* statt *kaka*, obgleich er die velaren Verschlußlaute in seinen Lallkonzerten leicht hervorzubringen pflegte". Dem französischen Sprachforscher Passy zufolge sagte ein kleines Mädchen *tosson* für garçon "Junge" und cochon "Schwein", protestierte aber, wenn jemand einen Jungen *cochon* oder ein Schwein *garçon* nannte.

182 So der verbürgte Satz eines Kindes: "Mietzetatze, tomm ma her!".

Von Jakobsons Thesen ist offenbar nur die zum Bruch nach der Lallphase mittlerweile zurückgewiesen worden, wonach das Kind in der "ersten wirklichen Sprachstufe" (die der heute angenommenen "Einwortphase" entspricht) wieder beim Nullpunkt anfangen müsse. Statt dessen ist ein kontinuierlicher Übergang von der Lallphase zur Einwortphase anzunehmen, wie Ergebnisse der Hamburger Forschungsgruppe von LLEÓ / EL MOGHARBEL / PRINZ (1994) zeigen. Nach Lauten identifizieren Kinder als nächstes Silben. Jede betonte Silbe bildet ein Wort, also /raff/ (statt *Giraffe*) oder /fant/ (für *Elefant*). Umgekehrt werden unbetonte Wörter, vor allem Klitika, sobald Kinder mit unbetonten Silben umgehen können, als Teile anderer Wörter betrachtet. In *Have it a cookie* (GLEITMAN et al. 1988:156) wird enklitisches *it* als Teil des Verbs angesehen.[183]

Syntaktischer Spracherwerb ist relevant für die von Spracherwerbsforschern postulierte Periodisierung. OKSAAR (1980^2:437) und PINKER (1994:262ff) unterscheiden vier Perioden:

- die Lallphase (ca. 4.-9. Monat),
- die Einwortphase (10. Monat – 18.Monat),
- die Zweiwortphase (ab ca.18. Monat),
- die Drei- und Mehrwortphase (ab ca. 24. Monat).

Eine genaue zeitliche Abgrenzung ist nicht möglich, da die Phasen ineinander übergehen (das gilt insbesondere für Zwei- und Mehrwortphase) und von Kind zu Kind sehr variieren. Diese Einteilung benutzt syntaktische Kriterien sowie phonetisch-phonologische (bei der Lallphase). PINKER (1994:269f) illustriert die Entwicklung anhand von Daten aus dem dritten Lebensjahr des kleinen Adam: [184]

(7-23) 2;3 Play checkers. Big drum. I got horn.
2;4 Screw part machine. See marching bear go?
2;5 Now put boots on. Where wrench go? What that paper clip doing?
2;6 Write a piece a paper. No, I don't want to sit seat.
2;8 Let me get down with the boots on. Don't be afraid a horses.
2;9 Where mommy keep her pocket book? Show you something funny.
3;0 I going come in fourteen minutes. I have to save them now.

---

183 Ähnliches findet sich im berlinischen Ausdruck *als wenns de schwebst.*

184 Eine Zeitangabe wie "1;6" bedeutet "1 Jahr; 6 Monate".

Einwort-Äußerungen haben nach OKSAAR (1980^2:437) Satzcharakter. (7-24) kann nach RAMGE (1975^2:75) als (7-24)a–f gedeutet werden:

(7-24) /mami/

a "Da ist die Mami!"
b "Wo ist die Mami?"
c "Mami tut etwas."
d "Tut die Mami etwas?"
e "Mami soll etwas tun!"
f "Ich will zur Mami!"

Natürlich kann (7-24) noch mehr bedeuten, z.B. "Ich habe Hunger!" Aber das wären Interpretationen als indirekte Sprechakte, die man häufig in Erwachsenensprache antrifft. Ramge weist darauf hin, dass *Mami* einen Extremfall darstellt und dass mit *Ball* bei weitem nicht so viele Bedeutungen assoziierbar sind. Die Intonation spielt eine Rolle. RAMGE (1975^2:76) stellt folgende Satzgenerierungs-Regel auf:

(7-25) $S \rightarrow W + I$ (W = Wort, I = Intonation)

Erst in der Zweiwortphase (ab ca. eineinhalb Jahren) kann von einer richtigen Syntax die Rede sein: *Syntassein* heißt "verbinden"; zu einer Verbindung gehören immer zwei Elemente. Zur Beschreibung von Zweiwort-Äußerungen benutzte man lange Zeit eine P/O-Grammatik; "P" (von engl. pivot) bezeichnet Funktionswörter, "O" Inhaltswörter (Wörter, die offenen Klassen angehören). (7-26) enthält Zweiwort-Äußerungen von H. Ramges zwanzig Monate altem Sohn Peter; P-Wörter kommen nur zusammen mit O-Wörtern vor:

(7-26)a O + P	b P +O	c O + O
mami mit!	noch balla!	becher haben!
becher mit!	noch becher!	becher schuh!
Teddy mit!	noch schuh!	mami schuh!

RAMGE (19752:82f) macht klar, dass eine P/O-Grammatik Zweiwort-Äußerungen nur recht unvollkommen erklären kann. Während die O+P- und P+O-Konstruktionen noch einigermaßen erklärbar sind, versagt dieses Modell bei O+O. Hier kann man die vielfältigen Verbindungsmöglichkeiten nur richtig erklären, wenn man mit der Generativen Transformationsgrammatik abstrakte zugrunde liegende Strukturen oder wenigstens abstrakte Elemente in der Oberflächenstruktur annimmt. Eine mögliche Strukturierung von *mami schuh* wäre (7-27):

(7-27)

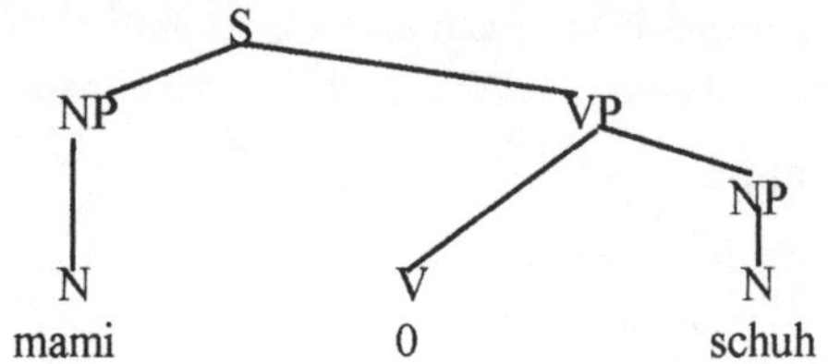

Bereits kurz danach gehen Kinder zur Mehrwortphase, d.h. Sätzen mit drei, vier oder mehr Wörtern, über. Die Flexion "tritt etwa bei 2;6 Jahren ein" (OKSAAR 1980²:437). Interessant ist der Zusammenhang zwischen Verbstellungserwerb und Flexionserwerb, den CLAHSEN (1988) präsentiert. Nach CLAHSEN (1988:42) verfügen Kinder in den frühen Zweit- und Mehrwortäußerungen schon über die wichtigsten Wortarten, noch nicht jedoch über Flexionselemente und grammatische Funktionswörter (wie Präpositionen und Konjunktionen).[185] Verblose Sätze enthalten neben dem Subjekt ein Adverbial oder Objekt; in Subjekt-Verb-Sätzen geht das Subjekt gewöhnlich voran; subjektlose Sätze bestehen aus einem verbalen Element und einem Objekt oder Adverbial (vgl. (7-28) – (7-31)):

(7-28)	Daniel pier.	(= Daniel hat Papier)
(7-29)	ich ziehn.	
(7-30)	drehen Brücke.	(= Daniel dreht die Brücke)
(7-31)	boden bürs.	(Mathias bürstet den Boden)

Untersuchungen zur Wortstellung zeigen, dass Kinder anfangs Endstellung des Verbs bevorzugen (vgl. (7-29) und (7-31)), dass aber auch Anfangsstellung vorkommt wie in (7-30). CLAHSEN (1988:46f) generiert daher in seinen X-bar-Regeln V in Endposition (vgl. (7-32). Andere Wortstellungsvarianten werden durch Bewegungsregeln bewirkt, die z.B. V in Anfangsstellung bringen.

(7-32)

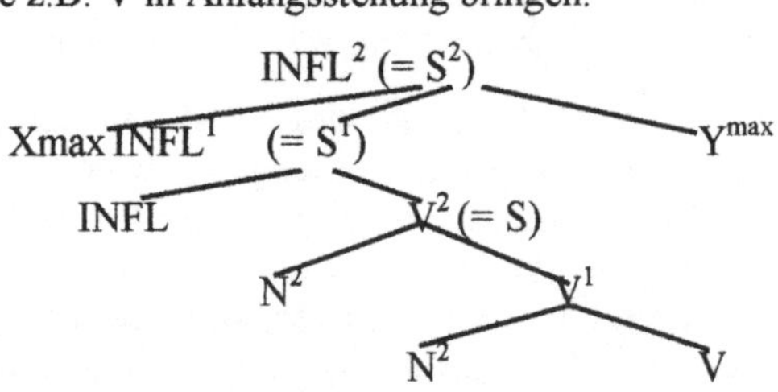

185 CLAHSEN (1988:42) nennt diese Anfangsphase "Phase II".

Beim Eintritt in Phase IV (ung. im Alter von drei Jahren) ist nach CLAHSEN (1988:73) ein Einschnitt im Grammatikerwerb zu erkennen. Die Kinder haben die wichtigsten Flexionsendungen erworben und lernen in erstaunlich kurzer Zeit die richtige Stellung der finiten Verbelemente. Flexionselemente wie *-t* und *-en*, die im Deutschen vielfach verwertbar sind (*-t* als 3. Person und Partizip, *-en* als 1./3. Pl. und Infinitiv) werden schon in Phase II erworben, andere später. Der Erwerb der Endung *-st* ist besonders wichtig, denn diese Endung ist nur zur Kennzeichnung der 2. Person zuständig. Sobald Kinder diese Endung erworben haben, kommen sie zu Stellungsregularitäten, die weitgehend denen der Erwachsenensprache entsprechen:

(7-33) du drehst das Rad (CLAHSEN 1988:73)

In dieser Phase lernen Kinder die richtige Verteilung finiter und infiniter Formen, bilden also *du kannst mir helfen* und nicht *du mir helfen kannst*. Sie können also die deutsche Satzklammer handhaben, mit finitem Verb in Zweitposition und infinitem in Endposition.

Der **Semantikerwerb** ist mittlerweile recht gut untersucht. Eve CLARK (1973) sieht Wörter semantisch als aus Merkmalen zusammengesetzt an; Kinder benutzen jedoch nur einige der distinktiven Merkmale, so dass es zu Überdehnungen kommt. So wird *Hund* häufig auch für Katze, Ratte oder Kaninchen benutzt. Das Wort hat etwa die Bedeutung "relativ kleines, vierbeiniges Tier".[186] Später tritt eine Differenzierung ein, ähnlich wie im lautlichen Bereich. CLARK (1973) leitet aus solchen Überdehnungen zwei Hypothesen ab:

- Erste verwendete semantische Merkmale sind von perzeptuellen Merkmalen abgeleitet; sie dienen zur Bedeutungscharakterisierung von Konkreta.
- Allgemeinere Merkmale werden vor spezifischen gelernt. Die Bedeutungen der Zielsprache erwirbt das Kind in einem Differenzierungsprozess vom Allgemeinen zum Spezifischen.

Überdehnung ("overextension") eines Worts tritt nach CLARK (1973) im Alter von 1;1 bis 2;6 Jahren vor. Die Überdehnung eines Worts kann bis zu acht Monaten anhalten. Einige Wörter scheinen resistent

---

186 Mein Bruder unterschied im Alter von ca. zwei Jahren *wauwau* – das waren Hunde, Katzen und andere kleinere Tiere – und *auto*, das er nicht nur für Autos, sondern z.B. auch für Pferde benutzte.

gegen Überdehnung zu sein. Die wichtigsten distinktiven Merkmale sind: Bewegung, Form, Größe, Ton, Geschmack und taktile Beschaffenheit ("wie sich etwas anfäßt"; vgl. SZAGUN 1993^{5}:141). CLARK (1973) wendet ihre Hypothesen auch auf relationale Wörter wie *before* und *after* an (vgl. SZAGUN 1993^{5}:144):

Abb. 24 Semantische Merkmalsstruktur von *before* / *after*

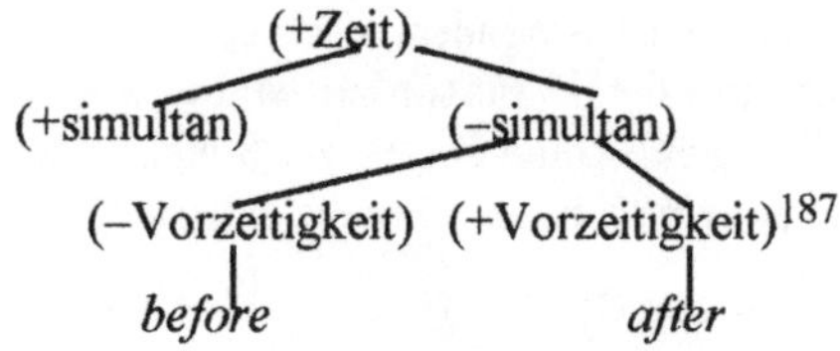

CLARK (1973) testete das Verstehen komplexer Sätze wie (7-34) und (7-35) bei drei- bis fünfjährigen Kindern. Die Kinder stellten in einem Verstehenstest die Sätze mit *before* und *after* mit Spielzeug dar.

(7-34) The boy kicked the rock after he patted the dog.
(7-35) The girl jumped the gate before she patted the horse.

Sie notiert folgende Ergebnisse:

- Zunächst verstehen Kinder beide Konjunktionen nicht. Sie ordnen die Ereignisse in der Reihenfolge ihres physischen Ablaufs (vgl. SZAGUN 1993^{5}:145).
- Dann verstehen die Kinder *before* richtig, interpretierten aber *after* oft wie *before*.
- Schließlich verstehen und gebrauchen die Kinder beide Wörter richtig.

CLARK (1973) deutet die Ergebnisse im Sinne ihrer Merkmalstheorie. Sie nimmt an, dass Kinder erst das hierarchisch oberste Merkmal (+Zeit) lernen, dann das untergeordnete (–simultan) und als nächstes das Merkmal (+Vorzeitigkeit), dem sie aber zunächst noch keinen Minuspol zuordnen, so dass sie *before* und *after* beide synonym als Vorzeitigkeitsanzeiger auffassen. Die Konjunktion *after* versteht ein Kind erst, wenn es das Merkmal (–Vorzeitigkeit) unterscheidet, Die Untersuchung von DONALDSON / BALFOUR (1968) mit den Adverbien *more* und *less* deutete CLARK (1973) ähnlich: Die Tatsache, dass drei-

---

187 Die falschen Merkmal-Vorzeichen für *before* und *after* (bei SZAGUN 1993^{5}:144) wurden von mir korrigiert [H.V.]

bis fünfjährige Kinder *more* zu 91% verstanden, *less* aber nur zu 72% (28% verstanden *less* im Sinne von *more*) interpretiert sie so, dass die Kinder das negative Glied der Opposition noch nicht vom positiven differenzieren können und *more* in seiner Bedeutung überdehnen.

SZAGUN (1993⁵:150) kritisiert an Clarks Semantiktheorie, dass sie den Übergang von perzeptuellen zu semantischen Merkmalen nicht erklärt und dass sich die semantische Entwicklung nicht durch Ausdifferenzierung von Merkmalen allein erklären lässt. WYGOTSKI (1964:131ff) weist auf eine gegenteilige Tendenz in der semantischen Entwicklung hin: Das Kind bildet eigenständig Verallgemeinerungen, die mit denen der Erwachsenenwelt oft nichts gemein haben, so wenn es sukzessive das gleiche Wort erst für eine Puppe, dann für die Augen der Puppe und dann für einen Knopf verwendet. In der neueren Forschung (so bei LÖBACH 2000) werden Argumente für holistischen Semantikerwerb geltend gemacht, wonach Wörter nicht in Merkmale zerlegt werden, sondern ganzheitlich zunächst mit Perzepten (Wahrnehmungseinheiten), dann mit Konzepten assoziiert werden.

Die Spracherwerbsforschung gliedert sich in **Erst- und Zweitspracherwerb** (L1- und L2-Erwerb, wobei "L" von "lingua" bzw. "language" für "Sprache" steht) Dazu kommt der **bilinguale** (zweisprachige) **Spracherwerb**. Die Fehler, die Lerner machen, lassen darauf schließen, dass der gesamte Lernvorgang einer inneren Systematik folgt, die nur begrenzt zu beeinflussen ist. Lerner erschließen sich die Zielsprache, indem sie das Gehörte kreativ umsetzen. Es ist anzunehmen, dass sie unbewusst aus dem, was sie hören, Hypothesen über die Struktur der Zielsprache ableiten und diese Hypothesen systematisch überprüfen, bis sie damit die Struktur der Zielsprache erreichen. WODE (1993:17) gibt dafür ein interessantes Beispiel: Wenn Kinder Deutsch als Erstsprache erlernen, sprechen sie *Stadt* eine Zeit lang als [tat] aus. Korrigiert man sie und sagt ihnen, es heißt [ʃtat], dann sagen sie, sie wüssten schon, es heiße nicht [tat], sondern [tat]. Das Kind orientiert sich offenbar an der zielsprachlichen Aussprache [ʃtat], kann sie aber noch nicht produzieren. Hier hilft weder Zureden noch Belohnung.

Der Unterschied zwischen Erst- und Zweitspracherwerb ist nach KLEIN (1992³:15) gleitend: Beim bilingualen Spracherwerb lernen Kinder zwei Sprachen (annähernd) gleichzeitig, so dass man von Zweitspracherwerb nur sprechen kann, wenn der Erwerb einer Erstsprache bereits mehr oder weniger abgeschlossen ist. Ein klarer Fall ist Zweitspracherwerb nach der Pubertät. Die Annahme einer (vom zweiten Jahr bis zur Pubertät dauernden) kritischen Phase des Spracherwerbs, nach der ein Mensch neue Sprachen nur unvollkommen lernt, entschärft KLEIN (1992^3:22) mit dem Hinweis auf gut motivierte Erwachsene, die sogar "exotische" Sprachen so perfekt beherrschen lernen, dass man sie von Muttersprachlern nicht mehr am Akzent unterscheiden kann. Zudem erscheint ihm die Annahme, dass (postpubertärer) Zweitspracherwerb gänzlich anders verläuft als Erstspracherwerb, nicht wahrscheinlich. Dass Erstspracherwerb immer gleichzeitig ein Erwerb sozialer Fähigkeiten ist, impliziert nicht, dass Erwachsene beim Zweitspracherwerb eine bereits erworbene soziale Identität nicht aufgeben. KLEIN (1992^3:27) unterscheidet vier Arten des Spracherwerbs ("ESE": Erstspracherwerb", "ZSE" : Zweitspracherwerb"; vgl. Tab. 11):

Tab. 11 Arten des Spracherwerbs

Alter etwa	Erwerb von Sprache A	Erwerb von Sprache B	Name
1-3 J.	+	–	monolingualer ESE
	+	+	bilingualer ESE
3-4 J. bis Pubertät	+	+	ZSE des Kindes
nach Pubertät	–	+	ZSE des Erwachsenen

Beim Zweitspracherwerb sind ungesteuerter und gesteuerter Erwerb zu unterscheiden. Der ungesteuerte ZSE verläuft im Großen und Ganzen so wie der ESE. Man findet ihn z.B. bei erwachsenen Immigranten und bei Kindern von Immigranten, die bereits zuhause die Sprache ihrer Eltern erlernt haben, oder bei Missionaren oder Ethnologen, die die Sprache durch Sozialkontakte mit Angehörigen des Volkes erlernen, das sie missionieren oder dessen Kultur sie erforschen. Gesteuerter Zweitspracherwerb geschieht vor allem im Fremdsprachenunterricht in der Schule oder in einem sonstigen Lehrinstitut. Es gibt verschiedene Theorien zum Zweitspracherwerb: Nach der *Identitätshypothese* gelten für ZSE die gleichen Gesetzmäßigkeiten wie für ESE. In dieser radikalen Form wird die These jedoch von keinem vertreten. Nach der *Kontrastivhypothese* wird der Erwerb der Zweitsprache von der Struktur der bereits vorhandenen Sprache bestimmt.

Diese Hypothese lässt sich nach KLEIN (1992^3:38) durch Fakten des ZSE widerlegen. KLEIN (1992^3:40) favorisiert die *Theorie der Lernervarietäten*, nach der sich Spracherwerb (inkl. ZSE) als eine Reihe von Übergängen von einer Lernervarietät zur nächsten auffassen lässt, wobei sich eine gewisse Systematik erkennen lässt.

7.6 Sprache und Denken

"Denken" ist ein Sammelterminus für verschiedene kognitive Prozesse wie Kategorisieren, Lernen, Erinnern, Problemlösen und Schließen. Nur zum Teil lassen sie sich bestimmten Gehirnarealen zuordnen. Trotz der Hinweise auf Wortschatz-Differenzen zwischen Sprachen (Schnee-Wörter bei den Eskimos usw.) und Unterschiede in grammatischen Systemen (Fehlen von Tempora im Chinesischen und Hopi) hat sich die Erkenntnis durchgesetzt, dass von solchen Sprachunterschieden nicht unbedingt auf Denkunterschiede geschlossen werden darf (vgl. 7.2).

Der russische Sprachforscher WYGOTSKI (1964:36)[188] resümiert:

> "Will man ... die Ergebnisse der im Verlauf der wissenschaftlichen Psychologie durchgeführten Arbeiten über das Problem des Denkens und der Sprache zusammenfassen, so kann man sagen, daß die verschiedenen Lösungsversuche zwischen zwei Extremen lagen, und zwar zwischen der Identifizierung und völligen Verschmelzung von Gedanke und Wort und zwischen ihrer ebenso metaphysischen vollkommenen Isolierung und Abtrennung."

Gleichsetzung von Sprache und Denken findet sich vom Altertum[189] bis hin zu modernen amerikanischen Psychologen, die den Gedanken als "gehemmten Reflex" betrachten, "der nicht in seinem motorischen Teil zutage tritt" (WYGOTSKI 1964:36). Diese Auffassungen konnten die Frage nach dem Verhältnis von Sprache und Denken nicht einmal stellen, geschweige denn lösen. Nicht leicht folgen kann man WYGOTSKI (ebd.) in folgender Ansicht:

---

188 Im russischen Original war das Buch bereits 1934 erschienen.

189 In PLATONS *Sophistes* (*Sämtl. Werke*, Hambg. 1958), 263c, ist Denken "Gespräch der Seele mit sich selbst, was ohne Stimme vor sich geht" (vgl. GRIMM / ENGELKAMP 1981:66).

> "Die Zerlegung des sprachlichen Denkens in seine heterogenen Elemente – den Gedanken und das Wort –, nachdem die reinen Wesenszüge des Denkens als solches, unabhängig von der Sprache, und der Sprache als solche, unabhängig vom Denken, herausgestellt wurden, läßt den Zusammenhang zwischen beiden als ein rein äußeres mechanisches Verhältnis zwischen zwei Prozessen erscheinen."

Als Beispiel führt er (ebd.) "die Ansicht eines zeitgenössischen Autors" an, nach dem sprachmotorische Vorgänge einen besseren Gedankenfluss ermöglichen und bei schwierigem Wortmaterial ein besseres Einprägen ermöglichen. Heute nimmt man an, dass die Interaktion zwischen Sprache und Denken nicht mechanisch ist. Man weiß, dass der sprachliche Vorgang des Lesens mit Wahrnehmungs-Vorgängen wie Sehen und Hören neuronal verbunden ist und dass sprachliches Benennen auf gedanklichem Kategorisieren aufbaut. Die "Motortheorie des Denkens", wonach Denken inneres Sprechen sei, hat sich in ihrer starken Version[190] als nicht haltbar erwiesen. Nach Versuchen von LEUBA et al. (1968) war Problemlösen bei Menschen möglich, bei denen man durch die Injektion von Curare eine Lähmung der Sprechmuskulatur herbeigeführt hatte (vgl. GRIMM / ENGELKAMP 1981:67).

Das bedeutet jedoch nicht, dass kinästhetische Rückkopplung für das Denken völlig bedeutungslos sei, wie andere Versuche zeigen. Diese "schwache Version" der Motor-Theorie des Denkens bestätigt in gewissem Sinne die Auffassung von WYGOTSKI (1964) von der inneren Sprache als Denken mit reinen Bedeutungen, die sich von der äußeren Sprache durch ihre "Geballtheit und Unverbundenheit" unterscheidet. Sprache kann nach GRIMM / ENGELKAMP (1981:68f) für das Denken sogar behindernd sein. Letzteres haben CARMICHAEL / HOGAN / WALTER (1932) in einem Versuch gezeigt, wo sie Vpn baten, einen Gegenstand "o-o" abzumalen, wobei ihnen gleichzeitig entweder das Wort *Brille* oder das Wort *Hantel* vorgegeben wurde. Die Vpn fertigten jeweils Zeichnungen entsprechend den vorgegebenen Wörtern an.

PIAGET (1947; dt. Übs. 1970) ist nach GRIMM / ENGELKAMP (1981:68) der einzige Theoretiker der logischen Intelligenz, der in der

---

190 In ihrer starken Version besagt die Theorie, dass Denken aus verdeckten Reaktionen der Sprechorgane besteht (Denken = Sprechen minus Laut).

Sprache kein notwendiges Element des Denkens sieht. Die kognitive Fähigkeit ist für ihn zwar Wurzel der sprachlichen Fähigkeit, aber Sprache ist keine notwendige Bedingung für die Transformation der einen in die andere Stufe des kognitiven Operierens. Sprache ist in seinen Augen auch keine notwendige Bedingung für die Bildung formal-logischer Operationen; sie hat lediglich instrumentale Funktion.

8. Neurolinguistik

8.1 Gegenstand der Neurolinguistik

BLUMSTEIN (1988:210) konstatiert ein wachsendes Interesse der Linguisten am neurolinguistischen Bereich. Sie definiert Neurolinguistik bündig als "the study of language and brain relations". Nach LEISCHNER (1980²:406) bezeichnen einige Forscher mit "Neurolinguistik" eine Disziplin, "welche versucht, die neurologischen Aktivitäten und das sprachliche Verhalten miteinander in bezug zu setzen"; PEUSER (1978:4) grenzt das Gebiet enger ab:

> "Gestörte Sprache umfaßt ... sämtliche Störungen der Erwachsenen- und Kindersprache wie Schizophasie, Aphasie, Dysarthrie, Legasthenie, Rinolalie, Sigmatismus etc. Hierbei spielt die etwaige organische oder nicht-organische Verursachung der jeweiligen Störung ... für den Linguisten keine Rolle. An dieser Stelle wird zugleich deutlich, daß der Sprachstörungsbegriff und damit das Arbeitsfeld einer Patholinguistik weiter sind als diejenigen einer Neurolinguistik, deren Gegenstand nur diejenigen Sprachstörungen bilden, die durch organische Erkrankungen des zentralen Nervensystems bedingt sind."

LEUNINGER (1989:1) unterscheidet zwei Konzepte:

> "1) Ein klinisches Konzept: Nach klinischen Beobachtungen gestörten Verhaltens (sprachlichen und anderen) wird in der einen oder anderen Weise ein im wesentlichen unbekannter komplexer Zusammenhang zwischen Hirnstrukturen, höheren geistigen Funktionen und Verhalten konstatiert. ... In jüngerer Zeit ist es gelungen, aufgrund der Entwicklung neuerer Forschungstechniken auch nicht pathologisch gestörte Fälle zu untersuchen, also Aufschluß über spezielle Leistungen des gesunden Gehirns zu erlangen. 2) Ein linguistisches Konzept: Die m. E. spektakulärste Position in der Neurolinguistik nimmt M. L. Kean ein. Sie argumentiert nämlich, daß neurolinguistische Daten eine Klasse von Daten sind wie sonstige Daten in der Linguistik auch, etwa Grammatikalitätsurteile. So zeigt sich beim Unterfangen des Linguisten, Komponenten der menschlichen Sprachfähigkeit herauszufinden, daß die unterschiedlichsten Daten Evidenz für eine sogenannte modulare Konzeption dieser Sprachfähigkeit sind: Versprecher, Aphasiedaten, Urteile, Sprachwandeldaten usw."

8.2 Die Architektur des Gehirns

Die Gehirnforschung der letzten Jahrzehnte hat ergeben, dass einzelne Gehirnregionen mit verschiedenen Aufgaben betraut sind, dass die Verarbeitung von Signalen jedoch sehr komplex ist: So ist das Erkennen von Buchstaben und Zahlen dezentralisiert. Es gibt sehr komplizierte Wechselwirkungen zwischen Hirnregionen.

Nach NAUTA / FEIRTAG (1988^9:89ff) zeigen Färbungen des Gehirns Anhäufungen von Nervenzellkörpern an: die graue Substanz. Nervenfasern für die Signalübermittlung bilden die weiße Substanz. Gehirn und Rückenmark der Wirbeltiere erscheinen beim Säugling zunächst als Rohr, das nur eine Zellschicht dick ist; der vordere Teil, der später vom Schädel umschlossen wird, zeigt drei Schwellungen (primäre Hirnbläschen), aus denen sich Hinter-, Mittel- und Vorderhirn entwickeln (ebd., S.91). Im Vorderhirn bilden sich die beiden Hemisphären des Großhirns und das Zwischenhirn. Das Ergebnis der embryonalen Entfaltung, schematisch dargestellt für alle Säuger, zeigt Abb. 25 (nach NAUTA/ FEIRTAG 1988^9:94, Bild 5).

Abb. 25

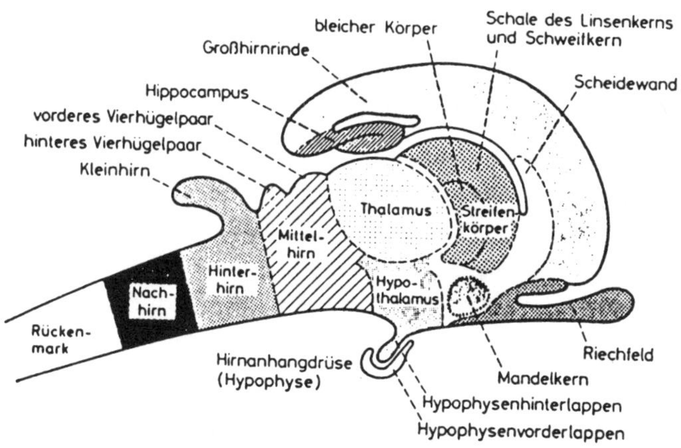

Links sieht man (verkürzt) das **Rückenmark**, rechts davon das **Hinterhirn** mit dem Kleinhirn als Anhang. Das **Mittelhirn** enthält ein unteres und oberes Vierhügelpaar. Zwischenstation ist der **Thalamus**, davor der Hypothalamus mit dem Hypophysenkomplex. Im **Endhirn** befindet sich **das Großhirn**, das beim Säuger den größten Teil des Endhirns ausmacht. Die Großhirnrinde besteht aus Windungen (Gyri) und Furchen (Sulci). Am Boden befindet sich der Riechkolben, unmittelbar unter dem Großhirn die **Riechrinde** (Cortex olfactorius). Den größten Teil der Großhirnrinde (beim Menschen und Primaten 70%) bildet der Neocortex. In den Tiefen des Großhirns finden sich bei Säugern einige Gebilde aus grauer Substanz. Dazu gehören **Mandelkern** und **Streifenkörper**.

Die **primären sensorischen Nervenzellen** liegen geschützt in Rückenmark und Gehirn flankierenden Ganglien (Gruppen von Nervenzellen). Nur die Zellen des Riechepithels im Nasenhöhlendach sind der Umwelt direkt ausgesetzt. Die meisten primären sensorischen Zellen bilden Synapsen mit sekundären Nervenzellen, von denen viele Wege zu den höheren Ebenen des Zentralnervensystems führen. Nervenfasern der sekundären Nervenzellen können direkt Kleinhirn, Hinterhirn und Thalamus erreichen. Im **Ohr** bilden Nervenzellen einen hochspezialisierten Epithelverband, das Cortische Organ; sie werden von primären sensorischen Nervenzellen innerviert, deren zum Zentralnervensystem laufende Fasern an Endkernen der Hörnerven im Hinterhirn enden. Von da führt eine seitliche Schleifenbahn zum Thalamus. Das hintere Vierhügelpaar dient dabei als Umschaltstelle. Die Nervenzellen des Thalamus senden ihre Fasern zur Hörrinde.

Die Verarbeitung **visueller Reize** beginnt in der Netzhaut. Die Sehnerven gehen von Nervenzellen der Netzhäute bis zur *Sehnervenkreuzung*,

> "an der sich die Nervenfasern, die von den zur Nase hin gelegenen Hälften der Netzhäute kommen, kreuzen, so daß danach die Signale aus den linken Netzhauthälften die linke Hirnhälfte und die Signale der rechten Netzhauthälften die rechte Hirnhälfte erreichen."
>
> (NAUTA/ FEIRTAG 1988[9]:93f)

Jede Netzhaut ist so zur Hälfte mit dem Kniehöcker ihrer Körperseite und zur Hälfte mit der Gegenseite verbunden (vgl. AOKI / SIEKEVITS 1989:84f).

Die **Riechbahn** ist die einzige Leitungsbahn, bei der die primären Sinneszellen an der Körperoberfläche liegen. Von ihnen führt ein sehr dünner Fortsatz zum Riechkolben, dessen Nervenfasern an Zellen der Riechrinde enden. Der Thalamus ist – außer bei der Riechbahn – die "letzte Kontrolle, bevor den Signalen der Zugang zur höheren Gehirnebene gestattet wird" (NAUTA / FEIRTAG 1988[9]:95).

Das **motorische System** ist folgendermaßen organisiert: FRITSCH / HITZIG (1870) berichteten, dass elektrische Reizung eines Rindengebiets Zuckungen in der gegenüberliegenden Körperhälfte hervorrief. Das war der erste Hinweis auf ein motorisches Rindenfeld (NAUTA / FEIRTAG 1988[9]:95). Motorische Nervenzellen gibt es im Mittelhirn, Hinterhirn und Rückenmark. Der Streifenkörper steuert die Körperbewegungen. Vom motorischen Rindenfeld zum Rückenmark führen Nervenzellen, die die Muskulatur der Gliedmaßen innervieren. Hier gibt es die wenigsten Schaltstellen; daher wird die schwächste elektrische Reizung benötigt, um Körperbewegungen hervorzurufen.

8.3 Neuronale Grundlagen von Wahrnehmung

Gehirn und Nervensystem bestehen aus Zellen, die zu komplexen Netzwerken verbunden sind. Das menschliche Gehirn wiegt etwa 3 Pfund und enthält ca. 100 Milliarden Nervenzellen – ungefähr ebenso viele, wie es Sterne in der Milchstraße gibt! Keine zwei dieser Zellen haben genau die gleiche Form. Eine Zelle bekommt Informationen von Hunderten bis Tausenden anderer Zellen und überträgt Signale an ebenso viele. In Experimenten am Nervensystem werden meistens sowohl einzelne Komponenten als auch ihr Zusammenwirken erforscht. Das Gehirn der Katze und sogar das Gehirn des Tintenfischs unterscheiden sich vom menschlichen Gehirn nur wenig. Im Fall der (typisch menschlichen) Sprachfähigkeit weiß man viel aufgrund der Beobachtung von Sprachschäden (Aphasien) beim Menschen.

Die Wissenschaft vom Nervensystem ist die **Neurobiologie**. Ihre beiden klassischen Disziplinen sind die **Neuroanatomie**, die Bestandteile des Nervensystems und Arten ihrer Verknüpfung beschreibt, und die **Neurophysiologie**, die die Funktionen dieser Komponenten und ihr Zusammenwirken untersucht.

Die Anatomen brauchen das Elektronenmikroskop, die Physiologen die Mikroelektrode, mit der man eine Nervenzelle anstechen kann, um sie elektrisch zu reizen oder ihre elektrische Spannung zu messen. Der untersuchte Zellverband wird dabei gefärbt. In den letzten Jahren hat sich die Neuroanatomie rascher entwickelt als in den fünfzig Jahren davor. Seit ungefähr vierzig Jahren weiß man, wie Nervenzellen elektrische Signale erzeugen, wie sie sich längs der Nervenfasern fortpflanzen und wie sie an den Synapsen an den Enden der Nervenfasern durch die Freisetzung chemischer Substanzen anderen Nervenzellen übermittelt werden.

Nervenzellen sind Bausteine des Gehirns und gleichen anderen Körperzellen, mit drei Ausnahmen:

- Sie teilen sich nach der Geburt des Menschen nicht mehr.
- Die Zellmembran hat die Fähigkeit, Nervensignale zu erzeugen.
- Am Ende der Nervenfasern befindet sich eine als ***Synapse*** bezeichnete Struktur, in der Nervensignale mit Hilfe von Neurotransmittern von einer Nervenzelle zur anderen weitergegeben werden.

Die Nervenzelle besteht aus Zellkörper, Nervenfaser (*Axon*) und Dendriten (vgl. Abb. 26, nach STEVENS 1988[9]:5).

Abb. 26

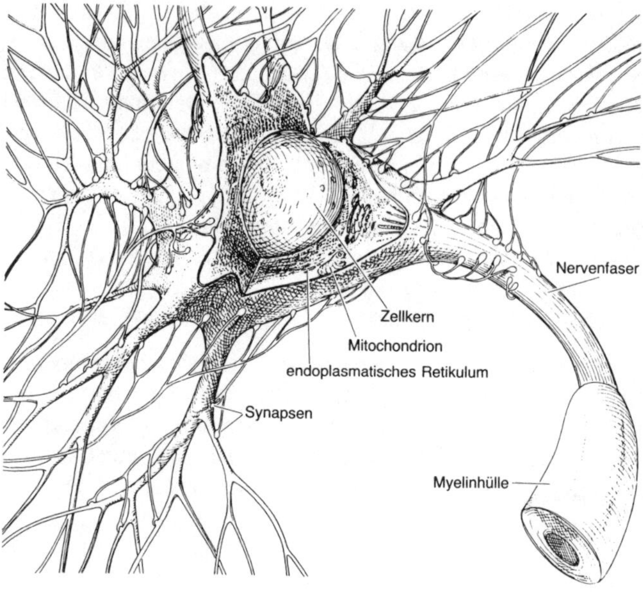

Der Zellkörper enthält den Kern der Nervenzelle und den biochemischen Apparat für die Synthese der Enzyme und anderer lebenswichtiger Substanzen. Die Dendriten sind sehr dünne, röhrenförmige Fortsätze des Zellkörpers, die sich vielfach verästeln. Mit ihnen nimmt die Nervenzelle ankommende Signale auf. Die Nervenfaser, auch ein Ausläufer der Nervenzelle, dient als Leitungsbahn für Signale, die vom Zellkörper auf andere Nervenzellen übertragen werden. Sie ist länger und dünner als die Dendriten und verästelt sich erst dort, wo sie mit anderen Nervenzellen in Verbindung tritt.

Nervenzellen besitzen bis zu zehntausend "Synapsen" genannte Verbindungsstellen. Sie stellen Kontakt zwischen dem Ende der Nervenfaser und einem Dendriten oder dem Zellkörper der Nachbarzelle her. In der Synapse erweitert sich die Nervenfaser zu einem Endknöpfchen. Es enthält kleine Bläschen, in denen eine Übertragungs-Substanz, der Neurotransmitter, gespeichert ist. Erreicht ein Nervensignal das Endknöpfchen, so entlassen einige Bläschen ihren Inhalt in den Spalt zwischen der Membran des Endknöpfchens und der des angrenzenden Dendriten. Die Neurotransmitter überqueren den mit Flüssigkeit gefüllten Spalt und werden von Rezeptoren in der Membran des Dendriten der postsynaptischen Membran gebunden. Dabei ändert sich die Struktur des Rezeptors, was zu weiteren Reaktionen in der Nervenzelle führt.

Wichtig für das Zustandekommen der **Nervensignale** ist der Gehalt innerhalb und außerhalb der Nervenzelle an Natrium- und Kalium-Ionen. Diese Ionen sind Atome, die ein Elektron abgegeben haben, also positiv geladen sind. Die Flüssigkeit, die eine Nervenzelle umgibt, ist etwa zehnmal so reich an Natrium-Ionen wie die Flüssigkeit in der Nervenzelle. Für die Kalium-Ionen besteht das entgegengesetzte Konzentrationsgefälle: Die Kalium-Konzentration in der Zelle ist sogar vierzigmal so hoch wie in der Flüssigkeit außerhalb der Zelle. Die Zellmembran ist für beide Ionenarten durchlässig. Damit das Konzentrationsgefälle erhalten bleibt, transportieren Pumpen Natrium hinaus, Kalium hinein (vgl. STEVENS 1988[9]:6). Die meisten Nervenzellen haben pro Quadratmikrometer (ein tausendstel Millimeter) hundert bis zweihundert Pumpen. Eine Nervenzelle hat eine Million Natriumpumpen.

8.4 Sprachzentren und Sprachschäden

Zu den besonderen Eigenschaften des Menschen gehören nach GESCHWIND (1988⁹:113) Sprachfähigkeit[191], Zeichnen von Figuren, Melodieerkennung und -wiedergabe.[192] Seit über hundert Jahren kann man dem Sprachvermögen zwei Regionen der Großhirnrinde zuordnen, Broca- und Wernicke-Areal (s. Abb. 27).

Abb. 27 Broca- und Wernicke-Areal

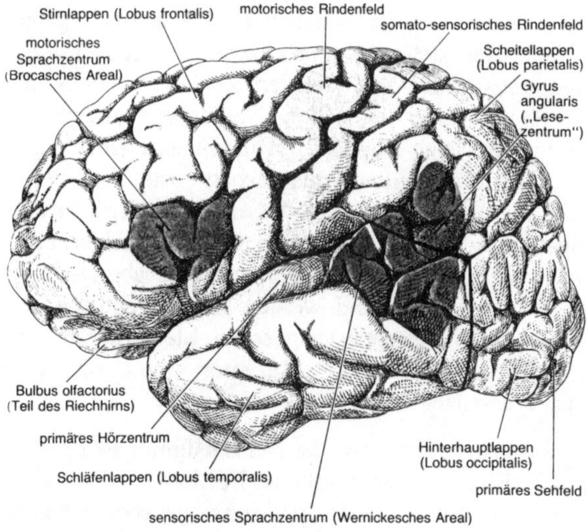

Das **motorische Sprachzentrum oder Broca-Areal** ist eine Region seitlich am linken Stirnlappen; es grenzt an den Bereich des motorischen Felds, der Gesichts-, Zungen-, Kiefer- und Rachenmuskulatur steuert (GESCHWIND 1988⁹:115).

---

[191] Die Kommunikationssysteme der Tiere lassen sich nicht mit Sprache vergleichen, sondern eher mit unseren gestischen Kommunikations-Systemen. Charakteristisch für Sprache ist vor allem ihr komponentieller Aufbau (vgl. 1.1.2).

[192] Nach einem Radiobericht über Vogelmelodien können jedoch Amseln Melodien (auch von Menschen gesungene oder gepfiffene) nachahmen, was sowohl Erkennen als auch Reproduzieren von Melodien voraussetzt.

In den sechziger Jahren des 19. Jahrhunderts stellte der Franzose Paul BROCA (1824-1880) fest, dass Sprachstörungen (Aphasien) meistens bei Schäden in der linken Großhirn-Hemisphäre auftreten, während eine Störung im entsprechenden Bereich der rechten Hirnhälfte das Sprachvermögen intakt lässt. Das wurde später bestätigt: 95 % aller Aphasien entstehen durch Schädigung der linken Hemisphäre. Fast immer ist auch das motorische Rindenfeld in der linken Hemisphäre (dessen relevante Teile dem Broca-Areal benachbart sind) betroffen. Aber Broca-Aphasie kann nicht Folge einer Störung des motorischen Systems sein, denn Schädigungen des motorischen Areals in der rechten Hemisphäre führen nicht zu Sprachschäden. Zudem können Broca-Aphasiker leicht und gut singen. Gekennzeichnet ist die Broca-Aphasie durch mühevolles, langsames, undeutliches und unvollständiges Sprechen und Agrammatismus: Die Verbkonjugation ist oft fehlerhaft, Funktionswörter (Artikel, Präpositionen) und Flexive werden oft weggelassen; es besteht eine Neigung zum Telegrammstil. Anderseits können Broca-Aphasiker Fragen fast immer sinnvoll beantworten, ihr Sprachverständnis ist also nicht (oder nicht im gleichen Maße) gestört wie ihre Sprachproduktion. (8-01) ist ein Beispiel von GESCHWIND (1988[9]:114), wo der Patient auf die Frage nach einem Zahnarzttermin mit Satzfragmenten antwortet. (8-02) nach PEUSER (1978:286) zeigt, dass Broca-Aphasiker zu Wiederholungen stereotyper Wendungen und zu Neologismen neigen:

(8-01) Ja...Mittwoch 9 Uhr...10 Uhr...Doktor...und...Zähne.

(8-02) P Nee/weißt du/da haben die noch Gebreusel da/ diesen Dings da?/ diesen Bieselriesen?/
B Ich weiß nicht/was Du meinst/
P Nein/Du hast es Ieseriesen/und dann hat sie gedreiselgebeiselfan/
B Wer?
P Wie heißt die Nieseniesen?/also/der der Mann hier!?/
B Der Mann?/ ...
P Ach komm!/ach die dieser/dieser Topfelschnapfel!
(P = Patient, B = Besucher)

Das **sensorische Sprachzentrum** oder **Wernicke-Areal** wurde erstmalig von dem Deutschen Carl WERNICKE (1848 – 1905) beschrieben. Es befindet sich in der linken Hemisphäre, im Schläfenlappen zwischen dem primären Hörzentrum und der Hirnwindung "Gyrus angularis", die als "Lesezentrum" offenbar zwischen Seh- und Hörzentrum vermittelt (vgl. GESCHWIND 1988[9]:115). Betroffen sind bei Schädigungen dieses Areals vor allem die Wortwahl und das Sprachverständnis. Der Wernicke-Aphasiker spricht "auf den ersten Horch" flüssig, wenn auch weitschweifig, oft unangemessen oder sinnlos. Er hat große Mühe, andere zu verstehen. Neben Broca- und Wernicke-Aphasie nimmt man noch amnestische und totale Aphasie an.

In der Praxis kommt außer der totalen Aphasie selten eine dieser Aphasien in reiner Form vor. Der Patient in (8-03) hat nach PEUSER (1978:417) eine sensorisch-amnestische Aphasie.

(8-03) T: Wie heißen Sie?
P: Ach äh/ äh/ hm äh/ Sie/ äh/ Sie/ äh äh/ Sie/ der Herrn undsoweiter/ Doktor/ diesen Namen undsoweiter//
T: Wie lange sind Sie schon krank?//
P: Äh/ ich persönlich/ äh/ ich perönlich/ nie krank!/ nur einmal/ nur'n Hirnschlag!/ sonst nie!/
T: Und wann ist das passiert/ mit dem Hirnschlag?//
P: Ja zu ersten vierten/ ersten vierten / neunzehnhundert/ äh äh/ neunun/ neunun/ dreißig/
T: Ja/ und/ äh/ wie war es nach dem Hirnschlag?/ Hatten Sie die Sprache...?/
P: Äh/ ich bitte 'ne Kleinigkeit/ äh/ tatsächlich undsoweiter/ ich persönlich.../ vor Tagen!/ die/ der/ mein Geburtstag/...da waren genau die S/ Sonntag/ dann wieder ungefähr/am Freitag/... da war ich hier ... / ...

Wernicke entwickelte ein Modell der **Sprachproduktion im Gehirn**. Danach entsteht die Struktur einer sprachlichen Äußerung im sensorischen Sprachzentrum und wird über das Bogenbündel an das motorische Sprachzentrum weitergegeben, wo sich das Programm für ihre gesprochene Wiedergabe bildet. Dieses Programm wird dem Gesichtsareal des motorischen Rindenfeldes übermittelt, das dann die benötigten Muskeln des Mundes, der Lippen und des Kehlkopfs aktiviert. Das sensorische Sprachzentrum spielt also außer beim Sprechen auch beim Verstehen gesprochener Sprache, Lesen und Schreiben eine Rolle.

Die Zuordnung der sprachlichen Funktionen auf verschiedene Areale der Großhirnrinde ist nicht überzubewerten. Nicht immer führt die Schädigung des Hirngewebes in einer dieser Regionen zu einer dauerndem Sprachstörung; oft tritt Besserung ein. Zwar kann zerstörtes Nervengewebe sich nicht regenerieren, aber seine Funktionen können von Nervenzellen in benachbarten Regionen übernommen werden, wenn die Schädigung nicht zu stark ist.

Menschliche Lernfähigkeit und partielle oder vollständige Heilung von Hirnschäden zeigen, dass es eine "Plastizität der Hirnentwicklung" gibt (vgl. AOKI / SIEKEVITS 1989). Auch im ausgewachsenen Gehirn können sich Synapsen neu verschalten. Tier- und Menschenversuche zeigen, dass das Gehirn umlernen kann. So brauchen Menschen mit einer "Umkehrbrille" (mit Prismen, die oben und unten vertauschen) eine Woche, bis sie den Himmel wieder oben und die Erde unten sehen – ein entsprechender Versuch stammt nach OEHLER (1990:52) – aus den vierziger Jahren. Kinder unter acht Jahren haben hervorragende Heilungsschancen bei Aphasien. Linkshänder machen bessere Fortschritte als Rechtshänder. Eine Erklärung dafür bieten SPRINGER / DEUTSCH (1993^2:30) bei ihrer Beschreibung der Relation zwischen Händigkeit und Sprachlokalisierung mit Hilfe des Wada-Tests.

Der **Wada-Test** dient der Betäubung einer Hemisphäre (vor einer Hirnoperation). Erst wird die eine, dann die andere Hemisphäre anästhetisiert, so dass der Neurochirurg feststellen kann, welche Seite normalerweise die Sprache kontrolliert. Man legt zunächst eine Kanüle in eine der großen Arterien am Hals (die rechte oder linke Arteria carotis interna). Durch diese Kanüle wird Natriumamobarbital gespritzt. Jede Karotisarterie versorgt ihre Hemisphäre mit Blut; die in die rechte Karotisarterie gespritzte Substanz gelangt also in die rechte Hemisphäre. Der Patient, der wach auf dem Rücken liegt, wird vor der Injektion gebeten, von hundert an in Dreierschritten rückwärts zu zählen. Sekunden nach dem Einspritzen des Barbiturats erschlafft der Arm, der der Injektionsseite gegenüber liegt (also der linke Arm bei Injektion in die rechte Karotis). Dann hört der Patient zu zählen auf. Wenn das Anästheticum in die Hemisphäre gespritzt wurde, die das Sprechen kontrolliert, ist der Patient zwei bis fünf Minuten sprachlos. Bei Injektion in die andere Seite beginnt er gewöhnlich innerhalb von Sekunden wieder zu zählen und kann ohne Schwierigkeiten auf Fragen antworten, obwohl die andere Gehirnhälfte betäubt ist.

Der Wada-Test ist wichtig bei Patienten, bei denen ein neurochirurgischer Eingriff geplant ist, der möglicherweise die für Sprachfunktionen verantwortlichen Bereiche berührt. Außerdem liefert er wertvolle Informationen über die Beziehung von Händigkeit und Hemisphärenasymmetrie: Bei über 95% der Rechtshänder wird Sprachaktivität von der linken Hemisphäre kontrolliert, bei den übrigen von der rechten. Bei Linkshändern wird in ung. 70% aller Fälle Sprache ebenfalls durch die linke Hemisphäre kontrolliert; bei ca. 15% der Linkshänder liegen die Sprachzentren in der rechten Hemisphäre, bei weiteren 15% sind sie auf beide Hemisphären verteilt. Bei frühkindlicher Schädigung zeigen 70% der Linkshänder und 19% der Rechtshänder eine rechtshemisphärische oder bilaterale Sprachlokalisation. Nach SPRINGER / DEUTSCH (1993[2]:30) wird damit "die Anpassungsfähigkeit des Gehirns deutlich und gleichzeitig der begrenzte Wert der Händigkeit als alleinigem Indikator einer bestimmten Gehirnorganisation, insbesondere bei Linkshändern."

Während die primären motorischen und somato-sensorischen Rindenfelder symmetrisch angeordnet sind, so dass jeder Hirnhälfte die gegenüberliegende Körperhälfte zur "Betreuung" zugeordnet ist (vgl. GESCHWIND 1988[9]:117), sind spezialisierte Funktionen wie Sprachvermögen oder die Fähigkeit, Melodien zu erkennen asymmetrisch verteilt. Normalerweise wird die Bevorzugung einer Hirnhälfte kaum bemerkt, weil die Hemisphären über die sie verbindenden Nervenbahnen Signale austauschen können. Sind diese Verbindungen durchtrennt, erkennt man die Seitenbetonung, wenn Signale von den Sinnesorganen nur eine Hirnhälfte erreichen. Zeigt man z.B. einem Epilepsie-Patienten, bei dem durch einen chirurgischen Eingriff die Verbindungen zwischen beiden Hirnhälften unterbrochen worden sind, einen Gegenstand so, dass er ihn nur mit der linken Hälfte des Gesichtsfelds sehen kann, so kann er ihn nicht benennen (GESCHWIND 1988[9]:118). Dass er ihn erkennt, sieht man daran, dass er in der Lage ist, Gegenstände der Gestalt nach zu sortieren. Ihm fehlt jedoch die Möglichkeit, einen Sinneseindruck, der über die rechte Hemisphäre weitergegeben wurde, mit einem Namen zu assoziieren, den nur die linke Hirnhälfte kennt.

Zum Schluss sei eine Untersuchung zu neuronalen Grundlagen der Sprachrezeption von Männern und Frauen erwähnt. Bennett SHAYWITZ von der Yale University in New Haven (Connecticut) untersuchte die Durchblutung von Gehirnregionen bei Personen beiderlei Geschlechts, die er vor eine Tafel gesetzt hatte, auf der Kauderwelsch-Äußerungen notiert waren. Er hatte sie aufgefordert, einen Sinn in dem Geschreibsel zu erkennen. Es ergab sich Folgendes (laut *Kölner Stadtanzeiger* vom 16.2.1995:32, nach *dpa*):

> "Bei Männern wurde ein bestimmter Abschnitt auf der Stirnhirnrinde in der linken Hirnhälfte besonders gut durchblutet. Bei Frauen rauschte das Blut auch auf der rechten Hirnhälfte besonders stark. Aus der Durchblutung kann man auf die Arbeitstätigkeit von Hirnnerven schließen. Die Entdeckung könnte erklären, daß hirnverletzte Männer oft länger an Sprachverlust leiden. Frauen hätten offenbar zur Wortbildung noch eine Reserve."

Natürlich handelt es sich bei diesem Bericht um eine stark verkürzte und teilweise verzerrte Wiedergabe einer wissenschaftlichen Studie. Schon der Titel "Männer denken vor dem Reden nur linksseitig" ist falsch, da es ja nicht um Reden (also Sprachproduktion) geht, sondern um Sprachverstehen. Und natürlich ist Wortbildung nur ein kleiner Teil der Sprachverarbeitung, wobei zudem nicht so sehr Wortbildungs- als vielmehr Wortfindungsprobleme zur Debatte stehen.[193]

---

193 Interessanterweise lautete der Titel eines Artikels in einer polnischen Zeitung über das gleiche Forschungsprojekt *Kobiety myślą obóstronnie* ("Frauen denken beidseitig").

9. Soziolinguistik

Soziolinguistik (SL) hat nach STEEGER (1980²:347) "das Studium der Verschränkungen und der wechselseitigen Bedingtheit von Sozialstruktur, Kultur und Sprache" zur Aufgabe. Ähnlich definiert BUSSMANN (1990²:692) Soziolinguistik als "Wissenschaftsdisziplin im Überschneidungsbereich von Linguistik und Soziologie, die die soziale Bedeutung des Sprachsystems und des Sprachgebrauchs, das wechselseitige Bedingungsgefüge von Sprach- und Sozialstruktur untersucht". BUSSMANN (ebd.) nennt drei Forschungsschwerpunkte:

(a) eine "primär soziologisch orientierte Richtung, die sich vorwiegend mit Normen des Sprachgebrauchs beschäftigt",
(b) eine "primär linguistisch orientierte Richtung, die von der prinzipiellen Heterogenität sprachlicher Systeme ausgeht, die sich bei der Berücksichtigung soziologischer Parameter als strukturiert erweist", und
(c) eine "ethnomethodologisch orientierte Richtung, die die sprachliche Interaktion in den Mittelpunkt stellt"; zur letzteren Richtung rechnet sie die Konversationsanalyse.

Der Soziolinguistik geht es nach BRIGHT (1966:11) um die Beschreibung von Sprachvariation in ihrer sozialen Bedingtheit:

> "... differences in speech habits found within a community were swept under the rug as 'free variation'. One of the major tasks of sociolinguistics is to show that such variation or diversity is not in fact 'free', but is correlated with systematic social differences."

BRIGHT (1966:11) sieht die Aufgabe des Soziolinguisten darin, die systematische Kovariation zwischen Sprachstruktur und sozialer Struktur zu zeigen. Die Soziolinguistik setzt gewissermaßen die alte Dialektforschung fort. Zu den Dialekten sind die Soziolekte – Sprachformen sozialer Schichten – sowie andere "Lekte", z.B. Funktiolekte (STEEGER 1980²:348) und folgende in NABRINGS (1981: 113ff) genannte Varietäten, gekommen:

– geschlechtsspezifische Varietäten;
– altersspezifische Varietäten;[194]

---

194 Diese Varietäten werden auch **Sexolekte** und **Generolekte** genannt.

- Berufs- und Fachsprachen;
- Gruppensprachen (vgl. NABRINGS 1981:134ff);
- situative Varietäten;[195]
- Stilniveaus (vgl. NABRINGS 1981:160ff);
- kommunikationsspezifische Varietäten (vgl. KNIFFKA 1980).

Auch Sprachwandel wird soziolinguistisch untersucht. Die Arbeiten des prominentesten Soziolinguisten, Labov (vgl. LABOV 1966 und 1971), sind gerade diesem Thema gewidmet, und zwar mit dem Schwerpunkt "Sprachwandel in der Gegenwart". LABOV (1966) analysierte z.B. das Vorkommen des postvokalischen /r/ (z.B. in *bird*) in New York und ermittelte das damit verbundene größere Prestige als Grund für die Ausbreitung dieser Aussprache. NABRINGS (1981:37) weist auf den Zusammenhang diachroner und synchroner Variation hin, z.B. auf den Niederschlag des Sprachwandels in dialektaler, stilistischer und generolektaler Differenzierung.[196]

In allen Bereichen der SL wird der Diskussion der Methodik viel Raum gewidmet. So werden bei KNIFFKA (1980) soziolinguistische Parameter eingehend diskutiert. Hier findet sich auch ein Diagramm (hier Abb. 28) zu Formen sprachlicher Kommunikation:

Abb. 28

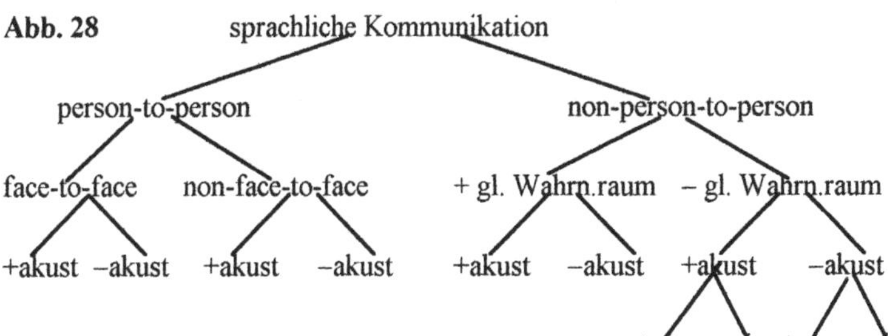

195 Hierher gehört auch der Unterschied zwischen "face-to-face" vs. "non-face-to-face"-Kommunikation (vgl. KNIFFKA 1980:26f).

196 Nach NABRINGS (1981:36f) ist die **diachrone Variation** nicht mit gleicher Selbstverständlichkeit Gegenstand der SL wie die mit regionalen Varietäten befasste **diatopische** oder die mit sozialen Varietäten wie Soziolekt und Sexolekt befasste **diastratische** Variation, da verschiedene Sprachstadien nicht ohne Weiteres "als Varietäten einer Sprache aufgefasst werden" können.

Während "person-to-person"-Kommunikation zwischen einzelnen Personen abläuft, handelt es sich bei "non-person-to-person" um Gruppenkommunikation. Weitere relevante Oppositionen betreffen "face-to-face"-Kommunikation, den gleichen vs. nicht gleichen Wahrnehmungsraum, akustische vs. nicht-akustische und visuelle vs. nicht-visuelle Kommunikation. (9-01) gibt Beispiele:

(9-01) Formen sprachlicher Kommunikation:

(1) Gespräch (von Angesicht zu Angesicht),
(2) nicht-verbale Gesprächsformen (Zeichen, Gesten),
(3) Telefonkonversation,
(4) persönlicher Brief,
(5) Theateraufführung,
(6) Pantomime-Aufführung (sofern sie als 'sprachliche Kommunikation' anzusehen ist),
(7) Fernsehsendung,
(8) Rundfunksendung,
(9) Zeitungskommunikation.

KNIFFKA (1980) führt kein Beispiel für (10) an, doch könnte man hier an eine Aufzeichnung in Blindenschrift denken.

Neueren soziolinguistischen Arbeiten zufolge[197] entfaltet sich Sprachvariation in vielen sozialen und situativen Dimensionen, z.B.: soziale Klasse, ethnische Zugehörigkeit, Grad der Vertrautheit. Bei der Unterscheidung von geschriebener und gesprochener Sprache spielen nur wenige absolute Differenzierungen wie Register, Gesprächs-Thema und andere kommunikative Faktoren eine Rolle. Bei Typen sprachlicher Kommunikation sind meist mehrere Parameter gleichzeitig relevant, wie (9-02) und (9-03) zeigen. Es handelt sich um autorisierte Bandaufzeichnungen von Telefongesprächen, abgedruckt in BRONS-ALBERT (1984:146 und 170).

---

197 BIBER (1986:385) verweist auf GUMPERZ / KALTMAN / O'CONNOR (1984). Vgl. auch LABOV (1971).

(9-02) Telefondialog (Ausschnitt)
(B: 29jähr. Grafiker, D: 47jähr. Hausfrau)

B: Jaja, ich hatt doch unheimlich was zugenommen im letzten Jahr. Ganz gewaltig! Der Bauch is zwar nich ganz weg, aber en bißchen wenigstens!
D: Ja, un /
B: Neun Zentimeter!
D: Bei der Menge! Ich gratulier' in jedem Fall, is ja von Erfolg gekrönt.
B: (lacht)
D: Soll das jetz weitergehn, oder is jetz Schluß?
B: Ja, nee, zwei Kilo will ich noch. Ich möchte auf öh 69 runter, damit ich wenigstens en bißchen wieder zunehmen kann auch mal ohne daß /
D: ach so ja, kann ich verstehn.
B: Denn, öh, ich wollte, so also – nich mehr als / als 75 Kilo wiegen, ne,
D: aha
B: wenn ich das aber bloß, öh, auf 75 runtergehe, un esse mal wieder en Tach, dann
D: Ja, is klar, dann is gleich wieder / hat, öh, öh, zuviel.
...

(9-03) Telefondialog 2 (Ausschnitt)
(A: 24jähr. Bewerberin, B: 53jähr. Oberstudiendirektor)

B: Es geht um Englisch jetzt, ne?
A: Französisch!
B: Öh /
A: Ich hab nur Deutsch und Französisch als Fach.
B: Ah ja, Sie sind die Dame mit Deutsch-Französisch, is richtig!
A: Hmhm.
B: Richtig ja. Also, ich hatte einige angeschrieben, nich. Die Namen hatte ich vom / von Düsseldorf bekommen. Schulkollegium.
A: Ja.
B: Nich, dann hatte ich einige
A: Ja, ja.
B: angeschrieben, nich, und höre auch jetz, der eine hat das, der andere hat das. Bei Ihnen wär es Französisch. Französisch wären acht Stunden überhaupt.

A: Acht Stunden.
B: Ja.
A: In zwei Klassen vermutlich?
B: Und zwar in zwei Klassen, eine Neun un eine Zehn.
A: Hja.

Die Beispiele zeigen – und weitere Proben könnten das bestätigen –, dass Dialoge in gesprochener Sprache von Gesten aller Art (einschließlich Lachen, Hüsteln, Räuspern etc.) begleitet sind. Daher benötigt der Analysator für die schriftliche Wiedergabe mündlicher Rede eine Transkription, wie sie z.B. bei EHLICH / SWITALLA (1976) präsentiert wird. Begleitende Gesten, Pausen, Unterbrechungen (inkl. Selbstunterbrechungen) müssen dargestellt werden. BRONS-ALBERT (1984) benutzt eine solche Transkription, in der sie z.B. eine kurze Pause mit ".", eine längere mit ".." (evtl. mit genauer Längenangabe), Abbruch mit "/" und Kommentare durch doppelte Klammern markiert. Charakteristisch für gesprochene Sprache sind Abbrüche, "gefüllte Pausen" – hier mit *öh* wiedergegeben – und Anakoluthe; ein Anakoluth ist ein Aus-der-Konstruktion-Fallen, wie er z.B. im letzten Satz von D in (9-02) vorkommt. Für gesprochene Dialoge typisch sind außerdem Überschneidungen der Sprecherbeiträge wie z.B. beim vierten Beitrag von B in (9-02), der vom vierten Beitrag von D unterbrochen wird, so dass beide zeitlich überlappen. Die Sprecherbeiträge ("turns") werden also nicht immer in strikt linearer Folge produziert.

Die beiden Dialog-Beispiele unterscheiden sich im Register. (9-02) ist lässig-alltagssprachlich, während in (9-03) vor allem Sprecher B ein Bemühen um eine gewählte Redeweise erkennen lässt. Das jeweilige Register ist durch Besonderheiten der Aussprache (vgl. *un* für *und* und *en* ([ən]) für *ein* in (9-02)), der Wortwahl (vgl. das bürokratische Wort *anschreiben* im gehobenen Register von (9-03)) oder durch syntaktische Besonderheiten charakterisiert. Die sehr systematische Studie von BIBER (1986) ergab, dass viele syntaktische Merkmale, die man früher einzelnen Sprachregistern und vor allem dem Unterschied zwischen geschriebener und gesprochener Sprache[198] zuschrieb,

---

[198] Ein wichtiges Ergebnis von BIBER (1986) besteht in der Feststellung, dass geschriebene und gesprochene Sprache in sich so differenziert sind, dass gehobenere Register der gesprochenen Sprache und niedrigere der geschriebenen Sprache sich in ihren Merkmalen ähnlicher sind als verschiedene Register (bzw. Textsorten) innerhalb der geschriebenen

genauerer Überprüfung nicht standhalten. So ist geschriebene Sprache (in ihren offizielleren Registern) nicht durch einen hohen Anteil an Satzgefügen (Hauptsatz-Nebensatz-Konstruktionen) charakterisiert, sondern eher durch einen hohen Anteil an Nominalisierungen (wie *nach Erhalt Ihres Briefs* vs. *nachdem ich Ihren Brief erhalten hatte*), während Satzgefüge gerade in umgangssprachlichen Registern gegenüber Sätzen mit Nominalisierungen bevorzugt werden.[199] Auffällig ist auch der Gebrauch des Konjunktivs in der (in diesem Kontext an sich gar nicht angebrachten) Funktion des Irrealis im gehobenen Register; man vergleiche: "Bei Ihnen wär es Französisch" und "Französisch wären acht Stunden überhaupt".

Ein wichtiges Thema der sogenannten "Konversationsanalyse" sind die Regularitäten, die den Sprecherwechsel dominieren.[200] Hier kommt sowohl explizite Wahl des nächsten Sprechers durch den vorangehenden Sprecher (z.B. "Was meinen Sie dazu, Herr X.Y.?") oder den Versammlungsleiter ("Das Wort hat Herr X.Y.") als auch Selbstwahl vor, wenn ein Gesprächsteilnehmer an einer ihm geeigneten Stelle "einhakt", indem er sich zu Wort meldet oder sich räuspert oder sich verbal einschaltet (z.B. durch die Frage "Kann ich mal was dazu sagen?").

Für die Analyse anderer soziolinguistischer Themen sei auf KNIFFKA (1980), NABRINGS (1981), WARDHAUGH (1986), AMMON / DITTMAR / MATHEIER (eds.) (1987/ 88) verwiesen; speziell zum zunehmend wichtiger werdenden Komplex der Mehrsprachigkeit im interkulturellen Kontext vgl. SIEBERT-OTT (2001).

Sprache (z.B. amtliche Verlautbarungen vs. persönliche Briefe). Vgl. auch AKINNASO (1982) und TANNEN (1982).

199 Nach BIBER (1986) liegen der textuellen Variation drei grundsätzliche Parameter zugrunde: 1. interaktiver vs. edierter Text, 2. abstrakter vs. situierter Inhalt, 3. berichteter vs. unmittelbarer Stil. Sechzehn verschiedene Texttypen ließen sich entlang diesen Dimensionen anordnen. Die verwendeten Sprachmerkmale haben mit bestimmten Verbalisierungs-Funktionen in der Sprachproduktion zu tun.

200 Vgl. zur Einführung in die Konversationsanalyse STREECK (1983), zur Markierung des Sprecherwechsels SACKS/ SCHLEGLOFF/ JEFFERSON (1974), zur syntaktischen Fundierung der Konversationsanalyse UHMANN (1997).

10. Textlinguistik

Nach VAN DIJK (1980:vii) beschäftigten sich viele Wissenschaftsdisziplinen unter verschiedenen Perspektiven mit der Beschreibung von Texten, so bereits seit dem Altertum Poetik und Rhetorik, später Theologie und Jurisprudenz, Psychologie, Pädagogik, Geschichte, Literatur- und Sprachwissenschaft. Da die Textanalyse in all diesen Disziplinen einen integrierten Ansatz notwendig machte, bildete sich zu Ende der sechziger Jahre eine "Textwissenschaft" als übergreifende und interdisziplinäre Wissenschaft heraus, die sich zum Ziel setzt,

> "die verschiedenen Aspekte der Sprachgebrauchs- und Kommunikationsformen, wie sie in den einzelnen Wissenschaften analysiert werden, in ihrem inneren und äußeren Zusammenhang zu beschreiben und zu erklären" (ebd.).

ROSENGREN (1980²:275) sieht "Texttheorie" als der Textlinguistik übergeordnet an:

> "Gegenstand der Texttheorie sind die für alle Texte gemeinsamen Regularitäten, die die Textualität eines Textes ausmachen. ... Die Textlinguistik ist als eine Teildisziplin der Texttheorie zu betrachten, indem sie im Prinzip nur die linguistischen Regularitäten beschreibt, die Texte als sprachliche Einheiten aufweisen (müssen), um überhaupt kohärente Texte zu sein, u.a. die referentiellen und konnektiven Beziehungen im Text. "

"Textlinguistik"[201] wird von KALLMEYER/ MEYER-HERMANN (1980²: 242) zunächst als diejenige linguistische Disziplin charakterisiert,

> "deren Gegenstandsbereich 'Texte', genauer 'Textvorkommen' natürlicher Sprachen sind, und deren Aufgabe darin besteht, die allen Textvorkommen gemeinsamen invarianten Merkmale, d.h. die 'Textualität' zu beschreiben."

---

201 Im *LGL* (1980²) finden sich neben ROSENGREN "Texttheorie" und KALLMEYER/ MEYER-HERMANN "Textlinguistik" noch POSNER "Linguistische Poetik", dazu SASSE "Literatursprache". Als Einführungen in die Textlinguistik sind z.B. WAWRZYNIAK (1980), DE BEAUGRANDE/ DRESSLER (1981), BRINKER (1992³), HEINEMANN / VIEHWEGER (1991) und VATER (2001³) zu nennen.

Hier wird "Text" als theoretisches Konstrukt verstanden und dem konkreten "Textvorkommen" gegenübergestellt.[202] ROSENGREN (1980^2:275) hat Text als "Textvorkommen" im obigen Sinne im Auge:

> "Dabei soll der Text als eine kommunikative, d.h. illokutive und thematische sprachliche Einheit betrachtet werden, als sprachliches Korrelat eines Kommunikationsakts im Kommunikationsprozeß."

Wichtig, wenn auch problematisch, ist die Text-Definition von DE BEAUGRANDE / DRESSLER (1981:3). Sie definieren Text als "eine KOMMUNIKATIVE OKKURRENZ, die sieben Kriterien der TEXTUALITÄT erfüllt":

- **Kohäsion** beruht auf grammatischen Abhängigkeiten und betrifft die Art, wie die Oberflächenkomponenten verbunden sind.
- Bei **Kohärenz** geht es um semantisch-kognitive Aspekte von Texten wie Kausalitäts-und Referenzbeziehungen.[203] Das kognitive Moment führen DE BEAUGRANDE / DRESSLER (1981:7) im Zusammenhang damit an, dass der Textverwender auch da Zusammenhänge herzustellen versucht, wo solche gar nicht (durch kohäsive Mittel) markiert sind; vgl. das Kahn-Beispiel (6-07)d. Aber nicht nur die Interpretation eines Textes ist ein kognitiver Prozess. Die gesamte einem Text zugrunde liegende Konstellation, die "Textwelt", ist kognitiv; sie ist ihrerseits durch "Sinnkontinuität" bestimmt (DE BEAUGRANDE / DRESSLER 1981:88):

> "Wenn wir mit BEDEUTUNG ... die Fähigkeit oder das Potential eines sprachlichen Ausdrucks ... bezeichnen, Wissen (d.h. mögliche = virtuelle Bedeutung) ... zu übermitteln, dann können wir mit SINN ... das Wissen bezeichnen, das tatsächlich durch die Ausdrücke innerhalb eines Textes übermittelt wird. Viele Ausdrücke haben mehrere mögliche Bedeutungen, aber unter normalen Bedingungen im Text nur einen Sinn."

---

202 Zur Problematik der Text-Definition vgl. WAWRZYNIAK (1980:35ff), SCHERNER (1998) und VATER (2001^3:7ff).

203 HALLIDAY / HASAN (1976) verwenden nur den Terminus "Kohäsion", benennen damit aber neben rein kohäsiven Mitteln wie Substitution und Ellipse auch Kohärenzphänomene wie Referenz. Dass hier etwas nicht stimmt, sieht man z.B. daran, dass die Koreferenz-Relation sowohl durch Substitution eines Pronomens als auch durch Rekurrenz oder Ellipse ausgedrückt werden kann. Referenz und Substitution sind also nicht auf der gleichen Ebene anzusiedeln.

Sinnkontinuität basiert auf Konzepten (Begriffen) und Relationen zwischen ihnen. Die Textwelt muss mit der realen Welt nicht unbedingt übereinstimmen.

Von den restlichen fünf Textualitäts-Kriterien betrifft

- **Intentionalität** "die Einstellung (engl. 'attitude') des Textproduzenten, der einen kohäsiven und kohärenten Text bilden will, um ... Wissen zu verbreiten oder ein in einem PLAN angegebenes ZIEL zu erreichen" (ebd.:8f);
- **Akzeptabilität** "die Einstellung des Text-Rezipienten, einen kohäsiven und kohärenten Text zu erwarten, der für ihn nützlich oder relevant ist" (ebd.:9);
- **Informativität** "das Ausmaß der Erwartetheit bzw. Unerwartetheit oder Bekanntheit bzw. Unbekanntheit/ Ungewißheit der dargebotenen Textelemente" (ebd.:10f);
- **Situationalität** "die Faktoren, die einen Text für eine Kommunikations-SITUATION RELEVANT machen" (ebd.:12); und
- **Intertextualität** "die Faktoren, welche die Verwendung eines Textes von der Kenntnis eines oder mehrerer vorher aufgenommener Texte abhängig macht [sic! H.V.]"(ebd.:12f).

Die meisten dieser Kriterien sind problematisch (vgl. dazu Argumentation und Beispiele in VATER 2001^3:46ff). Intertextualität (im oben zitierten Sinne) ist optional, also entbehrlich. Es geht um sprachliche Ausdrücke, die nur durch den Verweis auf Ausdrücke in anderen Texten voll verständlich sind, wie die Überschrift *Unverstanden aus Ruinen* (nach dem Anfang der DDR-Hymne *Auferstanden aus Ruinen*) in der *Süddeutschen Zeitung*, 6./7.7.02:19, der Kabarett-Titel *schwarz-weiß-tot*, der nur auf dem Hintergrund von *schwarz-weiß-rot* interpretierbar ist, oder *bald sieht Marx wie Moritz aus* im Gedicht "Sozialistischer Biedermeier" von Kurt BARTSCH, wo natürlich auf *Max und Moritz* angespielt wird.[204]

Fragwürdig sind auch die Kriterien Intentionalität und Akzeptabilität; sie sind so allgemein, dass sie als notwendige Bestandteile von Kommunikation überhaupt gelten können. Außerdem ist es unzulässig, zur Definition eines Kriteriums ein anderes zu benutzen ("Erwartung eines kohäsiven oder kohärenten Textes"); die Kriterien

---

204 Vgl. die textlinguistische Analyse des Gedichts in VATER (2001^3:43f).

müssen unabhängig voneinander definiert werden. Zudem trifft es nicht zu, dass der Rezipient vom Text erwartet, dass er sein Wissen erweitert. Nicht nur das "große Lalula" von MORGENSTERN,[205] sondern Nonsenstexte generell wären dann keine Texte.

Aus dem gleichen Grund ist das Kriterium der Informativität sehr problematisch. Informativität definieren DE BEAUGRANDE / DRESSLER (1981:10) informationstheoretisch als "das Ausmaß der Erwartetheit bzw. Unerwartetheit oder Bekanntheit bzw. Unbekanntheit / Ungewißheit der dargebotenen Textelemente." Das "große Lalula" müsste demnach hochgradig informativ sein, da nichts Bekanntes vorkommt. Informativität muss auf Texte aus Elementen einer dem Rezipienten bekannten Sprache bezogen werden. Nonsenstexte kann man damit aber ebenfalls nicht erfassen.

Situationalität (Situationsangemessenheit) ist als Teilaspekt von Grice' Kooperationsprinzip text- bzw. kommunikationsrelevant. Das Verkehrsschild (10-01), das DE BEAUGRANDE / DRESSLER (1981), als Beispiel benutzen, kann jedoch anders, nämlich durch Kohäsion, erklärt werden:

(10-01) LANGSAM SPIELENDE KINDER!

Die Autoren meinen, dass die Situation darüber aufklärt, dass nicht von Kindern die Rede ist, die langsam spielen, sondern dass die Autofahrer langsam sein sollen, weil dort Kinder spielen (könnten). Man muss hier zwei Probleme unterscheiden:

1. die syntaktische Doppeldeutigkeit, die ebenso in (10-02) vorliegt, ohne dass dort jeweils ein anderer Sprechakt angenommen werden muss:

(10-02) Laufend frische Brötchen.

2. Situationsangemessenheit, die sich hier auf die Textsorte "Verkehrsschild" bezieht und die den Rezipienten veranlasst, sich verkehrsgemäß zu verhalten.

Das erste ist eine Sache der Kohäsion, genauer der grammatischen Struktur ([langsam] [spielende Kinder] vs. [langsam spielende] [Kinder]). Das zweite ist ein allgemeines Erfordernis menschlicher Kommunikation, das sich aus der Maxime "Be relevant" von GRICE

205 Der Anfang lautet: "Kroklokwafzi? Semememi! Seiokrontro, prafliplo."

(1975) ableitet. Der Autofahrer weiß, dass ihn ein Verkehrsschild zu einem Verhalten auffordert, was hier nur als Rücksichtnahme auf Kinder interpretiert werden kann. Ob die Kinder langsam oder schnell spielen, ist irrelevant. (9-01) zeigt im Übrigen gleichzeitig, daß der Textrezipient aus dem Text "mehr herausholen muss", als direkt gesagt wird. Man spricht hier von Inferenz. RICKHEIT et al. (1985:6) definieren Inferenz in erster Annäherung als

> "a cognitive process by which the reader or hearer acquires new information starting out from the explicitly conveyed textual information and taking into account the context of the discourse".

Später (ebd.:7f) engen sie den Begriff ein, indem sie folgende Textverarbeitungs-Prozesse annehmen: "(1) decoding, i.e. the generation of semantic information from non-semantic information, (2) encoding, i.e. the generation of non-semantic information from semantic information, and (3) inference, i.e. the generation of semantic information from semantic information". Wie erwähnt, bemüht sich der Textproduzent um Kohärenz; er versucht, eine Sinnkontinuität in Form einer "Textwelt" zu übermitteln. Der Textrezipient bemüht sich nun, diese Sinnkontinuität zu erfassen – d.h. die Textwelt möglichst vollständig zu rekonstruieren –, und weiß, dass dazu auch im Text nicht explizit Gesagtes gehört.

Macht nun wirklich nur die Gesamtheit der Textualitäts-Kriterien Textualität aus?[206] Es hat sich gezeigt, dass Intentionalität und Akzeptabilität fragwürdige Textualitäts-Kriterien und eher Voraussetzungen für Kommunikation an sich sind. Andrerseits ist z.B. Akzeptabilität relativ: Der gleiche Text kann von einem Sprecher als Text akzeptiert werden, von einem andern nicht – was bei moderner Lyrik sicher oft der Fall ist. Informativität muss spezifiziert werden: Der Text muss aus Lexikoneinheiten einer Sprache L (die normalerweise dem Produzenten und dem Rezipienten bekannt ist) zusammengesetzt sein. Situationalität trägt zweifelsohne zur Textualität bei. Aber ist ein nicht-situationsadäquater Text kein Text? Kann man nicht nach einer Vorlesung, Predigt oder Regierungserklärung sagen: "Er/sie hat über

---

[206] "Wenn irgendeines dieser Kriterien als nicht erfüllt betrachtet wird, so gilt der Text nicht als kommunikativ. Daher werden nicht-kommunikative Texte als Nicht-Texte behandelt ... ." (DE BEAUGRANDE / DRESSLER 1981:3).

die Köpfe der Leute hinweg geredet"? Damit sagt man nur, dass der betreffende Text nicht situationsadäquat war, aber nicht, dass er kein Text war. Das gilt auch für den umgekehrten Fall, wo der Redner sich zu lange bei elementaren Voraussetzungen aufhält ("bei Adam und Eva anfängt"). Hier kann man dem Redner vorwerfen, dass er sein Publikum unterschätzt hat. Aber er hat sicher einen Text produziert.

Dass Kohäsion fehlen kann, zeigen expressionistische Gedichte wie das hier ausschnittweise wiedergegebene Lichtenstein-Gedicht:

(10-03) Die Dämmerung (von Alfred LICHTENSTEIN)

Ein dicker Junge spielt mit einem Teich.
Der Wind hat sich in einem Baum gefangen.
Der Himmel sieht verbummelt aus und bleich,
Als wäre ihm die Schminke ausgegangen.
...
Ein blonder Dichter wird vielleicht verrückt.
Ein Pferdchen stolpert über eine Dame.

Trotz fehlender Kohäsion gibt es hier (textinterne) Kohärenz: Jeder Satz steht für sich und hat weder kohäsive noch kohärente Bindung zum vorangehenden und folgenden Satz. Nur der Titel bildet die inhaltliche Klammer und schafft Kohärenz; er kennzeichnet das Thema, das für den ganzen Text gilt, aber aus den einzelnen Text-Sätzen nicht direkt ableitbar ist. Kohärenz stellt das dominierende Textualitäts-Kriterium dar; sie ist zentral für das Zustandekommen eines Textes: Auch wenn alle anderen von DE BEAUGRANDE/ DRESSLER (1981) postulierten Kriterien nicht erfüllt sind, kann es sich, solange Kohärenz vorliegt, um einen Text handeln.

Gleichzeitig wird deutlich, dass das Textthema weitgehend die Kohärenz-Beziehungen im Text bestimmt. Nun ist das Thema jedoch eine nichtsprachliche Größe, die erst im Text versprachlicht wird. Es ist eingebettet in einen Wissenszusammenhang, der sowohl für den Textproduzenten bei der Entfaltung des Texts als auch für den Rezipienten bei dessen Interpretation relevant ist.

Die Bestimmung der Textkohärenz und damit der Grenze zwischen Text und Nicht-Text ist problematisch. KINDT / WIRRER (1976:126) haben daraus geschlussfolgert, Kohärenz sei nicht eine Eigenschaft, "die einem Text eindeutig zukommt oder nicht zukommt" (wie DE BEAUGRANDE / DRESSLER (1981) annehmen), sondern sie sei "an

Leistungen und Urteilen von Rezipienten" festzumachen. Diese Auffassung birgt die Gefahr in sich, alles zum Text zu erklären, was sprachlich abgefasst und in irgendeinem Zusammenhang interpretierbar ist. Daher ist der Aussage von SCHERNER (1984:148f) zuzustimmen, "dass Wörter schon etwas mitbringen, bevor sie zur kommunikativen Verwendung gelangen"; Kohärenz sei aufzufächern in "textbezügliche Konsistenz-Bedingungen", die semantisch-syntaktische Regularitäten der Vertextung betreffen und eine Satzfolge zum Text machen, und "Textbenutzer-bezogene Kohärenz-Bedingungen", die "die darüber hinausgehenden Sinnerstellungsoperationen und -voraussetzungen des jeweiligen Rezipienten" beinhalten.[207]

Die textinternen Bedingungen entsprechen weitgehend "Kohäsion" bei DE BEAUGRANDE / DRESSLER (1981), wobei zu erwähnen ist, dass die Autoren phonologische und morphologische Kohäsion außer Acht lassen (vgl. dazu VATER 2001³:24ff).[208] Alle Arten von Kohäsion sind jedoch entbehrlich für das Zustandekommen von Textstruktur sind. Wesentlich, d.h. notwendig und hinreichend, sind die semantisch-kognitiven Beziehungen zwischen Sätzen, die durch den Sinn der verwendeten Ausdrücke, durch Referenz-Beziehungen zwischen Sätzen und durch die Art der Verknüpfung (kausal, temporal usw.) zustande kommen. Das sind aber weitgehend textexterne Bedingungen im Sinne von GÜLICH / RAIBLE (1977).

LANG (1973:302) hat den für die hier interessierenden Zusammenhänge wichtigen Terminus "Gemeinsame Einordnungs-Instanz" (GEI) geprägt. Die GEI ist unerlässlich für die Koordination von Sätzen, aber darüber hinaus für jeden Textzusammenhang. In einem Satzpaar wie (10-04) könnte die GEI wohl als "etwas vor Regen schützen" gesehen werden. Natürlich können auch andere Zusammenhänge von der jeweiligen spezifischen Situation, in der (10-04) geäußert wird, nahe gelegt werden.

---

207 "Textbezügliche Konsistenzbedingungen" werden von GÜLICH / RAIBLE (1977) "textinterne Bedingungen" genannt; ihnen stehen textexterne Bedingungen gegenüber, die situative Angemessenheit und Einbettung in einen Wissenszusammenhang ("Horizont" nach SCHERNER 1984) betreffen. Zur Kohärenz-Diskussion vgl. auch BUBLITZ / LENK / VENTOLA (eds.) (1999) und ANTOS / TIETZ (eds.) (1997).

208 Zur phonologischen Kohäsion (vgl. VATER 2001³:24ff) gehören Rhythmus, Reim, Lautsymbolismus, Intonation und Pausenstruktur.

(10-04) Es regnet. Gib mir die Bibel.

Es kann sogar vorkommen, dass ein Satz durch Koordination (oder generell durch textuelle Verknüpfung) mit einem andern Satz eine neue, nicht aus seiner wörtlichen Bedeutung ableitbare Interpretation erhält, so in der Satzfolge (10-05) die Bedeutung "Nicht-Auto" von *Trabant* (vgl. LANG 1977:26):

(10-05) Peter hat sich einen Trabant und seiner Frau ein Auto gekauft.

Nach VAN DIJK (1980:25) handelt es sich bei den Relationen im Text primär nicht um Relationen zwischen Sätzen, sondern zwischen Propositionen, die zu **Mikrostrukturen** verknüpft sind. Als Proposition wird in der Logik der einem Satz zugrunde liegende Bedeutungsgehalt verstanden, der wahr oder falsch sein kann (vgl. 5.6). Nach VAN DIJK (1980) sind Propositionen nicht direkt mit Wahrheitswerten verbunden, sondern mit Sachverhalten in möglichen Welten. Eine Welt wird als "Kollektion von Sachverhalten" (ebd.) verstanden.[209]

Auch VAN DIJK (1980) geht davon aus, dass einem Text Konzepte und die zwischen ihnen existierenden Relationen zugrunde liegen. **Makrostrukturen** liefern nach VAN DIJK (1980:42) eine Vorstellung der globalen Textbedeutung, die auf einer höheren Ebene als der der einzelnen Propositionen angesiedelt ist. Eine Anzahl von Propositionen kann eine Bedeutungseinheit auf der globaleren Ebene bilden.

Da – wie VAN DIJK (1980:174) im Zusammenhang mit Textverstehen bemerkt – Sprachbenutzer bei der Wiedergabe von Texten einzelne im Text verwendete Ausdrücke durch andere ersetzen und sogar Propositionen hinzufügen, die dem Wissensbestand des Langzeitgedächtnisses entstammen, handelt es sich eher um kognitive als um semantische Strukturen: Es kommt nicht so sehr auf die wörtliche Bedeutung verwendeter Ausdrücke als auf den erst im Textzusammenhang etablierten kognitiven Sinn an.

Formal besteht eine Makrostruktur nach VAN DIJK (1980:42) wie eine Mikrostruktur aus Propositionen. "Makrostruktur" bezeichnet

---

209 VAN DIJK (1980:25) weist darauf hin, dass seine Definition auch für mögliche Welten, also z.B. Traumwelten, gilt.

also eine globale Struktur in Bezug auf speziellere Strukturen einer niedrigeren Ebene. In einem Text finden sich meist verschiedene Ebenen der Makrostruktur: Der Gesamttext hat eine Makrostruktur, bestimmte Textteile haben aber auch eine. VAN DIJK (1980:49) nimmt an, dass einer Makrostruktur "eine unendlich große Zahl 'konkreter' Texte 'zugrundeliegen'" könne, dass eine Makrostruktur eine Textmenge definiert, die alle Texte enthält, die dieselbe globale Bedeutung haben. Der Rest (das, was in den einzelnen Textexemplaren variiert) ist "(im Wortsinn) Nebensache" (ebd.).

Van Dijks "Makroregeln", die die Konstruktion von Makrostrukturen ausgehend von konkreten Textexemplaren bewerkstelligen sollen, können zwar erklären, wie eine Menge von Propositionen auf einen einfachen konzeptuellen Tatbestand zurückgeführt werden kann, jedoch nicht, warum umgekehrt der Textrezipient bei Nacherzählungen Elemente, die im Text nicht vorkamen, hinzufügt (vgl. VATER 2001^3:73f). Hier handelt es sich um ein kognitives Phänomen, auf das SCHWARZ (1996^2:87) eingeht:

> "Konzepte sind im Gedächtnis nicht isoliert abgespeichert, sondern sie sind durch verschiedene Relationen mit anderen Konzepten verknüpft. Die interkonzeptuellen Beziehungen stellen kognitive Strukturen dar, die Zusammenhänge eines Realitätsbereichs repräsentieren."

BARTLETT (1932) führte dafür im Rahmen seiner Gedächtnistheorie das "Schema"-Modell ein.[210] Ein solches Schema kann erklären, warum jemand bei der Nacherzählung eines Märchens einen Zauberer erwähnt, der bei der Repräsentation des Märchens gar nicht vorkam: Ein Zauberer gehört zum Schema "Märchen".

Nach VAN DIJK (1980:50) ist ein **Thema** eine Makroproposition auf einem bestimmten Abstraktionsniveau. Ob ein Text mehrere Themen haben kann, wird von den meisten Textlinguisten nicht erörtert.[211] Dieser Gedanke ist nicht abwegig: Sonatensätze haben gewöhnlich mehrere Themen, die miteinander kontrastiert oder in-

---

210 Für die Darstellung kognitiver Strukturen sind noch andere Modelle wie "Rahmen", "Szenarios", "Scripts" usw. von der Kognitionsforschung entwickelt worden (vgl. SCHWARZ 1996^2).

211 MACKELDEY (1987:41) spricht von "polythematischen alltagssprachlichen Dialogen", in denen die einzelnen Themen "häufig nicht als Sub- oder Mikrothemen einem Hyper- oder Makrothema untergeordnet" sind.

einander verschränkt werden können. Andererseits ist behauptet worden, dass es Texte ohne Thema gebe (z.B. das Gedicht "Das große Lalula"). Das hängt von der Definition von "Thema" ab. Nach MACKELDEY (1987:39f) gibt es keine athematischen Texte:

> "Thematizität liegt auch dann vor, wenn das Thema nicht allein aus dem Text, d.h. aus den sprachlich manifesten Äußerungen selbst, sondern nur unter Zuhilfenahme außersprachlicher Faktoren zu erschließen ist."

Ein explizit benanntes Thema nennt VAN DIJK (1980:50) "Themawort" oder "Themasatz". Text-Titel in Zeitungen sind Teil der Makrostruktur.[212] Es gibt Fälle wie (9-03), wo das Thema ohne Titel für den Rezipienten kaum erschließbar wäre. Andererseits kommen Texte (z.B. Briefe und Predigten) ohne Titel aus, oder sie haben Titel, die den Inhalt des Textes ungenügend oder gar nicht benennen. So gibt es Werbetexte, wo das durch Textanfang oder Bildfolge suggerierte Thema nichts mit dem intendierten Thema zu tun hat.[213]

KLEIN / VON STUTTERHEIM (1987:163) bestimmen Textthema und Textstruktur dadurch, welche Frage(n) der Text beantwortet.[214] Der Text in seiner Gesamtheit dient dazu, eine explizite oder implizite Frage zu beantworten, die **Quaestio** des Textes. Die einzelnen Äußerungen tragen zur Beantwortung dieser Frage(n) bei und die Beschränkungen, denen der Textaufbau unterliegt, haben ebenfalls mit der Quaestio zu tun. So lässt sich die Antwort auf die Frage, wie man einen Marmorkuchen bäckt, nicht in einem Satz formulieren, sondern verteilt sich auf mehrere Sätze, die auf bestimmte Weise miteinander verknüpft sind.

---

212 Vgl. dazu KNIFFKA (1980), wo Schlagzeilen in ihren Bezügen zum Lead und Body des Zeitungsberichts, zur Situation, zur politischen Einstellung der Zeitung usw. analysiert werden.

213 In ihrem auch für Textlinguisten sehr anregenden Buch zur Werbesprache sagt RÖMER (1968:184) zu einleitenden Fragen: "Die Frage kann aber auch nur eine Einleitung sein, von der aus dann in Stufen zu dem eigentlichen Warenangebot fortgeschritten wird. Die Frage ist so weit von der Sache entfernt, daß der Leser die Werbeabsicht leicht übersieht."

214 Auch HELLWIG (1984:60) sieht das Text-Thema als "ein Fragliches". Der Sprecher/Schreiber kann nur eine sinnvolle Aussage machen, wenn dem Hörer/Leser etwas fraglich ist. Vgl. dazu die Relevanz-Maxime von GRICE (1975): "be relevant!" Vgl. auch C. VON STUTTERHEIM (1997).

KLEIN / VON STUTTERHEIM (1987:166) erwähnen Texte, die keine klare Quaestio haben. Auch wird hier angenommen, dass es Texte gibt, bei denen ein Thema in ein anderes (in einer "Nebenstruktur") eingebettet ist (ebd.). Diesen Fall nimmt auch DANEŠ (1970:190) an. Daneben gibt es für ihn Texte mit (explizitem oder implizitem) "Doppelthema".

Jede Äußerung enthält zwei Komponenten, die die Autoren "Topik" und "Fokus" nennen, denen die üblicheren Termini "Thema" und "Rhema" entsprechen. Das Thema gibt die Alternative an, die es zu entscheiden gilt, das Rhema "welche Alternanten der Sprecher tatsächlich wählt" (KLEIN / VON STUTTERHEIM 1987:164). Nach KLEIN / VON STUTTERHEIM (1987:167) geben nur Äußerungen der Hauptstruktur in einem Text eine (partielle) Antwort auf die Quaestio des Textes. In die Hauptstruktur sind Passagen eingeschaltet, die zur Nebenstruktur (zum Hintergrund) des Textes gehören. Sie antworten nicht auf die Quaestio des Textes, obwohl sie indirekt zu der gesamten Antwort beitragen.

> "Jede einzelne Äußerung enthält ein Gefüge von Angaben zu Ort, Raum, Handlung, Personen usw. – zu verschiedenen semantischen Bereichen oder, wie wir hier sagen, Referenzbereichen. Die folgende Äußerung behält einen Teil dieser Informationen bei und führt andere neu ein. Diese Entfaltung der Information von Äußerung zu Äußerung bezeichnen wir als **referenzielle Bewegung.**"

Die referenzielle Information betrifft alle wesentlichen Referenzbereiche (also Ereignis-, Ding-, Orts-, und Zeit-Referenz; vgl. 5.). Die referenzielle Bewegung wird schrittweise entfaltet; sie macht einen wesentlichen Bestandteil der Antwort aus, die der Textproduzent im Verlauf des Textaufbaus auf die Quaestio gibt.

Textproduktion und Textverstehen lassen sich zusammenfassen als "Textverarbeitung". Textverarbeitung ist ein Teilbereich dessen, was als "Sprachverarbeitung" einen zentralen Teilbereich der Psycholinguistik bildet (vgl. 7.4). Sprachverarbeitung – bzw. "kognitive Sprachverarbeitung", wie RICKHEIT / STROHNER (1993) in ihrem Buch sagen – ist ein Teil der menschlichen Geistestätigkeit. In diesem Bereich haben wir daher weitgehend mit Arbeitsmethoden und Erkenntnissen der Psycholinguistik zu tun. Da die vorangehende Darstellung weitgehend Textproduktion betraf, ist noch einiges zum (neuerdings stark bearbeiteten) Bereich **Textverstehen** zu sagen.

Nach SCHERNER (1984:187ff) gehören zum Textverstehen:

- Sprachkenntnis,
- Situation,
- sprachlicher Kontext,
- der "Horizont" des Text(produzenten und) -rezipienten.

Den Terminus "Horizont" hat SCHERNER (1984 und 1991) von BRINKMANN (1965) übernommen. Bei BRINKMANN (1971^2:730f) wird **Horizont** folgendermaßen charakterisiert:

> "Mit der Situation verbunden ist der Horizont. ... was die Partner in das Gespräch mitbringen und wie das Gespräch zwischen ihnen verläuft, das hängt von ihrem Horizont ab. Er schließt ihr Verhältnis zueinander ein, ihre soziale Rolle, ihre Erfahrungen, Erinnerungen und Erwartungen, natürlich auch ihr 'Vorwissen', alles, woran sie "denken". Insgesamt ist es ihr Sprachbesitz, der potentiell verfügbar ist und jederzeit aktualisiert werden kann. ... Vorhandensein und Verteilung der sprachlichen Rollen bringt die Situation mit sich, das Wirksamwerden der Rollen vollzieht sich als Austausch der Horizonte."

SCHERNER (1984) sortiert einiges von dem, was BRINKMANN (1971^2) in den Horizont hineinpackt, wieder aus, z.B. das Sprachwissen. Sprachwissen ist weitgehend institutionalisiert, d.h. für die Teilhaber an einer Sprachgemeinschaft weitgehend gleich, im Gegensatz zum Horizont, der eher individuell oder gruppenspezifisch ist. Wenn ein Mensch Angst vor Hunden hat, so ist das ein psychisches Problem. Es hat nichts mit dem Wort *Hund* und seinem Gebrauch zu tun. Anderseits gehört das Wissen, dass *Hund* Substantiv, Maskulinum und Individuativum[215] ist, zum Wissen über die deutsche Sprache, nicht zu irgendwelchen individuellen Vorstellungen. Andererseits hängt die Verteilung der sprachlichen Rollen nur teilweise von der Situation ab; so muss eine Frage von A an B von B beantwortet werden; in einer anderen Situation kann B der Fragende, A der Antwortende sein. Sprachliche Rollen sind aber auch von sozialen Rollen abhängig: Die Form der Anrede hängt von der sozialen Beziehung zwischen den Kommunikationspartnern (verwandt – nicht verwandt / vertraut – nicht vertraut / gleichaltrig – nicht gleichaltrig usw.) ab, nicht von der

---

215 Ein Wort ist Individuativum, wenn es einen Plural bildet und sich mit Zahlwörtern verbindet. Andernfalls ist es ein Kontinuativum.

Situation. Das Gleiche gilt für die sprachliche Einkleidung einer Illokution (besonders einer Anordnung).

RICKHEIT / STROHNER (1993:70) unterteilen Textverstehen in einen sensomotorischen, einen syntaktischen, einen semantischen und einen pragmatischen Bereich; der semantische Bereich lässt sich weiter differenzieren in Konzept-, Referenz- und Sinnverarbeitung. Sie geben (ebd.) folgende Taxonomie des Textverstehens:

(10-06) Taxonomie des Textverstehens

a *Perzeptuelles Verstehen*: Der sprachliche Input wird hinsichtlich seiner sensorischen Merkmale und Komponenten erkannt (z.B. in welcher Sprache der Text formuliert wurde, ob eine Frage gestellt wurde, um welche Wörter es sich handelt).

b *Syntaktisches Verstehen*: Wortarten und morphologische Struktur werden erkannt.

c *Konzeptverstehen*: Das mit dem Wort verbundene Konzept wird aktiviert und gegebenenfalls disambiguiert.

d *Referenzverstehen*: Dem Wortkonzept wird die referenzielle Relation zur realen oder fiktiven Textwelt zugeordnet.

e *Semantisches Sinnverstehen*: Die Referenzkonzepte werden zu einer kohärenten Struktur zusammengefügt und mit weiterem Wissen ergänzt.

f *Pragmatisches Sinnverstehen*: Die Meinung des Textproduzenten wird ermittelt, so dass Verständigung mit ihm erreicht wird.

Für Textverstehen wurden (wie für Sprachverstehen überhaupt; vgl. 7.4.2) sowohl sequenzielle (autonome) als auch parallele (interaktive) Modelle entwickelt.[216] Einen besonders interessanten Ansatz bildet SCHERNER (1994), der wohl eher den Parallel-Modellen zuzuordnen ist. Danach ist Textverstehen als Spurenlesen aufzufassen. Die in SCHERNER (1984) angenommenen Aspekte des Textverstehens werden hier erweitert durch die von HARWEG (1989) in der Diskussion mit VIEHWEGER (1989) eingeführte Metapher der "**Spur**". Kohärenz wird nach HARWEG (1989) entscheidend durch Spuren im Text geprägt. Während für Viehweger Kohärenz nicht Eigenschaft eines Textes ist, sondern als Ergebnis der interpretativen Verarbeitung eines Textes innerhalb der Kognition eines Rezipienten anzusehen ist,

---

216 Eine eingehende Beschreibung dieser Modelle findet sich in RICKHEIT / STROHNER (1993:70ff).

sieht Harweg (wie DE BEAUGRANDE / DRESSLER 1981) Kohärenz als textimmanent an, als das Ergebnis des internen Zusammenspiels der in einem Text manifesten sprachlichen Mittel. SCHERNER (1994:318) versteht die beiden Positionen nicht als absolute Gegensätze, sondern als miteinander vereinbar:

> "Ein 'Text' ist in dieser Perspektive die materiell gegebene und daher wahrnehmbare 'Spur' eines sprachlichen Kommunikationsereignisses." (SCHERNER 1994:319)

Dabei macht Scherner (ebd.) zwei Grundannahmen:

1. "Texte" wie "Spuren" bestehen aus / sind gemacht aus "Zeichen".
2. "Texte" wie "Spuren" sind Auslöser einer kognitiven Progression.

Nach SCHERNER (1994:320) treten im Verstehensprozess von der Wahrnehmung der (als Zeichen verstandenen) Spuren bis zur vollen Erkenntnis als vermittelnde Elemente Begriffe bzw. "Ideen" auf, die ebenfalls als Zeichen aufzufassen sind; es ergeben sich mehrere Zeichenebenen: Ideen sind Zeichen; Spuren sind Zeichen von Zeichen. Der 'Spuren'-Charakter eines Textes ist darin zu sehen, dass ein Textproduzent seine einmaligen individuellen Kognitionen nur mit dem Vehikel der abstrakten ... und sozial geteilten ... Sprachzeichen kommunizieren kann (SCHERNER 1994:320f). Für eine genauere Beschreibung von Scherners Ansatz sei auf VATER (2001^3, §5.5) verwiesen.

11. Sprachphilosophie

Das *LGL* (1980²) eröffnet interessanterweise seine Beschreibungen linguistischer Subdisziplinen mit dem Artikel über Sprachphilosophie von Kuno LORENZ. Er beginnt seine "Begriffsbestimmung, historisch und systematisch" der Sprachphilosophie mit folgendem Satz:

> "Die S. als eine eigenständige philosoph. Disziplin wie Natur- und Moralphilosophie, die auf die antike θεορια–πραξισ–Unterscheidung zurückgehen und seit der stoischen Disziplinengliederung nach den Gebieten φυσισ und ηθοσ (neben λογοσ, aber hier schließt sich traditionell nur die Logik sowie eine Lehre von der logischen oder rationalen Grammatik und der psychologischen oder empirischen Rhetorik, keine eigenständige S. an), wenn man von der durchaus selbständigen, auch im Mittelalter wirksam gewesenen Lehre von den Zeichen bei Aristoteles und in der Stoa einmal absieht) eine bis heute wirksame Einteilung der Philosophie darstellen, ist in ihrer besonderen, für alle vom Sprechen abhängigen Tätigkeiten – seien dies speziell wissenschaftliche oder auch andere, z.B. künstlerische – konstitutiven Rolle erst ein Resultat des 20. Jhs. und zwar im Zusammenhang der Ausbildung des Werkzeugs der logischen Analyse sprachlicher Ausdrücke in der Analytischen Philosophie, ganz besonders bei Ludwig Wittgenstein, zumal man die historischen Vorstufen im 19. Jh., von Bolzano bis de Saussure und Wundt, gerade dort, wo es nicht um logische, sondern um z.B. poetische Analyse geht, erst langsam in ihrer allgemeinen semiotischen Bedeutung zu würdigen beginnt." (*LGL* 1980²:1)

Dieser Satz ist so kompliziert in seiner Syntax wie dunkel in seiner Semantik. Zerlegt man ihn in einzelne Bestandteile und versucht, ihre Bedeutung zu verstehen, ergibt sich:

- Sprachphilosophie ist eine Subdisziplin der Philosophie wie Natur-, Moral-, Erkenntnisphilosophie (Epistemologie) und Logik.
- Sie hat sich relativ spät, erst im 20. Jh., herausgebildet; vorher war Sprachphilosophie keine eigene philosophische Subdisziplin.
- Sprachphilosophie befasst sich mit allen "vom Sprechen abhängigen Tätigkeiten". Da es offenbar keine sprachphilosophische Phonologie oder Morphologie gibt, ist das wohl einzugrenzen auf Syntax, Semantik und Pragmatik, also: philosophische Begründung syntaktischer, semantisch-logischer und pragmatischer Relationen.

In diesem Zusammenhang ist hervorzuheben, dass sich die Semantik aus der Logik entwickelt hat (vgl. 5.), und dass die frühen Hauptvertreter der Pragmatik (Austin, Russell, Strawson, Grice und Searle) allesamt Philosophen waren; sie haben die Hauptbereiche der Pragmatik, nämlich Deixis, Präsuppositions- und Sprechakttheorie, begründet.

Eine wichtige (doch aus heutiger Sicht eher verhängnisvolle) Rolle in der Sprachphilosophie spielte der Romanist Karl Voßler. Nach HELBIG (1973^2:22) stellt bereits dessen theoretisches Frühwerk (VOßLER 1904) eine Abrechnung mit der positivistischen Forschung der damals tonangebenden Junggrammatiker von der idealistischen Warte aus dar. Die Beschreibung von Fakten ohne kausale Erklärung ist für Voßler keine Wissenschaft, sondern "der Tod des menschlichen Denkens". Wenn man ihm darin Recht geben kann (obwohl er den Junggrammatikern nicht gerecht wird, da sie ja auch Erklärungen suchten und anboten), kann man ihm nicht folgen, wenn er die Lautlehre verwirft (da sie sich, wie HELBIG 1973^2:22 bemerkt, nicht geisteswissenschaftlich erklären lässt) und die gesamte Grammatik als unwissenschaftlich verwirft, da sie "ein von nimmermüden Positivisten angelegter unermeßlicher Kirchhof" ist, "wo allerhand tote Sprachteile in Massen und Einzelteilen hübsch eingebettet liegen" (VOßLER 1904:38). Hier wird bei aller berechtigten Kritik an den Junggramatikern, die eine naturwissenschaftlich geprägte Sprachauffassung anstrebten und alle geisteswissenschaftlichen Aspekte ignorierten, das Kind mit dem Bade ausgeschüttet.[217] Der bedeutendste Sprachwissenschaftler der zweiten Hälfte des 20. Jahrhunderts, Noam Chomsky, hat überzeugend gezeigt, dass die Grammatik nicht in erster Linie als Ansammlung von Elementen in bestimmten Strukturen anzusehen ist, sondern als Produkt einer spezifisch menschlichen Kompetenz (vgl. CHOMSKY 1965) und damit als psychologischer Gegenstand (vgl. 1.3).

---

217 Eine versöhnlichere (wenn auch einseitig praktisch-didaktische) Haltung gegenüber der Grammatik nimmt VOßLER (1923:2) ein: "Die Grammatik kodifiziert den Usus und versucht wohl auch, sofern er schwankt, ihn zu befestigen. Darum wird vor allem derjenige sich um die Grammatik kümmern, der eine Sprache lernen, d.h. ihren Usus kennen will. Das Wesen der Grammatik ist in erster Linie didaktisch."

Ein zentrales Thema der Sprachphilosophie ist die Beschäftigung mit sprachlichen Zeichen und ihrer Verwendung im Kommunikationsakt. Zu erwähnen ist besonders die von PEIRCE (1934)[218], OGDEN / RICHARDS (1923) und MORRIS (1938) entwickelte triadische Zeichenlehre, wonach ein Sprecher mittels eines Symbols einen Gedanken ausdrückt, der auf einen Referenten referiert:

(11-01)

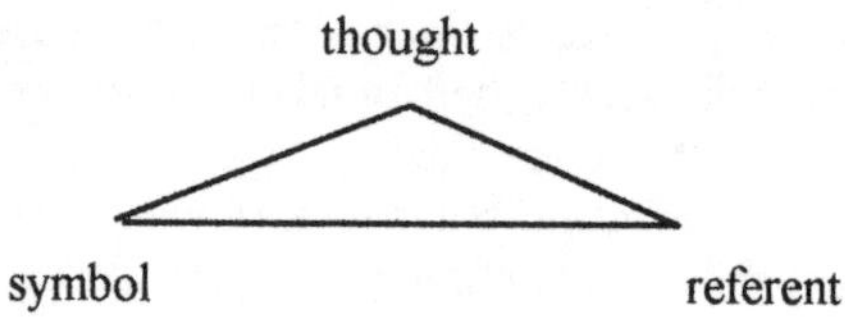

Wittgensteins *Philosophische Untersuchungen* entfalten die These: "Die Bedeutung eines Wortes ist sein Gebrauch in der Sprache" (WITTGENSTEIN 1953, dt. Übs. 1977:41). Der Vorgang des Gebrauchs von Wörtern ist ihm zufolge ein "Sprachspiel":

> "Wir können uns auch denken, daß der ganze Vorgang des Gebrauchs der Worte in (2) eines jener Spiele ist, mittels welcher Kinder ihre Muttersprache erlernen. Ich will diese Spiele 'Sprachspiele' nennen ... Ich werde auch das Ganze: der Sprache und der Tätigkeiten, mit denen sie verwoben ist, das 'Sprachspiel' nennen." (WITTGENSTEIN 1977:19)

Und an anderer Stelle (dt. Übs. 1977:28) sagt er:

> "Das Wort 'Sprachspiel' soll hier hervorheben, daß das Sprechen der Sprache ein Teil ist einer Tätigkeit, oder einer Lebensform."

(11-02) ist sein erstes Beispiel für ein Sprachspiel (1977:16, §2).

(11-02) "Denken wir uns eine Sprache, für die die Beschreibung, wie Augustinus sie gegeben hat, stimmt: Die Sprache soll der Verständigung eines Bauenden A mit einem Gehilfen B dienen. A führt einen Bau auf aus Bausteinen; es sind Würfel, Säulen, Platten und Balken vorhanden. B hat ihm die Bausteine zuzureichen, und zwar nach der Reihe, wie A sie braucht. Zu dem Zweck bedienen sie sich einer Sprache, bestehend aus den Wörtern 'Würfel', 'Säule', 'Platte', 'Balken'. A ruft sie aus; – B bringt den Stein, den er gelernt hat, auf diesen Ruf zu bringen. — Fasse dies als vollständige primitive Sprache auf."

---

218 Laut Hinweis von REICHENBACH (1947:4) zuerst bereits 1903 publiziert.

An diesem Beispiel zeigt Wittgenstein, dass Sprache wie ein Spiel nach bestimmten Spielregeln verläuft. Die Regel heißt praktisch "Bring mir X". Die Steine im Spiel sind die Füller der Leerstelle X: *Würfel*, *Säule*, *Platte*, *Balken*. Gleichzeitig wird klar, dass – jedenfalls in dieser primitiven Sprache – jedes Wort gleichzeitig als Satz dienen kann. Ist es mit einer Illokution (hier: einer Aufforderung) verbunden, dann ist es ein Satz. Ist es Teil einer Liste, dann ist es ein Wort. Sätze haben beschreibende (oder allgemeiner: illokutive) Funktion, Wörter benennende. Wittgensteins Sprachspiel erweist sich als Vorgänger des Sprechakts, ist zugleich aber ein komplexer Kommunikationsvorgang mit Rede und Gegenrede, vgl. (11-02).

APEL (1986:46) betont die (im Titel seines Aufsatzes genannte) "philosophische Tragweite der Sprechakttheorie". Die Entwicklung der Sprechakttheorie bei BÜHLER (1934), AUSTIN (1962) und SEARLE (1969) hat dazu geführt, dass das klassische propositionsorientierte, referenzsemantische Paradigma der menschlichen Sprache abgelöst wurde durch ein umfassenderes Paradigma, in dem die (illokutive) Funktionen sprachlicher Äußerungen eine ebenso wichtige Rolle spielt wie die wahrheitswerttragenden Propositionen der Äußerungen:

> "Es zeigt sich jetzt, daß gerade die Klärung des intersubjektiv gültigen Sinns der für Propositionen konstitutiven Begriffe den *semantischen* Logos der Sprache im Sinne der transzendentalpragmatisch *begründeten* Doppelstruktur voraussetzt. Mit anderen Worten: auch die Einlösung des Sinn- und Wahrheitsanspruchs, die mit dem propositionalen Logos verbunden ist, erfordert eine argumentative *Kritik* und *Konsensbildung*, welche die *Komplementarität des performativ-kommunikativen und des propositionalen Logos* voraussetzt. Noch einfacher gesagt: Argumentation besteht nicht aus abstrakten Propositionen, sondern aus semantisch explizit formulierbaren – Sprechakten." (APEL 1986:84)

Zum Schluss dieses kurzen Kapitels ist auf TUGENDHAT (1976) aufmerksam zu machen, ein Buch, in dem die Grundprobleme der Philosophie allgemein und der Sprachphilosophie im Besonderen klar und eindringlich beschrieben werden. Ein Grundproblem der Philosophie hängt mit ihrem Reflexionscharakter zusammen:

> "Sie konzipiert ihre Fragestellungen nicht in direkter Thematisierung jeweiliger Gegenstände, sondern in der gleichzeitigen Reflexion darauf, wie uns diese Gegenstände gegeben sein können, wie sie uns zugänglich werden."

TUGENDHAT (1976:16f) kennt keine befriedigende Antwort auf die Frage, wie die sprachanalytische Philosophie von der empirischen Sprachwissenschaft zu unterscheiden ist. Ist die Sprachanalyse, die innerhalb der Philosophie geleistet wird, eine andere als die, die in der Sprachwissenschaft geleistet wird? Wenn ja, worin liegt der Unterschied?

Für eine gründlichere Einarbeitung in die Sprachphilosophie ist auf die instruktive Zusammenstellung sprachphilosophischer Texte von der Antike bis zur Gegenwart in BRAUN (ed.) (1996) zu verweisen.

12. Sprachvergleichsforschung

12.1 Vorbemerkungen

Mindestens drei Disziplinen beschäftigen sich mit Sprachvergleich:

- die (Historisch-)Vergleichende Sprachwissenschaft,
- die Sprachtypologie,
- die Kontrastive Sprachwissenschaft (bzw. Kontrastive Linguistik).

Die **Historisch-Vergleichende Sprachwissenschaft** (vgl. UNTERMANN (ed.) 1973) untersucht Sprachverwandtschaften. Sie ermittelt, inwieweit Ähnlichkeiten zwischen Sprachen im phonologischen, morphologischen und syntaktischen System und in der Lexik auf genetischen Beziehungen ("Verwandtschaft") beruhen. Da das nur im Rückgriff auf ältere Sprachstufen möglich ist, wird sie auch "Historisch-Vergleichende Sprachwissenschaft" genannt. Wenn man immer größere Ähnlichkeiten oder gar Gleichheiten zwischen Sprachen feststellt, je weiter man in ihre Geschichte eindringt, ist der Verdacht begründet, dass sie von der gleichen "Ursprache" abstammen, also miteinander verwandt sind.

Der **Sprachtypologie** geht es in erster Linie um strukturelle Gemeinsamkeiten zwischen Sprachen ohne Rücksicht auf ihren genetischen Ursprung. So hat man interessante Gemeinsamkeiten zwischen dem Englischen und Chinesischen festgestellt: Beide Sprachen kommen mit einem Minimum an Flexiven aus.

Die **Kontrastive Linguistik** unternimmt es, "zwei oder mehrere Sprachen auf allen Ebenen mit Hilfe der Grundlage eines tertium comparationis zu vergleichen, wobei statt des ehrgeizigen Ziels, das gesamte System zu beschreiben, in der Praxis meistens nur Teilbereiche miteinander verglichen werden." (NICKEL 1980^2:633).

Die Frage "Wie viele Sprachen gibt es auf der Welt?" ist außerordentlich schwer zu beantworten, wie die Schätzungen in wissenschaftlichen Werken zeigen: LANGACKER (1973^2:45) nimmt drei- bis fünftausend Sprachen an, O'GRADY / DOBROVOLSKY/ ARONOFF (1993^2:307) rechnen mit vier- bis achttausend Sprachen. COMRIE (1989^2:9) sagt: "Although estimates of the number of different languages vary considerably, they tend to cluster around the 4.000 mark". Das Problem in der Bestimmung der Zahl der auf der Welt gesprochenen Sprachen liegt nicht so sehr daran, dass noch nicht alle Sprachen gezählt oder gar entdeckt worden sind, sondern viel mehr daran, dass Sprachen schwer voneinander abgrenzbar sind: Ist das Kaschubische eine eigene Sprache oder ein Dialekt des Polnischen? Die Antwort auf diese Frage wird beeinflusst von historischen, sozialen, kulturellen, politischen Faktoren. So sehen die Kaschuben auf Grund ihrer kulturell-politischen Tradition das Kaschubische als eigene Sprache an, die Polen andererseits betrachten es eher als polnischen Dialekt.

Die Feststellung von FROMKIN / RODMAN (1993^5:350), dass über viertausend "gegenseitig nicht verständliche Sprachen" ("mutually unintelligible languages") anzunehmen seien, ist zu relativieren. Danach dürfte das Niederländische, zum mindesten für Norddeutsche, keine Fremdsprache sein, denn es ist für sie weitgehend verständlich. Schwyzerdytsch andererseits ist für Nord- und Mitteldeutsche schwer verständlich, rechnet aber nicht als eigene Sprache, da es keine eigene Schriftsprache entwickelt hat. Die Entwicklung einer eigenen Schriftsprache ist ausschlaggebend dafür, dass das Niederländische als eigene Sprache zählt.

12.2 Historisch vergleichende Sprachwissenschaft / Sprachfamilien

Keine Sprache bleibt auf einem Entwicklungsstand stehen. Sprachen sterben sogar: Das Altpreußische (eine baltische Sprache im nördlichen Ostpreußen) ist im 18. Jahrhundert ausgestorben, das Cornische Ende des 19. Jahrhunderts (1898). Das Lateinische ist eine nicht ganz tote Sprache; es wird heute noch schriftlich, manchmal sogar mündlich bei Ansprachen benutzt.[219] Anderseits zeigt das Beispiel des Niederländischen, dass auch Sprachen neu entstehen.

---

219 Der letzte estnische Prädident der Vorkriegszeit, K. Päts, wandte sich angesichts der drohenden Besetzung des Landes durch die Russen im August 1939 in einer lateinischen Rundfunkansprache an die Menschen im Westen (Mitteilung von Frau Dr. I. Burr, Roman. Sem., Univ. Köln).

Auch das Deutsche ist einmal entstanden, wenn seine Anfänge auch im Dunkeln liegen. Zwei Fragen sind zunächst zu beantworten:

- Was ändert sich an der Sprache?
- Wie stellt man nachträglich diese Veränderungen fest?

Von Sprachveränderungen sind alle Schichten der Grammatik sowie das Lexikon betroffen:

- **Phonologischer Wandel** ("Lautwandel"): *frouwa > frouwe > froue > Frau.* Hier ist auslautendes -a zu Schwa geworden und dann abgefallen; /w/ zwischen Vokalen ist ausgefallen; der Diphthong /ou/ wurde zu /au/.
- **Morphologischer Wandel**: Starke Verben (die Präteritum und Partizip mit Ablaut bilden) werden zu schwachen (die das Präteritum mit Hilfe des Flexivs *-(e)t-* bilden): *bellen – boll – gebollen > bellen – bellte – gebellt.* Diese Entwicklung ist noch nicht abgeschlossen, wie das nebeneinander von *buk – backte, hieb – haute* und *sog – saugte* zeigt.
- **Syntaktischer Wandel**: Im Mittelhochdeutschen ist die Verneinung noch zweiteilig (wie im Französischen): *ich enweiz es niht*; die eigentliche Negationspartikel *en* schwindet, *nicht* (aus *ni wiht* "nicht etwas") wird zum alleinigen Ausdruck der Verneinung. Auch in der "Wortstellung" (eigentlich "Satzgliederstellung") hat sich vom Ahd. übers Mhd. zum Nhd. viel verändert.
- **Semantischer Wandel** ist im Allgemeinen an die Bedeutung von Lexikoneinheiten (meist Wörtern) gebunden, ist also vom lexikalischen Wandel kaum zu trennen. Im Ahd. und Mhd. war z.B. *wíp* die neutrale Geschlechtsbezeichnung für die Frau, während *frouwa* (*frouwe*) die Herrin, also eine adlige Dame bezeichnete.[220] Im Laufe des Mittelalters wurd *wíb* (*Weib*) immer mehr zu einer herabsetzenden ("pejorativen") Bezeichnung und *frouwe* rückte in die Stelle von *wíb*.

Die Historisch-Vergleichende Sprachwissenschaft entdeckte durch Rückverfolgung der Geschichte einzelner Sprachen Sprachfamilien. 1786 stellte William JONES fest, dass das (gerade von den Europäern in Indien entdeckte) Sanskrit dem Griechischen und Lateinischen – und darüber hinaus den keltischen und germanischen Sprachen – so ähnlich ist, dass es sich nicht um einen Zufall handeln kann. Er vermutete daher einen gemeinsamen Ursprung dieser Sprachen.

---

220 Die maskuline Entsprechung *fró* ist untergegangen und lebt nur noch in Komposita wie *Fronleichnam* und *Fronarbeit* fort.

BOPP (1816) baute auf Jones' Beobachtungen auf, systematisierte sie und stellte heraus, dass Griechisch, Persisch und Germanisch Mitglieder einer Sprachfamilie, also einer Gruppe von Sprachen gleichen Ursprungs, sind. Auch der Sprachforscher Wilhelm von Humboldt machte sich in seinem Werk *Über das vergleichende Sprachstudium in Beziehung auf die verschiedenen Epochen der Sprachentwicklung* (HUMBOLDT 1820) um die Rekonstruktion der "indogermanischen (bzw. 'indoeuropäischen') Sprachfamilie" verdient.

Eines der Hauptverfahren zur Feststellung der Sprachentwicklung wurde die Rekonstruktion, d.h. die Rückverfolgung der Laut- und Bedeutungsentwicklung von Wörtern in verschiedenen Sprachen, bei denen man Verwandtschaftsbeziehungen vermutete. Ein Beispiel gibt Tab. 12 (nach FROMKIN /RODMAN 1993^5:339):

Tab. 12 Entsprechungen in indogermanischen Sprachen

Indogerm.	Sanskrit	Latein	Englisch
*p	p	p	f
	pitar	*pater*	*father*
	pad-	*pes*	*foot*
	pasu	*pecu*	*fee*

Seit den Entdeckungen des dänischen Sprachforschers Rasmus Rask und des deutschen Sprach- und Märchenforschers Jakob Grimm (GRIMM 1819-1822) weiß man zudem, dass der Zweig des Indogermanischen, den man Germanisch nennt – und zu dem Deutsch und Englisch gehören – eine Sonderentwicklung durchmachte, die unter dem Namen "Germanische Lautverschiebung" (auch "Grimm's Law" genannt) bekannt ist. Man vergleiche Abb. 29:

Abb. 29 Entwicklung der Obstruenten vom Idg. zum Germ.

Indogm.:	bh	dh	gh	b	d	g	p	t	k[221]
	|	|	|	|	|	|	|	|	|
Germ.	b	d	g	p	t	k	f	ɰ	x (h)

221 Im Indogerm. gab es behauchte sth. Verschlusslaute: / bh/, /dh/, /gh/.

Der fürs Indogermanische angezeigte Stand gilt weitgehend noch fürs Sanskrit; wo z.B. die Form *bharami* ("ich trage") vorkommt, die germ. zu *bero* geworden ist und im Nhd. in Wörtern wie *Bahre* und *gebären* fortlebt. Im Lat. ist /bh/ zu /f/ geworden (*fero*), /gh/ entsprechend zu /h/ (vgl. *hortus – Garten*). Für den Wechsel /p/ > /f/ wurden bereits Beispiele gegeben (vgl. *pater – father/Vater; piscis – fish/Fisch*).

Auf der Erde leben (vgl. FISCHER *Weltalmanach* 2002:1291) heute 6,2 Milliarden Menschen.[222] Die Zahl der Sprachen ist gar nicht besonders groß. Die Hälfte der Erdbevölkerung spricht acht Sprachen: (Mandarin-)Chinesisch, Englisch, Hindi, Spanisch, Russisch, Arabisch, Bengali und Portugiesisch.[223] Mit Mandarin, Englisch, Hindi, Spanisch und Russisch kann man schon mit über zwei Milliarden Menschen kommunizieren! Eine große Sprachvielfalt herrscht auf dem afrikanischen und amerikanischen Kontinent. Bei den afrikanischen und indianischen ("amerindischen") Sprachen gibt es noch Klassifizierungsprobleme.

Besonders gut wurde die indogermanische (indoeuropäische) Familie erforscht; es folgte die semitische Sprachfamilie. Auch die altaische und die uralische (oder finno-ugrische) Familie sind relativ gut erforscht; sie werden oft auch als ural-altaische Familie zusammengefasst. Die indogermanische Familie hat (nach LANGACKER 1973²:229) zehn Zweige, die größtenteils wieder Familien bilden. So umfasste der (ausgestorbene) Zweig des Anatolischen das Hethitische, das durch Inschriften aus der Zeit von 1400 vor Christi Geburt bekannt ist, sowie Lydisch und andere Sprachen. Das ebenfalls ausgestorbene Tocharische ist aus Sprachdenkmälern bekannt, die im chinesischen Turkestan – also sehr weit östlich – gefunden wurden; man unterschied zwei Dialekte, Tocharisch A und B. **Albanisch** und **Armenisch** bilden jeweils eine Unterfamilie für sich.

---

222 "Spätestens im Jahr 2015 werden nach Berechnungen US-amerikanischer Experten sieben Milliarden Menschen auf der Erde leben." (*KStA* 10.7.02:6).

223 Nach HAARMANN (2001:13) hat Chinesisch 1210 Millionen Sprecher, Engl. 573, Hindi 418, Spanisch 352, Russisch 233, Arabisch 209, Bengali 196, Portugiesisch 182, Indonesisch 175, Französisch 131, Japanisch 125 und Deutsch 101 Millionen. CRYSTAL (1997²:289) gibt für die Weltsprachen weniger Sprecher an (und eine andere Rangfolge).

Abb. 30 Die indogermanische Familie

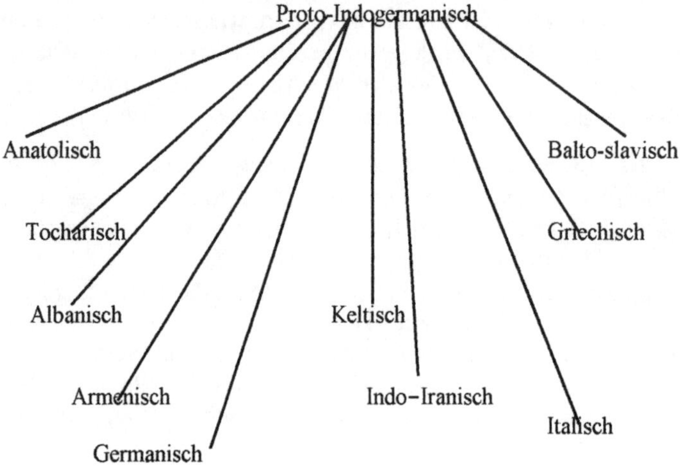

Das **Germanische** wird traditionell in drei Zweige gegliedert, von denen einer (das Ostgermanische mit Gotisch als bekanntester Sprache) untergegangen ist. Von den beiden verbleibenden gliedert sich das Nordgermanische (oder Skandinavische) wiederum in einen westlichen Zweig (mit Isländisch, Färöisch und Norwegisch) und einen östlichen (mit Schwedisch und Dänisch). Das ist vereinfacht; so gibt es zwei Sprachen in Norwegen: Bokmål (früher: Riksmål) und Nynorsk (früher: landsmål). Da Bokmål – vor allem im lexikalischen Bereich – fast gänzlich dem Dänischen entstammt und sich morphologisch und syntaktisch stark dem Schwedischen angepasst hat, stimmt die alte Einteilung in West- und Ostskandinavisch nicht mehr. HAUGEN (in: COMRIE 1991²) bringt es auf den Punkt: "Norwegian is Danish spoken in Swedish". Die skandinavischen Sprachen haben einander so stark beeinflusst, dass sie heute gegenseitig verständlich sind: Jeder Festland-Skandinavier kann in seiner Sprache von Sprechern der beiden anderen Sprachen verstanden werden. Abseits stehen die beiden inselskandinavischen Sprachen, die dank langer Isolierung einen ziemlich alten Stand bewahrt haben.[224]

Zum Westgermanischen rechnen Englisch, Deutsch, Niederländisch und Friesisch:

- Das **Englische** (ca. 570 Mill. Sprecher) wurde seit der Eroberung durch die Normannen 1066 so stark durch das Französische beeinflusst, dass es als germanisch-romanische Mischsprache angesehen werden kann; das gilt vor allem für den Wortschatz, der in der Literatur- und Wissenschaftssprache zu annähernd 50% romanisch ist.
- Das **Deutsche** (ca. 101 Mill. Sprecher) ist eigentlich ein Flickenteppich, zusammengewachsen aus zwei recht unterschiedlichen Sprachen, Hoch- und Niederdeutsch, die ihrerseits dialektal sehr zerklüftet sind. Das Niederdeutsche – das bis zum Untergang der Hanse eine eigene Schrifttradition hatte – ist dabei mit allen anderen germanischen Sprachen sehr viel enger verwandt als das Hochdeutsche, das eine Sonderentwicklung durchgemacht hat: die hochdeutsche Lautverschiebung. Man vergleiche ndt. *Ape*/engl. *ape* vs. hdt. *Affe;* ndt. *water*/engl. *water* vs. hdt. *Wasser*; *maken*/engl. *make* vs. hdt. *machen*. Von der hochdeutschen Lautverschiebung, in der alle stimmlosen Verschlußlaute eine Veränderung durchmachten, wird noch die Rede sein.
- Das **Niederländische** (mit ca. 22 Millionen Sprechern) umfasst das Holländische und das Flämische. Niederländisch emanzipierte sich auf Grund seiner politischen Entwicklung vom Niederdeutschen: Die Niederlande gehörten lange zu Spanien und wurden im Westfälischen Frieden selbständig. Erst im 19. Jahrhundert entstand eine allgemein-niederländische Schriftsprache, das Algemeen Beschaafd Nederlands.
- Das **Friesische**, mit 750.000 Sprechern der kleinste westgermanische Zweig, ist am meisten zersplittert. Man unterscheidet West-, Ost-, Nord- und Inselfriesisch, die jeweils viele Dialekte haben. Westfriesische Sprecher (aus der niederländischen Provinz Friesland) und inselfriesische (z.B. von Sylt oder Amrum) können sich kaum verständigen.
- Aus dem Niederländischen entwickelte sich das **Afrikaans**, die Sprache der Buren in Südafrika, mit ca. 6,4 Millionen Sprechern.

---

224 Schwedisch sprechen ca. 9,5 Mill., Dänisch ca. 5 Mill., Norw. ca. 4,3 Mill, Isländisch ca. 280000, Färöisch ca 47000 Sprecher. Diese Zahlen wie auch die für die anderen Sprachen stammen von HAARMANN (2001).

Das **Romanische** ist der am besten erforschte indogermanische Zweig: Alle romanischen Sprachen haben sich aus dem Lateinischen entwickelt, größtenteils durch Vermischung mit den jeweils vorhandenen "Substraten", d.h. Sprachen der Urbevölkerung. Die wichtigsten romanischen Sprachen sind:

- **Spanisch** (352 Mill Sprecher) in Spanien und Lateinamerika;
- **Portugiesisch** (182 Mill. Sprecher) in Portugal, Brasilien und in ehemaligen port. Kolonien;
- **Französisch** (131 Mill. Sprecher) in Frankreich, Belgien, Luxemburg, der Schweiz, Kanada sowie in früheren französischen Kolonien in der Karibik, in Afrika und Ozeanien;
- **Italienisch** (63 Mill. Sprecher) überwiegend in Italien und der Schweiz;
- **Rumänisch** (27 Mill.) in Rumänien;
- **Katalanisch** (6,5 Mill.) in Spanien, Frankreich, Andorra.
- Dazu kommen Provenzalisch in Südfrankreich, Sardisch auf Sardinien, Rätoromanisch in der Schweiz und andere Sprachen.

Das **Slavische** gliedert sich in West-, Ost- und Südslavisch. Das Westslavische bedeckte einst einen großen Teil Deutschlands (bis zur Lüneburger Heide). Von diesen Sprachen (Wendisch, Polabisch usw.) hat nur das Sorbische in der Lausitz (mit 67.000 Sprechern nach HAARMANN 2001:359) überlebt. Die größten existierenden westslavischen Sprachen sind:

- **Polnisch** (ca. 45 Mill. Sprecher) in Polen und Rußland;
- **Tschechisch** (ca. 12 Mill. Sprecher) in Tschechien (Böhmen / Mähren);
- **Slovakisch** (ca. 5 Mill. Sprecher) in der Slovakei;
- **Kaschubisch** (ca. 150000 Sprecher – zweisprachig Kasch. / Polnisch).

Es gibt drei ostslavische Sprachen:

- **Russisch** (ca. 233 Mill. Sprecher) in Russland, Kasachstan, dem Baltikum und anderen Ländern der ehemaligen Sowjetunion;
- **Ukrainisch** (ca. 40 Mill.) in der Ukraine;
- **Bjelorussisch** (ca. 10 Mill.) in Bjelorussland.

Zu den südslavischen Sprachen gehören:

- **Serbisch** (ca. 12 Mill. Sprecher) und **Kroatisch** (5,8 Mill. Sprecher);[225]
- **Bulgarisch** (9 Mill.) in Bulgarien;
- **Slovenisch** (2,4 Mill.) in Slovenien, Italien, Österreich;
- **Makedonisch** (2 Mill.) in Makedonien, Albanien und Griechenland.

Die baltischen Sprachen umfassen heute nur noch **Litauisch** (ca. 3,5 Mill. Sprecher) und **Lettisch** (ca. 1,55 Mill.), nachdem das ans Litauische südlich angrenzende Altpreußische ausgestorben ist.[226]

Von den **keltischen** Sprachen existieren noch das **Bretonische** (ca. 850.000 Sprecher) in Nordfrankreich, das **Irische** (ca. 150.000 Sprecher, davon nach HAARMANN 1975:399 nur ca. 40000 Muttersprachler), das **Gälische** (ca. 68.000 Sprecher) in Schottland und das **Walisische (Kymrische)** mit ca. 522.000 Sprechern. [227]

Zum indischen Zweig der **indo-iranischen** Familie. gehören so große Sprachen wie **Hindi** (418 Mill. Sprecher), **Bengali** (196 Mill. Sprecher), **Punjabi** (84 Mill.), **Marathi** (64 Mill.) und das in Pakistan und Indien gesprochene **Urdu** (56 Mill.), zum iranischen Zweig **Persisch** (ca. 38 Mill. Primärsprachler, 26 Mill. Zweitsprachler) und **Paschtu** (ca. 20 Mill.) in Afghanistan und Pakistan.

Zu den **semitischen** Sprachen gehören vor allem das **Arabische** (ca. 209 Mill. Sprecher) in Nordafrika und Südwestasien und das **Hebräische (Ivrit)** mit 4,5 Mill. Sprechern in Israel. Die **sino-tibetische** Familie umfasst **Chinesisch** (Mandarin, Kantonesisch, Wu, Min) mit ca. 1,2 Milliarden Sprechern, **Tibetisch** (ca. 4 Mill.) u.a. In Europa verbreitet sind neben idg. Sprachen noch **finno-ugrische** Sprachen wie **Ungarisch** (14,5 Mill. Sprecher), **Finnisch** (5 Mill.), **Estnisch** (1 Mill.) und **Lappisch** (ca. 50.000). Von den **altaischen** Sprachen (die möglicherweise mit den finno-ugrischen verwandt sind) ist (in der Untergruppe der **Turksprachen**) **Türkisch** mit ca. 74 Mill. Sprechern (nach HAARMANN 2001:390) die größte und wichtigste.

---

225 Serbo-Kroatisch wird von den Linguisten als eine Sprache aufgefasst, mit nur kleineren phonologischen, morphologischen und lexikalischen Unterschieden. Die (katholischen) Kroaten benutzen das lateinische Alphabet, die (orthodoxen) Serben das kyrillische.

226 Das Estnische gehört zur finno-ugrischen Sprachfamilie (s. unten).

227 Das **Cornische** (in Cornwall) starb im 18. Jahrhundert aus, **Manx** (auf der Insel Man) im 20. Jahrhundert. Nach HAARMANN (1975:418) gab es 1921 noch 4419 Muttersprachler, 1950 noch zehn, 1969 noch einen.

12.2.1 Zur Geschichte des Deutschen

Das Deutsche ist wie alle germanischen Sprachen ein Produkt der germanischen Lautverschiebung (vgl. Abb. 29).[228] Bezeugen lässt sich dieser Wandel durch den Vergleich mit anderen idg. Sprachen, deren Plosive unverschoben blieben: Dem lateinischen *nepos* entspricht dt. *Neffe*, lat. *tu* entspricht altsächs. *thu* (das dt. *du* wurde), lat. *capio* entspricht got. *hafjan* (dt. *heben*).[229] Die idg. stimmhaften Plosive wurden stimmlos: /b/ > /p/; /d/ > /t/; /g/ > /k/. Außerdem veränderten sich viele Vokale; so wurde idg. /a:/ zu germ. /o:/; lat. *frater* steht altfries. *brother* gegenüber, dem ahd. *bruoder*, dt. *Bruder* entspricht (germ. /o:/ wurde über den Diphthong /uo/ zu /u:/).

Bei den Konsonanten ist die auffallendste weitere Veränderung die hochdeutsche Lautverschiebung (auch "2. Lautverschiebung" genannt), durch die das Hochdeutsche entstand, das ursprünglich nur die süddt., deutsch-schweizerische und österreichische Region umfasste, dann aber schrittweise das im Norden gesprochene (ursprünglich Altniederfränkisch und Altsächsisch umfassende) Niederdeutsche verdrängte, das heute nur in Restgebieten in Norddeutschland gesprochen wird.[230] Die Veränderungen in den von der hochdeutschen Lautverschiebung betroffenen Konsonanten lassen sich durch den Vergleich mit anderen germanischen Sprachen erkennen. Die (aus idg. stimmhaften Plosiven) entstandenen stl. Plosive /p, t, k/ wurden zu den Frikativen /f, s, x/; vgl. engl. *ape* vs. dt. *Affe*, engl. *water* (nd. *Water*) vs. dt. *Wasser*, nd. *ik* (berl. *ikke*) vs. dt. *ich*.[231]

---

228 "Wie das Germanische auf der sog. urgermanischen Sprachstufe aussah, davon geben uns keinerlei literarische Sprachdenkmäler Zeugnis. Doch können wir uns eine ungefähre Vorstellung davon machen, nicht nur durch Vergleichung der historischen germanischen Dialekte, sondern auch anhand der germ. Wörter und Namen bei antiken Schriftstellern und der ältesten Runeninschriften ...". (POLENZ 1978^9:25).

229 Genauere Beschreibungen und weitere Beispiele in KRAHE (1966:80ff).

230 Lange Zeit existierte eine nd. Schriftsprache. Nach STEDJE (1994^2:107) war die mnd. Geschäfts- und Schriftsprache im 14. und 15. Jh. im ganzen Hansegebiet (von Norwegen über Norddeutschland bis zum Baltikum) verbreitet, auch in Städten, wo nicht Nd. gesprochen wurde.

231 Im Hochdt. wurde der Achlaut [x] nach Vordervokalen zu [ç]; vgl. 2.

EGGERS (1973²) und STEDJE (1994²) nehmen folgende Periodisierung fürs Deutsche an (alternative Einteilungen zitiert PHILIPP 1980:5):

- Althochdeutsch (Ahd.) (750-1050),
- Mittelhochdeutsch (Mhd.) (1050-1350),
- Frühneuhochdeutsch (Fnhd.) (1350-1650),
- Neuhochdeutsch (Nhd.) (1650 – heute).

Das Ahd. wurde nach STEDJE (1994²:66) bis Mitte des 8. Jahrhunderts nur im mündlichen Gebrauch benutzt:

> "Lese- und schreibkundig waren fast ausschließlich die Kleriker (Geistlichen), die auch die Beamten des neuen Staates wurden. Wissen, Kulturerbe und Kunst wurden allein von der katholischen Kirche getragen, deren übernationale Sprache Latein war und noch ist. Mehrere Jahrhunderte hindurch bleibt das Lateinische Amts-, Gelehrten- und Kirchensprache."

Das älteste erhaltene deutsche Schriftdenkmal ist die Übersetzung eines lateinischen Wörterbuchs um 770 im Kloster Freising, nach dem ersten (lateinischen) Wort *Abrogans* benannt. Die ahd. Literatur besteht größtenteils aus Übersetzungen für kirchlichen Gebrauch. *Tatian* ist die in Fulda um 830 entstandene Übersetzung einer Evangelienharmonie. Eine Nachdichtung stellt das Evangelienbuch von *Otfrid* (865 im Kloster Weißenburg entstanden) dar. Der Einfluss des Lateinischen auf das Althochdeutsche macht sich durch die Übernahme lateinischer Wörter bemerkbar, die heute noch (meist lautlich verändert) einen wesentlichen Bestandteil des deutschen Wortschatzes bilden, wie *Kloster* (aus mlat. *clostrum*), *Pilger* (vulgärlat. *pelegrinus*), *Zelle* (*cella*), *Tafel* (*tabula*), *Fenster* (*fenestra*). Daneben entstanden deutsche "Lehnübersetzungen" lateinischer Wörter wie *Gewissen* (lat. *conscientia*), *Eindruck* (*impressio*).

Das Mhd. unterscheidet sich lautlich vom Ahd. vor allem im Vokalismus: Durch Umlaut (Anpassung der Artikulationsstelle an folgendes /i/ oder /j/) wurden die Hintervokale zu Vordervorkalen, behielten aber ihre Lippenrundung.[232] So wurde ahd. *gasti* zu mhd. *geste* (heute *Gäste* geschrieben), ahd. *skôni* zu mhd. *schoene* (nhd. *schön*), ahd. hûti zu mhd. *hiute* (gesprochen [hy:tə]), das dann nhd. zu

232 Der Umlaut des nur leicht gerundeten /a/, nämlich /ɛ/, zeigt jedoch keine Lippenrundung.

Häute wurde. Außerdem wurden die vollen Endvokale zu Schwa abgeschwächt, wie die Beispiele *gasti*, *skôni*, *hûti* zeigen. Gleichzeitig veränderte sich der Wortschatz beträchtlich, wobei für das Mhd. besonders die zahlreichen Entlehnungen aus dem Französischen charakteristisch sind, die sich im Wesentlichen der Übernahme ritterlicher Gepflogenheiten verdankten; vgl. *Harnisch*, *Lanze*, *Preis*, *Tanz*, *Turnier*, *Turm*, *Kristall*, *Flöte*, *Posaune*, *Reim* (vgl. POLENZ 1978^9:53).

Das Fnhd. unterscheidet sich vom Mhd. durch lautliche Veränderungen wie Vokaldehnung in offener Silbe (so wird kurzes ungespanntes /ɛ/ in *nemen* zu langem gespanntem [e:] in *nehmen*), und Diphthongierung (*zît* > *Zeit*, *hût* > *Haut*, *hiute* > *Häute*). Dazu kommen grammatische und lexikalische Veränderungen. Typisch ist die Koexistenz regionaler Varianten. Einheitlichkeit findet sich weder in der Orthographie noch in Flexion, Syntax und Wortschatz.[233] Das Fnhd. in seiner sozialen und regionalen Schichtung beschreibt PHILIPP (1980) eingehend und anschaulich. Fnhd. ist "in erster Linie von den Sprachen der Städte geprägt" (STEDJE (1994^2:115):

> "Etwa um die Mitte des 14. Jh. setzt die lange Entwicklung zur deutschen Standardsprache ein, von einer Vielfalt an Schreibdialekten über einige große überlandschaftliche Schreibsprachen hin zu einer gemeinsamen Schriftsprache auf ostmitteldeutscher Grundlage. Mehrere Faktoren haben zu dieser Entwicklung beigetragen wie der Einfluß der großen Kanzleien, Handelsinteressen, die Erfindung des Buchdrucks und die damit verbundene Wirkung des gedruckten Wortes. Wichtig war auch die Tatsache, daß es auf verschiedenen Sachgebieten mehr deutsche Texte zu lesen gab und daß mehr Leute lesen konnten. Schließlich hat Luther, bes. durch seine Bibelübersetzung, eine große Rolle gespielt." (STEDJE 1994^2:115)

Das Nhd. unterscheidet sich vom Fnhd. weniger durch lautliche Veränderungen als durch "eine größere Einheitlichkeit und Systematisierung der Flexion, eine gewisse Umschichtung des Kasusgebrauchs und eine größere Variation des Satzbaus" (STEDJE 1994^2:140). Die Ausbildung einer einheitlichen Schriftsprache

---

233 "Germania tot habet dialectos, ut in triginta miliaribus homines se mutuo non intelligant" ("Deutschland hat so viele Dialekte, dass die Leute in einem Abstand von 30 Meilen einander nicht verstehen") heißt es in Luthers *Tischreden* (zitiert nach STEDJE 1994^2:119).

schreitet voran, wobei Luthers Bibelübersetzung und die Bemühungen der Grammatiker um grammatische und orthographische Normierung eine wichtige Rolle spielten. STEDJE (1994^2:140) stellt fest:

> "Erst um 1900 wird eine Einheitlichkeit erreicht. Der letzte Schritt, eine allgemein anerkannte einheitliche Orthographie und Aussprache, vollzieht sich nach der Reichsgründung 1871, und 1901 schließen sich die Schweiz und Österreich an die deutsche Rechtschreibung an."

Der Wortschatz lässt auch im heutigen Deutsch viele (regionale) Varianten zu; man vergleiche Berufsbezeichnungen wie westdt.-süddt. *Metzger* vs. nordostdt. *Fleischer* vs. nordwestdt. *Schlachter* vs. österreichisch *Fleischhacker.* Auch Benennungen für Lebensmittel und Haushaltsgegenstände variieren oft.[234] Stark bemerkbar macht sich der Einfluss des Englischen (wobei seit 1945 das amerikanische Englisch überwiegt): *Bar*, *Blues*, *Club*, *Computer*, *Keks*, *Manager*, *Pudding*, *Pullover*, *Sport*, *Start*, *Stress*, *Toast* sind nur einige charakteristische Beispiele. Es gibt sogar "Scheinentlehnungen" wie *Twen* (POLENZ 1978^9:142) oder *Handy*, wo im Deutschen aus englischem Material ein Wort neu gebildet wurde.

Natürlich vollzieht sich Sprachwandel kontinuierlich. Auch das Neuhochdeutsche entwickelt sich ständig weiter, obwohl seit Beginn des Buchdrucks die schriftliche Kodifizierung stark normiert ist und z.B. im lautlichen Bereich entwicklungshemmend wirkt. Hier Proben aus verschiedenen Perioden des Deutschen:

(12-01) Gilaubistú in got fater almahtígan? Ih gilaubu.
(Fränkisches Taufgelöbnis, ahd. Periode)

(12-02) Uns ist in alten mæren wunders vil geseit
von helden lobebæren, von grózer arebeit.
(Beginn des Nibelungenliedes, mhd. Periode)

---

234 Vgl. die sehr anschaulichen Karten im *dtv-Atlas zur deutschen Sprache* (KÖNIG 1981^4), z.B. *Sonnabend/Samstag*, S.186, *Fleischer/Metzger*, S. 196, Bezeichnungen für *Kartoffel*, S.206.

(12-03) Aber das grossist vngluck deutscher Nation / ist gewißlich der zynß kauff / wo der nit weere / must mancher sein seyden / sammet / guldenstuck / specerey / vnd allerlei prangen wol vngekaufft lassen. Er ist nit vbir hundert iar gestanden / vnd hat schon fast alle fursten / stifft / stet / adel vnd erben in armut / iamer vnd vorterben bracht.

(Martin Luther, *An den Christlichen Adel deutscher Nation*; Wittenberg 1520; Kettmann 1971: 250)

(12-04) Es leben unter uns Männern Bösewichte, denen Tugend, Redlichkeit und die Ruhe ihrer Nebenmenschen so wenig heilig sind, daß sie unschuldige, unerfahrne Mädchen, wo nicht durch schlaue Künste wirklich zum Laster verführen, doch mit falschen Erwartungen oder gar mit Versprechungen einer künftigen Eheverbindung täuschen, ... die armen Kinder aber, die indes ihretwegen aller Gelegenheit zu anderweitiger Versorgung ausgewichen sind, nachher verlassen, um neue Verbindungen zu schließen.

(A. Frh. v. Knigge. *Üb. d. Umg. m. Menschen*, 1790^3:162).

(12-05) Während jener Auseinandersetzung aber in ihrem Salon war er ihr menschlich nahegetreten, und es hatte sie mit Stolz erfüllt, daß er sie eines vertrauten Gespräches über diese Sache gewürdigt, daß er die Entscheidung ihr selbst anheimgestellt und daß er, der Unantastbare, ihr fast mit Demut gestanden, er fühle sich nicht schuldlos ihr gegenüber."

(Th. MANN, *Buddenbrooks*, Bln.1955: Aufbauverlag, 236)

Veränderungen sind in allen Bereichen spürbar: im Lautlichen (*gilaubu – (ich) glaube*; *almahtigan – allmächtigen*; *arebeit – Arbeit*); in der Orthographie (*grozer – großer*, *maere – Mär(e)*); in der Morphologie (*bracht – gebracht*; *seyden – Seide*; *lobebaere – lobesam*, *lobenswert*); Syntax (*fater almahtigan – den allmächtigen Vater; wo nicht – wenn nicht*; Semantik (*arebeit* hatte mhd. die Bedeutung "Mühe"). Manche Veränderungen sind nicht sofort wahrnehmbar, vor allem in der Syntax. Das *Buddenbrooks*-Zitat enthält z.B. einen Objekts-Genitiv (*jemanden eines vertrauten Gesprächs würdigen*), der heute wenig gebräuchlich ist, und einen Konjunktiv I in indirekter Rede (*er fühle sich nicht schuldlos*), der heute meist durch den Indikativ ersetzt wird.

Aus dem Gebrauch gekommen ist das Perfekt ohne Hilfsverb (*daß er ihr gestanden*), der schon um die Jahrhundertwende, als Thomas Manns Roman entstand, äußerst selten war und sich eigentlich nur noch zuweilen in der Lyrik fand. Im lexikalischen Bereich sind die Veränderungen am greifbarsten. Wörter wie *Tugend*, *Laster* und *Demut* klingen heute archaisch und werden eigentlich nur noch "in Anführungsstrichen" gebraucht, d.h. ironisch oder in Zitaten. Umgekehrt sind Wörter wie *logo* und *ausklinken* als Bestandteile der "Jugendsprache" wie in (12-06) unverkennbar neu; hier fallen die zahlreichen Entlehnungen aus dem Englischen auf (*Show*, *People*) sowie Umdeutungen alter Wörter (vgl. *abziehen*, *Fleischbeschauung*).

(12-06) Disco-Deutsch

Als ich neulich mit Peter in die City drückte, macht der mich unheimlich an aufs Tilbury. Na, schon bohren wir dahin, obwohl ich eigentlich aufs Lollipop stand. Ich Chaot hatte keine Matte mit, weil ich meinen Kaftan vergessen hatte, und sagte zu Peter, er solle mal ausklinken. In dem Schuppen zogen ein paar People schon eine heiße Show ab. Wir machten eine kurze Fleischbeschauung, und Peter machte sich sofort daran, eine riesige Tussi anzugraben. Die war echt einsam, aber ich hatte einfach keinen Schlag bei ihr. Peter schafft sich da also mächtig rein und wollte wahrscheinlich 'nen kleinen Wuschermann machen, blickt aber nicht durch, daß die Tussi einen Typ hat. ... Als Peter so ordentlich aufs Blech haut und mächtig mit seinem Busch wedelt, spannt der beknackte Gast seinen Glimmer, was läuft, und sagt Peter einen Satz heiße Ohren an. ... Na, ich hatte keinerlei Bock auf Terror, vor allem, weil der halbe Laden inzwischen zu war, weil jeder schon ein paar Wutschis und Lämmis drin hatte, und ich sagte zu Peter: "Laß uns die Fliege machen." Das konnte Peter nicht recht ab, logo die Schnecke hat ihn voll angeturnt. Also hob ich leicht angesäuert allein ab und rief Heimat ab.

("Disco-Deutsch", *FAZ* 1985)

(12-06') Normaldeutsche Übersetzung

Als ich neulich mit Peter in die City fuhr, überredete er mich, in Tilbury zu gehen. Nun, wir fuhren dorthin, obwohl ich lieber ins Lollipop gegangen wäre. Dummerweise hatte ich kein Geld dabei, weil ich mein Jackett vergessen hatte und bat Peter, er möge für mich zahlen. In dem Lokal sorgten einige Leute gehörig für Stimmung. Wir sahen uns etwas um, und Peter begann sofort, mit einem sehr hübschen Mädchen zu flirten. Sie war wirklich ausnehmend schön, aber ich hatte keine Chancen bei ihr. Peter konzentrierte sich auf seine Eroberung und übersah dabei, daß das Mädchen einen Freund hatte. ... Als Peter sich etwas wichtig machte und ein paar Runden ausgab, da merkte der wenig sympathische Mann trotz seines Rausches, was los war, und drohte Peter, "paß lieber auf, daß du dir hier kein blaues Auge holst." Nun, ich hatte keine Lust auf Streitigkeiten, zumal die Hälfte der Gäste mittlerweile nicht mehr ganz nüchtern war, und sagte zu Peter: "Laß uns gehen." Diese Idee gefiel Peter verständlicherweise nicht – das Mädchen hatte ihm nämlich vollends den Kopf verdreht. Also ging ich leicht verstimmt allein und machte mich auf den Heimweg.

Aufschlussreich für Sprachwandel sind Bibelstellen-Vergleiche wie in POLENZ (1978[9]:186f):

(12-07)a Fuor thó Ioseph fon Galileu fon thero burgi thiu hiez Nazareth in Iudeno lant inti in Dauides burg, thiu was ginemnit Bethleem, bithiu uuanta her uuas fon huse inti fon hiuuiske Dauides... (*Tatian*, Fulda um 830)

b Abir Joseph ginc ouch úf von Galiléa von der stat Nazareth in Juéam in di stat Dávídis, di geheizen ist Béthlemém, darumme daz her was von dem húse und von dem gesinde Dávídis. (Math. v. Beheim, md., 1343)

c Da macht sih auff auch Joseph von Galillea, aus der stadt Nazareth, ynn das Judisch land, zur stad Dauid, die da heyst Behlehem, darumb, das er von dem hauße und geschlecht Davuid war ... (Martin Luther, 1522)

d Da wanderte auch Joseph von Galiläa, aus der Stadt Nazareth, nach Judäa in die Stadt der Familie Davids, nach Bethlehem. Denn er gehörte zur Familie und zum Stamme Davids. (Jörg Zink, 1963)

Ausführlich, mit sehr anschaulichen Textbeispielen beschreibt WOLF (1999[4]) alle Sprachstufen des Deutschen bis hin zur Gegenwart.

12.3 Sprachtypologie

Die Sprachtypologie untersucht und klassifiziert Sprachen hinsichtlich ihrer (phonologischen, morphologischen, syntaktischen und semantischen) Struktur. In der traditionellen Typologie werden morphologische Kriterien zugrunde gelegt: Charakteristisch für den **isolierenden** Typ, zu dem man z.B. das Chinesische rechnet, ist das Vorkommen einsilbiger Wurzelwörter und Fehlen von Flexiven (Endsilben, die grammatische Relationen anzeigen wie *-s* in *Baums* oder *-n* in *Häusern*). Englisch ist keine rein isolierende Sprache, da es noch Reste von Flexionsendungen gibt: *-s* (*car-s*), *-ed* (*learn-ed*) etc.

Latein ist ebenso wie Russisch, Polnisch, Litauisch und andere Sprachen eine **flektierende** Sprache: Syntaktische Beziehungen im Satz werden zum Teil an Endungen (Flexiven) der Wörter markiert. Deutsch (als konservativste germanische Sprache) ist weitgehend dem flektierenden Typ zuzurechnen, obwohl es einen Teil seiner Flexionsendungen bereits verloren und durch Präpositionen ersetzt hat. Statt *meines Vaters Haus* bzw. *das Haus meines Vaters* hat sich umgangssprachlich *das Haus von meinem Vater* durchgesetzt, oder gar *mein(em) Vater sein Haus*. Aber der Flexionsverlust ist bei weitem nicht so fortgeschritten wie in den anderen germanischen Sprachen.

Agglutinierende Sprachen unterscheiden sich von den flektierenden nur dadurch, dass ein "Affix" jeweils nur eine Funktion hat. Während im Deutschen das Flexiv *-er* in *Kinder* gleichzeitig Kasus (Nom./Akk.) und Numerus (Plural) anzeigt, wird im Ungarischen, einer typisch agglutinierenden Sprache, beides getrennt angezeigt:

(12-08) órá -k -at
"Stunde-PL-AKK" ("die Stunden" – Akk.)

Inkorporierende Sprachen zeigen noch mehr grammatische Relationen am Wort an als flektierende und agglutinierende Sprachen. Der Unterschied zwischen Wort und Satz verschwindet fast ganz. In einem Beispiel aus der Eskimo-Sprache (nach JENSEN 1990:2) hat *-ni-* eine rein grammatische Funktion; es zeigt an, dass eine Proposition (der Inhalt eines Satzes) zum Nomen gemacht, nominalisiert, ist. Eine getreue englische Übersetzung von (12-09) wäre "his having to go away and be a clerk"; ins Deutsche könnte man es (freier) übersetzen als "seine Verpflichtung, wegzugehen und Verkäufer zu sein").

(12-09) niuvitti-u -giattu -giaqa -ni -nga

Die neuere Sprachtypologie geht über die traditionelle typologische Klassifizierung weit hinaus, indem sie charakteristische Sprachphänomene statistisch erfasst (vgl. GREENBERG 1966²) und Erkenntnisse der neueren Grammatiktheorie in Phonologie, Morphologie, Syntax und Semantik einbezieht und systematisch anwendet (vgl. SHOPEN 1985, COMRIE 1988, 1989²). Dabei gilt ein Hauptaugenmerk der Typologen der Auffindung sprachlicher **Universalien**. Es gibt, wie COMRIE (1989²:1f) feststellt, verschiedene Wege zur Feststellung von Universalien. Während die einen möglichst viele Sprachen heranziehen, begnügen sich andere mit einer beschränkten Menge von Sprachen. Außerdem variiert der Grad der Abstraktheit, der für Universalien postuliert wird. Die beiden Parameter sind voneinander abhängig: Linguisten, die ihre Untersuchungen auf möglichst viele Sprachen stützen, tendieren dazu, Universalien möglichst konkret zu formulieren; diejenigen, die sich auf weniger Sprachen stützen, formulieren ihre Ergebnisse abstrakter. Typisch für den ersten Ansatz ist GREENBERG (ed.) (1966²), während Chomsky (vgl. CHOMSKY 1965, 1981, 1986) ein typischer Vertreter des zweiten Ansatzes ist. COMRIE (1989²:2) verweist darauf, dass die Ansicht, dass der Mensch über einen angeborenen Spracherwerbs-Mechanismus (vgl. 7.5) verfügt, mit dieser abstrakteren Auffassung sprachlicher Universalien eng verbunden ist.

Nach COMRIE (1989²:33) ist Sprachtypologie, der es um Auffindung von Unterschieden zwischen Sprachen geht, nicht dem Studium sprachlicher Universalien (wo es um das allen Sprachen Gemeinsame geht) entgegengesetzt, sondern beide kooperieren miteinander:

> "The contrast can thus be summed up as one between the study of similarities across languages and the study of differences among languages. Yet, in practice, the two studies proceed in parallel: typically, linguists who are interested in language universals from the viewpoint of work on a wide range of languages are also interested in language typology, and it is very often difficult to classify a given piece of work in this area as being specifically on language universals as opposed to language typology or vice versa."

Mittlerweile sind viele Bereiche in typologischer Hinsicht gut erforscht worden. Als Beispiele aus der Syntax seien typologische Analysen im Bereich der Relativsätze (vgl. LEHMANN 1984) und der Wortstellung (vgl. GREENBERG 1966 und HAWKINS 1983) genannt.

In der Morpho-Semantik haben COMRIE (1985) und NEDJALKOV (ed.) (1988) ergebnisreiche Arbeiten zur Typologie von Kausativ- und Resultativkonstruktionen vorgelegt. THIEROFF / BALLWEG (1994), DAHL (ed.) (2000) und THIEROFF (1995) präsentieren umfassende typologische Analysen der Tempussysteme in europäischen Sprachen. Ein Blick in sprachtypologische Studien wie SHOPEN (ed.) (1985), HAWKINS (1986) und COMRIE (1989^2) zeigt eine blühende Themenvielfalt und intensive Methodendiskussion in dieser Disziplin.

12.4 Kontrastive Linguistik

In der Kontrastiven Linguistik werden zwei oder mehrere Sprachen in einem bestimmten theoretischen Rahmen analysiert und miteinander verglichen (vgl. KRZESZOWSKI 1967 und 1974, REIN 1983). Diese kontrastierenden Analysen dienen sowohl theoretischen als auch praktischen (z.B. didaktischen) Zwecken. Sie betreffen alle Ebenen der Sprache, also Phonologie, Morphologie, Syntax und Semantik. Es finden sich auch textlinguistische und pragmatische kontrastive Untersuchungen.

Eine hervorragende deutsch-englische kontrastive Studie ist MOULTON (1962), wo die Phonemsysteme der beiden Sprachen kontrastiert werden. Moulton beschreibt zunächst einen Bereich der einen Sprache (z.B. Vokale des Englischen), dann den gleichen Bereich der anderen Sprache und bietet schließlich eine vergleichende Analyse beider Sprachen, in der Gleichheiten und Unterschiede beider Systeme gegenübergestellt werden. Bei der Kontrastierung der Phonemsysteme unterscheidet Moulton phonemische und allophonische Probleme. So muss ein Englischsprecher im Dt. die gerundeten Vordervokale /y/, /ʏ/, /ø/ und /œ/ als neue Phoneme lernen (z.B. in *kühle*, *Hülle*, *Höhle* und *Hölle*), während er bei den gespannten Vokalen /i, e, ɑ, o, u/, die er vom Englischen her kennt, neu lernen muss, dass sie jeweils in zwei Allophonen vorkommen, nämlich kurz, wenn sie unbetont, und lang, wenn sie betont sind (vgl. die Kurzvokale in den Erstsilben von *Idee*, *Regal*, *oval* und *Musik* gegenüber den betonten Langvokalen der Zweitsilben).

13. Schlusswort und Ausblick

Dies Buch soll einen Einstieg in das wissenschaftliche Studium der Sprache vermitteln. Ausführlicher behandelt wurden die einzelnen Analyseebenen, die Gegenstand der linguistischen Kerngebiete sind, wobei der Schwerpunkt jeweils auf der Definition des Bereichs und der Vorstellung wichtiger neuerer theoretischer Annahmen und Methoden (anhand einiger Beispiele, meist aus dem Deutschen) lag. Es war nicht möglich, die Gesamtheit der verfügbaren Theorien darzustellen – was für die Leser/innen wohl auch eher verwirrend gewesen wäre. So wurde in der Syntax im Wesentlichen die Entwicklung von der Strukturellen Grammatik über die Generative Transformationsgrammatik (GTG) bis zur Government Binding Theory (GB) behandelt. Auf alternative neuere Theorien und ihre Darstellung bei SELLS (1985) u.a. konnte nur in einer Fußnote verwiesen werden.

Auch in der Semantik gibt es eine Reihe neuerer Ansätze, die teilweise von der Logik, der Künstlichen Intelligenz und anderen Disziplinen geprägt sind. Auch hier muss auf einschlägige Werke verwiesen werden, wobei das Einführungsbuch von SCHWARZ / CHUR (1993) sicher wertvolle Hilfe leistet. Mittlerweile gibt es auch Einführungen in Spezialbereiche der Semantik (zur Raum- und Zeitsemantik vgl. VATER 1996^3 und 1994^3).

Den linguistischen Kerngebieten (zu denen hier auch die Pragmatik gerechnet wurde) wurden Übungsaufgaben hinzugefügt.

Von den interdisziplinären Gebieten wurden Psycho-, Neuro-, Sozio- und Textlinguistik sowie Sprachtypologie und Sprachvergleichsforschung behandelt, wobei der Schwerpunkt auf der Psycholinguistik lag, da hier eine besonders starke Entwicklung zu verzeichnen ist. Zu den interdisziplinären Gebieten gibt es mittlerweile eine Fülle neuer Einführungen. Für die Psycholinguistik sind unter anderem GARNHAM (1985), WODE (1988), AITCHISON (1982) und DIJKSTRA / KEMPEN (1993) zu nennen (zum Spracherwerb SZAGUN 1993^5 und KLEIN 1992^3). In der Neurolinguistik ist auf FRIEDERICI (1984) und LEUNINGER (1989), speziell zu Aphasien auf PEUSER (1978) und KELTER (1990), hinzuweisen. Zur Textlinguistik vgl. die in Kap. 10 genannten Einführungen.

Die hier behandelten interdisziplinären Gebiete sind in Fragestellung und Methodik nicht nur untereinander, sondern auch mit den hier ausgeklammerten Gebieten verbunden, so mit der Computerlinguistik (vgl. WINOGRAD 1983 und GRISHMAN 1986) und der Künstlichen Intelligenz (vgl. EISENBERG (ed.) 1976, 1977 und GÖRZ (ed.) 1993), die aus Platzgründen hier nicht behandelt werden konnten. Für die Areallinguistik, zu der so wichtige Gebiete wie die Dialektologie gehören, sei auf die einschlägigen Aufsätze im *LGL* 1980[2] (vor allem auf den Rahmenartikel von GOOSSENS) verwiesen.

Ein Gebiet, das in letzter Zeit zunehmend an Bedeutung gewonnen hat, ist die Erforschung der von Gehörlosen benutzten Gebärdensprache (vgl. BOYES BRAEM 1990 und BECKER 1997), bei der sich erwiesen hat, dass es sich um eine "echte" (in Ebenen gegliederte) Sprache handelt, nicht um ein anderes Kommunikationssystem wie z.B. Gestik und Mimik. Auch dieses Gebiet konnte hier leider nicht dargestellt werden.

Es bleibt zu hoffen, dass trotz der für eine Einführung gebotenen Beschränkung und der notwendigerweise subjektiven Auswahl dargestellter Theorien und Methoden die Leser/innen ein Bild von der Komplexität und Vielfalt der Sprache gewonnen und Lust bekommen haben, weiter in die Geheimnisse der Sprache einzudringen.

Bibliographie

(Die verwendeten Abkürzungen werden im Abkürzungsverzeichnis erklärt.)

Aarts, Jan / Calbert, Joseph (1979). *Metaphor and Non-Metaphor*. Tübingen: Niemeyer (= *LA* 74).

Abney, Steven (1987). *The English Noun Phrase in its Sentential Aspect*. Cambridge/ MA: MIT (Ph.D.Diss.).

Abraham, Werner (ed.) (1985). *Erklärende Syntax des Deutschen*. Tübingen: Narr (= *SdG* 25).

Ágel, Vilmos (2000). *Valenztheorie*. Tübingen: Narr (= *narr studienbücher*).

Aitchison, Jean (1982). *Der Mensch – das sprechende Wesen. Eine Einführung in die Psycholinguistik*. Tübingen: Narr.

Aitchison, Jean (1987). *Words in the Mind. An Introduction to the Mental Lexicon*. Oxford: Blackwell.

Akinnaso, F. Niyi (1982). On the differences between spoken and written language. *Language and Speech* 25:97–125.

Allwood, Jens / Andersson, Lars-Gunnar / Dahl, Östen (1977). *Logic in Linguistics*. Cambridge: CUP.

Althaus, Hans Peter / Henne, Helmut / Wiegand, Herbert E. (eds.) (1973, 1980^2). *Lexikon der germanistischen Linguistik*. Bde. 1-3. Tübingen: Niemeyer. (Abk.: *LGL*)

Altmann, Hans (1981). *Formen der "Herausstellung" im Deutschen. Rechtsversetzung, Linksversetzung, Freies Thema und verwandte Konstruktionen*. Tübingen: Niemeyer (= *LA* 106).

Ammon, Ulrich / Dittmar, Norbert / Matheier, Klaus J. (eds.) (1987/ 88). *Sociolinguistics. Soziolinguistik. An International Handbook of the Science of Language and Society. Ein internationales Handbuch zur Wissenschaft von Sprache und Gesellschaft*. 2 Bände. Berlin, New York: de Gruyter.

Anderson, Stephen (1992). *A-Morphous Morphology*. Cambr.: CUP.

Antos, Gerd / Tietz, Heike (eds.) (1997). *Die Zukunft der Textlinguistik. Traditionen, Transformationen, Trends*. Tübingen: Niemeyer (= *RGL* 188).

Aoki, Chiye / Siekevitz, Philip (1989). Die Plastizität der Hirnentwicklung. *Spektrum der Wissenschaft* 2/1989:84-93.

Apel, Karl-Otto (1986). Die Logosauszeichnung der menschlichen Sprache. Die philosophische Tragweite der Sprechakttheorie. In: Bosshardt (ed.) (1986):45–87.

Atkinson, Richard C. / Shiffrin, Richard M. (1968). Human memory: A proposed system and its control processes. In: Spence, K.W./ Spence, J.T. (eds.) (1968). *Advances in the Psychology of Learning and Motivation Research and Theory*, Vol. II. New York: Academic Press, 89-195.

Augst, Gerhard (1974). Die linguistischen Grundlagen der Rechtschreibung und Rechtschreibreform. In: Augst, G. (ed.) (1974). *Deutsche Rechtschreibung mangelhaft? Materialien und Meinungen zur Rechtschreibreform*. Heidelberg: Quelle & Meyer, 9-47.

Austin, John L. (1962). *How to do Things with Words*. Oxford: Oxford University Press. Dt. Übers. (1972): *Zur Theorie der Sprechakte*. Stuttgart: Reclam.

Baddeley, Alan D. (1964). Semantic and acoustic similarity in short-term memory. *Nature* 204:1116-1117.

Baddeley, Alan (2002). *Episodic memory: new directions in research*. Oxford: Oxford Univ. Press.

Ballweg, Joachim (1988). *Die Semantik der deutschen Tempusformen*. Düsseldorf: Schwann.

Barondes, S. H. / Cohen, H. D. (1968). Memory impairment after subcutaneous injection of acetoxycloheximide. *Science* 160:556-595.

Bartlett, F. C. (1932). *Remembering: a study in experimental and social psychology*. Cambridge: CUP.

Bartsch, Renate / Lenerz, Jürgen / Ullmer-Ehrich, Veronika (1977). *Einführung in die Syntax*. Kronberg/ Ts.: Scriptor.

Baumgärtner, Klaus (1967). Die Struktur des Bedeutungsfeldes. In: Moser, Hugo (ed.) (1967). *Satz und Wort im heutigen Deutsch*. Düsseldorf: Schwann (= *Sprache der Gegenw*. 1), 165-167.

Bayer, Josef (ed.) (1987). *Grammatik und Kognition. Psycholinguistische Untersuchungen*. *LB*, Sonderheft 1 (1987).

Beaugrande, Robert de/ Dressler, Wolfgang U. (1981). *Einführung in die Textlinguistik*. Tübingen: Niemeyer (= *Konzepte der Linguistik* 28).

Becker, Claudia (1997) *Zur Struktur der deutschen Gebärdensprache*. Trier: WVT (= *Fokus* 20).

Becker, Thomas (1994). Die Erklärung von Sprachwandel durch Sprachverwendung am Beispiel der deutschen Substantivflexion. In: Köpcke, K-M. (ed.) (1994):45-63.
Berlin, Brent / Kay, Paul (1969). *Basic Color Terms*. Berkeley, Los Angeles: University of California Press.
Bhatt, Christa (1990). *Die syntaktische Struktur der Nominalphrase im Deutschen*. Tübingen: Narr (= *SdG* 38).
Bhatt, Christa (1991). *Einführung in die Morphologie*. Hürth: Gabel (= *KLAGE* 23).
Biber, Douglas (1986). Spoken and written textual dimensions in English: Resolving the contradictory findings. *Language* 62:384-414.
Bierwisch, Manfred (1970). Semantics. In: Lyons (ed.) (1970):166-184.
Bierwisch, Manfred (1983). How On-line is Language Processing? In: Flores d'Arcais, G.B. / Jarvella, R.J. (eds.) (1983). *The Process of Language Understanding*. Chichester: Wiley & Sons, 113-167.
Bierwisch, Manfred (1987). Linguistik als kognitive Wissenschaft – Erläuterungen zu einem Forschungsprogramm. *ZfG* 8,6:645-667.
Bierwisch, Manfred (1988). On the Grammar of Local Prepositions. In: Bierwisch, M./ Motsch, W./ Zimmermann, I. (eds.) (1988). *Syntax, Semantik und Lexikon*. Berlin: Akademie-Verlag (= *stud. gramm.* XXIX), 1-66.
Bierwisch, Manfred / Lang, Ewald (1987). *Grammatische und konzeptuelle Aspekte von Dimensionsadjektiven*. Berlin: Akademie-Verlag (= *stud. gramm*. XXVI/ XXVII).
Black, Max (1949). *Language and Philosophy*. N. York: Cornell UP.
Bloomfield, Leonard (1933). *Language*. New York: Holt. British edition (überarbeitet): London: Allen & Unwin 1935.
Blumstein, Sheila E. (1988). Neurolinguistics. An overview of language-brain relations in aphasia. In: Newmeyer (ed.) (1988), III:210–236.
Bopp, Franz (1816). *Über das Conjugationssystem der Sanskritsprache in Vergleichung mit jenem der griechischen, persischen und germanischen Sprache*. Frankfurt/M.: Andreä.
Bosshardt, Hans-Georg (ed.) (1986). *Perspektiven auf Sprache*. Berlin, New York: de Gruyter.
Boyes Braem, Penny (1990). *Einführung in die Gebärdensprache und ihre Erforschung*. Hamburg: Signum.

Brandt, Margareta / Reis, Marga / Rosengren, Inger / Zimmermann, Ilse (1992). Satztyp, Satzmodus und Illokution. In: Rosengren, I. (ed.). *Satz und Illokution*, Bd. 1. Tübingen: Niemeyer (= *LA* 278), 1–90.

Braun, Edmund (ed.) (1996). *Der Paradigmenwechsel in der Sprachphilosophie. Studien und Texte.* Darmstadt: Wissenschaftl. Buchgesellschaft.

Bréal, Michel (1897, 1904³). *Essai de semantique. Sciences des significations.* Paris: Hachette.

Brekle, Herbert (1972). *Semantik.* München: Fink (= *UTB* 102).

Brekle, Herbert (1985). *Einführung in die Geschichte der Sprachwissenschaft.* Darmstadt: Wissenschaftliche Buchgesellschaft.

Bright, William (ed.) (1966). *Sociolinguistics.* The Hague: Mouton.

Brinker, Klaus (1972). *Konstituentenstrukturgrammatik und operationale Satzgliedanalyse.* Frankfurt/M.: Athenäum.

Brinker, Klaus (1985, 1992³). *Linguistische Textanalyse.* Berlin: Schmidt (= *Grundlagen der Germanistik* 29).

Brons-Albert, Ruth (1984). *Gesprochenes Standarddeutsch. Telefondialoge.* Tübingen: Narr (= *SdG* 18).

Brosnahan, L. F. / Malmberg, Bertil (1970, 1976²). *Introduction to phonetics.* Cambridge: Heffer.

Brown, Roger / Lenneberg, Eric (1954). A Study in Language and Cognition. *Journal of Abnormal and Social Psychology* 49:454-462.

Bublitz, Wolfram / Lenk, Uta / Ventola, Eija (eds.) (1999). *Coherence in Spoken and Written Discourse. Selected Papers from the Internat. Workshop on Coherence, Augsburg April 1997.* Amsterdam: Benjamins.

Bühler, Karl (1934). *Sprachtheorie.* Stuttgart: G. Fischer. Unveränd. Neuauflage: Stuttgart: G. Fischer 1982 (= *UTB* 1159).

Bünting, Klaus Dieter (1971). *Einführung in die Linguistik.* Frankfurt: Athenäum.

Bußmann, Hadumod (1983, 1990²). *Lexikon der Sprachwissenschaft.* Stuttgart: Kröner (= Kröner Taschenausgabe 452).

Carmichael, Leonard / Hogan, H. P./ Walter, A. A. (1932). An Experimental Study of the Effect of Language on the Reproduction of Visually Perceived Forms. *Journal of Experimental Psychology* 15:73-86.

Carnap, Rudolf (1947, 1956²). *Meaning and Necessity. A Study in Semantics and Modal Logic.* Chicago: The Chicago Univ. Press.

Chomsky, Noam (1957). *Syntactic Structures*. The Hague: Mouton.
Chomsky, Noam (1959). Review of Skinner's "Verbal Behavior". *Language* 35:26-58.
Chomsky, Noam (1965). *Aspects of the Theory of Syntax*. Cambridge/ MA: MIT Press. Dt. Übers. (1969): *Aspekte der Syntaxtheorie*. Frankfurt/M.: Suhrkamp.
Chomsky, Noam (1970). Remarks on Nominalization. In: Jacobs, R.A./ Rosenbaum, P.S. (eds.) (1970). *Readings in English Transformational Grammar*. Waltham/ MA: Ginn, 184-221.
Chomsky, Noam (1975). *Reflections on Language*. London: Temple Smith.
Chomsky, Noam (1981). *Lectures on Government and Binding*. Dordrecht: Foris (= *SGG* 9).
Chomsky, Noam (1982). *The generative enterprise: a discussion with Riny Huybregts and Henk van Riemsdijk*. Dordrecht: Foris.
Chomsky, Noam (1986). *Barriers*. Cambridge/ MA: MIT Press (= *Linguistic Inquiry Monographs* 13).
Chomsky, Noam (1993). A Minimalist Program for Linguistic Theory. In: Hale, K. / Keyer, S. J. (eds.) (1993). *The View from Building 20. Essays in Linguistics in Honor of Sylvian Bromberger*. Cambr./MA.: The MIT Press, 1–52.
Chomsky, Noam / Halle, Morris (1968). *The Sound Pattern of English*. New York: Harper & Row. (Abk. SPE)
Chur, Jeannette (1993). *Generische Nominalphrasen im Deutschen. Eine Untersuchung zu Referenz und Semantik*. Tübingen: Niemeyer (= *LA* 291).
Clahsen, Harald (1988). *Normale und gestörte Kindersprache*. Amsterdam: Benjamins.
Clahsen, Harald / Eisenbeiß, Sonja / Vainikka, A. (1991). *The Seeds of Structure. A Syntactic Analysis of the Acquisition of Case Marking. Arbeiten des Sonderforschungsbereichs* 282, Nr.2.
Clark, Eve V. (1973). What's in a Word? On the Child's Aquisition of Semantics in his First Language. In: Moore, T. (ed.) (1973). *Cognitive Development and the Aquisition of Language*. New York, London: Academic Press, 65-110.
Comrie, Bernard (1981, 1989^2). *Language Universals and Linguistic Typology*. Oxford: Blackwell.
Comrie, Bernard (1985). Causative verb formation and other verb-deriving morphology. In: Shopen (ed.) (1985) III:309-48.

Comrie, Bernard (1988). Linguistic typology. In: Newmeyer, F. (ed.) (1988), Vol.1: 447-461.
Comrie, Bernard (ed.) (1987, 1991²). *The World's Major Languages*. London: Croom Helm.
Crystal, David (1997²). *The Cambridge Encyclopedia of Language*. Cambridge: CUP.
Dahl, Östen (ed.) (2000). *Tense and Aspect in the Languages of Europe*. Berlin, New York: de Gruyter.
Davidson, Donald (1967). The Logical Form of Action Sentences. In: Rescher, N. (ed.) (1967). *The Logic of Decision & Action*. Pittsburg: University of Pittsburg Press, 81-95.
Dijkstra, Ton / Kempen, Gerard (1993). *Einführung in die Psycholinguistik*. Bern, Göttingen, Toronto, Seattle: Huber.
Di Meola, Claudio (1994). Kommen *und* gehen. *Eine kognitiv-linguistische Untersuchung der Polysemie deiktischer Bewegungsverben*. Tübingen: Niemeyer (= *LA* 325).
Donaldson, M. / Balfour, G. (1968). Less is more: A study of language comprehension in children. *British Journal of Psychology* 59:461-472.
Drach, Erich (1937, 1963⁴). *Grundgedanken der deutschen Satzlehre*. Frankfurt/M.: Diesterweg.
DUDEN (1996²¹). *Rechtschreibung der deutschen Sprache*. Herausgegeben von der Dudenredaktion. Auf der Grundlage der neuen amtlichen Rechtschreibregeln. Mannheim, Leipzig, Wien, Zürich: Dudenverlag (= *DUDEN* Bd. 1).
DUDEN (1998⁶). *Grammatik der deutschen Gegenwartssprache*. Bearb. von P. Eisenberg, H. Gelhaus, H. Wellmann. H. Henne, H. Sitta. Mannh., Lpz., Wien, Zür.: Dudenvl. (= *DUDEN* Bd.4).
DUDEN (1990³). *Aussprachewörterbuch. Wörterbuch der deutschen Standardaussprache*. Bearb. v. Max Mangold in Zus.arbeit m.d. Dudenredaktion. Mannh., Wien, Zür.: Dudenvl. (= *DUDEN* Bd.6).
Durand, Jacques (1990). *Generative and Non-Linear Phonology*. London, New York: Longman.
Dürscheid, Christa (1989). *Zur Vorfeldbesetzung in deutschen Verbzweitstrukturen*. Trier: WVT (= *Fokus* 1).
Dürscheid, Christa (1991). *Modelle der Satzanalyse. Überblick und Vergleich*. Hürth. Gabel (= *KLAGE* 26).
Dürscheid, Christa (2000). *Syntax. Grundlagen und Theorien*. Wiesbaden: Westdeutscher Verlag.
Eggers, Hans (1973²). *Deutsche Sprachgeschichte*. Reinbek: Rowohlt.

Ehlich, Konrad / Switalla, Bernd (1976). Transkriptionssysteme – Eine exemplarische Übersicht. *Studium Linguistik* 2:78-106.
Ehrich, Veronika (1992). *Hier und Jetzt. Studien zur lokalen und temporalen Deixis im Deutschen*. Tübg.: Niemeyer (= *LA* 283).
Eisenberg, Peter (1986, 1994³). *Grundriß der deutschen Grammatik*. Stuttgart: Metzler.
Eisenberg, Peter (1991). Syllabische Struktur und Wortakzent. In: Ramers/Wiese (eds.) (1991):37-64.
Eisenberg, Peter (1998/1999). *Grundriss der deutschen Grammatik*. Band 1: *Das Wort*. Band 2: *Der Satz*. Stuttgart: Metzler.
Eisenberg, Peter (ed.) (1976). *Maschinelle Sprachanalyse. Beiträge zur automatischen Sprachbearbeitung* I. Berlin: de Gruyter.
Eisenberg, Peter (ed.) (1977). *Semantik und künstliche Intelligenz. Beiträge zur automatischen Sprachbearbeitung* II. Berlin: de Gruyter.
Eisenberg, Peter / Ramers, Karl Heinz / Vater, Heinz (eds.) (1992). *Silbenphonologie des Deutschen*. Tübingen: Narr (= *SdG* 42).
Emmorey, Karen D. / Fromkin, Victoria A. (1988). The mental lexicon. In: Newmeyer (ed.) (1988), III:124-149.
Engel, Ulrich (1977, 1994³). *Syntax der deutschen Gegenwartssprache*. Berlin: Schmidt (= *Grundlagen der Germanistik* 22).
Engel, Ulrich (1988, 1996³). *Deutsche Grammatik*. Heidelberg: Groos.
Engelkamp, Johannes (1974). *Psycholinguistik*. München: Fink (= *UTB* 297).
Erben, Johannes (1972¹¹). *Deutsche Grammatik. Ein Abriß*. München: Hueber.
Fabricius-Hansen, Cathrine (1986). *Tempus fugit*. Düsseldorf: Schwann (= *Sprache der Gegenwart* 64).
Fanselow, Gisbert (1981). Neues von der Kompositafront oder Zu drei Paradigmen in der Kompositagrammatik. *Studium Linguistik* 11:43-57.
Fanselow, Gisbert / Felix, Sascha (1987, 1993³). *Sprachtheorie. Eine Einführung in die Generative Grammatik*. 2 Bde. Tübingen: Francke (= *UTB* 1441/ 1442).
Féry, Caroline (1986). Metrische Phonologie und Wortakzent im Deutschen. *Studium Linguistik* 20:16-43.
Fischer Weltalmanach 2002 (M. von Baratta ed.) (2001). Frankfurt/ M.: Fischer Taschenbuch Verlag.
Fleischer, Wolfgang (1969, 1982⁵). *Wortbildung der deutschen Gegenwartssprache*. Tübingen: Niemeyer.

Fleischer, Wolfgang / Barz, Irmgard (1992, 1995[2]). *Wortbildung der deutschen Gegenwartssprache*. Tübingen: Niemeyer.

Flores d'Arcais, Giovanni (1988). Language perception. In: Newmeyer (ed.) (1988), III:97-149.

Fodor, Jerry A. (1983). *The Modularity of Mind*. Cambridge, MA.: The MIT Press.

Frege, Gottlob (1892). Über Sinn und Bedeutung. *Zeitschrift für Philosophie und Kritik* 100:25-50. Wieder in: Frege, G. (1962). *Funktion, Begriff, Bedeutung. Fünf logische Studien*. (G. Patzig ed.). Göttingen: Vandenhoeck, 40-65.

Friedrici, Angela (1984). *Neuropsychologie der Sprache*. Stuttgart, Berlin, Köln: Kohlhammer.

Fromkin, Victoria / Rodman, Robert (1974, 1988[4]). *An Introduction to Language*. New York: Holt, Rinehart & Winston.

Fudge, E.C. (1970). Phonology. In: Lyons, J. (ed.), 1970:76-95.

Fuhrhop, Nanna (1998). *Grenzfälle morphologischer Einheiten*. Tübingen: Stauffenburg (= *SdG* 57),

Gallmann, Peter (1990). *Kategoriell komplexe Wortformen. Das Zusammenwirken von Morphologie und Syntax bei der Flexion von Nomen und Adjektiv*. Tübingen: Niemeyer (= *RGL* 108).

Garnham, Alan (1985). *Psycholinguistics. Central Topics*. London: Routledge.

Gauger, Hans-Martin (1980[2]). Psycholinguistik. *LGL* (1980[2]):421-428.

Gehirn und Kognition (1990). Heidelberg: Spektrum der Wissenschaft (= *Spektrum der Wissenschaft: Verständliche Forschung*).

Gehirn und Nervensystem (1988[9]). Heidelberg: Spektrum der Wissenschaft (= *Spektrum der Wissenschaft: Verständliche Forschung*).

Geschwind, Norman (1988[9]). Die Großhirnrinde. In: *Gehirn und Nervensystem*, 112-120.

Giegerich, Heinz (1985). *Metrical phonology and phonological structure. German and English*. Cambridge: CUP.

Givon, Talmy (1986). Prototypes: between Plato and Wittgenstein. In: Craig, C. (ed.) (1986). *Noun Classes and Categorization*. Amsterdam: Benjamins, 77-102.

Gleitman, Lila / Gleitman, Henry / Landau, Barbara / Wanner, Eric (1988). Where learning begins: initial representations for language learning. In: Newmeyer (ed.) (1988), III:150–193.

Glinz, Hans (1952). *Die innere Form des Deutschen*. Bern, München: Francke.

Glück, Helmut (ed.) (1993). *Metzler-Lexikon Sprache*. Stg.: Metzler.

Goldsmith, John A. (1990). *Autosegmental and Metrical Phonology*. Oxford: Blackwell.

Goossens, Jan (1980²). Areallinguistik. *LGL* (1980²):445-453.

Görz, Günther (ed.) (1993). *Einführung in die Künstliche Intelligenz*. Bonn, Paris u.a.: Addison-Wesley.

Greenberg, Joseph (1966²). Some universals of grammar with particular reference to the order of meaningful elements. In: Greenberg (ed.) (1966):73–113.

Greenberg, Joseph (ed.) (1966²). *Universals of Language*. Cambridge/ MA: MIT Press.

Grésillon, Almuth (1984). *La règle et le monstre: le mot valise*. Tübingen: Niemeyer (= *LA* 152).

Grewendorf, Günther (1988). *Aspekte der deutschen Syntax. Eine Rektions-Bindungsanalyse*. Tübingen: Narr (= *SdG* 33).

Grewendorf, Günther (ed.) (1979). *Sprechakttheorie und Semantik*. Frankfurt/M.: Suhrkamp (= *stw* 276).

Grice, H. Paul (1975). Logic and Conversation. In: Cole, P./ Morgan, J.L. (eds.) (1975). *Syntax and Semantics 3: Speech Acts*. New York: Academic Press, 41-58. Dt. Übers. in: Kußmaul, P. (ed.) (1980):109-126.

Grimm, Hannelore / Engelkamp, Johannes (1981). *Sprachpsychologie. Handbuch und Lexikon der Psycholinguistik*. Berlin: Schmidt.

Grishman, Ralph (1986). *Computational linguistics. An introduction*. Cambridge et al.: CUP.

Grzimek, Bernhard (1968). *Grzimeks Tierleben. Enzyklopädie des Tierreichs*. München: Kindler.

Gülich, Elisabeth / Raible, Wolfgang (1977). *Linguistische Textmodelle*. München: Fink (= *UTB* 130).

Haarmann, Harald (1975). *Soziologie und Politik der Sprachen Europas*. München: Deutscher Taschenbuch Verlag (= *dtv* 4161).

Haarmann, Harald (2001). *Kleines Lexikon der Sprachen. Von Albanisch bis Zulu*. München: Beck.

Haegeman, Liliane (1991). *Introduction to Government and Binding Theory*. London: Basil Blackwell.

Haider, Huber (1993). *Deutsche Syntax generativ*. Tübingen: Narr (= *TBL* 325).

Hall, T. Allan (1992a). *Syllable Structure and Syllable-Related Processes in German*. Tübingen: Niemeyer (= *LA* 276)

Hall, T. Alan (1992b). Syllable Final Clusters and Schwa Epenthesis in German. In: Eisenberg, P. / Ramers, K.H. / Vater, H. (eds.), 1992:172-245.

Hall, T. Alan (2000). *Phonologie. Eine Einführung*. Berlin, New York: de Gruyter.

Halle, Morris (1954). Why and How Do We Study the Sounds of Speech? In: Mueller, B.J. (ed.) (1954). *Report of the Fifth Annual Round Table Meeting on Linguistics and Language Teaching*. Washington: Georgetown University, 73-80.

Halliday, M.A.K./ Hasan, Ruqaya (1976). *Cohesion in English*. London: Longman.

Harweg, Roland (1989). Is Coherence a Pragmatic Phenomenon? Comments on D. Viehweger's Paper. In: Heydrich, Wolfgang et al. (eds.) (1989). *Connexity and Coherence. Analysis of Text and Discourse*. Berlin, New York: de Gruyter, 283-290.

Hawkins, John (1983). *Word Order Universals. Quantitative Analyses of Linguistic Structure*. New York: Academic Press.

Hawkins, John (ed.) (1988). *Explaining language universals*. Oxford: Blackwell.

Heidolph, Karl Erich et al. (1981). *Grundzüge einer deutschen Grammatik*. Berlin: Akademie-Verlag.

Heike, Georg (1969). *Suprasegmentale Analyse*. Marburg: Elwert.

Heinemann, Wolfgang / Viehweger, Dieter (1991). *Textlinguistik. Eine Einführung*. Tübingen: Niemeyer (= *RGL* 115).

Helbig, Gerhard (1970). *Geschichte der neueren Sprachwissenschaft*. Leipzig: Enzyklopädie. Lizenzausgabe (seitengleich): München: Hueber 1973²; Reinbek: Rowohlt 1974.

Hogg, Richard / McCully, C. B. (1987). *Metrical Phonology: A Coursebook*. Cambridge: CUP.

Höhle, Tilman N. (1978). *Lexikalistische Syntax: Die Aktiv-Passiv-Relation und andere Infinitkonstruktionen im Deutschen*. Tübingen: Niemeyer (= *LA* 67).

Höhle, Tilman N. (1982). Über Komposition und Derivation: zur Konstituentenstruktur von Wortbildungsprodukten im Deutschen. *ZS* 1:76-112.

Höhle, Tilman N. / Vater, Heinz (1978). Derivational constraints und die silbischen Konsonanten im Deutschen. In: *Studia linguistica Alexandro Vasilii filio Issatschenko a collegis amicisque oblata*. Lisse: Peter de Ridder, 169-186.

Hörmann, Hans (1967). *Psychologie der Sprache*. Berlin, Heidelberg, New York: Springer (verbesserter Nachdruck 1970).

Hulst, Harry van der / Smith, Norval (1982). Autosegmental and metrical phonology. In: Hulst, H. van der/ Smith, N. (eds.) (1982). *The Structure of Phonological Representations* (Part I). Dordrecht: Foris, 1-45.

Humboldt, Wilhelm von (1820). *Über das vergleichende Sprachstudium in Beziehung auf die verschiedenen Epochen der Sprachentwicklung*. Wieder abgedruckt in: Humboldt, Wilh. v. (1963). *Schriften zur Sprachphilosophie*. Darmstadt: Wissensch. Buchgesellschaft (= *Werke in fünf Bänden*, III).

IPA (1970²; revised ed. 1996). *The Principles of the International Phonetic Association*. London: IPA.

Jackendoff, Ray (1977). *X' -Syntax: A Study of Phrase Structure*. Cambridge/ MA: MIT Press.

Jackendoff, Ray (1983). *Semantics and Cognition*. Cambridge/ MA: MIT Press (= *Current Studies in Linguistics* 8).

Jacobs, Joachim (1994). *Kontra Valenz*. Trier: WVT (= *Fokus* 12).

Jakobson, Roman (1969). *Kindersprache, Aphasie und allgemeine Lautgesetze*. Frankfurt/M.: Suhrkamp (= *edition Suhrkamp* 330).

Jakobson, Roman / Halle, Morris (1956) (rev. ed. 1971²). *Fundamentals of Language*. The Hague: Mouton. Dt. Übers. (1960): *Grundlagen der Sprache*. Berlin: Akademie-Verlag.

Jensen, John T. (1990). *Morphology. Word Structure in Generative Grammar*. Amsterdam, Philadelphia: Benjamins.

Jespersen, Otto (1904, 1961³). *Modersmaalets Fonetik*. Kopenhagen: Gyldendal.

Kallmeyer, Werner / Meyer-Hermann, Reinhard (1980²). Textlinguistik. *LGL* (1980²):242-258.

Katz, Jerrold J. (1972). *Semantic Theory*. New York: Harper & Row.

Katz, Jerrold J. / Fodor, Jerry A. (1963). The Structure of a Semantic Theory. *Language* 39:170-210.

Kelter, Stephanie (1990). *Aphasien. Hirnorganisch bedingte Sprachstörungen und Kognitive Wissenschaft*. Stuttgart: Kohlhammer.

Kieckers, E. (1931). *Die Sprachstämme der Erde*. Heidelberg: Winter.

Kindt, Walter / Wirrer, Jan (1976). Zu Teun van Dijks Aufsätzen 'Generative Semantik und Texttheorie' und 'Textgenerierung und Textproduktion'. In: Kindt, W. / Schmidt, S.J. (eds.) (1976). *Interpretationsanalysen. Argumentationsstrukturen in literaturwissenschaftlichen Interpretationen*. München: Fink, 116-132.

Kiparsky, Paul (1979). Metrical Structure Assignment is Cyclic. *LI* 10:421-441.

Klappenbach, Ruth / Steinitz, Wolfgang (1970). *Wörterbuch der deutschen Gegenwartssprache*, Bd.3. Berlin: Akademie-Verlag.

Kleiber, George (1988). Prototype, stereotype: un air de famille? *DRLAV* 38:1-66.

Kleiber, George (1990). *La sémantique du prototype*. Paris: P.U.F. Dt. Übers. (1993). *Prototypensemantik: eine Einführung*. Tübingen: Narr (= *Narr Studienbücher*).

Klein, Wolfgang, 1984 (1992^3). *Zweitspracherwerb. Eine Einführung*. Frankfurt: Athenäum / Hein.

Klein, Wolfgang / Stutterheim, Christiane von (1987). Quaestio und referentielle Bewegung in Erzählungen. *LB* 109:163-183.

Klein, Wolfgang / Wunderlich, Dieter (eds.) (1971). *Aspekte der Soziolinguistik*. Frankfurt/M.: Athenäum.

Kloeke, Wus van Lessen (1982). *Deutsche Phonologie und Morphologie: Merkmale und Markiertheit*. Tbg.: Niem. (= *LA* 117).

Kniffka, Hannes (1980). *Soziolinguistik und empirische Textanalyse*. Tübingen: Niemeyer (= LA 94).

Kobler-Trill, Dorothea (1994). *Das Kurzwort im Deutschen*. Tübingen: Niemeyer (= *RGL* 149).

Kohler, Klaus J. (1977, 1995^2). *Einführung in die Phonetik des Deutschen*. Berlin: Schmidt (= *Grundlagen der Germanistik* 20).

König, Werner (1981^4). *dtv-Atlas zur deutschen Sprache. Tafeln und Texte*. München: Deutscher Taschenbuch Verlag (= *dtv* 3025).

Köpcke, Klaus-Michael (1994). Zur Rolle von Schemata bei der Pluralbildung monosyllabischer Maskulina. In: Köpcke, K.-M. (ed.) (1994):81-95.

Köpcke, Klaus-Michael (ed.) (1994). *Funktionale Untersuchungen zur deutschen Nominal- und Verbalmorphologie*. Tübingen: Niemeyer (= *LA* 319).

Krzeszowski, Tomasz (1967). Fundamental Principles of Structural Contrastive Studies. *Glottodidactica* 2:33-40.

Krzeszowski, Tomasz (1974). *Contrastive Generative Grammar: Theoretical Foundations*. Łódź: Uniwersytet Łódzki.

Krahe, Hans (1966). *Germanische Sprachwissenschaft. I Einleitung und Lautlehre*. Berlin: de Gruyter (= *Sammlung Göschen* 238).

Kußmaul, Paul (ed.). *Sprechakttheorie: ein Reader*. Wiesbaden: Athenaion.

Kutschera, Franz von (1967). *Elementare Logik*. Wien: Springer.

Labov, William (1966). *The Social Stratification of English in New York City*. Washington: Center for Applied Linguistics.
Labov, William (1971). Das Studium der Sprache im sozialen Kontext. In: Klein, W./ Wunderlich, D. (eds.) (1971):111-194.
Lakoff, George (1986). Classifiers as a Reflection of Mind. In: Craig, C. (ed.) (1986). *Noun Classes and Categorization*. Amsterdam: Benjamins.
Lakoff, George (1987). *Women, Fire, and Dangerous Things. What Categories Reveal about the Mind.* Chicago, London: University of Chicago Press.
Lang, Ewald (1973). Über einige Schwierigkeiten beim Postulieren einer Textgrammatik. In: Kiefer, F./ Ruwet, N. (eds.) (1973). *Generative Grammar in Europe*. Dordrecht: Reidel, 284-314.
Lang, Ewald (1977). *Semantik der koordinativen Verknüpfung*. Berlin: Akademie-Verlag (= *stud. gramm.* XIV).
Lang, Ewald (1987). Semantik der Dimensionsauszeichnung räumlicher Objekte. In: Bierwisch / Lang (eds.) (1987): 287-458.
Langacker, Ronald W. (1968, 1973²). *Language and its Structure*. New York: Harcourt. Dt. Übers. (1971, 1976²): *Sprache und ihre Struktur*. Tübingen: Niemeyer.
Langacker, Ronald W. (1972). *Fundamentals of Linguistic Analysis*. New York: Harcourt.
Langacker, Ronald W. (1987). *Foundations of Cognitive Grammar*. Vol.I: *Prerequisites*. Stanford/ CA: Stanford University Press.
Lass, Roger (1984). *Phonology. An Introduction to Basic Concepts*. Cambridge: CUP.
Lehmann, Christian (1984). *Der Relativsatz. Typologie seiner Strukturen. Theorie seiner Funktionen. Kompendium seiner Grammatik*. Tübingen: Narr (= *Language Universals Series* 3).
Leischner, Anton (1980²). Neurolinguistik. *LGL* (1980²):406-421.
Lenerz, Jürgen (1977). *Zur Abfolge nominaler Satzglieder im Deutschen*. Tübingen: Narr (= *SdG* 5).
Lenerz, Jürgen (1985). Über das Erkenntnisinteresse der Linguistik. *PBB* 107/ 3:325-343.
Lenerz, Jürgen (1999). Rezension von Chomsky, N. (1993), "A Minimalist Program for Linguistic Theory". *PBB* 121/3:456–459.
Leser, Martin (1990). *Das Problem der 'Zusammenbildungen'. Eine lexikalistische Studie*. Trier: WVT (= *FOKUS* 3).

Leuba, C. / Birch, L. / Appleton, J. (1968). Human problem solving during complete paralysis of the voluntary musculature. *Psychological Report* 22:849-855.

Leuninger, Helen (1989). *Neurolinguistik*. Opladen: Westdeutscher Verlag.

Leuninger, Helen (1993[5]). *Reden ist Schweigen, Silber ist Gold. Gesammelte Versprecher*. Zürich: Ammann.

Levelt, Willem (1989), *Speaking: From Intention to Articulation*. Cambridge, MA.: The MIT Press.

Levinson, Stephen C. (1983). *Pragmatics*. Cambridge: CUP.

Liberman, Marc / Prince, Alan (1977). On stress and linguistic rhythm. *Linguistic Inquiry* 8:249-336.

Limper, Bernhard (1978). *Zur semantischen Abgrenzung von deutschen Substantiven, die eine Behausung bezeichnen.* Universität Köln (= *KLAGE* 5).

Linke, Angelika / Nussbaumer, Markus / Portmann, Paul R. (1994[2]). *Studienbuch Linguistik*. Tübingen: Niemeyer (= *RGL* 121).

Lleó, Conxita / El Mogharbel, Christliebe / Prinz, Michael (1994). Babbling und Frühwort-Produktion im Deutschen und Spanischen. *LB* 151:191-217.

Löbach, Brigitte (2000). *Semantikerwerb. Ein Beitrag zu einer empiristisch-naturalistischen Bedeutungstheorie*. Tübingen: Niemeyer (= *LA* 423).

Löbel, Elisabeth (1989). Q as a Functional Category. In: Bhatt, C./ Löbel, E./ Schmidt, C.M. (eds.) (1989). *Syntactic Phrase Structure Phenomena*. Amsterdam: Benjamins, 133-158.

Lohnstein, Horst (1996). *Formale Semantik und natürliche Sprache*. Opladen: Westdeutscher Verlag.

Ludwig, Otto (1980[2]). Geschriebene Sprache. *LGL* (1980[2]):323-328.

Lutzeier, Peter R. (1981). *Wort und Feld. Wortsemantische Fragestellungen mit besonderer Berücksichtigung des Wortfeldbegriffs*. Tübingen: Niemeyer (= *LA* 103).

Lutzeier, Peter (1994). *Linguistische Semantik*. Stuttgart: Metzler.

Lyons, John (1968). *Introduction to Theoretical Linguistics*. Cambridge: CUP. Dt. Übers. (1973[3]): *Einführung in die moderne Linguistik*. München: Beck.

Lyons, John (ed.) (1970). *New Horizons in Linguistics*. Harmondsworth: Penguin. Dt. Übers. (1974): *Neue Perspektiven in der Linguistik*. Reinbek: Rowohlt (= *rororo Studium Ling*. 66).

Lyons, John (1977). *Semantics*. 2 Volumes. Cambridge: CUP.

Maas, Utz (1992). *Grundzüge der deutschen Orthographie*. Tübingen: Niemeyer (= *RGL* 120).

Maas, Utz (1999). *Phonologie. Einführung in die funktionale Phonetik des Deutschen*. Opladen: Westdeutscher Verlag.

Mackeldey, Roger (1987). *Alltagssprachliche Dialoge*. Leipzig: VEB Verlag Enzyklopädie.

Malmberg, Bertil (1963). *Phonetics*. New York: Dover.

Malson, Lucien / Itard, Jean / Mannoni, Octave (1964). *Die wilden Kinder*. Frankfurt/M.: Suhrkamp.

Matthews, Peter H. (1974). *Morphology*. Cambridge: CUP.

Mayerthaler, Willi (1974). *Einführung in die generative Phonologie*. Tübingen: Niemeyer (= *Romanische Arbeitshefte* 11).

McClelland, James L. / Rumelhart, David E. (1981). An interactive activation model of context effects in letter perception: Part 1. An account of basic findings. *Psychological Review* 88:375–407.

Mecner, Paweł (1999). Plädoyer für ein generatives Modell der Linguistik Polnisch & Deutsch. Überlegungen zum Minimalismus. In: Kątny, A. / Schatte, Chr. (eds.). *Das Deutsche von innen und von außen. Ulrich Engel zum 70. Geburtstag*. Poznań: Wydawnictwo Naukowe UAM, 115–126.

Meibauer, Jörg (1986). *Rhetorische Fragen*. Tbg.: Niem. (= *LA* 167).

Meibauer, Jörg (1999). *Pragmatik: eine Einführung*. Tübingen: Stauffenburg (= *Stauffenburg-Einführungen*).

Meibauer, Jörg (2002). *Einführung in die germanistische Linguistik*. Stuttgart: Metzler.

Mill, John Stuart (1862/ 63). *System der deduktiven und induktiven Logik*. Braunschweig.

Miller, George A. (1956). The magical number seven, plus or minus two: Some limits on our capacity for processing information. *Psychological Review* 63:81-97.

Miller, George A. / Johnson-Laird, Philip N. (1976). *Language and Perception*. Cambridge/ MA: Harvard University Press.

Morris, Charles (1938). *Foundations of the Theory of Signs*. Chicago: The University of Chicago Press.

Moulton, William G. (1962). *The Sounds of English and German*. Chicago: Chicago University Press.

Muthmann, Gustav (1988). *Rückläufiges deutsches Wörterbuch*. Tübingen: Niemeyer (= *RGL* 78).

Nabrings, Kirsten (1981). *Sprachliche Varietäten*. Tübingen: Narr (= *TBL* 147).

Nauta, Walle J. H. / Feirtag, Michael (1988[9]). Die Architektur des Gehirns. In: *Gehirn und Nervensystem*. (1988[9]): 88-98.

Nedjalkov, Vladimir (ed.) (1988). *Typology of resultative constructions*. Amsterdam: Benjamins (= *Typologogical Studies in Language* 12).

Neef, Martin (1996a). *Wortdesign. Eine deklarative Analyse der deutschen Verbflexion*. Tübingen: Stauffenburg (= *SdG* 52).

Neef, Martin (1996b). Wortdesign. Das Wortbildungsmuster *Gehopse* und die Kopflosigkeit von 'Ableitungen'. *ZS* 15:61-91.

Neef, Martin (1998a). The Reduced Syllable Plural in German. In: Fabri, Ray / Ortmann, Albert / Parodi, Teresa (eds.) (1998). *Models of Inflection*. Tübingen: Niemeyer (= *LA* 388), 244-265.

Neef, Martin (1999). A declarative approach to conversion into verbs in German. In: Booij, Geert / Van Marle, Jaap (eds.) (1999) *Yearbook of Morphology 1998*. Dordrecht: Kluwer, 199-224.

Neef, Martin (2002). *Das Maß aller Dinge: Sonorität*. Ms. Univ. Köln.

Nerius, Dieter et al. (1987, 1989[2]). *Deutsche Orthographie*. Leipzig: Bibliographisches Institut.

Nespor, Marina / Vogel, Irene (1986). *Prosodic Phonology*. Dordrecht: Foris (= *Studies in Generative Grammar* 28).

Newmeyer, Frederick (ed.) (1988). *Linguistics: The Cambridge Survey*. 4 Bde. Cambridge et al.: CUP.

Nida, Eugene (1946). *Morphology. The Descriptive Analysis of Words*. Ann Arbor: The University of Michigan Press.

Norman, David A. / Rumelhart, David E. (1975). *Explorations in Cognition*. San Francisco: Freeman. Dt. Übers. (1978): *Strukturen des Wissens. Wege der Kognitionsforschung*. Stuttgart: Klett-Cotta.

Oehler, Regina (1990). Der Griff zum Gehirn. *Bild der Wissenschaft* 12 (1990):52-57.

Ogden, C. K. / Richards, I. A. (1923). *The Meaning of Meaning*. London: Routledge & Kegan.

Oksaar, Els (1980[2]). Spracherwerb. *LGL* (1980[2]):303-308.

Olsen, Susan (1986). *Wortbildung im Deutschen. Eine Einführung in die Theorie der Wortstruktur*. Stuttgart: Kröner.

Olsen, Susan (1989). Zur Stellung der Wortbildung in der Grammatik: Drei Theorien der Affigierung. Papiere zur Linguistik 40:3-22.

Olsen, Susan (1990). Konversion als ein kombinatorischer Wortbildungsprozeß. *LB* 127:185-216.

Olsen, Susan (1991a). Die deutsche Nominalphrase als 'Determinansphrase'. In: Olsen / Fanselow (eds.) (1991):35-56.

Olsen, Susan (1991b). GE-Präfigierungen im heutigen Deutsch. Ausnahmen von der >Righthand Head Rule<? *PBB* 113:333-366.

Olsen, Susan / Fanselow, Gisbert (eds.) (1991). *DET, COMP und INFL. Zur Syntax funktionaler Kategorien und grammatischer Funktionen*. Tübingen: Niemeyer (= *LA* 263).

Paul, Hermann (1880, 1968^{8}). *Prinzipien der Sprachgeschichte*. Darmstadt: Wissenschaftl. Buchgesellschaft.

Paul, Hermann (1916, 1919^{2}). *Deutsche Grammatik*. Tübingen: Niemeyer.

Peirce, Charles Sanders. (1934). *Collected Papers*. Cambridge, MA.: Harvard University Press.

Peuser, Günter (1978). *Aphasie. Eine Einführung in die Patholinguistik*. München: Fink (= *Patholinguistica* 3).

Philipp, Gerhard (1980). *Einführung ins Frühneuhochdeutsche*. Heidelberg: Quelle & Meyer (= *UTB* 822).

Piaget, Jean (1947). *La Psychologie de l'Intelligence*. Paris: Colin. Dt. Übs. (1970): *Psychologie der Intelligenz*. Stuttg.: Klett-Cotta 1970.

Piirainen, Ilpo T. (1981). *Handbuch der deutschen Rechtschreibung*. Bochum: Kamp.

Pike, Kenneth / Pike, Eunice (1947). Immediate constituents of Mazateco syllables. *International Journal of American Linguistics* 13:78-91.

Pinker, Steven (1994). *The Language Instinct*. New York: Morrow. Dt. Übers. von M. Wiese (1996). *Der Sprachinstinkt*. München: Kindler.

Plank, Frans (1981). *Morphologische (Ir-)Regularitäten. Aspekte der Wortstrukturtheorie*. Tübingen: Narr (= *SdG* 13).

Polenz, Peter von (1977, 1978^{9}). *Geschichte der deutschen Sprache*. Berlin, New York: de Gruyter (= *Sammlung Göschen* 2206).

Popper, Karl (1934, 1971^{4}). *Logik der Forschung*. Tübingen: Mohr.

Posner, Roland (1980^{2}). Linguistische Poetik. *LGL* (1980^{2}):687-698.

Primus, Beatrice (1999). *Cases and Thematic Roles. Ergative, Accusative and Active*. Tübingen: Niemeyer (= *LA* 393).

Ramers, Karl Heinz (1992). Ambisilbische Konsonanten im Deutschen. In: Eisenberg / Ramers / Vater (eds.), 1992:246-283.

Ramers, Karl Heinz (2000). *Einführung in die Syntax*. München: Fink (= *UTB* 2174).

Ramers, Karl Heinz / Vater, Heinz (1988, 1995⁴). *Einführung in die Phonologie*. Hürth: Gabel (= *KLAGE* 16).
Ramers, Karl Heinz / Wiese, Richard (eds.) (1991). *Prosodische Phonologie*. Göttg.: Vandenh. & Ruprecht (=*ZS* Themenh. 1991).
Ramge, Horst (1972, 1975²). *Spracherwerb: Grundzüge der Sprachentwicklung des Kleinkindes*. Tbg.: Niemeyer (= *Germanist. Arbeitshefte* 14).
Reichenbach, Hans (1947). *Elements of Symbolic Logic*. New York: Macmillan.
Rein, Kurt (1983). *Einführung in die Kontrastive Linguistik*. Darmstadt: Wissenschaftliche Buchgesellschaft.
Reis, Marga (1974). *Lauttheorie und Lautgeschichte. Untersuchungen am Beispiel der Dehnungs- und Kürzungsvorgänge im Deutschen*. München: Fink.
Reis, Marga (1977). *Präsuppositionen und Syntax*. Tübingen: Niemeyer (= *LA* 51).
Reis, Marga (1980a). *Grundbegriffe der Semantik*. Arbeitspapier Universität Köln.
Reis, Marga (1980b). On Justifying Topological Frames: "Positional Fields and the Order of Non-Verbal Constituents in German". *DRLAV, Revue de linguistique* 22/23:61-85.
Reis, Marga (1983). Gegen die Kompositionstheorie der Affigierung. *ZS* 2:110-131.
Reis, Marga (1997). Zum syntaktischen Status unselbständiger Verbzweit-Sätze. In: Dürscheid, Christa / Ramers, Karl Heinz / Schwarz, Monika (eds.). *Sprache im Fokus. Festschrift für Heinz Vater zum 65. Geburtstag*. Tübingen: Niemeyer, 121–144.
Rickheit, Mechthild (1993). *Wortbildung*. Opladen: Westdt. Verlag.
Rickheit, Gert / Schnotz, Wolfgang / Strohner, Hans (1985). The Concept of Inference in Discourse Comprehension. In: Rickheit / Strohner (eds.) (1985), 1985:3-49.
Rickheit, Gert / Strohner, Hans (1993). *Grundlagen der kognitiven Sprachverarbeitung*. Tübingen: Francke (= *UTB* 1735).
Rickheit, Gert / Strohner, Hans (eds.) (1985). *Inferences in Text Processing*. Amsterdam, New York: North-Holland,
Ries, John (1894). *Was ist Syntax? Ein kritischer Versuch*. Prag: Taussig. Neuauflage: Darmstadt 1967: Wiss. Buchgesellschaft.
Ritter, Joachim / Gründer, Karlfried (eds.) (1998). *Historisches Wörterbuch der Philosophie*. Darmstadt: Wiss. Buchgesellschaft.

Robins, R. H. (1964). *General Linguistics: An Introductory Survey*. London: Longman.
Römer, Ruth (1968). *Die Sprache der Anzeigenwerbung*. Düsseldorf: Schwann (= *Spr. d. Ggw*. 4).
Rosch, Eleanor (1975). Cognitive Representation of Semantic Categories. *Journal of Experimental Psychology* 104:192-233.
Rosch, Eleanor (1977). Human Categorization. In: Warren, N. (ed.) (1977). *Studies in Cross-Cultural Psychology*. Vol.1. London: Academic Press, 1-49.
Rosengren, Inger (1980²). Texttheorie. *LGL* (1980²):275-286.
Rosengren, Inger (ed.) (1992). *Satz und Illokution*. Bd. 1. Tübingen: Niemeyer (=*LA* 278).
Russell, Bertrand (1905). On Denoting. *Mind* 30:479-493.
Sacks, Harvey / Schegloff, Emanuel / Jefferson, Gail (1974). A Simplest Systematics for the Organization of Turn-taking for Conversation. *Language* 50:696-735.
Saussure, Ferdinand de (1916, 1969³). *Cours de linguistique générale*. Paris: Payot. Dt. Übers. (1967²): *Grundfragen der allgemeinen Sprachwissenschaft*. Berlin: de Gruyter.
Schaff, Adam (1960). *Einführung in die Semantik*. Reinbek: Rowohlt.
Scherner, Maximilian (1984). *Sprache als Text*. Tübingen: Niemeyer (= *RGL* 48).
Scherner, Maximilian (1994). Textverstehen als "Spurenlesen" – Zur texttheoretischen Tragweite dieser Metapher. In: Canisius, P./ Herbermann, C. P. / Tschauder, G. (eds.) (1994):317–340.
Scherner, Maximilian (1998). Text. In: Ritter, J. / Gründer, K. (eds.) (1998), 1038-1044.
Schlieben-Lange, Brigitte (1974). Perlokution. *Sprache im technischen Zeitalter* 52:319-334.
Schlyter, Susanne (1982). *Vagheit, Polysemie und Prototypentheorie*. Univ. Stockholm (= *Papers from the Institute of Linguistics* 46).
Schmidt, Claudia M. (1994). *Satzstruktur und Verbbewegung. Eine minimalistische Analyse zur internen Syntax der IP (Inflection Phrase) im Deutschen*. Tübingen: Niemeyer (=*LA* 327).
Schwarz, Monika (1992, 1996²). *Einführung in die Kognitive Linguistik*. Tübingen: Francke (= *UTB* 1636).
Schwarz, Monika / Chur, Jeannette (1993). *Semantik. Ein Arbeitsbuch*. Tübingen: Narr (= *Narr Studienbücher*).
Schweikle, Günther (2002⁵). *Germanisch-deutsche Sprachgeschichte im Überblick*. Stuttgart: Metzler.

Searle, John R. (1965). What is a Speech Act? In: Black, M. (ed.) (1965). *Philosophy in America*. Ithaca: Cornell Univ. Press. Dt. Übs. 1972: Was ist ein Sprechakt? In: Holzer, H./ Steinbacher, K. (eds.). *Sprache und Gesellschaft*. Hamburg: Hoffmann & Campe:153-173.
Searle, John R. (1969). *Speech Acts: An Essay in the Philosophy of Language*. Cambridge: CUP. Dt. Übers. (1971): *Sprechakte*. Frankfurt/M.: Suhrkamp.
Searle, John R. (1975). Indirect Speech Acts. In: Cole, P./ Morgan, L. (eds.) (1975). *Syntax and Semantics 3: Speech Acts*. New York: Academic Press. Dt. Übers. in: Kußmaul, P. (ed.) (1980):127-150.
Searle, John R. (1976). A Classification of Illocutionary Acts. *Language in Society* 5:1-23. Dt. Übers. in: Kußmaul, P. (ed.) (1980):82-108.
Sebeok, Thomas (1968). *Zoosemiotics*. The Hague: Mouton.
Seidel, Eugen (1935). *Geschichte und Kritik der wichtigsten Satzdefinitionen*. Jena: Frommann.
Selkirk, Elizabeth (1982). *The syntax of words*. Cambridge/ MA, London: MIT Press (= *Linguistic Inquiry Monographs* 7).
Sells, Peter (1985). *Lectures on Contemporary Syntactic Theories: an Introduction to Government-Binding Theory, Generalized Phrase Structure Grammar, and Lexical-Functional Grammar*. Stanford: Stanford University Press (= *CSLI Lecture Notes* 3).
Shopen, Timothy (ed.) (1985). *Language typology and syntactic description*. 3 vols. Cambridge: CUP.
Siebert-Ott, Gesa Maren (2001). *Frühe Mehrsprachigkeit. Probleme des Grammatikerwerbs in multilingualen und multikulturellen Kontexten*. Tübingen: Niemeyer (= *LA* 440).
Siebs, Theodor (1969[19]). *SIEBS. Deutsche Aussprache. Reine und gemäßigte Hochlautung mit Aussprachewörterbuch* (de Boor, H./ Moser, H./ Winkler, Chr. eds.). Berlin: de Gruyter.
Sievers, Eduard (1885[3]). *Grundzüge der Phonetik zur Einführung in das Studium der Lautlehre der indogermanischen Sprachen*. Leipzig: Breitkopf & Härtel (Nachdruck Hildesheim: Olms 1976).
Slobin, Dan (1969). *Psycholinguistics*. Glenview/ Illinois, London: Scott, Foresman & Company. Dt. Übers. (1974): *Einführung in die Psycholinguistik*. Kronberg/Ts.: Scriptor.

Sökeland, Werner (1980). *Indirektheit von Sprechhandlungen. Eine linguistische Untersuchung*. Tübingen: Niemeyer (= *RGL* 26).

Sowinski, Bernhard (1991). *Stilistik. Stiltheorien und Stilanalysen*. Stuttgart: Metzler.

Spencer, Andrew (1991). *Morphological Theory*. Oxford: Blackwell.

Springer, Sally P. / Deutsch, Georg (1981). *Left Brain, Right Brain*. New York: Freeman. Dt. Übers. (1995[3]): *Linkes Gehirn rechtes Gehirn*. Heidelberg, Berlin, Oxford: Spektrum Akadem. Verlag.

Stechow, Arnim von / Sternefeld, Wolfgang (1988). *Bausteine syntaktischen Wissens. Ein Lehrbuch der Generativen Grammatik*. Opladen: Westdeutscher Verlag.

Stechow, Arnim von / Wunderlich, Dieter (eds.) (1991). *Semantik / Semantics. Ein internationales Handbuch der zeitgenössischen Forschung / An International Handbook of Contemporary Research*. Berlin, New York: De Gruyter (= *Handbücher zur Sprach- und Kommunikationswissenschaft* 6).

Stedje, Astrid (1994[2]). *Deutsche Sprache gestern und heute*. München: Fink (= *UTB* 1499).

Steger, Hugo (1980[2]). Soziolinguistik. *LGL* (1980[2]):245-254.

Steger, Hugo (ed.) (1970). *Vorschläge für eine strukturale Grammatik des Deutschen*. Darmstadt: Wissensch. Buchgesellschaft.

Storrer, Angelika (1992). *Verbvalenz. Theoretische und methodische Grundlagen ihrer Beschreibung in Grammatikographie und Lexikographie*. Tübingen: Niemeyer (= *RGL* 126).

Strawson, Peter F. (1950). On Referring. *Mind* 59:320-344.

Strawson, Peter F. (1952). *Introduction to Logical Theory*. London: Methuen.

Streeck, Jürgen (1983). Konversationsanalyse. Ein Reparaturversuch. *ZS* 2/ 1:72-104.

Ströker, Elisabeth (1973). *Einführung in die Wissenschaftstheorie*. München: Nymphenburger.

Stutterheim, Christiane von (1997). *Einige Prinzipien des Textaufbaus. Empirische Untersuchungen zur Produktion mündlicher Texte*. Tübingen: Niemeyer (= *RGL* 184).

Szagun, Gisela (1980, 1993[5]). *Sprachentwicklung beim Kind. Eine Einführung*. Hemsbach: Beltz.

Tannen, Deborah (1982). *Spoken and written language: Exploring orality and literacy*. Norwood, NJ: Ablex.

Tesnière, Lucien (1959). *Eléments de syntaxe structurale*. Paris: Klincksieck.

Thieroff, Rolf (1992). *Das finite Verb im Deutschen. Tempus – Modus – Distanz*. Tübingen: Narr (= *SdG* 40).

Thrane, Torben (1980). *Referential-semantic analysis. Aspects of a theory of linguistic reference*. Cambridge: CUP.

Toman, Jindřich (1983, 1987²). *Wortsyntax. Eine Diskussion ausgewählter Probleme deutscher Wortbildung*. Tübingen: Niemeyer (= *LA* 137).

Trier, Jost (1931, 1973²). *Der deutsche Wortschatz im Sinnbezirk des Verstandes. Von den Anfängen bis zum Beginn des 13. Jahrhunderts*. Heidelberg: Winter.

Trubetzkoy, Nikolai S. (1939, 1971⁵). *Grundzüge der Phonologie*. Göttingen: Vandenhoeck & Ruprecht.

Tugendhat, Ernst (1976). *Vorlesungen zur Einführung in die sprachanalytische Philosophie*. Frankfurt: Suhrkamp (= *stw* 45).

Uhmann, Susanne (1997). *Grammatische Regeln und konversationelle Strategien. Fallstudien aus Syntax und Phonologie*. Tübingen: Niemeyer (= *LA* 375).

Untermann, Jürgen (ed.) (1973). *Theorie, Methode und Didaktik der historisch-vergleichenden Sprachwissenschaft*. Wiesb.: Reichert.

Van Dijk, Theun A. (1980). *Textwissenschaft: Eine interdisziplinäre Einführung*. München: dtv (= *dtv* 4364).

Vater, Heinz (1982). *Strukturalismus und Transformationsgrammatik. Überblick und Anwendung aufs Deutsche*. Trier: WVT.

Vater, Heinz (1984). Determinantien und Quantoren im Deutschen. *ZS* 3:19-42.

Vater, Heinz (1994³). *Einführung in die Zeit-Linguistik*. Hürth: Gabel (= *KLAGE* 25).

Vater, Heinz (1996³). *Einführung in die Raum-Linguistik*. Hürth: Gabel (= *KLAGE* 24).

Vater, Heinz (1991). Determinantien in der DP. In: Olsen / Fanselow (eds.) (1991):15-34.

Vater, Heinz (1992, 2001³). *Einführung in die Textlinguistik*. München: Fink (= *UTB* 1660).

Vater, Heinz (1996). Valenzpotenz und Valenzrealisierung im Deutschen. *Jahrbuch der ungarischen Germanistik*, Budapest / Bonn 1996: Ges. ungarischer Germanisten / DAAD, 143-165.

Vater, Heinz (2000). "Pronominantien" – oder: Pronomina sind Determinantien. In: Thieroff, R. / Tamrat, M. / Fuhrhop, N. / Teuber, O. (eds.) (2000). *Deutsche Grammatik in Theorie und Praxis*. Tübingen: Niemeyer, 185–199.

Vennemann, Theo (1986). *Neuere Entwicklungen in der Phonologie*. Berlin et al.: de Gruyter.

Voßler, Karl (1904). *Positivismus und Idealismus in der Sprachwissenschaft*. Heidelberg: Winter.

Voßler, Karl (1923). *Gesammelte Aufsätze zur Sprachphilosophie*. München: Hueber.

Wängler, Hans-Heinrich (1967²). *Grundriß einer Phonetik des Deutschen*. Marburg: Elwert.

Wardhaugh, Ronald (1986). *An Introduction to Sociolinguistics*. Oxford: Blackwell.

Wawrzyniak, Zdzisław (1980). *Einführung in die Textwissenschaft*. Warschau: Państwowe Wydawnictwo Naukowe.

Weisgerber, Leo (1953/ 54). *Die inhaltbezogene Grammatik*. Frankfurt/M.: Athenäum.

Wells, Rulon S. (1947). Immediate Constituents. *Lg*. 23:81-117.

Werner, Anja (1996). *i-Bildungen im Deutschen*. Köln: Universität (= *Theorie des Lexikons* 87).

Wettler, Manfred (1980). *Sprache, Gedächtnis, Verstehen*. Berlin, New York: de Gruyter.

Whitney, William Dwight (1865). On the Relation of Vowels and Consonants. *Journal of the American Oriental Society* 8:357-373. Wieder in: Whitney, W. D. (1971). *Whitney on Language. Selected Writings*, ed. by M. Silverstein. Cambr., MA.: MIT Pr., 198-214.

Whorf, Benjamin Lee (1956). *Language, Thought and Reality. Selected Writings of Benjamin Lee Whorf*. Edited by J. B. Carroll. New York: Wiley. Dt. Übers. (1963): *Sprache, Denken, Wirklichkeit*. Reinbek: Rowohlt.

Wiegand, Dagmar (1996). *Die Sprachplanung als modular organisierter Prozeß: Zur Berechnung von Kontaminationen*. Frankfurt: Universität (= *FLF , Sondernummer* 4).

Wiese, Richard (1996). *The Phonology of German*. Oxf.: Clarendon.

Winograd, Terry (1983). *Language as a Cognitive Process*. Vol.1: *Syntax*. Reading/ MA: Addison-Wesley.

Wittgenstein, Ludwig (1953). *Philosophical Investigations*. New York: Macmillan. Dt. Übers. (1977): *Philosophische Untersuchungen*. Frankfurt/M.: Suhrkamp.

Wode, Henning (1988). *Einführung in die Psycholinguistik*. München: Hueber.

Wolff, Gerhart (1999[4]). *Deutsche Sprachgeschichte. Ein Studienbuch*. Tübingen: Francke (= *UTB* 1581).

Wörterbuch der deutschen Aussprache [*WDA*] (E.-M. Krech et al. eds.) (1974[4]). Leipzig: VEB Bibliographisches Institut.

Wunderlich, Dieter (1971). Pragmatik, Sprechsituation und Deixis. *LiLi* 1:153-190.

Wunderlich, Dieter (1974). *Grundlagen der Linguistik*. Reinbek: Rowohlt.

Wunderlich, Dieter (1976). *Studien zur Sprechakttheorie*. Frankfurt/M.: Suhrkamp (= *stw* 172).

Wunderlich, Dieter (1979). Was ist das für ein Sprechakt? In: Grewendorf, G. (ed.) (1979): 275-324.

Wunderlich, Dieter (1986). Probleme der Wortstruktur. *ZS* 5:209-262.

Wurzel, Wolfgang-Ulrich (1970). *Studien zur deutschen Lautstruktur*. Berlin: Akademie-Verlag (= *stud. gramm.* VIII).

Wurzel, Wolfgang-Ulrich (1994). Gibt es im Deutschen noch eine einheitliche Substantivflexion? In: Köpcke, K. (ed.) (1994):29-44.

Wygotski, L. S. (1964). *Denken und Sprechen*. Berlin: Akademie-Verlag.

Zimmermann, Ilse (1991). Die Syntax der Substantivgruppe: Weiterentwicklungen der X'-Theorie. In: Zimmermann, I. (ed.) (1991). *Syntax und Semantik der Substantivgruppe*. Berlin: Akademie-Verlag (= *stud. gramm.* XXXIII), 1-32.

Abkürzungsverzeichnis

ahd.	althochdeutsch
CUP	Cambridge University Press
fnhd.	frühneuhochdeutsch
idg.	indogermanisch
IdS	*Forschungsberichte des Instituts für deutsche Sprache*
IJAL	*International Journal of American Linguistics*
KLAGE	*Kölner Linguistische Arbeiten Germanistik*
KStA	*Kölner Stadtanzeiger*
LA	*Linguistische Arbeiten*
lat.	lateinisch
LB	*Linguistische Berichte*
Lg.	*Language*
LGL	*Lexikon der Germanistischen Linguistik* (s. Althaus / Henne / Wiegand (eds.))
LI	*Linguistic Inquiry*
LiLi	*Zeitschrift für Literatur und Linguistik*
mhd.	mittelhochdeutsch
mnd.	mittelniederdeutsch
nhd.	neuhochdeutsch
nd.	niederdeutsch
PBB	*Beiträge zur Geschichte der deutschen Sprache und Literatur (= "Pauls und Braunes Beiträge")*
RGL	*Reihe Germanistische Linguistik*
SdG	*Studien zur deutschen Grammatik*
SGG	*Studies in Generative Grammar*
Spr. d. Ggw.	*Sprache der Gegenwart*
sth.	stimmhaft
stl.	stimmlos
stud.gramm.	*studia grammatica*
stw	*suhrkamp taschenbuch wissenschaft*
TBL	*Tübinger Beiträge zur Linguistik*
UTB	*Uni-Taschenbücher*
WVT	Wissenschaftlicher Verlag Trier
ZfG	*Zeitschrift für Germanistik*
ZfGL	*Zeitschrift für Germanistische Linguistik*
ZS	*Zeitschrift für Sprachwissenschaft*
ZPSK	*Zeitschrift für Phonetik, Sprachwissenschaft und Kommunikationsforschung*

Sachregister